古代の地平を拓く　3

よみがえる古代王朝

河村日下［著］

ミネルヴァ書房

はじめに

狗奴国《こうどこく》と邪馬壹国《やまいこく》。これは中国史料に記載されているわが国の、古代における二大専制国家である。翻って、国内史料はどうか。『記紀』には、この二大国家についての記載は一切なく、沈黙したままである。記紀編纂者が、史実を認識していなかったためか。それとも、認識していたが、「知らぬ顔の半兵衛」を決め込んだためか。国内外の史料によって、どうして古代日本の姿は異なるのか。不可解であり、不思議な現象である。

ところが意外にも、この二大国家は、『記紀』の中にも、その原形を辛うじてとどめていたのである。伯者・出雲と筑紫は、長年にわたり鋭く対立していた。「魏志倭人伝《ぎしいじんでん》」の伝える狗奴国と邪馬壹国との対立は、記紀神話の記す枠組みそのものだった。それだけではない。この枠組みの一方が崩壊していく様相の断面をも、『記紀』は記していた。そんな『記紀』を分析する視点が、ここに至って、ようやく定まってきた。

わたしは大学で日本古代史を学んだことも、専門に研究したこともなく、一介の勤労者として、人生の大半を、学問とは無縁の世界で過ごしてきた。だから、日本古代史に関しても、ズブの素人であると、自信を持って言える。

そんな凡人による〝素人っぽい「謎解き」〟ではあっても、根拠もなく平然と原文を改変する「学問」、根拠を示すこともなく自説を展開する「学問」とは、一線を画してきた。〝動かぬ証拠の発掘とその明示の徹底〟。これが既存の「学問」と、わたしとを画す一線である。

本書の目的は、『記紀』に対する新しい視点から、失われた二大国家を復元することにある。

1 「魏志倭人伝」の記す狗奴国の探索と復元

2 邪馬壹国の探索と復元

この二つの主題は、第1巻『記紀神話の真実』、第2巻『「邪馬台国」論争は終わった』と密接に連動している。果たして、この二大専制国家の復元は、可能だろうか。その結末は、いかに。

よみがえる古代王朝

目次

はじめに

事項索引
人名・神名索引

凡　例（本文中の表記などについて）

1　『古事記』『日本書紀』については『記』『紀』、二つの史書を同時に示す場合には『記紀』と略した。

2　『記』『紀』の「神代の巻」については「神代記」「神代紀」と記した。また「歴代天皇の巻」については、「神武記」「神武紀」のように「〜記」「〜紀」と表記した。

3　物故者については、敬称を省略した。

第Ⅰ部　掠《かす》め盗《と》られた古代王朝

米子市内から眺めた三諸山《みはやま》（大山）

加茂岩倉遺跡（島根県雲南市加茂町岩倉）

第一章　意祁と袁祁の語る真実

1　逆境を耐え抜いた兄弟

眼前の史書

その形は著しく歪められて、いびつとなっているだけに、記紀神話が史実の断片を伝えていることを証明するために、第1巻では悪戦苦闘してきた。その結果、明らかになった主題が二つある。一つは伯耆・出雲の越・筑紫に対する独立戦争。もう一つは、滅亡の淵まで追い詰められながら、辛うじて息を吹き返し、失地を回復するまでに体制を立て直していた筑紫の、反撃である。

次いで第2巻での論証の中心は、ハリネズミのように、宮都の周りを〝完全武装した筑紫〟が、魏の援助を受け、それを最大限に利用して、伯耆・出雲を逆に滅ぼしたことにあった。潰《つい》え去った伯耆・出雲―狗奴《こうど》国《こく》の痕跡は、被差別部落の形で残存しただけで、その大半は、影も形もなくなってしまっていた。

「日本の古代史は、虚構の脊柱に貫かれてきた」。古田武彦の『失われた九州王朝』は、この衝撃的な一文で始まる。氏は、「大和朝廷」に先在する「九州王朝」という新しい歴史観を突きつけて、既存の日本の古代史像を根底から打破し、それを否定し去った。しかも、そこには従来欠落していた「実証」という手順が、幾重にも踏まれていた。

「九州王朝」とは、全国を統一した邪馬壹国《やまいこく》の、その後の呼称である。「九州王朝」の発見は、わが国の古代史上、これ以上ない重大な発見である。それなのに、これまでの日本の古代史は、この「九州王朝」を抜きにして語られ続けてきていたのである。

「無視」だけではない。さらに一歩進んで、その存在を否定する論者まで現れた。その一人が、安本美典氏だ。「邪馬壹国」を否定する安本氏の批判の刃は、「九州王朝」に対しても果敢に向けられた。その代表的な一書が、『古代九州王朝はなかった』である。古田を批判する氏の舌鋒は、鋭い。しかし、それは本当に、問題の核心を突いた批判となっているのだろうか。

『古事記』『日本書紀』以上に、中国の史書と合致する『九州王朝』の史書を、示さなければならないが、古田氏は、それをまったく示しておられない」。「最大の問題点は、九州王朝のことを記した確実な文献が、なにもないことである」。「たしかな文献は、存在していない」と、安本氏は執拗に、かつ繰り返し批判する。批判するだけではない。「文献にもとづかない自由な立場」に立っているために、「古田氏の多くの本は、『無から有』を生ぜしめた、奇術の結果にほかならない」とこき下ろした。そうして最後に、「『九州王朝』はなかった。それは、すべて古田氏の空想の所産である。想念と、それに基づく解釈だけがあって、証拠はまったく挙げられていない。実証とは無縁の思いつき史学である」とまで、言い放っている。しかし、これは自ら奏《かな》でた、自らへの「葬送行進曲」のようである。

一連の主張から分かるように、安本氏の『記紀』に寄せる信頼度は、絶大である。文字で記されている内容は、大筋において正しいとの立場を墨守し、決して、その背後の真実に迫ろうとはしない。この姿勢は、古田やわたしの『記紀』分析とは対極にある。

わたしは、古田がその著作によって語るところに、静かに耳を傾け、それを古代史解明の〝導きの糸〟としてきた。そういう意味では、氏はわたしにとっては、いわば「お師匠《つしょ》さん」に当たる。しかし、それはどこまでも、氏の著作を通じての「お師匠さん」だから、面識はない。それに、わたしは古田の説に盲従してはいない。氏の間違いと思われる見解については、明確な根拠を示して指摘もしてきている。わたしは、決して古田の代弁者ではない。

わたしが安本氏に対して批判を行う理由は、安本氏の古田への批判が、根本から誤っているためである。わたしは、安本氏とも面識がないだけではない。氏に対して、いささかの怨みもない。それどころか、逆に感謝をしている一人である。氏の著作『邪馬台国ハンドブック』には、何かと助けられた。『奴国の滅亡』では、志賀島への行き方まで教わっている。恩恵を受けた者として当然、その恩返しをしなければならない。その機会が、ようやく訪れたと思っている。

安本氏は、古田への批判において、「九州王朝の文献」の提示を強く求めている。氏もこれまでに数えきれないほど、繰り返し手にしてきたであろう『古事記』と『日本書紀』。氏の眼前にある『記紀』は、これとは別に存在していた〝原典・原史料〟からの無断借用―盗作によって、成立している。この〝原典・原史料〟は、もともと「大和朝廷」とは無縁の史書である。それを、「大和朝廷」が掠《かす》め盗《と》っていたのである。

しかし、「九州王朝」の史書からの無断借用は、その一部に過ぎない。むしろ、『記紀』の主流を占めている記事は、九州王朝とは別の王朝の史書からの盗用によっている。ところが、そんな『記紀』の正体を、安本氏も含め、これまでの学者たちは見抜けないままでいる。『記紀』とは一体、どんな史書なのか。安本氏への恩返しとして、これから、その素姓を明らかにしていくことにする。

『古事記』『日本書紀』は、真面目に編集された史書ではない。その第一頁から最後の頁に至るまで、史実をふんだんに取り込んで作られた壮大な虚構である。第1、2巻を通じて、その一端を証明してきた。そして、この巻では、それが事実であることを、全面的に証明することになる。

ところが、その過程で、権力を掌握していたとはいえ、たかだか一個の人間の力がここまで、しかも、これほどまでに巨大化するとは想像したことはなかった。その行使が、社会正義を実現するためである場合と、それを否定するために発揮される場合とでは、その間には、言いようのないほどの落差が生まれるものであることを、心の底から痛感させられた。以下は、その証明でもある。

事件の発端と兄弟の逃亡

これは、父親を暗殺された兄弟の、苦難に満ちた物語である。一面で、艱難辛苦《かんなんしんく》は、人をして玉にするといった印象の残る説話でもある。まず、その事件の概要を、「安康記《あんこうき》」と「清寧記《せいねいき》」によって示しておきたい。固有名詞の読み方は、便宜上、岩波大系本に従った。

(1)淡海《あふみ》の久多綿《くたわた》の蚊屋野《かやの》には、素晴らしい姿をした猪や鹿が多く現れると言って、韓帒《からぶくろ》が、大長谷《おほはつせ》王（雄略天皇）に狩りを提案した。そこで、大長谷王は従兄弟《いとこ》の市辺押歯王《いちのべのおしはのみこ》を誘って、淡海に出かけた。その日は別々の仮宮で、夜を過ごす。

(2)翌朝、市辺押歯王は日の出前から、馬に乗って出かけた。大長谷王の仮宮の前に立つと、その伴人《ともびと》に、もうすぐ夜が明けるので、早く猟場《りょうば》へ行かなければと申し上げるよう、伝えた。

(3)しかし、大長谷王のそばに仕える家臣たちは、市辺押歯王は変なことを言う性格だから、くれぐれも警戒をするよう忠告をした。そこで大長谷王は、衣装の下に甲《よろい》（鎧）を装着し、弓矢を身につけ、馬に乗って出かけた。

やがて、二人の馬が並ぶと、大長谷王は矢を抜いて、市辺押歯王を射殺する。そうして、その死体を切り刻み、かいば桶の中に入れて、土の中に埋めてしまった。「雄略紀」では、殺害の動機が異なる。安康天皇がかつて、「遥か後《のち》の事」（安康死後の皇位継承）を、雄略ではなくて、市辺押磐皇子に委ねたことが、殺害の動機となっている。

(4)市辺押歯王には二人の息子がいた。兄を意祁王《おけのみこ》、弟を袁祁王《をけのみこ》といった。その二人はこの騒動を知り、難を避けるために逃亡する。山代の苅羽井《かりばゐ》まで来て、食事をしようとしたその時、顔に入れ墨をした老人が現れて、二人の持っていた食糧を奪ってしまう。その老人は、「山代の猪甘《ゐかひ》」と名のった。猪甘とは、豚を飼育する領民のことである。

(5)その後二人は、玖須婆《くずば》之河を渡り、針間国《はりまの》へと逃避した。そこで素姓を隠して、志自牟《しじむ》の家に身を寄せ、馬甘《うまかひ》・牛甘《うしかひ》として働くことになる。それから、どれほどの時間が経過したのかは分からないが、山部連《やまべのむらじ》小《を》楯《たて》が針間国の国司に任命されて、赴任する。その赴任中に、志自牟の家の新築祝いとして、盛大に催された宴席に、小楯も出席していた。

(6)宴も盛り上がり、酔った出席者が次々に踊り始めた。この宴会を手伝うために、二人の少年もかまどのそばにいた。ところが、酒に酔った大人たちは、この二人にも踊ることを強く勧めた。

そこで、弟がまず言った。「兄が先に舞え」。兄も言った、「おまえから舞え」とお互いがいつまでも譲り合っているので、大人たちはその様子がおかしくて、大笑いをした。

(7)結局、兄が先に舞うことになる。次いで、弟が歌いながら舞った。この歌を聞いた小楯は驚いた。それも、床から土間に転げ落ちるほどの驚きようだった。小楯には、すべてが理解できたのである。

これが、その大意である。その身元が織り込まれている歌は、あとで詳しく説明したい。『記紀』の記す意祁・袁祁兄弟に関する矛盾をえぐり出す前に、まず、従兄弟となっている大長谷王と市辺押歯王の血縁関係を示しておく必要がある。天皇名に付した数字は、「代」を示す。

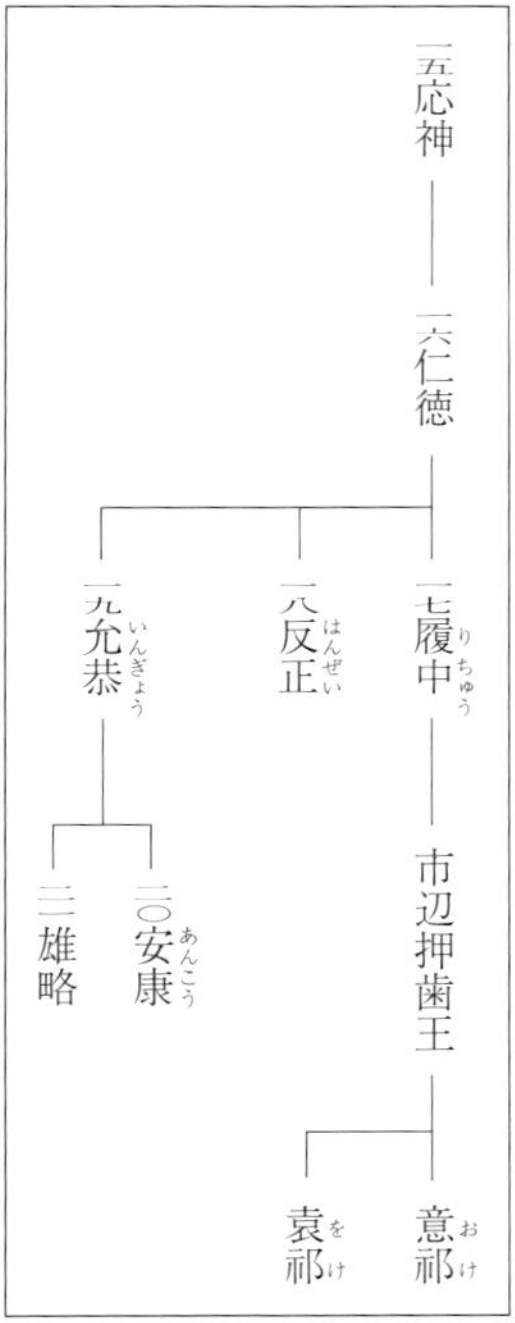

図1-1　兄弟に関する系譜

この一大事件については、のっけから疑問がついて回る。まず疑問の第一が、大長谷王と市辺押歯王の二人は、どこから淡海の久多綿《くたわた》の蚊屋野《かやの》に向かったのか。疑問の第二は、意祁《おけ》兄弟はどこから出発して、針間国（播磨国、現兵庫県）へ逃亡したのか。『記紀』ともに、その出発点については、不問に付したままである。重大事件の発端であるのに、それは、自明のことと言わんばかりの態度だ。

逃亡経路の疑問

通説のとおり、「淡海」が滋賀県であれば、ひたすら北へ進めば、目的地に到着するのだから、第一の疑問については、出発地が奈良県桜井市辺りでも矛盾はしない。これに反し、二人の逃亡経路については矛盾だらけだ。定説視されている経路は、このようになっている。

(1)「山代の苅羽井《かりばゐ》」…「綴喜郡《つづき》」。あるいは「相楽郡《そうらく》」（現京都府）
(2) 玖須婆之河《くすばの》…河内国交野郡《かたの》葛葉郷《くずは》（現枚方市楠葉）を流れる淀川
(3) 針間国《はりまの》…播磨国（美嚢郡《みなぎ》。今日の兵庫県三木市の北付近）

(1)の地名比定で分かるように、出発地は奈良県。これが通説となっている。「山代」もまた、奈良と接する京都府南部が通説となっている。そこには今もなお、「山城」の地名が残っていることによる。ところが、ここで疑問が生じてくる。大和から針間国へ逃亡するのに、どうして京都府南部の山城まで北上し、そこから西に折れて楠葉へ出て、淀川を渡り、南下しなければならないのか。大和―播磨間の逃亡経路から考えれば、無駄とも思われるほどの遠回りとなる。

山城まで来て、気が変わったということも、一応考えられなくもないが、二人は闇雲に逃亡したとは思えない。あらかじめ目的地を決定した上での行動ではなかったか。そのように考えると、目的地は当初から、播磨国ということになる。

大長谷王と市辺押歯王の二人が狩りに向かったという「淡海《あふみ》の久多綿《くたわた》の蚊屋野《かやの》」が、ここで問題となってくる。ここは滋賀県蒲生《がもう》郡蒲生町・日野町と、愛知《えち》郡秦荘町《はたしょうちょう》（現愛荘《あいしょう》町）上蚊野付近に比定されている。

この比定が、すでに間違っているのである。

古代における「淡海《あふみ》」とは、琵琶湖ではない。博多湾、中海・美保湾の名称である。

伊邪那岐が拠点としていた「淡海の多賀」は、福岡市の吉武高木だった。ここから、

この「淡海」は「淡海」が博多湾、もしくは、その沿岸部を表している地名であることが、明らかとなった。博多湾とは別に、中海・美保湾もまた、「淡海」であったことを、『和名抄』の考証を通じて、邨岡《むらおか》良弼《りょうすけ》が再確認している。

この「淡海」とは、どこか。博多湾岸の筑紫ではない。大阪湾岸はどうか。これも該当しない。「雄略紀」には、この地は「近江の来田綿の蚊屋野」と記されている。大阪は「難波」であって、「近江」であったことは金輪際ない。

第2巻（第五章）で論じたように、「淡海」には、二面性があった。

(1)阿蝮海《あふみ》　…　大蛇の泳ぐ海。阿蝮とは大蛇のことである。美保湾と中海の間に横たわる「夜見島」（現夜見ケ浜半島）、博多湾に浮かぶ能古島を大蛇に見立てた地名か。

(2)阿蝮曲《あふみ》　…　丘陵や山塊の縦横に走る地形を、大蛇に見立てた地名か。

ここでの「淡海」は、言うまでもなく(2)である。そうなると、久多綿《くたわた》と蚊屋野《かやの》は、中海・美保湾岸の米子平野の地名となる。蚊屋野はすぐに見つかった。例の〝宝島の地図〟（国土地理院「米子」）を開けば、誰にでも見つけられる。日野川右岸の米子市蚊屋が、その地だ。ここは山陰道によって、南北に分断されてはいる

ものの、今でも田んぼの広がる地だ。

探すのに少なからず苦労した地名が、「久多綿《くたわた》」だった。やがて、この地も探し当てた。日野川に架かる新日野大橋の東、蚊屋の西に、熊が徒党を組んで徘徊でもするかのような熊党《くまんとう》という地名がある。意外ではあるが、ここが、探し求めていた「久多綿《くたわた》」である。しかし、「クマントウ」と「クタワタ」とでは、その音韻上大きな違いがある。違いはあっても、目指す地は熊党なのである。それは、なぜか。「党」にはアタの古訓がある。そうなると熊党は、もとは「クマアタ」であった可能性が出てきた。

やがて、この熊党《くまんとう》村について、解明の手掛かりとなる記事に出会った。「天正一九年（一五九一）一二月二〇日の伊勢大神宮神田注文（蚊屋島神社文書）には、大神宮（現日吉津村蚊屋島神社）神田作人として『くまノ当ノ甚五郎』などの名が見える」と、『鳥取県の地名』（平凡社）は記していた。「当」も、「アタル」と読むことができるのだから、「くまノ当」は「くまノあた」であった可能性がある。

一五九一年当時、「くまノ当」は、「クマノトウ」と呼ばれていたのか。それとも「クマノアタ」であったのか。その地名音については、不明である。ここで確実に言えることは、「クタワタ」に当てた漢字によって、それが大きく様変わりをした地名の一つであるということである。それは、このように変化したものと考えられる。

クタワタ　→　クマアタ　→　熊当　→　クマントウ　→　熊党

つまり、もとの地名とはまるで異なる、とんでもない地名へと、変わり果てていたのである。

熊党は、蚊屋の西に遺存している。それも隣接してである。「淡海の久多綿《くたわた》の蚊屋野《かやの》」は、当該の地を特定するための常套的表記、いわゆる大・中・小の領域を示す三段地名表記となっていたのである。

これを通説のように理解すれば、どうなるか。〝日野町―秦荘町〟は、まったく隣接していないのである。この間に、八日市市と湖東町の二つの自治体が存在しているだけではない。その直線距離にしても、一五～一七㎞に及ぶ。このような地理的位置関係を、本当に「久多綿の蚊屋野」と表記するだろうか。この地名比定は、強引に過ぎる。

淡海・近江と「山代」

「淡海」とは、中海・美保湾の総称であり、「久多綿の蚊屋野」とは、その湾岸の米子平野だ。

他方、「雄略紀」では「近江の久多綿の蚊屋野」と、その表記が変えられている。「久多綿・蚊屋野」は、『記紀』ともに同じだから、「淡海」と「近江」とは、同一地を指している。当然、地名音も同じ「アフミ」と考えがちだ。このために、「近江」も「アフミ」と読まれている。ところが、「近江」を「アフミ」と読むことは、難しい。

どうして、「淡海」から「近江」へと、表記が変ったのか。地名表記の変更は、この地における地形の変化が強く影響しているようである。具体的に言えば、夜見ケ浜（弓ヶ浜）半島の「成長」に、深く関わっての地名表記の変更である。

いにしえ、一つの海であった「淡海」に、半島はなく、島々が浮かんでいるだけであった。やがて、日野川の運んでくる土砂によって、この島々に変化が起こるようになる。島と島とが結ばれる一方で、小夜見ケ浜半島も形成されるようになる。小半島と島々は次第に「成長」し、淡海を二分するようになる。「成長」し続けた結果が、今日の夜見ケ浜半島の姿である。

そうなると、その光景は一変する。この「成長」が一段落した後に生まれた地名が、「近江」か。その地名音も「アフミ」ではなくて、蛇を取り入れた名称の〝キのエ〟（虺の江）、もしくは〝コのエ〟（蛟の江）か。大きく湾曲した、弧状の美保湾を意識した表現であることは、言うまでもない。

南部町・米子市は、古代の伯耆・出雲の中心地である。確固とした視点が定まっているから、「山代」の解釈は容易だ。「山代」は、「山背」とも表記される。その「山代」は、米子市宗像《むなかた》から日原《ひばら》にかけての一帯から、東方を眺めて確認することができる。

大山《だいせん》丘陵の裾野は、北の日本海の近くまで伸びて、南部町・米子市と旧淀江町（現米子市）を分断している。さらに、その向うには、「二上の峰《ふたがみ》」の孝霊山《こうれいさん》をも眺めることができるから、「山背」の地名が生まれるだけの必然性は、確実にある。

古代の中心部から眺める東の光景は、まさしく山の背後に位置している「山背」である。この光景は古代ならずとも、現代でも確認することができる。これが、「ヤマシロ」の一つの地名解釈だ。

もう一つは、代（シロ）を「田、田地、ところ」と解釈した場合だ。この「シロ」は今でも、糊を付ける余白部分を「ノリシロ」（糊代《のりしろ》）と言うように、「〜シロ」の語、もしくは地名は、今でも残っている。「苗代」は苗を育てる田のことである。秋田県の「能代」は、本来は〝野代〟であったと思われる。平野部の別の表現が、〝ノシロ〟である。いわば、「山代」の反対語に当たる。

旧淀江町は、「山林は町全体の二分の一を占める」地形にあり、集落は山麓の台地や小高い段丘上に発達した地形となっていると、『鳥取県の地名』（平凡社）は述べている。町全体の面積は、二五・七㎢である。わたしも、この眼で何度も確認してきたから、納得できる記述である。この地は、まさに〝山の地〟と呼ぶにふさわしい地形を、形成している。

「山代」の地名についての説明が、多少くどくなってしまったが、「山代」の候補地としては、東伯郡淀江町（現米子市淀江町）を、有力視すべきようである。そうなると、「山代の苅羽井」は、どこに求めればよいのか。「山代」が特定できれば、「苅羽井」を見つけることは、さほど困難ではなくなる。もっとも、その前に、「苅羽井」を「カリバヰ」と読む通説が、正しいのかどうかの問題がある。

「苅羽井」の読みは、〝カハヰ〟である。これは地名ではなくて、普通名詞である。これをあえて漢字で示せば、〝河端居《かはゐ》〟となる。苅はカ（カル）、羽はハ、井は丼を表していた。この〝河端〟は、河（川）のそばを示す〝河端地〟（河内）ではなくて、河（川）の先端、つまり河口付近を表しているようである。それであっても、「苅羽井」だけでは、兄弟が食糧を奪われた地を突き止めることは不可能である。

　この地は、別の観点から明らかにすることができるが、それは後述したい。

「玖須婆之河」の発見

　次は、淀川に比定されている「玖須婆之河」の、探索である。「淡海の久多綿の蚊屋野」と「山代の苅羽井」で明らかになったように、南部町、あるいは米子市を出発したと思われる兄弟は、東へと向かっている。その足取りについては、旧淀江町に到着していることで確認できる。したがって、「玖須婆之河」は淀江町のさらに東、それも、こうして特筆されているのだから、兄弟の記憶に強く残った川ということになる。むろん、小川ではない。むしろ、渡るために苦しんだ川ということになりそうだ。それはどこを流れている川か。その探索は可能である。

　その前に、確認しておかなければならないことがある。「玖須婆《くすば》之河」を、どのように読むのかという問題である。河内は川のそばの地を意味する普通名詞の〝河端地〟であって、地名ではない。同じように、「玖須婆」もまた地名ではなくて、普通名詞なのである。

　その「玖須婆」には、これとは別に、「久須婆」（崇神記）と「楠葉」（崇神紀）の表記がある。この三表記に共通する地名音は、「クスハ」だけだから、通説の解釈で正しいようだ。ここまでは、通説のとおりではあっても、この後に、新たな疑問が生まれてくる。その新たな疑問とは、「クスハ」の意味である。「クスハ」の意味が解明できなければ、その川を見つけることは困難となるためである。

　全国の河川名には、宇治川・内川・那珂川・都知川のように、蛇が取り入れられていた。そうなると、「玖須婆之河」も、蛇に由来する河川名の可能性は高くなる。その視点から、改めて「玖須婆之河」の表記を眺めていて、おぼろげながら、その本来名が見えてきた。

「玖須婆」の婆は、蛇のハで間違いのないところである。婆が蛇であれば、玖須は、婆の修飾語と見なすことができる。その一つが〝勾《く》す〟だ。勾には曲がるという意味だけではなく、勾玉《まがたま》の用語が示しているように、その形状は、蛇にも似ている。

「玖須婆之河」が、「クスハの河」であれば、その最も適切な解釈は、〝勾《く》す蛇《は》の河〟となりそうである。大河にふさわしい名称と言える。それでも、この川は淀川ではない。『記紀』編纂後、もしくは編纂中において、まず「玖須婆之河」を淀川とし、淀川流域の適当な地を選んで、そこを「楠葉」と名づけた。それが、現在の枚方市樟葉である。淀川と枚方市樟葉は、〝記紀原典〟に記されていた地ではないのである。

原文は、「故、玖須婆之河を逃げ渡りて、針間国に至り…」となっている。「玖須婆之河」の上流は、直接針間国へ通じているようにも読み取れる。そうなると、この川は、鳥取市内を流れる千代川《せんだいがわ》ということになる。

しかし、この解釈は成立しない。千代川であれば、その川沿いに上流（南）へと進んで行けば、おのずと針間国に辿り着くことができるのだから、「渡る」必要はない。しかも、川幅が極端に狭くなるだけではなく、水量も極度に少なくなる上流にさしかかると、川の中を露出した石伝いに「歩く」といった表現の方が、ふさわしいことになる。このような地形上の特徴と形状から、「玖須婆之河」を千代川に結び付けることは、難しい。

この章句は、簡素な表現であるだけに、これまでから、深く考えられたことはなかったようである。けれども、ここには、決して見逃してはならない文字が、使用されていた。「渡」が、それである。そうなると、この大河とは、どこか。鳥取県中部を流れる天神川《てんじんがわ》が、その川である。では、「天神」とは。新たな疑問が、これだ。一つの問題が解けると、そのあとには、必ず新たな問題が出て来る。

「天神」とは

今日では、「天神」は、菅原道真《すがわらみちざね》の代名詞になっているほどである。このために、「天神」とあれば、そこには必ず道真が顔を出す。それほど、「天神」と道真との結び付きは強い。

讒言《ざんげん》によって、太宰府へ流された道真は、この地で亡くなる。それ以後、京の都では、雷による被害が多発するようになる。それは道真の復讐であると信じられ、道真を雷神として、その御霊《みたま》を鎮める思想が確立され、やがてそれが広く普及するようになる。平安時代以降のことである。これが、「天神（天満）信仰」である。

〝菅原道真・天神譚〟で、興味深いことは、「天神」の正体が、雷であることを明かしていることである。この〝天神譚〟でも分かるように、「天神」と菅原道真との先後関係では、「天神」が先、道真が後であって、この逆ではない。

天神川が、ほぼ現在の流路になった時期は、一六五七年、鳥取藩の改修工事によるという。天神川の地名は、この時の工事に由来しているといった見解がある。「あるいは天神川の呼称はこのとき天神（現北条町北野神社）の鎮座する森を切崩したことから生じたとも考えられるが、未詳」と、徳永職男監修『鳥取県の地名』（平凡社）は記している。天神の森（天神山）の切り崩しと、天神川の呼称とは、まったく関係はない。天神の地名起源は、未詳ではないのである。全国に遺存する「天神」の地名は、少なくない。その一部をここで示す。これで、ほぼその原義を把握することができるはずである。

(1)全国の天神川

①京都市北区・右京区を流れる川（道真を祭神とする北野天満宮は、この川の東岸に位置している）

②滋賀県・瀬田川の支流

③松江市内を流れる川

(2)全国の天神山

①群馬県安中市の山（標高三二三m）

②三重県南島町の山（標高二九一m）
③岡山県備中町の山（標高七七八m）

天神川・天神山は、全国に分布する。この「天神」のすべてに、菅原道真との関わりがあったとは考えがたい。大阪市北区には、天神だけではなくて、天満《てんま》の地名もある。大阪市の北部を流れる大川（旧淀川）には、天満《てんま》橋が、大川が、北の堂島川と南の土佐堀川に分れる辺りには、天神橋が、それぞれ架かっている。大阪天満宮の存在が、その由来である。これらの地名に比べ、右に示した「天神川」「天神山」は、異質である。それに「天神」は、菅原道真よりも古い。

「天神」の正体とは、カミナリであり、イカヅチである。雷は天上の神、すなわち天神である。イカヅチとは〝厳かな蛇〟、あるいは激しい蛇を示す〝厳蛇《いかつち》〟のことである。ゴロゴロとなる雷鳴は、蛇の古語のコロに通じる。瞬時に光る稲妻は、まさしく蛇の姿である。

しかし、天神から、カミナリやイカヅチが想起できても、この表記をイカヅチと読み直す。このような凝った地名は、まず成立しない。地名の「天神」を解明する。その鍵は、「天神」の表記の解読にある。

まず、天について考えてみたい。天字で思い当たる地名が、「高天原《たかあまがはら》」と「天《あま》」である。「高天原」とは、スサノオに追い詰められた天照が最後に拠点とした地のことで、壱岐・天ヶ原を表していた。「天」とは、旧西伯町・坂根付近の古代の地名である。ここは、重体の大国主を救った神産巣日（カミムスビと読まれている）の居住地であった。天字は、いずれも「アマ」である。「アマ〜」の地名は、縄文時代にはすでに生まれている。第1巻（第九章）で明示したように、「アマ〜」の地名は、全国に遺存している。一定の領域を示す「アマ〜」については、すでに第1巻に掲載しているので、ここでは山岳名と河川名にとどめる。

①雨池山《あまいけやま》（山梨県早川町、標高一九三六・六m）。②甘利山《あまり》（山梨県韮崎市、標高一六七二m）。③雨ケ岳《あま》（山梨・静岡県境、標高一七七二m）。④尼ケ岳（三重県美杉村、標高九五八m）。⑤天野川（滋賀県長浜市と米原市の境）。⑥天川《あまかわ》（兵庫県高砂市）

これらの地名が示しているように、「アマ」とは、大きく曲がりくねっている状態、あるいは単に大きいことを示している地形である。「アマ」については、ブラジルのアマゾン川との関連において、第2巻（第十五章）で述べたとおりだ。この眼で見れば、①雨池《あまいけ》の本来地名も見えてくる。雨池とは、もとはアマチのようである。チは蛇（虵）と思われる。大蛇の山。これが、雨池山のもとの姿のようである。

「天～」の地名の天字は、「アマ」を表している。そうなると、肝心の「天神」も、テンジンではなくて、〃アマシ〃、もしくは〃アマガミ〃の可能性も生まれてくる。アマシのシを蛇の巳と考えれば、大きな蛇のことなる。もう一つのアマガミは、どうか。ガを～のを示す連体修飾語、ミを巳と見なせば、やはり〃アマシ〃と同じ意味になる。ただし、これは、あくまでも一つの仮説に過ぎない。

「天神川」「天神山」とは、〃大蛇の川・山〃ということになりそうである。古代人の思い描く「天神」とは、蛇の姿である。蛇行しながら流れる川、とぐろを巻いた蛇の姿の山岳、蛇が体全体をくねらせて進むかのように見える山並。蛇を河川や山岳の名称に取り入れた動機は、その姿が、神聖な蛇と重なっていたからである。

長きにわたって探し求めていた「玖須婆之河」は、鳥取県中部を流れる天神川である。この川は、かつてはJR山陰本線に架かる鉄橋付近で、東西に分かれて流れていたという。天神川は西の日野川と東の千代川《せんだい》と並んで、鳥取県の三大河川と呼ばれているだけに、大河である。そのような川だから、『記』に記されたのだろう。ここは、旧淀江町よりさらに東に位置していることも、逃亡経路の条件に一致している。

閑話。「玖須婆之河」は、現在の天神川である。少年期、この川でよく遊び、泳いだものだが、その中にはこんなこともあった。一九五九（昭和三四）年七月、夏休み直前の暑い日、わたしは自転車通学の同級生二人と中学校を出て、天神川の堤防を走りながら帰路についていた。一人と二人に別れる橋の袂《たもと》まで帰ってきた時、一人が急に切り出して、激しい口論が始まった。

「今から泳《およ》がいや」（今から泳ごうか）

「おまえ、水泳パンツ持っとるだかいや（持っているのか）。おれは持っとらんぞ」

「おれもない。おまえ、持っとるだかいや」

「あるはずないがな」

授業は午前中だけの短縮となり、体育の授業もないから、三人とも水泳パンツを持っているはずがない。それなのに、「あるはずないがな」と開き直る。二人とも初めは、その意図が分からなかった。要するに、この同級生は、素っ裸で泳ごうというのである。

わたしと同じ村のTは、小学生ならともかく、中学生にもなって、そんな恥ずかしいことができるかと強く拒否するが、彼も退かない。強情で、しかもしつこい。「風呂に入る時には素っ裸になるのに、何でここではなれないのか」と、支離滅裂なことを言い出した。拒み続ける二人に対して、彼は「それでも男か」と、繰り返し罵《ののし》る。二人は、その「男」を露出することを、嫌がっているのにである。Tは怒って、「もう、こいつほっといて帰ろ」と言い出す。誰もいない天神川の土手の上は、三人の怒声が飛び交った。

彼は、よほど泳ぎたかったようだ。我々に強要するにつれて、激昂の度は増してくる。その執念に、わたしもTもついに根負けをして、しぶしぶ素っ裸になって泳ぎ始めた。まさしく、〝裸のつきあい〟である。

だが、泳ぐことに強く反対したものの、いざ広い川に漬《つ》かってみると、気分は壮快だった。三人とも、幼児のようにはしゃぎながら、川の中を泳ぎ回った。この突拍子もない提案を押しつけた当時中学一年生のこの同級生は、長谷川（旧姓生田）稔といい、その後鳥取県会議員を経て、二〇〇二（平成一四）年三月より二〇一〇（平成二二）年三月まで、郷里の倉吉市長を務めている。公約どおり、二期八年間の任期だった。「玖須婆之河川」の謎が解けた時、真っ先に思い出した記憶が、遠い過去の、それも多分にバカげたこの体験であった。

四種の宝器

「玖須婆之河」―天神川を越えた兄弟は、その後どうしたか。どこで、中国山地を越えたのか。これが、次の問題となった。平野部と異なって、山の中の移動だから、相当の困難が予想される。この難問は、京都・鳥取間を走る高速バスの車窓からの眺めで、解けた。

千代川《せんだいがわ》では、上流は浅瀬となっている。この現象は日野川、天神川でも、あるいは太宰府を流れる御笠川にも共通する。ここまでは、他の河川と同じである。ところが、千代川では中程度の石が浅瀬の中から露出していて、それが格好の〝飛び石伝いの自然歩道〟となっていることである。大雨・集中豪雨の後でなければ、歩いて楽にさかのぼることができる。

意祁・袁祁兄弟は千代川の中を歩いて、上流へと進み、下りもやはり佐用川《さようがわ》を利用して、針間国へと脱出したようだ。その経路としては、上郡《かみごおり》と智頭を結ぶ智頭鉄道に近いところを通った可能性も考えられる。河川を、それも安全な歩道として活用していたと思われる。なかなか逞《たくま》しい。二人は、過保護に育てられた〝おぼっちゃま〟ではなかったようである。この経路が特定できたきっかけも、「玖須婆之河」（天神川）が解けたことによる連鎖反応と言える。

こうして、兄弟がようやく辿り着いたところが、針間国だ。そこの宴席で、弟・袁祁王の声を長く引いて（詠《ながめごと》為《し》て）歌った歌が、これだ。ここに、その身元が織り込まれている。貴重な歌だ。

物部之、我夫子之、取佩、於㆓大刀之手上㆒、丹尽著、其緒者、載㆓赤幡㆒、立赤幡、見者五十隠、山三尾之、

竹矣訶岐苅、末押縻魚簀、如ㇾ調二八絃琴一、所ㇾ治二賜天下一、伊邪本和気、天皇之御子、市辺之、押歯王之、奴末　〈清寧《せいねい》記〉

この原文に対し、右記のように返点を付した岩波大系本の読み下しを、次に示す。

［岩波大系本］物部《もののふ》の、我が夫子《せこ》の、取り佩《は》ける、大刀《たち》の手上《たがみ》に、丹《に》畫《か》き著《つ》け、其の緒《を》は、赤幡《あかはた》を載《かざ》り、立てし赤幡、見れば五十《い》隠《かく》る、山の三尾《みを》の、竹を訶岐苅《かきか》り、末押《すえお》し縻《なび》かす魚簀《なす》、八絃《やつを》の琴を調《ととの》ふる如《ごと》、天《あめ》の下治《をさ》め賜ひし、伊邪本和気《いざほわけ》の、天　皇《すめらみこと》の御子《みこ》、市辺《いちのべ》の、押歯王《おしはのみこ》の、奴末《やつこすえ》。

まるで分からない。まず、「我が夫子《せこ》」を、「わたしの良人」（わたしの夫）と解釈していることだ。ここからすでに誤っている。わたしの解釈では、このようになる。

［わたしの解釈］耐《た》へし　我彼《われか》の君《きみ》の　取り佩《は》ける　大刀《たち》の手上《たがみ》に　著《つ》き尽《つく》して　丹《に》とす　虺《き》の緒《お》は　赤《あか》蛇《は》に裁《つく》る　赤蛇《あかは》を立てし示せば　弓としむ　矢の三尾《みお》し蛇虺《だけ》　厳《いか》き蛇《かり》　祝《ほ》ぎ弾《ひ》きす　八絃《やつを》の琴を調《しら》べるが如《ごと》し　天《あめ》の下治《をさ》め賜ひし　弥《いや》も皇虺《わき》の天　皇《すめらみこと》の御子《みこ》　市辺の雄々《おお》し蛇王《はおう》の　やつ・はし

［解釈の根拠］○物部之—耐へし。物は夕（タクヒ、名のり・たね）、部はへ（べ）、之はシで、助動詞・きの連体形を表している。○我夫子之—我彼の君《きみ》の。我は第一人称のワレ、夫は連体詞のカノで、兄を指している。子はキミ（君）を表している。之は格助詞・のである。○取佩—岩波大系本のとおりか。○於二大刀之手上一—大刀《たち》の手上《たがみ》に。手は接頭語、上は大刀の表面、それも全表面を表している。○丹ㇾ尽ㇾ著—著《つ》き尽《つく》して丹《に》とす。文意として適切であるため、畫（画）ではなくて、写本の多くに見られる尽字を採用した。畫は、

尽の旧字・盡の誤写と思われる。著は著き（着き）である。大刀の柄から末端までの全表面を、赤く塗ったの意である。

○其緒者―虵の緒《お》は。其は、代名詞ではない。蛇のキ（虵）である。緒《お》は、ここでは弓の弦のことである。○裁二赤幡一―赤蛇《あかは》に裁《つ》る。岩波大系本は載を採用しているが、前後の文脈から、裁が正しいようである。赤は文字どおりの意である。幡はハ（ハン）で、蛇の古語である。○立二赤幡一見者―赤蛇《あかは》を立てし示せば。立は、立てる意である。見はシメス（示す）である。○五十隠―弓としむ。五はユ（名のり・ゆき）、十はミ（名のり・みつ、みつる）で弓を表している。隠はシム、助動詞である。

○山三尾之竹―矢の三尾《みお》し蛇虵《だけ》。山はヤ（ヤマ）、意外にも矢を示していた。三尾之は三つに分かれた尾の意である。矢の羽根を表しているようである。竹はダ・ケで、蛇の重複語となっている。○矣訶岐苅―厳《いか》き蛇《かり》。矣訶岐はイカキ（厳き）、矣はイ、訶はカ、岐はキを表している。苅はカリで、これも蛇か。文字どおり〝厳《おごそ》かな蛇〟のことで、蛇虵の修飾語である。カリは、大刀《たち》のことではなさそうである。○末押糜魚簀―祝《ほ》ぎ弾《ひ》きす。末はホ（名のり・ほず）、押はギ（キョウ）で、祝《ほ》ぐの連用形となっている。糜魚簀は弾《ひ》きすである。糜はヒ（ビ）、魚はキ（ギョ）、簀はス（名のり・す）である。○如レ調二八絃琴一―八絃の琴を調べるが如《ごと》し。この句は漢文となっている。

○所レ治二賜天下一伊邪本和気天皇之御子―天の下治め賜ひし伊邪本和気天皇の御子。「所レ治二賜天下一」、「天皇之御子」は岩波大系本のとおりである。○伊《い》邪《や》本《も》和《わ》気《き》―弥《いや》も皇虵《わき》。伊邪はイヤ、これを漢字で示せば弥となる。非常に、大そうといった意である。本はモ（モト）、イヤを強調する係助詞である。和気は皇虵。和は皇で大きいことを、気はキで蛇の虵を表している。「弥《いや》も皇虵《わき》」とは、とてつもなく大きな蛇のことである。履中《りちゅう》天皇を指している。

○市辺之押歯王之―市辺の雄々《おお》し蛇王《はおう》の。押歯はオオシハ、雄々しい蛇のことである。○奴末―やつはし。

奴はヤツ（ヤツ）、末はハシと読むようである。これは難解な用語である。ヤツもハシも蛇の古語である。ハシは、この後で論ずる。ヤツについては、『常陸国風土記』「行方郡《なめかたのこほり》」に「夜刀神」の記事が載っている。「夜刀」は「ヤツ」と読まれている。この読み方に間違いはないようである。

関東平野は単一的な沖積平野ではなくて、広大な洪積台地を、網の目のように覆っている大小無数の樹枝状支谷によって形成されているという。いわば谷平野の集合体である。この見解は、森浩一編『池』に紹介されている。地図帳の示す関東平野は、確かに緑一色に塗りつぶされているから、一つにまとまっている平野のように見えるが、そうではなかった。この谷平野は、「谷津《やつ》・谷戸《やと》・谷地《やち》」と呼ばれているという。貴重な記事である。そこで、まず注目した名称が、「谷津」である。樹枝状支谷は、まさしく蛇そのものである。ここで、「夜刀」と「谷津」とが、しっかりと結び付いた。「夜刀」「谷津」は、ともに蛇を表している。谷戸・谷地と「谷津」とは、類縁名称である。

そこで、問題の「奴末」に戻って、論述を進めたい。この〝ヤツハシ〟とは、意祁・袁祁兄弟を示す代名詞と見なすことができるようである。これで、この歌謡は、すべて解けた。市辺《いちべ》の押歯王《おしはおう》一門の象徴は蛇、それも赤色《せきしょく》の蛇であることは、明白である。しかし、それだけではない。ここに、①大刀《たち》、②灺の緒《お》（蛇のようにしなやかな弓弦）の弓、③矢、④八絃琴の四種の武器と楽器が示されていることである。これが、この歌謡中、最も重要なことである。

志自牟《しじむ》の新居祝いとして催された宴には、針間国の宰《みこともち》（のちの国司に相当）・山辺連小楯《おたて》も、同席していた。その席で、この歌謡を聞いた小楯は、床から土間へ転げ落ちるほど、驚いている。即座に、この兄弟の身元を理解したのである。

すでに論じたように、「神代記」には、このような記事があった。

その妻須勢理毘売《すせりひめ》を負ひて、すなはちその大神の生大刀と生弓・矢と、またその天の詔琴《のりごと》を取り持ちて逃げ出《い》でます時、…。

この大神とは、須勢理毘売の父親・スサノオのことである。生大刀・生弓・矢の生とはキ（虺）、もしくはハ（ハユ）で、やはり蛇を表し、蛇のように神秘的で、強靭なる大刀・弓・矢のことと考えられる。いずれにしても、これは大国主が、スサノオから〝四種の宝器〟を奪う場面の描写である。この〝四種の宝器〟とは、皇位を証明する宝器、それも伯耆・出雲における宝器だ。これで、市辺の押歯王の素姓が明らかになってきた。

ついに明かされた兄弟の身元

「市辺天皇命」と記す『播磨国風土記』（美嚢郡《みなぎのこほり》）には、れっきとした根拠があったのである。その『播磨国風土記』にも、やはり無視しえぬ歌謡が残されていた。その場面は、やはり志深村《しじみむら》の村長の新築祝いのための宴となっていて、「清寧記」と同じ内容となっている。ここでも、弟の袁奚が祝いにふさわしい歌を歌う。それが、この二首の歌である。

(1)多良知志　吉備鉄　狭鍬持　如二田打一　手拍子等　吾将レ為レ舞　〈美嚢郡〉

(2)淡海者　水渟国　倭者　青垣　青垣　山投坐　市辺之天皇　御足末　奴僕良麻者　〈同郡〉

ここでもまず、岩波大系本の読み下しと、その大意を（　）内に示しておきたい。

［岩波大系本］(1)たらちし　吉備の鉄《まがね》の　狭鍬《さくは》持ち　田打つ如《な》す　手拍《う》て子等《こら》　吾《あれ》は舞《ま》ひせむ（吉備国産の鉄の鍬で田をすき返す、そのタウチのように、タウチ、手拍子をとってはやしなさい。わたしは舞いましょう）

(2)淡海《あふみ》は　水渟《たま》る国　倭《やまと》は　青垣《あをがき》　青垣の　山投《やまと》に坐《ま》しし　市辺の天皇が　御足末《みあなすゑ》　奴僕《やつこ》らま（近江は水の国、琵琶湖という湖のある水のたまった国だ。大和は山の国、　青垣のように山のとり囲んだ国だ。その大和の宮においでになった市辺の天皇の子孫です。下僕の我らは）

この読み下しも、さっぱり分からない。区切りも誤っているから、なおさらである。これが、わたしの読み下しである。

［わたしの解釈］(1)カガ（もしくはナガ）とし　良《よ》き鉄《まがね》の　虵《き》の鍬《くわ》持ちて　田打つが如《ごと》く　手拍子し　吾《われ》は
　舞はむとす

［解釈の根拠］〇多良知志―カガ（もしくはナガ）とし。多はカ（名のり・かず）、もしくはナ（名のり・な）、良はガ（名のり・かず）で、蛇を表していた。知はト（トモニ）、志はシで、動詞・す（為）の連用形を表している。蛇のようになっている意である。〇吉備鉄―良き鉄の。吉はヨ（ヨシ）、備はキ（キハム）を表している。この章句には、格助詞・のを補う必要があるようだ。この吉備は地名ではない。〇狭鍬持―虵の鍬持ちて。狭はキ（キョウ）で虵、蛇を表している。神聖な鍬の意である。

〇如㆓田打㆒―田打つが如く。この句は漢文表記となっている。田は夕、田畑のことである。打は打つが、如はゴトクである。〇手拍子等―手拍子し。等はシ（シム）で、これも動詞・すの連用形を表している。〇吾将㆑為㆑舞―吾《われ》は舞はむとす。吾はワレでも間違いではない。

蛇のように強く、それも良質の鉄で作った、蛇のように神聖な鍬を手に持って、これで田畑を耕すかのように、手拍子をして、わたしは、これから舞いを始めようとする。これが大意かと思われる。難しい歌である。二番目の歌も、相当に難解である。

［わたしの解釈］(2)鷹は　過度声し　足掻《あが》きしを　諭《さと》す市辺之天皇　御《ぎょ》しすや　我らをも

この歌の正しい区切りは、このようになる。「淡海者　水渟国倭者　青垣青垣　山投坐　市辺之天皇　御足末奴　僕良麻者」。

［解釈の根拠］○淡海者―鷹は。淡海《あふみ》は、海でも湖でもない。淡はタ（タン）、海はカ（カイ）を表している。者はハで、格助詞となっている。○水渟国倭者―過度声し。水渟は過度。水はカ（カハ）、渟はト（トトム）を表している。国倭者は声し。国はコ（コク）、倭はエ（エラフ）で、国倭は声である。この者はシ（シャ）である。○青垣青垣―足掻きしを。はじめの「青垣」は、「足掻き」を表している。次の「青垣」の青は、シ（ショウ）を、垣はオ（オン）を示している。古代も現代も、オとヲには、音韻上の違いは認められないようである。

○山投坐市辺之天皇―諭す市辺之天皇。山はサ（サン）、投はト（トウ）、坐はス（スフ、スハル）で、山投坐は諭すである。○御足末奴―御しすや。御《ぎょ》は文字どおり、統治・支配するの意だ。足はシ（ショク）。御し（御足）は、御すの連用形である。末はス（スヱ）、助動詞・せるの別型である。奴はヤ（ヤツコ）、語調を整えるための間投助詞である。○僕良麻者―我らをも。僕はワレ、良はラである。麻はヲ、者はモ（モノ）である。

［大意］タカは激しく声を出して、鳴き叫び、暴れている。そんなタカをも諭して、おとなしくさせることのできる市辺之天皇が、世の中を統治していた。われわれ兄弟も、そうありたい。この歌の構成は、「淡海者」から「山投坐」までが、市辺之天皇の形容句、それも、その人格の讃辞となっていることである。

この宴の席で、兄弟が、こうして歌謡を歌い終えると、「諸人等《もろひとたち》、皆畏《かしこ》みて走り出でき」状況になったという。兄弟の前に、村人たちは平伏《ひれふ》したのである。やはり、兄弟の身元が判明した瞬間である。

二つの歌謡もまた難解である。しかし、通説の誤りは、地名比定の誤りだけではない。ここには、二つの認識違いがある。この歌の用字を正訓字と誤認したこと。もう一つが、〝漢文表記〟の歌と勘違いしたことである。この誤れる二方向から、強引に解読したことが、致命傷となっている。

この歌謡の「倭」「淡海」と「青垣」は、地名ではない。それではあっても、その国を示すための苦心の用字と見ることができる。古代人の漢字能力は、極めて高い。現代人の、到底及ぶところではない。

なお歌謡を読み解く

通説にとって類似の致命傷は、「顕宗紀」の歌謡の解読でも見られる。弟の弘計が、あえて身元を明かすために、大声を出して歌った歌が、この二首である。その場面は、小楯も同席していた縮見屯倉首《しじみのみやけのおびと》の新築祝いの宴席でのことだ。

(1)倭者彼彼茅原　浅茅原弟日　僕是也
(2)石上振之神榲　伐レ本截レ末　於二市辺宮一治二天下一、天萬国萬押磐尊御裔　僕是也

岩波大系本の読み下しは、このようになっている（カッコ内はその大意）。

(1)倭《やまと》は　そそ茅原《ちはら》　浅茅原《あさちはら》　弟日《おとひ》　僕《やつこ》らま（倭はそよそよと茅原の音を立てる国である。その浅茅原の〈大和の国の〉弟王である。私は）
(2)石《いそ》の上《かみ》　振《ふる》の神榲《かむすぎ》、本《もと》伐《き》り　末《すえ》截《おしはら》ひ、市辺宮《いちのへのみや》に　天下治《あめのしたしら》しし、天万国《あめよろづくに》　万押磐尊《よろづおしはのみこと》の御裔《みあなすえ》、僕《やつこ》らま（石の上の布留の神杉を、本を伐り、枝の末を押し切りはらうように、四周をなびかせて、市辺宮で天下をお治めになった、押磐尊の御子であるぞ、我は）

ここでも、わたしの読み下しとは大きく異なる。

［わたしの解釈］⑴倭《い》は　蛇元《かがちもと》　阿蛇元《あちもと》　蛇蛟《おとか》　僕兄《われせ》なり

［解釈の根拠］〇倭者―倭《い》は。倭は、大国主の宮殿のあった南部町（旧西伯町）馬場ではなくて、伯耆・出雲全体を指しているようである。者はハ、格助詞を表している。〇彼彼茅原―蛇元。彼はカ（カレ）、彼彼はカガで蛇、茅はチで、やはり蛇を表している。カガチとは蛇の重複語である。原はモト、根源・源の意である。〇浅茅《あち》原―阿蛇元。浅はア（アサシ）で、大きい意を示している。茅と原は前述のとおりである。〇弟日―蛇蛟。弟はオト、文字どおりの意ではなくて、蛇の古語を表している。日はカ（名のり・か）で、蛟か。〇僕是也―僕兄《われせ》なり。僕は自称、是はセで、兄を表している。

ここは、弘計（弟）―蛇《おと》、億計（兄）―蛟《か》という対句として表現されていたのである。それは、倭が蛇《かがち》と、阿蛇《あち》を生み出す国だからである。これもまた、難しい歌である。

次の歌も、やはりわたしの解釈とは大きく異なる。

［わたしの解釈］⑵石《いは》の上に経《ふ》りし神榲《かむすぎ》　本《もと》を伐《き》られ　末《すえ》は絶《た》れし　市辺の宮に　天の下治らしし　阿《あ》蛇《は》とす　雄々《おお》し蛇尊《はのみこと》の御裔《おんすえ》　僕是《われせ》なり

［解釈の根拠］〇石上振之神榲―石の上に経《ふ》りし神杉。振之は経《ふ》りし。時を長く経過したの意である。神榲は神々しく、威厳のある杉の古木のことである。その古木の杉が「石上」で、長い間生え続けたのだから、「石上」は岩の上、それも大岩でなければならない。〇伐レ本截レ末―本を伐《き》られ末は絶《た》れし。截（ゼッ・ゼチ）は絶つ意である。神榲は押磐尊の比喩である。雄略によって暗殺された押磐尊の遺体は、切り刻まれていたという。幹から梢《こずえ》に至るまでズタズタに切られたことを表すこの句は、その比喩である。したがって、ここは受け身の解釈が適切である。

○於㆓市辺宮㆒―通説のとおりである。○治㆓天下㆒―この句も、通説のとおりである。○天萬国萬押磐尊御裔―阿蛇とす押磐尊の御裔。天萬国萬は、〝アハとす〟と読むようである。押磐の形容句となっている。天萬は、大蛇を表すアハである。アチ（浅茅）と同じ意味を示していたことになる。天はア（アメ、アマ）、萬はハ（バン）を表している。国はト（トカ）、格助詞である。この萬はス（名のり・すすむ）で、動詞を表していた。押磐《おおしは》は雄々《おお》し蛇《は》、押歯（記）と同じである。御裔については、はっきりしたことは分からない。とりあえず「おんすゑ」と読んでおきたい。○僕是也―直前の歌の解釈と同じ。僕は自称、是はセ、兄のことである。

最後に、わたしの解釈による大意を示しておきたい。

［大意］大岩の上で、長い間生え続けた神々しくて、威厳のある杉の古木が、幹から梢《こずえ》に至るまで切り刻まれたかのような最期の、市辺の宮にあって天下を支配した〝阿蛇《あは》にして雄々《おお》し蛇《は》の尊〟。その子孫である。わたしと、この兄とは。

『紀』では「市辺宮に天の下治らしし」、『播磨国風土記』では「市之辺天皇」と記していた「押歯」「押磐」は、明らかに天皇であって、皇子《みこ》ではない。それも「大和朝廷」の天皇ではない。『紀』『播磨国風土記』は、この事実を明確に示している。

2　飛鳥川

身の上が明らかになって、意祁兄弟は、播磨国から無事に救出される。二人の帰った先が、「摂津国」である。この国名は「セッツのクニ」と読まれ、大阪府と兵庫県の一部に当てられているが、間違いである。

二人の出発地は、現在の米子市である。この観点から考えれば、「摂津国」は、〝ショウジのクニ〟（精巳国、清巳国）となる。〝ショウジ〟とは、清らかな蛇の意である。富士五湖の一つ精進湖《しょうじこ》（山梨県）も、米子市内を流れる精進川《しょうじんかわ》も、もとは〝精巳湖・清巳湖〟、〝精巳川・清巳川〟である。

帰国した二人は、相次いで天皇となる。初めに、弟の袁祁が天皇位に即《つ》くことになる。身元を明らかにしたことを、弟の功績として、兄が固辞して皇位を譲ったためだ。こうして、顕宗天皇が誕生する。

天皇に即位した顕宗はまず、「苅羽井《かはゐ》」で食糧を奪った豚の飼育を生業とする「猪甘《ゐかひ》」の老人の捜索に、乗り出す。その経過と顚末に至る記事には、重要な内容が含まれているので、まず岩波大系本の読み下しを、全文引用して示す。

「志米須」の解読

初め天皇、難《わざはひ》に逢ひて逃げたまひし時、其の御粮《みかれひ》を奪ひし猪甘《ゐかひ》の老人《おきな》を求めたまひき。是《こ》を求め得《え》て、喚上《めさ》げて、飛鳥河の河原に斬りて、皆其の族《うがら》の膝の筋《すぢ》を断《た》ちたまひき。是れを以ちて今に至るまで、其の子孫《うみのこ》、倭に上《のぼ》る日は、必ず自《おのづか》ら跛《あしなへ》くなり。故《かれ》、能《よ》く其の老《おきな》の在る所を見志米岐《みしめき》。故《かれ》、其地《そこ》を志米須《しめす》と謂《い》ふ。

〈顕宗記〉

まず、「猪甘」が住んでいた地は、この記事から間違いなく特定できる。「猪甘」のいたところは「見志米岐」と表記されている。この地を、岩波大系本は「みしめき」と読み下しているが、これでは、この地名は特定不能となる。

これが、この個所の原文である。

故、能見志米岐其老所在。故、其地謂志米須也。

この原文を、岩波大系本は「故、能見㆓志‐米‐岐其老所㆑在。故、其地謂㆓志米須㆒也」（故、能《よ》く其の老《おきな》の在る所を見志米岐《みしめき》。故、其地《そこ》を志米須《しめす》と謂ふ）と解釈した。これが根本から誤っていた。正しくは、このようになる。

故、能㆓見志‐米‐岐其老所㆑在。故、其地謂㆓志米須㆒也。

故、其の老の在る所、足癒へづ。故、其の地を志米須と謂ふなり。

能はア（アタフ）、見はシ（シメス）で、「能見」の二文字は、「足」を表していた。誤訳は、これだけではない。「志米岐」は「癒《い》へづ」である。志はイ（イタハル）、米はヘ（ベイ）、岐はヅ（ツメ）を表していた。「癒へづ」とは、病の治らない状態を示す語である。岩波大系本が誤った章句「能見志米岐其老所在」は、「その老《おきな》の在る所、足癒へづ」となる。

「皆その族《うがら》の膝の筋《すぢ》を断《た》ちたまひき」とあるのだから、「猪甘」の老人の一族は、みな足が不自由になっている。このために、「足癒へづ」が、地名となって、「志米須」と呼ばれるようになった。これが「顕宗記」の伝える地名説話である。それでは、「志米須」はどのように読めばよいのか。

この地名説話に対する通説の解釈では、「志米須」の地名は「シメス」だ。その地がどこなのか。ここには、肝心の地名が示されていないという欠陥が生じている。これでは、地名説話として成立しない。「志米須」は、地名説話として語られている。それなのに、通説には、この視点が欠落しているようである。

『古事記』には、地名説話は少なくない。焼津（静岡県）の地名説話も、その一つだ。「（倭建《やまとたける》）…皆その国造等を切り滅して、すなはち火を著《つ》けて焼《や》きたまひき。故《かれ》、今に焼遣《やきづ》と謂《い》ふ」（景行記）。

このように、地名説話はある事件が起こり、それに伴って、そこに由来する地名が生まれたとする、いわばこじつけによる地名起源譚として語られる。その際、事件と地名を結ぶ媒体として、必ず音韻上の共通性、もしくは類似性のあることが特徴となっている。

通説に対する疑問は、まだ残っている。それが、播磨国の志深村の首《おびと》の名前である。『記』は「志自牟」、『播磨国風土記』は、「伊等尾」と表記している。岩波大系本は、それぞれを「シジム」「イトミ」と読んでいる。ここでも、岩波大系本への批判は避けられそうもない。

播磨国の「志深村」は、『和名抄』にも見える古い郷名であり、その後、「志染」と表記は変わっているものの、地名、河川名として現存している。ここから、定説の読み下しは始まったようだ。しかし、村名である「志深村」と人名の「志自牟」「伊等尾」とは、音韻上、まず関係はなさそうである。これに反し、〝志深村の首〟は同一人物だから、その名前が、大きく異なることはない。「志自牟」「伊等尾」の二つの表記から、そこに一つの答えが見えてきた。

「志自牟」の志はイ（イタハル）、自はシ、牟はホ（ボウ）を表していると思われるから、この人名は「イシホ」であり、「伊等尾」の等にもシ（シナ）音があるから、これも「イシヲ」であろう。「イシホ」と「イシヲ」は、ほぼ共通する。ここでも、岩波大系本とわたしの読み方とでは、大きく異なってしまった。

「志自牟」の例からも明らかなように、志はイ（イタハル）を表していた。ここから、新しい事実が見えてきた。先に取り上げた「志米須」の地名音は、「イマズ」であったことになる。その地は、旧淀江町（現米子市）今津である。「足癒へづ」と「今津」。これが、「志米須《いまず》」の地名説話として語られていたのである。

「能見志米岐」（足癒へづ）と「志米須《いまず》」とは、地名説話として、やはり、音韻上しっかりと繋がっていたことになる。ここまで論じてきたことをまとめれば、表1-1のようになる。

表1-1　兄弟に関する人名と地名

区分	岩波大系本	私見
志自牟	シジム	イシホ
伊等尾	イトミ	イシヲ
志米須	シメス	イマズ

兄弟が食糧を奪われたところは、「茢羽井《かはゐ》」――〝河端居〟だった。〝河端居〟は川の先端、つまり河口付近を示していた。「猪甘」の老人の居住地・今津が判明したことによって、この川も明らかになってきた。妻《む》木《き》川がそれである。ここで二つの地名が、期せずして繋がったことになる。この繋がりは、わたしの解釈が正しいことを告げているようである。

先に引用した「顕宗記」の記事は、深く注視された形跡がないばかりか、どちらかと言えば、これまでから平板な記事として見逃されてきた。そのために今日まで、その記事の中心舞台は、大和盆地と深く信じられてきていたのである。ところが、それが今、根底から覆ってきた。

飛鳥川はここを流れていた

右の記事で述べたことは、その一部だ。まだ重要な記述がある。それは「飛鳥川の河原」だ。この記事は、「飛鳥川」の身元を明らかにしている。

明日香村の石舞台古墳の南を源とする「飛鳥川」の「河原」を、わたしはいまだに眼にしたことがない。著名な古代史家たちの眼には、その「河原」が見えるのだろう。それが見えるから、著名になれるのだろうか。

奈良・飛鳥川の川幅は、わずかに三～六m程度。その上流はまさしく小川である。このような川に、「河原」を求める。それは、エンドウの蔓《つる》に、スイカやカボチャを求めるようなものである。

安土桃山時代の大盗賊・石川五右衛門が処刑されたところは、京都三条河原。つまり鴨川の河原だ。鴨川の河原は政治犯、強盗・窃盗犯とを問わず、時の権力に逆らった者の刑場であった。死体から流れ出た大量の血は河原が吸収してくれるから、大河の河原は、古代から最も適した刑場であった。権力に逆らったり、罪を犯せばこのようになるという、見せしめの場としても活用できる利点まで備わった一般公開の処刑場である。

刑場として利用するには、広い河原のある京都の鴨川程度の川であることを、必須条件とする。どう見ても、河原のない奈良・飛鳥川では無理である。仮に百歩譲ってそうだとしても、なお問題は残る。「久多綿の蚊屋野」、「山代の苅羽井」「志米須」(＝今津)。すべて、米子市内と旧淀江町の地名である。

飛鳥川が通説のとおりであれは、旧淀江町で逮捕した「猪甘《ゐかひ》」を、顕宗帝は遠く離れた、それも河原のない奈良・飛鳥川まで連行してきて、そこで処刑したことになる。まるで無駄な行為である。それだけではない。顕宗の都は「近飛鳥宮」だ。そこは明日香村八釣《やつり》とも、大阪府羽曳野《はびきの》市飛鳥ともいわれている。このように「近飛鳥宮」の候補地は二つに分かれていて、それがどこなのか、具体的に特定できないという矛盾を孕《はら》んでいる。この大事件の舞台を畿内と仮定すれば、矛盾は止めどもなく噴出してくる。

アスカの地名起源

「大和朝廷」第二三代の顕宗帝は、五世紀後半の天皇と考えられているから、『記紀』編纂のわずか二五〇年ほど前の天皇である。単なる一市井人ではない。それなのに、その宮が、特定できないのである。理解しがたい現象だ。だが、わたしにとっては「近飛鳥宮」が明日香村であろうが、羽曳野市であろうが、この地にこだわりはない。どちらでもいい。

わたしの関心事はただ一つ、現米子市内から、どうして遠路はるばる奈良の「飛鳥川」まで連れて行く必要があったのか、それも、「河原」のない飛鳥川までという一点に尽きる。このような移動は、現実に起こりえないと考える方が、感覚としては正常である。「飛鳥川」は奈良県の川ではない。これが、この事件の不動の結論である。

鳥取県西部で、「河原」のある川はただ一つ。日野川だけである。法勝寺川《ほっしょうじがわ》も対象にすべきかとも考えたが、この川に河原と呼べるほどの空間は、ほとんどない。あっても、極度に狭い。法勝寺川は上流にダム（賀祥《かしょう》ダム）があることも、一応考慮すべきではあるが、この川は日野川の三分の一から二分の一程度の川幅でしかないから、ダムのない状態を想定しても、その流域に広い河原を期待することには、無理がある。

「飛鳥川」を究明する上で、参考になる地名が、「宇迦能山《うかしやま》」（記）である。「宇迦能山」とは、とぐろを巻いた大蛇のようになっている山を表す〝宇蛟《うか》し山〟のことだった。今日では、その地名は「高小屋《たかごや》」（もとは高蛟蛇山《たかこうややま》）へと様変わりしてしまっているものの、鳥取県南部町馬場の背後に聳える秀麗な山を指していた。

「アスカ」のアは、これまで繰り返し述べてきたように、大きい・広いという意である。カは蛟、蛇を表している。日本列島の河川名が蛇に由来していることを考えれば、カを蛟と解釈することに、異論はないものと思われる。

つまり、アカは、ウチと同類の地名ということになる。違いは、アカの間に、スが放り込まれていることである。このスは、何を表しているのだろうか。「アスカ」が川の名称であり、それも豊富で清らかな水が流れている川なのだから、スは〝澄〟で決まりである。「アスカカハ」とは〝阿・澄・蛟・川〟、豊かで澄み切った水が、蛇のようになって流れる川のことである。つまり、「アスカカハ」は、大河にふさわしい名称なのである。

「淡海」「久多綿の蚊屋野」「山代の苅羽井《かはい》」、そして「志米須《いまず》」（今津）といった一連の地名は、滋賀県、奈良県の地名ではない。すべて鳥取県の地名である。ここまで明らかになると、飛鳥川は、古代には宇治川とも呼ばれていた日野川であると、結論づけても大過ないようである。

「オオミハヤマ」（大神山）は、奈良県の三輪山ではなかった。その山麓に大神山《おおがみやま》神社の現存する大山が、この山だった。飛鳥川もまた、古代にあっては、宇治川と呼ばれていた日野川だった。いずれも、鳥取県西部の山と川の名称である。これは偶然の一致などではない。

「出雲国神賀詞《かむよごと》」には、大国主とその息子三人が、祭られた地を示していた（第2巻・第十四章）。その地の一つが、「飛鳥の神奈備《かむなび》」だった。賀夜奈流美《かやなるみ》の祭られた地である。この地を、日野川のかたわらに位置する福市・青木丘陵に当てた根拠が、これだった。賀夜奈流美とは〝華陽《かや》なる巳《み》〟のことで、華々しく輝く蛇を表している。これは、建御名方《たけきなが》の別名であり、同時に八束水臣津野《はしすおおつぬ》の別名でもあった。

その由緒ある地名が、ある一族によって、まるで関係のない大和盆地に移入されたために、鳥取県西部から消されてしまっていたのである。心無い仕業といった悪質ないたずらの類いではない。大犯罪に匹敵する行為である。

飛鳥川は日野川だった。日本国民にとって、にわかに信じることのできない驚天動地の帰結であっても、これが真実である。この事件を「大和朝廷」と大和盆地から切り離して、『記紀』を冷静に分析すれば、そこから必ず見えてくる光景である。

著しく改変の手を加えられているが、その裏で、しぶとく歴史の真実を伝えようとしている。それが『記紀』である。その『記紀』の断面が、これからますます明らかになってくる。

なお残る飛鳥についての疑問

飛鳥川は、古代にあっては宇治川とも呼ばれていた日野川である。この特定によって、「飛鳥川」は解決した。ところが、これで、すべてが解決したわけではない。「飛鳥」は、どのようにいじっても、「アスカ」とは読めないのである。

山陰では、飛魚《とびうお》のことを飛魚《あご》と呼ぶ。魚の古語の一つに、ゴもあったのだから、魚は確かに、ゴと読むことはできる。だから、古くには、飛にもア音があったと考えられなくもない。ここまでは、それなりに根拠もある。しかし、問題はこの先である。

鳥の読み方は、チョウ、トリ、ヲソルに限られているから、スカとは読めない。だから、「飛鳥」を、「アスカ」と読むことには無理がある。それなのに、「アスカ」と読み続ける。強引としか言いようがない。ここに抵抗を感じ続けた。「飛鳥」とは、本来は「ヒチ」かと思われる。では、その「ヒチ」の意味は、何か。これが簡単に解けなかった。

オロチ退治の舞台を解明して以来、「肥川上」（記）、「簸川上」（紀）の「ヒ」が、絶えず気に掛かっていた。この川（現加茂川）は、米子市日原《ひばら》を流れている。そうなると、地名としては日原が先か、「ヒの川」が先か。要するに、卵が先か、ニワトリが先かという問題に突き当たってしまったのである。「ヒ」の意味が分からなかったことによって、生じた混乱である。

鷲頭山《わしずやま》を源《みなもと》とする「肥（簸）の川」（現加茂川）は、東北へ向かって流れ出す。豆腐屋《とうふや》・岡（鳥髪《おか》・鳥上《おか》）を過ぎると、奈喜良《なぎら》付近で、急にその流れを、九〇度近くも変える。やがて、この流れは日原に至る。するとここでも、その方向を九〇度も変えて、北北西に向かって流れ始める。一筋の川ではあっても、その流れは極度に蛇行している。ここに日原・「ヒの川」の地名起源が隠されていた。

（全国の「ヒ」の地名）

(1) 日高

①日高山脈　…　北海道南部

②日高町　…　北海道、埼玉、和歌山、高知

(2) 飛騨

①飛騨山脈　…　富山・長野他

②飛騨高地・飛騨川　…　岐阜
(3)日田《ひた》　…　大分
(4)肱《ひぢ》・比《ひ》地《ぢ》
①肱《ひぢ》川　…　愛媛
②比《ひ》地《ぢ》川　…　沖縄

これらの地名から、「ヒ」の意味がようやく見えてきた。解けた決定的な要因は、体の一部にあった。肘《ひじ》（肱・臂）と膝《ひざ》に気づいたのである。「ヒ」は〃曲る〃意である。ヒジ・ヒザのジ・ザは、体の位置・場所を示す言語である。この点、すでに第1巻（第六章）で、「黄泉比良坂」（「神代記」）、「泉津平坂」「泉平坂」（「神代紀」）の解明に関して触れている。

曲がりくねった山裾《やますそ》・川の流れなどに規制されて、やはり曲がりくねった地形となっている平野部・谷・沢などを、日本人の遠い祖先は、「ヒ」で表していたのである。この地形的特徴は、右に示した地名と一致する。ここから、蛇の語も生み出していたようである。

〃神《かむ》な蛇《び》山〃を表していた『出雲国風土記』の「神奈火山」「神奈備山」。蛇の重複語〃蛇《くし》蛇《ひ》〃を表していた「神代紀」の「槵日」。日野川も〃蛇《ひ》の川〃で、例外ではなかった。ヒには蛇の古語もあった。

だがそれだけではない。ヒには多面性がある。それは接頭語と接尾語において、端的に現れる。まず、接頭語のヒから考えてみたい。山脈名のヒには、日を浴びて美しい意の日、大きい意の丕といった美称が、まず考えられる。次いで大きく曲がっているヒだ。

山岳名と河川名の多くに、蛇が取り入られている。この傾向から、ヒダカのダ、カは蛇、蛟か。そうなると、ヒダカの候補として、①〃日《ひ》蛇《だ》蛟《か》〃、②〃丕《ひ》蛇《だ》蛟《か》〃、そして大きく曲がっている地形を示す③〃曲《ひ》蛇《だ》蛟《か》〃

が挙げられる。町名のヒダカは、″曲蛇処《ひだか》″か。飛騨山脈も、日高山脈と変わることはない。①″日蛇《ひだ》″、②″丕蛇《ひだ》″、③″曲蛇《ひだ》″のいずれかが、その地名起源と考えられる。

日田はどうか。これは″曲田《ひ》″か。西で福岡県に接する大分県の日田市は、盆地の中にあり、この盆地には、三隅川《みすみがわ》（筑後川上流）に注ぐ有田川・花月川・高瀬川・大肥川といった川が流れている。これだけでも、この地が、「ヒダ」の地であることが、手に取るように分かる。その象徴が、大肥川《おおひがわ》である。これももとは″大蛇川《おおひがわ》″である。

同じ河川でも、肱川・比地川はどうか。いずれも、「ヒジ」（肘）の意ではなくて、もとは″ヒチ″であったと思われる。このヒも、今問題にしているヒであり、チは蛇《ち》のことである。すなわち″曲りくねった蛇《ち》″―″曲蛇《ひち》″、これが、肱川・比地川の本来地名であったと考えられる。″ヒチ川″は、″ウチ川″（宇治川・内川）に類する地名である。

地名は、文字を使用する以前に生まれている。その時代の社会では、言語の多くは一音、もしくは二音で表されていた。「ヒ」も、その時代の言語だったということになる。「ヒ」は、カシヒ・カヒ・ハクヒといった地名にも共通する。

ハクについてはいまだに明らかにできないが、ハクヒ（羽咋）とは、蛇のように曲がっている地の意かと考えられる。カシヒ（香椎）は、傾斜状の、それもひどく曲がった地の″傾《かし》・ヒ″であり、カヒ（甲斐）は、″高《かう》・ヒ″か。

そして、あの南アメリカのコロンビアである。一見、英語のようなこの国名は、第2巻（第十五章）で述べたように、本来は蛇の重複語＋地名接尾語・野《や》の″コロ＋ヒ＋ヤ″（蛇《ころ》＋蛇《ひ》＋野《や》）である。まさに、日本語の特徴をそっくりそのまま備えている。これで、第1巻からの懸案問題は、ほぼ解決したことになる。それでも、「飛鳥」を、なぜ「アスカ」と読むのか。この疑問については、いまだに分からない。

3　銅鐸文明圏の証言

銅鐸を使っていた顕宗帝

顕宗が父親の遺骨を探し求めていた時、淡海国（実態は美保湾岸のこと）の一人の老婆が、その地を目撃していたことを、『記』『紀』ともに伝えている。やはり、その老婆の証言した結末となった。

その結末について、「…土を掘りて、その御骨《みかばね》を求めき。すなはちその御骨を獲《え》て、蚊屋野《かやの》の東の山に、御陵《みささぎ》を作りて葬《はふ》りたまひて、韓帒《からふくろ》の子等をもちて、その陵を守らしめたまひき」と、「顕宗記」は伝えている。この記事で明確なように、市辺天皇が雄略によって、コッソリ埋められた地は、米子市蚊屋ということになる。

ここまで明らかになると、市辺天皇の陵墓が造られた「蚊屋野の東の山」を見つけ出すことも、容易となる。この東の山とは、大山《だいせん》西麓端の丘陵地（標高六〇m）である。ここに「尾高浅山遺跡」がある。その概略は、米子市教育委員会発行の小冊子『尾高浅山《おだかあざやま》遺跡』にまとめられている（図1―2）。

この丘陵地の北側に環濠集落があり、その中に、前方後円墳二基と円墳一基が確認されている。前方後円墳の一つ（一号墳）は全長三四m、高さ五m。他の一つはひどく荒らされていて、実測不可能な状態となっている。五世紀末の築造と見られているが、それよりも早い段階ということもありえる。環濠集落は、邪馬壹国に対する狗奴国側の抵抗の象徴だ。その集落の中に、あえて墳墓を造っているのだから、動機は見せしめ・侮辱にある。

市辺天皇の陵墓はここではなく、その南に残っている弥生墳墓群の方である。この丘陵南に、四隅突出型《よすみとっしゅつがた》方墳《ほうふん》一基（規模：九・七m×七・一m、高さ〇・八五m。突出部：長さ約一m、幅一・八m）のほかに、円形の墳丘

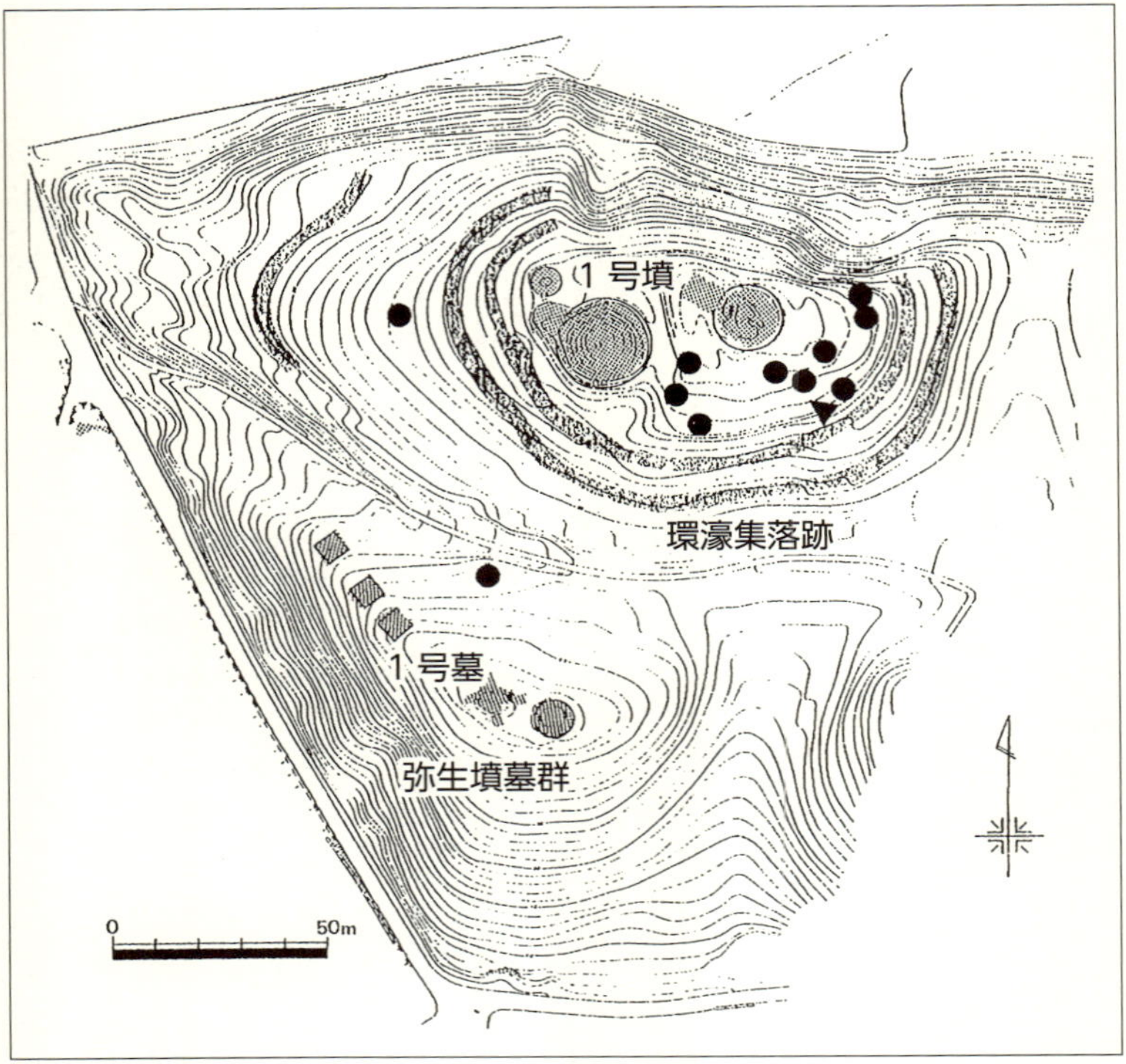

図１－２　尾高浅山遺跡
（米子市教育委員会『尾高浅山遺跡』より）

墓一基と方形墓三基が確認されている。この中で、市辺天皇の墳墓と有力視することができるそれが、四隅突出型方墳である。この地は米子平野を一望できるだけではなく、東に大神山《おおみはやま》（大山）を仰ぐ景勝の地である。これも陵墓地選定の条件の一つとなったとも考えられるが、それ以上に、父親が「蚊屋野」で惨殺されたことを風化させないために、蚊屋に近いことを優先させたのではないか。

「顕宗記」「顕宗紀」のどこにも、奈良・大和の入り込む余地はない。驚くべきことは、これだけではない。「顕宗記」「顕宗紀」には、失われた歴史の真実を解明する鍵が、なお埋蔵されている。二書ともに、伯耆・出雲文明圏の象徴であった「銅鐸」の存在を明らかにしていたのである。それも、実用品としての「銅鐸」だ。

顕宗は粗末に埋められた父親の遺体の、埋められた地を教えてくれた老婆を、ことのほか大切にした。その記事が、これだ。

その地を知りしを誉《ほ》めて、名を賜ひて置目老媼《をきめのおみな》と号《な》づけたまひき。よりて宮の内に召し入れて、敦《あつ》く広く慈《めぐ》びたまひき。故、その老媼の住める屋は、近く宮の辺に作りて、日毎に必ず召しき。故、鐸《ぬりて》を大殿の戸に懸けて、その老媼を召さむと欲《おも》ほす時は、必ずその鐸を引き鳴らしたまひき。〈顕宗記〉

「呼び鈴」として「鐸」（大鈴）が利用されていることを、『記』は明言しているのである。『紀』も、同趣旨のことを記している。時の大王・顕宗は「鐸」を鳴らして、人を呼んでいたことは動かしようのない事実である。『記紀』の主張する〝「大和朝廷」の先祖〟は、その美しい音色を、戦場だけではなく、日常生活でも利用するために、「鐸」を製作していたのである。

しかるに、「大和朝廷」の子孫の、銅鐸についての対応はどうか。「その制常に異にして…」（『続日本紀』

巻第六）だ。すでに第2巻（第十三章）で、説明したとおりである。その形状が異なっている事情だけではなく、使用目的すらも知らないといった、まるで他人事のような態度だった。

「鐸」を利用していた第二三代天皇・顕宗と、その用途をまったく知らなかった第四三代天皇・元明との間に、どうして、このような落差が生じているのか。元明は先祖について、無頓着・無関心だったのか。「大和朝廷」はどのように考えても、実に摩訶不思議な権力者である。

人名の解読も誤っていた

通説とわたしとでは、記紀歌謡についての解釈は、根底から異なっていた。誤っているのは、古代史に素人のわたしの方だろうか。この著しい違いは、人名の読み方にも現れてくる。

表1-2　異なる兄弟の表記

区分	顕宗（弟）	仁賢（兄）
古事記	袁祁	意祁
日本書紀	弘計	億計
播磨国風土記	袁奚	意奚 於奚

日本の古代にあっては、蛇は主要な地位を占めている。その特徴は、この兄弟の名前にも現れていた（表1-2）。しかも、二人が、一卵性双生児であることから、この兄弟の名前は対称的、あるいは類似的となっている。播磨国で舞う時、妻を娶る時、そして皇位に即《つ》く時。すべてその人生の重大な局面において譲り合っている。それも、弟の方が体が大きくて、度胸が座っていたためか。いずれにしても、二人が一卵性双生児であったという事実は、二人の名前を考える上で、極めて示唆的である。

表1-3　わたしの解読による兄弟の人名

区分	顕宗（弟）	仁賢（兄）
古事記	袁祁―オキ（大虺）	意祁―イキ（偉虺）
日本書紀	弘計―コウケ（光虺）	億計―オケ（陽虺）
播磨国風土記	袁奚―オケ（大虺）	意奚・於奚―イケ（偉虺）

まるで右へ倣《なら》えをしているかのように、この兄弟名が「オケ」「ヲケ」なのは、なぜか。祁にケ音はないが、「計」（書紀）、「奚」（播磨国風土記）のいずれにも、ケイ音が共通して

いるから、これを根拠に、『記』の意祁・袁祁をも、「オケ」「ヲケ」と解釈したようである。祁はケではなくて、キか。

　ここでまず、わたしの解読による兄弟名を示し、それに基づいて論述を進めたい（表1―3）。そこで、解読が比較的容易と思われる兄の意祁から、考えてみたい。これは、大蛇の意の〝イキ〟（偉虺）である。意は大きい意のイ（偉）、祁はキである。特に難しい表記ではない。

先に天皇位に即《つ》いた弟の袁祁は、どうか。双子の兄弟だから、名前も似ていると考えられる。兄の名に似ていることを前提とすれば、即座に頭に浮かぶ語は、「大」である。袁はオで、大（名のり・お）を表している。二人合わせれば、〝偉大〟となる。

　袁祁は〝オキ〟（大虺）である。これであれば、兄弟名として対応していることになる。「弘（ヲ）は小、億（オ）は大の義であろう。（中略）オ・ヲは、大・小を以て兄弟を表すものであろう」（岩波大系本）という見解もあるが、そうではなかった。

『紀』の記す「弘計」「億計」は、『記』とは異質である。キ音は、祁にはあるが、計にはない。虺にはキ以外にも、ケ・カイの音があった。これで、「弘計」「億計」も解けてきた。

　二人は後に天皇となる。だから、弘は高貴な意味を表していると、見なすことができる。そうなると、弘はコウで、光が有力となってくる。この解釈が正しければ、弘計とは、光り輝く蛇の意の〝コウケ〟（光虺）となる。

　弘計が〝光虺〟であれば、『記』の例から、兄の億計は、弟と同じように高貴な名前でなければならない。このように考えると、億計の有力な読みは〝オケ〟（陽虺）となる。億はオ（オク）で、陽《お》（名のり・お、おき）を示していると考えられる。

『播磨国風土記』の袁奚はオケ（大虺）、兄の意奚・於奚はイケ（偉虺）である。於はイ（イル）を表している。虺にはキだけではなく、ケ・カイの音もあることの発見の意義は、ことのほか大きかった。奚は虺《け》を表していた。その奚には、「シモベ」（僕《しもべ》）の意味もある。この兄弟には、村長の家で「シモベ」として使役されていた経歴がある。そのために、あえて奚字を用いて、表記したとも考えられる。

兄弟の父親はどうか。『記』では市辺之忍歯王、『紀』では市辺押磐皇子、そして『播磨国風土記』では「市辺天皇」と表記されている。まさに、三者三様である。この三文献に共通する市辺は、どう読めばよいのか。

市辺はイチノベと読まれているが、適切な解釈は、聡明な蛇の意の〝チハシ〟（智蛇）か。市はチ（名のり・ち）、辺はハシで、蛇の意か。市辺を〝チハシ〟と仮定すれば、三者の表記も解けてくる。

「市辺之忍歯」（「顕宗記」）は、〝チハシオオシハ〟（智蛇し雄々し蛇）か。之字は動詞・す（為）の連用形、忍字はオオシ（名のり・おし）を表している。

「市辺押磐」（「顕宗紀」）も、すでに明らかだ。〝チハシオオシハ〟（智蛇し雄々し蛇）である。「市辺天皇」（『播磨国風土記』）については、改めて説明の必要はない。この親子も、「蛇」を人名としていたのである。銅鐸文明圏では、蛇はどこまでも尊重されている。

『譜第』という史書

「市辺天皇」とその二人の息子が証言しているように、貴重な歴史的文献が、古代には存在していた。それは、伯耆・出雲で著されていた。その文献を『譜第《ふだい》』という。『譜第』を、岩波大系本は「かばねついでのふみ」と、やけに難しく読んでいる。しかし、『譜第』とは、〝系譜次第〟の略のようだから、「フダイ」と素直に読んでもよいのではないか。この文献は、「顕宗紀」の冒頭に書き込まれている。

譜第に曰はく、市辺押磐皇子、蟻臣《ありのおみ》の女《むすめ》荑媛《はえひめ》を娶《め》とす。遂に三の男《ひこみこ》、二の女《ひめみこ》を生めり。その一を居夏《ゐなつ》姫と曰ふ。その二を億計王と曰ふ。（中略）その三を弘計王と曰ふ。

『譜第』は、伯耆・出雲―狗奴国の文献である。そこに記録されている億計・弘計兄弟は、当然、伯耆・出雲の大王ということになる。その父親・市辺天皇も、然りだ。「大和朝廷」とは、無縁の人物ばかりである。

『記紀』編纂に際して、「大和朝廷」の利用した史料は、九州王朝の史書だけではない。狗奴国の史書をも、しっかりと利用していたのである。これが、安本美典氏の眼前に置かれている『記紀』という「史書」の素姓であり、実態である。

『記紀』の実態は、これだけにとどまらない。億計・弘計兄弟の物語は、いわばその導入部である。驚天動地の事実は、これからさらに明らかとなる。

第二章　これでも「大和朝廷」の天皇なのか

1　仁徳の行動

兄弟間の確執と信頼

仁徳の特筆すべき兄弟は二人、大山守《おほやまもり》と宇遅能和紀郎子《うちしわきいらつこ》だ。いずれも応神の息子ではあるが、母親が異なっている。いわゆる異母兄弟だ。応神の子どもは二六人にも及ぶ。これからの行論上、関係する人物の系譜を、「仁徳記」に従って、できるだけ分かりやすく、かつ簡略化して次頁に示す。高木入日売・中日売と弟日売の三人は、実の姉妹である。

「仁徳記」「仁徳紀」の多くは、これらの兄弟間と、妻の石之比売《いはのひめ》の事件でほとんど語り尽くされている。その仁徳の父親である応神の皇位継承者は、宇遅能和紀郎子である。宇遅能和紀はウヂノワキと読まれているが、誤まっている。〝ウチシワキ〟――〝宇蛇し和虵〟が正しいようである。大蛇であるにもかかわらず、隠やかな性格の虵《へび》。これがこの人物の素顔である。皇位継承者にふさわしい人名となっている。

ところが、応神の死後、大山守は皇位を狙い、宇遅能和紀郎子の殺害を謀《はか》る。大山守の真意を知った仁徳は、その計画を阻止するために、ことの次第を宇遅能和紀郎子に伝える。このために、大山守は逆に宇遅能和紀郎子の兵士によって、宇治川で殺害されることになる。その死体は那良山《なら》（紀：那羅山）に葬られる。

この事件の後、和紀郎子《わきいらつこ》と仁徳は、お互いに皇位を譲り合う。そうして、三年が経過した。そこに、一人の海人《あま》（漁師）が「鮮魚」を包んで、菟道宮《うぢのみや》に献上する。それなのに、和紀郎子は「我、天皇に非《あら》ず」と

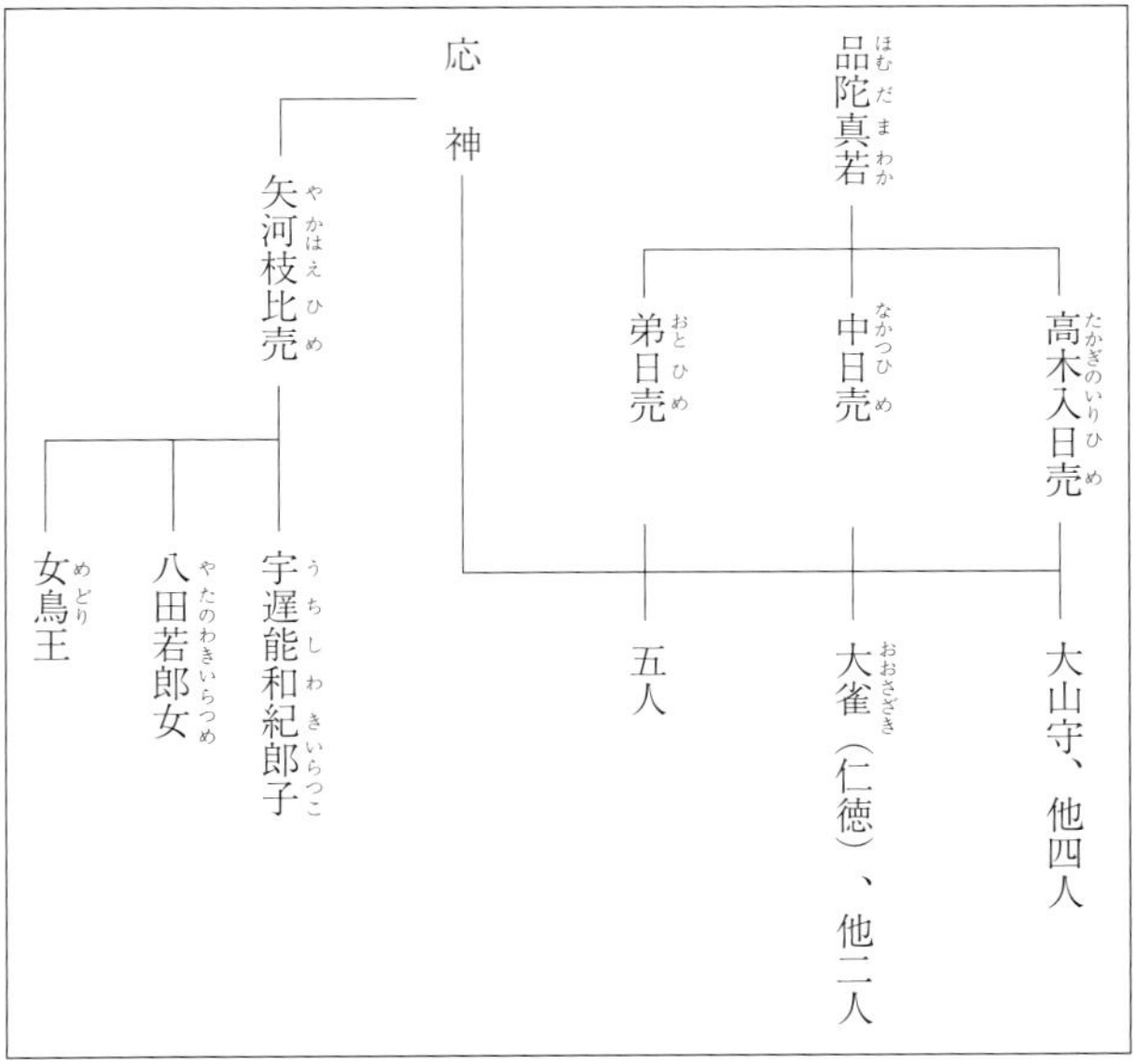

図２－１　仁徳に関する系譜

言って、難波に送るよう命ずる。ところが、仁徳も同じことを言う。このために、菟道と難波を行ったり来りした「鮮魚」は、腐ってしまう。海人はまた別の「鮮魚」に代えて、同じことをするが、結果は変わらなかった。やがて、和紀郎子は亡くなる。『紀』では、大雀《おおさざき》を煩わしたことを気に病み、和紀郎子は自らの手で、その命を絶ったとある。その遺体は、「菟道《うぢ》の山の上」に葬られたという。

このような経過の後、天皇に即位した大雀は難波に都を定め、高津宮《たかつのみや》を造営する。ある日、高山に登り、国の四方を見渡して、「国の中に烟《けぶり》発《た》たず。国皆貧窮《まづ》し」状況であることを知る。そこで、仁徳は三年間、国民に対して租税を免除し、宮殿が壊れ、雨漏りがしても、一切修理せず、質素倹約を励行し、無駄を省いて、極力財政支出を抑制した。どこかの国の政治家や官僚とは、大きな違いである。

この善政の結果、国には烟があちこちで立ち登り、国民は豊かになったという。そのために、仁徳の治世は、「聖帝《ひじりのみかど》の世」とまで称賛されているほどである。しかし、それは一面であって、すべてではない。

仁徳とその妻
石之比売との確執

仁徳は別の顔を持っていた。父親の応神同様、〝女癖〟が悪かった。ただ、父親と著しく異なったところがあった。妻の石之比売《いはのひめ》が、激しく嫉妬する性格の持ち主だったことである。石之比売は、夫の〝二番目以下の妻〟の女性を宮中へ入れないばかりか、これらの女性に、天皇に気に入られようとする言動があれば、「言立者、足母阿賀迦邇嫉妬」ほどだったという。

「言立者、足母阿賀迦邇嫉妬」の句は、「言立《ことだ》てば、足もあかがに嫉妬《ねたみ》たまひき」と読み下されてきている。この句の直後には、「母より下の五文字は音を以《もち》ゐよ」との分注が施されている。分注とは、記紀編纂者によって、本文中に挿入された注釈のことである。〝親切な措置〟ではあっても、『記紀』原典・原史料が、正確に読めない記紀編纂者の施した注釈なのだから、絶対視すべきではない。現に、ここでも誤っていた。「足もあかがに」の読み下しも、正確ではない。

この句の読み下しは、「言立《ことだ》てば、蛇《だ》も阿蛇《あかが》（大蛇のこと）に嫉妬《ねたみ》たまひき」となる。例の〝当該漢字第一音採用法〟を適用すれば、足はダ（タル）で、蛇を表している。母はモで、係助詞となっている。阿賀迦は〝阿蛇《あかが》〟で、大蛇を表している。阿には大きい、広いの意味がある。つまり嫉妬して、相手（この場合は仁徳）を言葉で非難することによって、石之比売の体は、小さな蛇が大蛇に変身するほどに、その感情を激しく体に表していたということになる。凄まじいまでの嫉妬心だ。

この嫉妬の標的となった女性が、容姿端正と評判の高い吉備の黒比売である。黒比売は石之比売の嫉妬に恐怖を覚え、本国に逃げ帰った。高殿から、黒比売の乗った船を眺めていた仁徳は、その気持ちを歌にして表した。

淤岐幣邇波　袁夫泥都羅羅玖　久漏邪夜能　摩佐豆古和藝毛　玖邇幣玖陀良須

［岩波大系本］沖方《おきへ》には　小船連《をぶねつら》らく　くろざやの　まさづ子吾妹《わぎも》　国へ下《くだ》らす

これが、岩波大系本の読み下しである。定説と言ってよい。しかし、意味はまるで分からない。古代の歌謡だから、分からないのではない。

［わたしの解釈］沖へ馳《は》し　追ふなと足掻《あが》く　辛《つら》し魚《や》の　はたと伏しきも　岸へ来《きた》らず

［大意］沖へ急いで逃げようとする。その一方で、わたしのあとを追わないでと、足掻いている。去りがたく思い、内心では苦しんでいるために、その魚は急に水面に伏して、動かなくなっているものの、決して、岸へ近寄ろうとはしなかった。

［解釈の根拠］〇淤岐幣邇波—沖へ馳《は》し。淤岐は沖。幣はヘ（ヘイ）、方向を示す格助詞である。邇波は馳《は》し。邇はハ（ハカル）、波はシ（シハ）となっている。〇袁夫泥都羅羅玖—追ふなと足掻く。袁はオ（オン）、夫はフ、泥はナ（ナツム）、都はトを表している。羅はア（アフ、アミ）、この羅はガ（カカル）、玖はクである。

〇久漏邪夜能—辛《つら》し魚《や》の。久はツ（名のり・つね）、漏はラ（ル・ロウの活用による）、邪はシ（シャ）である。夜はヤで、魚の古語を表している。今日、「ヤサイ」を、野原にある菜っ葉の意の「野菜」と表記しているが、古代にあっても、食物となる植物を栽培していたのだから、どこかおかしい。本来は、魚と植物の〝魚《や》菜《さい》〟か。多分に、栄養の配分と均衡に配慮した用語であったと思われる。どこかで、漢字表記を誤ったようだ。能（ノウ）は、格助詞・のである。

〇摩佐豆古和藝毛—はたと伏しきも。摩はハ（バ、ハタク）、佐はタ（タスク）、豆はト（トウ）である。古はフ（フル）、和はシ（シタカフ）、藝はキ（名のり・き）、毛はモ（モウ）である。〇玖邇幣玖陀良須—岸へ来らず。この玖はキ（キウ）、邇はシ（ジ）、幣はヘ（ヘイ）である。玖はキ（キュウ）、陀はタ、良はラ、須はズ（ス）である。

この話を知った大后《たいごう》の怒りは、収まらない。気性の激しい女性である。ただちに家臣を港に派遣すると、黒比売を船から下ろし、徒歩で実家に帰らせている。それでも黒比売を忘れることのできない天皇は、「淡《あは》道島《ぢしま》を見むと欲《おも》ふ」と大后《たいごう》を欺き、吉備の黒比売に会いに行く。その途次で、「淡道島」に立ち寄る。

〃原典〃が正しく読めなかった記紀編纂者

その「淡道島」で、「遥かに望みて」作った歌がある。これが、仁徳のその歌である。

淤志弖流夜　那爾波能佐岐用　伊伝多知弖　和賀久邇美礼婆　阿波志摩　淤能碁呂志摩　阿遅摩佐能
志麻母美由　佐気都志摩美由　〈仁徳記〉

［岩波大系本］おしてるや　難波の崎よ出で立ちて　我が国見れば、淡島《あはしま》　自凝島《おのころしま》　檳榔《あぢまさ》の　島も見ゆ
放《さけ》つ島見ゆ。

「淡道島」で仁徳の見たこの光景は、今日ではそのまま眼にすることはできなくなってしまっている。それは、「仁徳記」の記事が不正確だからではない。この一帯の地形が、当時とは想像もできないほどに変貌し、島という島が陸地化し、すっかり姿を消してしまったためである。「国生み神話」で、「淡道島」（淤能碁呂島）も、〃淡道島の分家〃も、すでに判明している。この歌の身元は、大阪湾―淡路島ではない。

［わたしの解釈］魚《お》行きし寄る　波しし崎や　出で立ちて　日隠し見れば　粟島《あはしま》　雄々し蛇島《ころしま》　鰺刺《あじ》　弾《はず》
みし魚《お》　食《は》みし過ぎつ島　見ゆ

［解釈の根拠］○淤志弖流夜―魚行きし寄る。わたしの解釈では、「おしてるや」といった枕詞も、言語もない。淤はオで魚を表していた。志弖流は行きし。志はユ（名のり・ゆき）、弖は誤りで、弓が正しい。弓は

キ（キュウ）、流はシ（シク）で助動詞、夜はヨルで、動詞・寄るを表している。○那爾波能佐岐用―波しし崎や。那爾は波。那はナ、爾はミ（名のり・み）を表している。波能はしし。波はシ（シハ）、能も今日では消滅した音・シである。佐岐は崎。海に突き出たところ、岬のことである。用はヤ（ヤフ）で、間投助詞を表している。○伊伝多知弖―出で立ちて。伊はイ、伝はデ（デン）である。多知弖は立ちて。波打ち際まで出て行っての意である。○和賀久邇美礼婆―日隠し見れば。和はヒ（名のり・ひとし）、太陽、太陽光線のことである。賀久邇美礼婆は、隠し見れば。手を額に翳《かざ》して見るとの意である。この日、仁徳は快晴に恵まれていた。

○阿波志摩―粟島。この地名は、今もなお現地に残っている。ここには、粟島山とも明神山とも呼ばれる椀を伏せた形の、美しい山もある。標高約三八ｍのこの小山には、粟島神社の本殿が建っている。中海に面しているので、現地に立てば、ここがかつては島であったことは、容易に理解できる。○淤能碁呂志摩―雄々し蛇《ころ》島。「国生み神話」の記していた島、島根半島である。

　難解な句が、「阿遅摩佐能志麻」「母美由」である。○阿遅―鯵刺。阿遅はアジで、水鳥のアジサシ（鯵刺）のことである。阿はア、遅はジを表していた。○摩佐能志麻―弾みし魚。摩はハ（バ）、佐はズ（スケ）、能はミ（名のり・みち）、志はシ、弾みしとは、飛びはねる意である。麻はオ（ヲ）で、魚のことである。○母美由佐気都志摩―食みし過ぎつ島。母美由はハミシ。母はハ（ハハ）、美はミ、由はシ（シタカフ）である。○ハミは動詞・食《は》むの連用形、シは助動詞・きの連体形である。佐気都志摩は過ぎつ島。佐はス（スケ）、気はギ（キ）、都はツとなっている。この志摩も「島」である。○美由―見ゆ。美はミ、由はユを表している。仁徳の立っている周囲は、島と海だけである。

　この歌の対象となった島は、通説の四島ではなくて、三島だった。誤訳はまだある。仁徳は「淡道島」から周りの島々を眺め、この歌を詠《よ》んでいる。それなのに、「我が国見れば」の解釈はおかしい。周りはすべて「我が国」である。あえて、その事実を歌にするとは、考えられない。そして、肝心の「難波の崎」は、この歌の中にはなかった。

その時、仁徳はどの島にいたのか

仁徳がこの歌を詠《よ》んだところは、「淡道島」である。『記』は、そのように明言している。「大和朝廷」の文化人・知識人は、ここで事実誤認を犯していた。太安万侶《おおのやすまろ》たち記紀編纂者は〝原典〟が正しく理解できていなかったことを、自ら白状していたのである。

あるいは、これは原文の意図的な改変か。〝記紀原典〟に依拠しながら、作文に作文を重ねてきている太安万侶たちにとって、「難波」は大阪でなければ困ることになる。そこで、瀬戸内海で最も「難波」に近い島に眼を付け、その島名を新たに「淡道島」（現淡路島）としたとの推測も成立する。いずれにしても、仁徳の立っているところは、「淡道島」ではないのである。

「国生み神話」の「淡道之穂之狭別島《あはぢのほのせのわかれのしま》」の構成は、〝「淡道（島）」＋「穂之狭別島」〟となっている。本家たる「淡道（島）」とは、「淤能碁呂志摩」―島根半島を、分家の「穂之狭別島」とは、島根半島対岸の島―『出雲国風土記』に明記されている「夜見島《よみの》」のことである。

つまり、「淡道島」（＝淤能碁呂志摩）の仁徳は、自らの立っている「淤能碁呂志摩」も見えたと言っているのである。正常な感覚であれば、こんなことは歌にしない。ここでも、誤訳を正しいと勘違いしていたのである。

仁徳は、石之比売には〝ちょっとそこまで〟といった口実で、「夜見島」へ上陸している。そこで粟島（米子市彦名町）が見えたのだから、仁徳は粟島に近いところに立っている。どうしてか。島根半島や境港市から、粟島は見えない。するとそこは、「夜見島」の南端ということになってくる。そうなると、「夜見島」南端―粟島間の距離は、二・〇～三・五km前後かと思われる。米子港―粟島間は二・五kmだから、米子港―「夜見島」南端までの距離は、四・五～六・〇kmとなる。

(1)大阪湾―淡路島　…　五〇km前後（JR山陽本線・尼崎―西明石…四八・二km。同・塚本―西明石…五二・五km）
(2)米子港―「夜見島南端」…　四・五〜六・〇km前後

(1)と(2)のいずれが、距離として妥当か。答えは明らかである。仁徳は難波（大阪湾）から出港などしていない。この「難波」は、現米子港である。では、中海に、アジサシ（鯵刺《あじ》）は飛来してくるのか、どうか。『大日本百科事典《ジャポニカ》』（小学館）によると、この鳥はカモメ科の小型種で、世界中に分布し、日本には春と秋に旅鳥として現れ、特に大阪湾以西の内湾に多く見られるという。翼長は二七cm程度で、全体に白く、脚の発達は悪いが、飛び方は軽快で、小魚を見つけると、空中から急転降下して海中に突っ込み、捕食するという。

粟島神社のそばにある米子市水鳥公園に確認すると、アジサシは、やはり春と秋に中海と公園内に飛来し、なかでも多い種が、クロハラアジサシとのことである。わたしの解釈は間違ってはいないようである。

「吉備」の仁徳

「夜見島《よみのしま》」は仁徳にとっては、途中経過地である。目的地は、黒比売の郷里・吉備である。

難波（大阪湾）―淡路島（兵庫県）―吉備（岡山県）の経路が、通説となっている。しかし、「難波の先よ出で立ちて」は、誤訳であることが判明しているから、〃難波＝大阪湾〃は、成立しない。仁徳の向かった先は、岡山県ではない。その目的地である「吉備」は、出雲国西部一帯の地名である。

仁徳は、「吉備の山方《やまがた》」の地に至り、そこで黒比売のもてなしを受ける。彼女は調理の腕には、自信があったようだ。熱い吸い物の具にするために、菘菜《あをな》を摘みに出掛ける。一緒に来た仁徳は、ここでも歌を作っている。これに対して、黒比売も歌で応えている。

［仁徳の歌］夜麻賀多邇　麻祁流阿袁那母　岐備比登登　等母邇斯都米婆　多怒斯久母阿流迦

[岩波大系本] 山縣《やまがた》に　蒔《ま》ける菘菜《あをな》も　吉備人《きびひと》と　共にし採《つ》めば　楽《たの》しくもあるか

[わたしの解釈] 山方に　求《ま》ぎし菘菜《あをな》　食《は》みつしすと　共にし採《つ》めば　などかくも苦《く》しか

[解釈の根拠] ○夜麻賀多邇―山方に。これは、通説の山縣ではない。「ヤマガタ」は地名のようである。同時に、山のすそ野に当たる〝山が田〟を、表しているとも考えられる。○麻祁流阿袁那―求《ま》ぎし菘菜《あをな》。麻はマ、祁はギ、流はシ（シク）である。求ぎしとは、探し求めたの意である。阿袁那は通説のとおりである。○母岐備比登登―食《は》みつしすと。母はハ（ハハ）、岐はミ（ミチ）、備はツ（ツツシム）、比はシ（シキリ）、登はス（ススム）、次の登はトである。○等母邇斯都米婆―共にし採《つ》めば。通説のとおりである。○多怒斯久母―などかくも。多はナ（名のり・な）、怒はド、斯はカ（カク、カカル）、久はク、母はモである。○阿流迦―苦《く》しか。阿はク（クマ）、この流もシ（シク）、迦はカである。

[大意] この山方の地の〝山が田〟に、探し求めた菘菜《あをな》。それを食べようとして、一緒に採《つ》めば、どうして、このように心が苦しくなるのか。

山方は、木次《きすき》の中の地名である。木次の本来地名は、キスキではなくて、キヒかキツである。次にはツ（ツイテ、ツキ、ツク）だけではなく、ヒ（ヒヒル）の音もある。一方、備にもヒ音だけではなく、ツ（ツツシム、ツフサニ）の音もある。だから、吉備がキツなのかキヒなのか。簡単には決められないが、この「吉備国」は、島根県大原郡の木次（現雲南市）が舞台である。この地に、「山方」の地名が残っていることも、一つの根拠となりそうである。

難波（現米子港付近）― 夜見島 ― 吉備・山方（木次・山方）。これが、仁徳の旅程である。この旅程だと日帰りは可能であり、嫉妬深い妻の石之比売《いはのひめ》を、どうにかごまかすことができる。わたしと通説との違いは、明らかである。どちらが、筋の通った歌として理解できるか。ここに、正否の判断基準がある。この句で、わたしが強い関心を持った植物が、菘菜《あをな》だ。この野菜はタカナと言われている。それは自生していた植物であって、まだ畑で栽培されてはいなかったようである。

次は、黒比売の二首の歌である。

夜麻登幣邇　爾斯布岐　阿宜弖　玖毛婆那礼　曽岐袁理登母　和礼和須礼米夜

[岩波大系本]　倭方《やまとへ》に　西風《にし》吹き上げて　雲離《ばな》れ　退《そ》き居《を》りとも　我《われ》忘れめや

[わたしの解釈]　山門辺《やまとへ》に　泣きしつ　よぎって　雲離《はな》れ　其《そ》消えるとも　我忘れめや

[解釈の根拠]　○夜麻登幣邇―山門辺に。黒比売の住んでいる地の地形である。そこは、山の麓にあったようである。○爾斯布岐―泣きしつ。爾はナ（ナムチ）、斯はキ（キル）、布はシ、岐はツ（ツメ）である。○阿宜弖玖―よぎって。通り抜けての意である。阿はヨ（ヨル）、宜はギ、弖はテ。宜と弖の間に、促音・っを補って読み下すようである。○玖毛婆那礼―雲離れ。通説のとおりである。ただし、婆はハである。○曽岐袁理登母―其《そ》消えるとも。曽はソで、雲の代名詞、つまり仁徳を表していた。岐はキ、袁はエ（エン）、理はル（リの活用による）、登はト、母はモである。○和礼和須礼米夜―我忘れめや。通説のとおりである。

石之比売が怖いのか。仁徳は、宮へ帰ろうとしている。そのために、黒比売は別れを悲しんで、山門辺《やまとへ》に泣いている。「よぎって　雲離れ」の歌詞が、その状況を巧みに表現している。結局、黒比売は、仁徳を引き止めることができなかった。次の歌はどうか。

夜麻登幣邇　由玖波多賀都麻　許母理豆能　志多用波閉都都　由久波多賀都麻

〔岩波大系本〕　倭方《やまとへ》に　往《ゆ》くは誰《た》が夫《つま》　隠氷《こもりず》の　下よ延《は》へつつ　往くは誰が夫

〔わたしの解釈〕　山門辺《やまとへ》に　泣きし探すを　終はりとししを　呼びしつつ　泣きし探すを

〔解釈の根拠〕　○夜麻登幣邇―山門辺に。○由玖波多賀都麻―泣きし探すを。由はナ（ナホシ）、玖はキ（キウ）、波はシ（シハ）である。多はサ（サハ）、賀はガ、都はス（スヘテ）、麻はヲである。○許母理豆能志多―終はりとししを。許はオ（オホキナリ）、母はハ（ハハ）、理はリ、豆はト（トウ）、能はシ、志もシ、多はヲ（オホシ）となっている。古代にはオとヲの間に、音韻上の違いはない。同音となっている。○用波閉都都―呼びしつつ。用はヨ（ヨウ）、波はビ（ヒタス）、閉はシ（シメル）、都はツ、次の都もツである。○由久波多賀都麻―泣きし探すを。前述のとおりである。

〔大意〕　山の麓辺りで、泣きながら探しています。わたしたちの関係は、これで終わりにしなければならないとは思うものの、なお帝の名を呼びながら、わたしは泣きながら探しています。

これが、仁徳と黒比売との出会いと別れである。通説と異なって、〝本来の歌〟には、黒比売の辛く、悲しい気持ちが込められている。

「児島の仕丁」と「所後倉人女」

この程度で、「聖帝《ひじりのみかど》」は懲りたり、へこたれたりしない。次に手を出した女性は、異母妹の八田若郎女《やたのわきいらつめ》である。自ら宴会を計画した皇后・石之比売は、その準備に取り掛かる。そこでまず、「三綱柏」（記）、「御綱葉」（紀）を採集するために、「木国」に出掛けて行った。すると仁徳は、その隙を狙って、八田若郎女と懇《ねんご》ろの仲になる。

人の口に戸は立てられない。こういう話は、すぐに漏れる。年期の明けた「吉備国の児島」の仕丁《よぼろ》が、帰国するために「難波の大渡」へやってくると、そこに船を泊めていた「所後倉人女」と出会う。口が軽いのか、仕丁は、仁徳の不実を「所後倉人女」に話してしまう。これを聞いて驚いた彼女は、自身の乗っている船で、すぐに皇后の後を追い掛けた。こうして、仁徳の背信行為が、皇后に筒抜けになってしまう。

原文は、「遇所後倉人女之船」となっている。これに、「遇二所レ後倉人女之船一」と返点を打って、「後れたる倉人女《くらびとめ》の船と遇《あ》ひき」が、通説となっている。しかし、この解釈はおかしい。通説の解釈「後れたる倉人《くらびと》女《め》」では、この女性の素姓は、一向に明らかにならない。この句は正しくは、「遇二所後倉人女之船一」ではないか。

それでは、「所後倉人女」とは、どんな女性なのだろうか。それにしても、つかみどころのない表記であるこの説話は、『記』だけで『紀』にはないから、なおさらである。しかし、微かにではあるが、解明の手掛かりは残されている。

これは、天皇と皇后に関する説話である。そのような説話に登場し、しかも皇后と直接会話もできるのだから、皇后の信頼もあり、それなりの〝地位のある女性〟ということになる。つまり、時の宮廷にはたびたび出入りし、深く関わっていた女性との観測は成立する。「所後倉人女」を解明する上で、この視点は欠かせない。

ここで見逃すことのできない表記が、「其倉人女」だ。其は代名詞だから、「倉人女」で、一つのまとまった言語表記だと考えられることである。「倉人」は「クラヒト」と読まれている。「クラヒト」が正しければ、それは「所後」を保存・保管する管理人、もしくは管理責任者ということになる。そうなると、この女性は、その管理責任者の女《め》（＝妻《め》）である可能性は、一段と高くなる。

ここまでは、どうにか解くことができた。最後に残った難問が、「所後」である。これは、「倉人女」以上に漠然とした表記である。しかし、「所後」は「倉」（蔵）、つまり倉庫で保管するものである。

石之比売の出掛けた目的は、野菜の採集にある。ここに、一つの示唆《ヒント》が隠されているようである。つまり、「所後」は、食糧・食料に関する用語ではないかという示唆だ。この直観的判断によって辿り着いた結果が、食料を示す「ミケ」（御食）である。所はミ（ミチ）、後はケ（ゲ）を表しているようだ。〝御食《みけ》の倉人女《くらびとめ》〟。これが、「所後倉人女」の、今日的表記ということになりそうである。この女性は夫とともに、宮廷の食料を保存するために働いていたものと考えられる。今日でいう共働き夫婦だ。この日、「倉人女」は、船の上で何か作業していたものか。

「所後倉人女」と口の軽い仕丁とは、顔見知りだった。だから、軽々しく口にすべきではない仁徳と八田若郎女との仲を、話したのである。仕丁とは一定期間、役所に労力を提供する民、労務提供者のようである。

この仕丁の故郷「吉備国の児島」とは、どこか。この吉備国は、先述したように、出雲市から旧木次《きすきちょう》町（現雲南市）一帯ということになる。しかし、ここは内陸部だから、海や湖に浮かんでいるような島はない。ところが、出雲市南部、斐伊川の近くに上島《かみしま》の地名が残っている。上月町《こうづきちょう》（兵庫県西部）の例が示しているように、上をコウとも読む場合もある。したがって、上島ももとは、〝コジマ〟であった可能性は十分にある。「吉備国の児島」の比定地の一つとして、出雲市上島町を挙げることができる。

「所後倉人女」の住所は、夫の職業から推測して、現米子市内か。そうなると、「吉備国の児島」（出雲市）とは、相当離れている。だからと言って、この二人が知合いではなかったことにはならない。二人とも都に出入りして、働いているのだから、顔見知りになる機会は、十分にあったはずである。あるいは、ともに仁徳の宮殿に出入りしていたために、お互いに面識があったということも、多分に考えられる。

これを、大事件と思った「所後倉人女」は、帰路についていた石之比売の船に近づき、その話を伝える。彼女も船に乗っていた。そのために、石之比売の船を追うことができたのである。

物語として、脚色されている部分もあると思われるが、時の権力者の妻と直接話ができるのだから、「所《み》後倉人女《けのくらびとめ》」が一庶民ではないことが分かる。時の権力者の懐に、深く食い込んでいたとも考えられる。

嫉妬深い石之比売の気性は、やはり激しい。この話に、せっかく採取した「御綱柏」を、すべて海へ投げ捨てしまうほどの怒りようである。そのために、その地を「御津前」というようになったという。これが、「御津前」の地名説話である。もとより地名の「御津」が先、石之比売の行為は、それにかこつけて語られているだけである。

この地名は、「ミツ」が通説となっている。このために、「御津前」も「ミツノサキ」と読まれてきた。だが、これでは「御津」の地名説話とならない。石之比売によって投げ捨てられた「御綱柏」が、ことごとく海に落ちていったという説話なのだから、「御津」は「オツ」「ヲツ」でなければならない。この地名説話から、「御津《おつ》」は「難波」の別名ということになる。

「御津」とは、『紀』の記す「大津《おおつ》」のことである。これは、『記』では確認できない地名である。「御津《をづ》」「大津」は中海に面している。他方、西から帰ってきた石之比売は、「夜見島」（夜見ケ浜半島）の西岸に相対しているのだから、その行為は中海の地形と、ピタリと一致する。

ところで、石之比売が採取しながら、投げ捨てた「御綱柏」「御綱葉」とは、どんな野菜か。いずれの表記も〝ミヅナバ〟〝ミヅナのハ〟と読めるから、今日で言う水菜《みずな》のことかと思われる。この植物については、後述したい。

ここが「難波」だった

『記紀』を読んだ者は例外なく、「難波」は、大阪湾岸のことと思ってしまう。それは、「神武紀」のこの記事にある。

…春二月…皇師《みいくさ》遂に東にゆく。舳艫《ともへ》相接《つ》げり。方《まさ》に難波碕に到るときに、奔《はや》き潮有りて太《はなは》だ急《はや》きに会ひぬ。因りて、名づけて浪速国《なみはやのくに》とす。亦浪花《またなみはな》と曰ふ。今、難波《なには》と訛《よこなま》れるなり。

「吉備国」を後にした神武軍の到着したところが、「難波碕」であり、「浪速国《なみはやのくに》」である。古代の大阪湾は内陸部へ大きく湾入していたと見られているから、現在の地形とは様変わりしている。しかし、「難波碕」（大阪湾の入口付近）では、潮の流れが「奔《はや》き潮有りて太《はなは》だ急《はや》き」状態にあったことはない。太安万侶《おおのやすまろ》も含め、記紀編纂者にとって、「難波」はどこまでも、今日の「大阪」でなければならなかった。そのために、この記事は、事実から大きくかけ離れてしまっているのである。

「浪速国」「浪花」が訛《なま》って、「難波」に変わったという。こんな一種注釈めいた記事に、かえって不審を覚える。ここで、このような推理が成立する。

⑴太安万侶たちが〝参考〟にした〝原典〟では、「難波」は、「浪速」「浪花」とは無関係の記事となっていた。

⑵しかし、安万侶たちは、『古事記』を編集するに当たって、「難波」を大阪湾岸にしたいために、この注釈めいた記事を、「神武紀」の中に放り込んでいた。

⑶この改変の動機は、「仁徳」のためだけではない。神武とそれ以後の天皇にとっても、大阪湾を「大和朝廷」の海の玄関として、位置づけておく必要があった。

ところが、仁徳の行動から、「難波の大渡《おおわたり》」（記）、「難波の済《わたり》」（紀）の本当の所在地が見えてきた。従来から、「難波」は「ナニハ」であり、大阪市に比定されてきている。これが、根本から間違っていた。この「難波」は「ナニハ」ではない。正しくは「ナハ」である。『記紀』の底は、すでに割れている。

先の歌謡で明らかなように、仁徳は「夜見島」に渡っている。「夜見島」とは、今日見られるように、半島になる以前の地形である。当然、そこへ渡るには、船が必要となる。そうなると、仁徳は、どこから出港したのだろうか。これが、新たな問題となる。

一方、太安万侶たちは、『記』の「那爾波能佐岐」（波しし崎）の句を、「難波碕」と誤訳していた。この誤訳の生まれた背景には、何があったのか。この歌に関連して、〝記紀原典〟には、「難波」の地名があったことを示唆している。それが、「難波の大渡」「難波の済」である。

「難波」（ナハ）とは、どこか。中海における良港は、現在の米子港である。米子港が「ナハ」であったことを示す痕跡が、幸いにも残っていた。米子港の北西に旗《はた》ケ崎《さき》の地名が残っている。その痕跡とは、この地の小字「野波灘《のなみなだ》」と「野波開《のなみびらき》」である。

この「野波」が、もとは〝ナハ〟であったと考えられる。「野」の名のりには「なお」があるから、この第一音だけを採用すれば、「野波」はナハとなる。ナハの類縁地名が「ナダ」である。「野波灘《のなみなだ》」は、同じ意味の地名を二つ並べて生まれていたことになる。「灘《なだ》」はここだけではない。米子港のある地が、灘町《なだ》である。

「野波」と「灘」の遺存から、「難波《なは》」は米子港と見なすことができる。「野波開《のなみびらき》」の開も今日の「ヒラキ」ではなくて、「黄泉比良坂」の比良、蛇のように湾曲している地のヒラではないか。ヒラは坂や山岳のみならず、海岸・港にもふさわしい地形である。「難波の大渡《おほわたり》」「難波の済《わたり》」は、大阪湾ではなかった。後世の日本人は、とんでもない勘違いを強いられてきていることになる。

「仁徳紀」の記す「難波の済」

「仁徳紀」にも類似の記述がある。それも、これまでわたしが解釈してきた内容と、少しも矛盾しない。それどころか、かえってわたしの解釈を補強する記事となっている。

> 皇后、紀国に遊行《い》でまして、熊野岬に到りて、即《すなは》ち其の処《ところ》の三綱葉《みつなは》を取りて還《かへ》りませり。

皇后がこのように過ごしている時、仁徳は八田皇女を宮中に招き入れてしまう。これで、二人の関係は徹底的にこじれることになる。

時に皇后、難波《なには》の済《わたり》に到《いた》りて、天皇、八田皇女《やたのひめみこ》を合《め》しつと聞《きこ》しめして、大きに恨みたまふ。則《すなは》ち其の採《と》れる三綱葉を海に投《なげい》れしば、岸に著《つ》かず。故《かれ》、時人《ときのひと》、葉散らしし海を号《なづ》けて、葉済《はのわたり》と曰ふ。

ここまでは、『記』と同じである。ところが、皇后に緊急通報した女性、「所後倉人女」はなぜか登場しない。『紀』では必要ないと思ったための、削除のようである。それはさておき、皇后が激しく怒っていることを知った仁徳は、自ら「大津《おほつ》」（仁徳紀）にやってきて、皇后の船を待ちながら、歌を読んでいる。

磐之媛《いはのひめ》（石之比売）は、船で「紀国」まで行き、熊野岬で三綱葉を採取している。紀国は和歌山県、熊野岬は新宮付近が、通説となっている。これも方向違いの、とんでもない比定である。紀国とは、安来市である。ヤスキの地名が示しているように、この地もまた〝キノクニ〟だからである。この記事は、熊野岬も「紀国」の一部であることを、強く教示している。

熊野とは、スサノオが宮を築いていた松江市大草《おおくさ》町である。大草はもとは、〝オオカヤ〟か。草字はカヤを表している。後述するように、カヤは蛇の古語である。『出雲国風土記』の記す「伊弉奈枳乃麻奈古坐熊野加武呂」は、スサノオの別名であった。このやけに長い神名（＝人名）は、「伊弉奈枳《いざなみ》の麻奈古《まなご》（愛子）に坐《ま》す熊野の加武呂《かむろ》」と、読み下されてきている。通説となっているこの解釈が、間違っていることは、第1巻（第十一章）で既述したとおりである。

これは、荒々しいイノシシをも圧倒する神々しい蛇の意の〝厳《いか》し猪《しし》を仕御《しご》す（倒す意）熊野の神蛇《かむなが》〟だった。スサノオの君臨していた地は、「熊野」と呼ばれていたのである。こうなると、「熊野」は隅にある地の〝隈野〟ではなくて、〝聖なる地〟ということになりそうである。松江市南部が熊野の地のようだから、熊野岬とは大橋川南岸付近を指しているようである。

難波・御津と大津

仁徳が慌ててやってきた「大津」とは、どこか。この地は、「仁徳記」の「御津」と同じところ、すなわち米子港付近を指している。「難波」の別名のようである。ただ「仁徳紀」では、「ヲツ」の地名説話がないだけである。この地で、仁徳が詠じた歌が、これである。

那珥波譬苔　須儒赴泥苫羅齊　許辞那豆瀰　曽能赴尼苫羅齊　於朋瀰赴泥苫礼

[岩波大系本]　難波人《なにはひと》　鈴船取《すずふねと》らせ　腰煩《こしなづ》み　その船取《ふねと》らせ　大御船取《おほみふねと》れ

[わたしの解釈]　波し浸《ひた》す　水菜《みづな》　取るや　来し泥《なづ》みぞしつに　取るや　淀《よど》みつ菜揺《ゆ》れ

[解釈の根拠]　○那珥波譬苔須―波し浸《ひた》す。那はナ、珥はミ（ミミタマ）、波はシ（シハ）、譬はヒ、苔はタ（タイ）、須はスを表している。○儒赴泥―水菜《みづな》。儒はミ（名のり・みち）、赴はツ（ツク）、泥はナ（ナイ）である。○苫羅齊―取るや。苫はト（トマ）、羅はル（ラの活用による）、齊はヤである。岩波大系本は、前田本・北野本などの苔字を採用しているが、苫字が正しい。苔字にト音はない。○許辞那豆瀰曽能赴尼―来し泥《なづ》みぞしつに。この歌で苦労した個所である。許はキ（キョ）、辞はシ、那はナ、豆はヅ、瀰はミ、曽はゾ、能はシ、この赴もツ、尼はニ、状況を示す格助詞である。泥《なづ》むとは、とどこおる・グズグズして進まない意である。○苫羅齊―取るや。前述のとおりである。○於朋瀰赴泥苫礼―淀《よど》みつ菜揺れ。於はヨ、朋はド（トモ）、瀰はミ、赴はやはりツを表している。この泥もナ（ナイ）である。苫礼は揺れ。この苫はユ（ユカム）、礼はレ（レイ）を示している。

[大意]　波に揺られ、すっかり海水に漬《つ》かってしまった水菜《みづな》を、取ろうとしている。浜辺に来ようとして、なお波間にとどまっているので、なおも取ろうとする。淀《よど》んでしまっている菜は、波間に揺れている。

妻が海の中に捨てた水菜は、波間に漂っている。それを、必死になって取ろうとしている。仁徳なりに気を遣《つか》っていたのである。「三綱葉《みつなは》」は、思ったとおり水菜だった。歌謡全体の表記もさることながら、ここでは苔と苫、泥と尼が使用されている。いずれも、似て非なる文字である。このような用字法だと、どうしても混乱は起こる。

「仁徳紀」の「難波の済《わたり》」も、やはり現米子港付近であることと矛盾はしない。磐之媛《いはのひめ》が投げ捨てた水菜の散らばったところを、「葉済」といったという。この〝ハノワタリ〟とは、厳密に言えば〝菜《な》の葉の渡り〟の意である。〝菜の葉の渡り〟、つまり〝ナハの渡り〟のことだから、紛れもなく、「葉済」も地名説話として成立する。言うまでもなく、「葉済」とは、同記事中の「大津」のことである。

御津・大津は、難波の別名である。〝魚庭《なは》〟が、難波の地名起源とも考えられるから、御津・大津の意味も、基本的に同じ地名となるはずである。果たして、どうか。魚の名のりに、「お」がある。オ・ヲも魚の古語である。御津・大津の由来もまた、〝魚・津〟なのである。米子港の北西、中海に面した地に、大崎《おおさき》の地名が残っている。大崎は、米子港がかつて「大津」と呼ばれていたことの名残なのだろうか。

使い分けられていた「難波」

仁徳は、「難波」に「高津宮」を構えていた。その宮を、「難波之高津宮」という。ところが、「難波」の地は〝ナハ〟、海のそばの地である。そんなところに宮殿を造営するはずがない。飛んで火に入る夏の虫のような宮殿となる。防衛上、「難波」は危険極まりない地である。仁徳の宮は「高津宮」なのだから、港のそばに建てられた宮殿ではなかったことになる。歴代天皇の宮について考える時、『記紀』の表記が参考になる。

表2−1のように、『記紀』の記す歴代天皇の宮は、〝地名＋〇〇宮〟と定型化されている。さらに、その宮の由来についても、以下の三形態に分類可能である。

表2-1　歴代天皇の宮

天皇	『記』の記す宮	『紀』の記す宮
①第　二代・綏靖《すいぜい》	葛城の高岡宮	葛城の高丘宮
②第　八代・孝元	軽《かる》の堺原宮	軽の境原宮
③第　十代・崇神	師木《しき》の水垣宮	磯城《しき》の瑞籬《みずがき》宮
④第十一代・垂仁	師木の玉垣宮	纏向《まきむく》の球城《たまき》宮
⑤第十二代・景行	纏向の日代宮	『記』に同じ

(1)地形上の特徴による　…　①「高岡宮」「高丘宮」
(2)地名による　…　②「堺原宮」「境原宮」
(3)宮の修飾語　…　③・④・⑤

仁徳の「高津宮」と、綏靖《すいぜい》の「高岡（丘）宮」とは、共通性がある。しかし、綏靖の宮の所在地は「葛城」であって、「難波」ではない。「難波の高津宮」の「難波」は、地名である。そこで改めて、「ナハ」について考えてみたい。

先に、「難波《なは》」を、現米子港周辺に比定した。魚の名のりには、ナがある。この名のりが示しているように、ナは魚の古語である。だから、海のそばの「ナハ」は、魚のナと場所を示すハの合成語〝ナ・ハ〟（魚・庭）の可能性がある。灘は海の難所と理解されているが、この解釈も間違っている。

夜見ケ浜（弓ケ浜）半島は、「灘」だらけである。「灘」の付く小字の一部は、このようになっている。

(1)美保湾岸　…　①大篠津—四。②和田—一六。③皆生《かいけ》—五。この中には、灘浜《なだはま》の小字もある。
(2)中海沿岸　…　①葭津《よしず》—五。②彦名町—三。③旗ケ崎—九

これは、すべて米子市内における灘の付く小字の分布状況である。同様の小字は、境港市側にも広く残っている。夜見ケ浜半島北端の上道町《あがりみち》には里道灘などのほかに、薩摩洋《さつまなだ》といった小字まである。洋とは海の意である。この小字名の示しているように、香川県と愛媛県の間に広がる燧灘《ひうちなだ》とは、〝燧洋〟のことか。ヒウチとは、美しく輝いている大蛇の〝ヒ・ウチ〟—日宇蛇のことと思われる。

以上例示したように、「灘」の付く小字は、海岸線に沿って集中している。こんなところが、海の難所であるはずがない。灘の古訓の一つに、潟を示す「カタ」があることも参考になる。ナダももとは、ナとタの合成語〝ナ・タ〟（魚・田）であったと考えられる。ナダはナハの類縁地名である。いずれも、漁港のことと思われる。ナハは、ナとハの二音による合成語である。では、もう一つの「ナハ」は、どのように解釈すればよいのか。

もう一つの「ナハ」

「ナハ」から頭に浮かぶ語が、「縄」であり、蛇の異名である「朽縄《くちなわ》」である。腐った縄が、路上や田んぼの畔道《あぜみち》などに落ちていれば、時に蛇と見まがうこともある。古代にあっては、蛇は神聖な生物と見なされてきた。「朽縄」は、そんな蛇の価値が極端に下落した時代、それも縄が大量生産されるようになって生まれた言語かと、思わず考え込んでしまう。

蛇は、単に体が長いだけではない。とてつもなく大きく開く口を持っている。蛇のこの特徴からすれば、「クチナハ」とは「朽《くち》縄」ではなくて、「口縄」のことではないか。「クチナハ」の語は古い。「牛馬を引く縄。くちとりなわ」（新村編『広辞苑』）を、「口縄」と言う。この「口縄」が、蛇に転用されたとは考えがたい。事実は逆である。蛇を示す語の「口縄」が、「朽縄」に変えられたために、本来の語が死滅してしまったのである。

「口縄」とはクチ・ナハの二音による合成語である。ナハは、これで一つの語を表している。〝ナ・ハ〟（魚・庭）と同義ではない。それは蛇である。物を縛る「ナハ」（縄）が、日常生活に普及するようになると、縄も蛇も「ナハ」では不便である。そのために、もとは蛇を表すためにあった「ナハ」は、〝クチナハ〟へと変えられたと推測できる。

その決定的証拠が、注連縄《しめなわ》（標縄）である。「真名井《しめい》」が〝聖なる泉・井戸〟であったように、シメナハとは〝聖なる蛇〟のことである。「シメ」とは、神聖であることを表す言語であった。

なぜ、「沖縄」と呼ぶのか。文字どおりだと、沖合に浮かぶ縄のこととなる。物を束ねる道具の縄が、海に浮かんでいたから、「沖縄」の地名が生まれたわけではない。〝沖に浮かぶ蛇《なは》〟、もしくは、〝大き蛇《なは》〟が、「沖縄」の地名起源であろう。その沖縄本島には、那覇《なは》の地名まで残っている。

沖縄の地名の伝えているように、「難波」には蛇の意もある。これで、ようやく「高津宮」の所在地も見えてきた。

「高津宮」の地

蛇をも表していた「難波」の地に、「高津宮」は存在していた。「難波」に〝当該漢字第一音採用法〟を適用すれば、その読み方は「ナハ」「ナニハ」だけではなく、他にもいくつかある。難にはカタシ・クルシフ・ナヤム・ハチなどの古訓が、波にはハ・カタフク・シハなどの古訓があるから、カガ、クシ、ナガ、ハハなどと読むことも可能である。いずれも、蛇を表している。「難波」は、〝魚・庭〟の地名だけを表してはいないのである。

「難波」は地名、それも蛇の意の地名である。ここで、思い当たる節がある。『古事記』の記す仲哀の埋葬地「河内の恵賀《えが》の長江」である。この地は、米子市内の〝榎原《えのきはら》の永江《ながえ》〟だった。この地名比定については、第2巻（第十章）で論じている。

しかし、「長江」の深い意味については、あえて触れなかった。それを、ここで説明したい。「長江」とは〝ナガ・エ〟、ナガの縁《え》のことである。実際に、永江は青木丘陵の南端に位置している。そのために、〝ナガ・縁《え》〟の地名となったようである。

そうなると、福市・青木丘陵は〝ナガ〟（蛇《なが》）、もしくは〝ナガのオカ〟（蛇《なが》の丘）と呼ばれていたようである。この丘陵地は広大な丘だから、単に〝ナガ〟であるよりも、〝ナガのオカ〟の可能性の方が高い。

どうして、こんな混乱を招くことになったのか。考えられる原因として、二つ挙げることができる。一つは、〝記紀原典〟では、「難波」は別の表記になっていた。しかし、記紀編纂者は、仁徳の宮を大阪と思わせたいために、その表記を「難波」に変えたという場合である。もう一つの原因が、〝記紀原典〟の「難波丘之高津宮」から、丘字を意図的に削除したのではという場合である。いずれにしても、目的は一つ。事実の隠蔽である。

「難波の高津宮」には、後述するように二つの特徴がある。①近くを川が流れている。②その川は、北に向かって流れているという特徴である。①・②の条件を満たす地は、やはり米子市南部の福市・青木丘陵なのである。

「難波之高津宮」の特定は、これだけにとどまらなかった。さらに、新しい世界が開けてきた。これで、宇遅能和紀郎子（宇道稚郎子）の「宇道宮《うぢのみや》」の所在地も、ほぼ特定できることとなった。「難波」が解けたことによって、この説話の全貌が見えてきた。

一人の海人《あま》が鮮魚を包んで、「菟道宮《うぢのみや》」と「難波」の間を往復する。これが、宇治市と大阪市との説話であれば、その間の距離は、五〇～六〇㎞となる。これだけの距離があれば、海人が往復するにも多大の困難が伴うばかりか、鮮魚は、その片道の運搬だけで、確実に痛む。だから、「菟道宮」と「難波」の間に、さして距離はない。むしろ、近い。この説話は二地点が近いことを、暗に伝えている。

現在、国道一八一号線が中央部を走っているために、福市丘陵地は東西に分断された形になっている。だが、これは国道を通したことによる分断ではなく、古くからこの道は作られていたものと思われる。福市丘陵の低地を貫通する道がなければ、ここから南へ行くには、無用の遠回りを強いられることになる。そうなれば日常生活上、何かと不便である。

このような現地の地形に照らして考えれば、「菟道宮」は、古代の道（現国道一八一号線）によって分断された福市丘陵の東、日野川（宇遅河）に沿った丘陵地に造営されていたことになる。これで、魚を持って往復するという、非現実的な宇治市―大阪市間の距離・五〇～六〇㎞の矛盾は、消えてなくなる。

2　石之比売と「筒城宮」

激怒した石之比売

「所後倉人女《みけのくらびとめ》」の話を聞いた石之比売は、またしても激怒する。このために、石之比売は「高津宮」に帰らずに、「難波の大渡」を避けて、別の港（堀江）に停泊させる。そこから、山代川《やましろがわ》に沿って、移動している。その山代川のほとりで、石之比売も歌を詠《よ》んでいる。

都藝泥布夜　夜麻志呂賀波袁　迦波能煩理　和賀能煩礼婆　迦波能倍邇　淤斐陀弖流　佐斯夫袁　佐斯
夫能紀　斯賀斯多邇　淤斐陀弖流　波毘呂　由都麻都婆岐斯賀波那能　弖理伊麻斯　芝賀波能　比呂理
伊麻須波　淤富岐美呂迦母

［岩波大系本］つぎねふや　山代河《やましろがは》を　河上《かはのぼ》り　我《わ》が上《のぼ》れば　河の辺《べ》に　生《お》ひ立《だ》てる　烏草樹《さしぶ》を　烏草樹《さしぶ》
の木　其《し》が下《した》に　生ひ立《だ》てる　葉広《はびろ》　五百箇真椿《ゆつまつばき》　其《し》が花の　照り坐《いま》し　其《し》が葉の　広《ひろ》り坐《いま》すは　大《おほ》
君《きみ》ろかも

この読み下しで、誰が理解できるだろう。これを、独り善がりと言うのではないだろうか。通説となっている解釈では、その内容以前に、区切りがデタラメである。

「山代河」の枕詞とされている「つぎねふや」だけではない。「生ひ立《だ》てる」「其《し》が下に」「其《し》が花」「其《し》が葉の」「広《ひろ》り坐すは」「大君ろかも」。どのように考えても、頭の中は混乱するばかりだ。その大意を読めば、さらに混乱することになる。通説となっている読み下しは、明らかに間違っている。だから、その大意は、あえて示さないことにする。

［わたしの解釈］朱鷺《とき》疾《と》し寄る　山代河　魚《お》かはし馳《は》し　魚《お》が暴れば　川の辺《へ》に　追ひ立て　魚《な》刺すを
得ず　探しし　水搔《し》きぞし　追ひ立て　魚《な》跳《は》ねつしを　追はば　突きしつ　魚《な》の照りかはしし　かはし
来るや　魚《お》怖《お》じづと　朱鷺《とき》見るかも

［解釈の根拠］○都藝泥布夜―朱鷺《とき》疾《と》し寄る。都藝はトキ。都はト、藝はキ（名のり・き）を表している。○夜泥布夜は疾《と》し寄る。泥はト（トトコホル、ドロ）、布はシ（名のり・しき、しく）、夜はヨル、寄るである。○夜麻志呂賀波―山代河。通説のとおりだが、比定地は異なる。○袁迦波能煩理―魚かはし馳し。袁はオ（オン）、魚のことである。迦はカ、波はハ、能はシである。煩理は馳し。煩はハ（ハン）、理はシ（シハ）である。ここでは、素早く逃げる意である。

○和賀能煩礼婆―魚《お》が暴れば。和はオで、これも魚のことである。能煩礼婆は暴ればである。能はア（アタフ）、煩はバ（ハン）、礼はレ（レイ）、婆はバを表している。○迦波能倍邇―川の辺《へ》に。迦波は川。迦はカ、波はハである。能はノ（ノウ）、格助詞である。倍はへ（べ、へク）で、辺、へりのことである。邇は二で、これも格助詞である。○淤斐陀弖―追ひ立て。淤はオ、斐はヒ、陀はタ、弖はテである。○流佐斯夫―魚《な》刺すを。流はナ（ナカル）で魚を表している。佐斯夫は刺すを。佐はサ、斯はス（スナハチ）、夫はヲ（ヲフト・ヲノコ）である。○袁佐―得ず。袁はエ（エン）、佐はズ（スケ）である。

○斯夫能紀―探しし。斯はサ（サク）、夫はカ（カレ）、能はシ、紀もシ（シル）を表している。○斯賀斯多邇―水搔《し》きぞし。この斯はシ、水の古語を表している。賀はカ、斯はキ（キル）、多はゾ（ソコハク）、邇はシである。○淤斐陀弖―追ひ立て。前述のとおりである。○流波毘呂由都―魚跳《な》ねつしを。この流もナ（ナカル）で、やはり魚の古語である。波はハ、毘はネ（ネカフ）、呂はツ（ツキ）、由はシ（シタカフ）、都はヲ（オク）である。○麻都婆―追はば。麻はヲ、都はハ（ハシク）、婆はバである。○岐斯賀波―突きしつ。岐はツ（ツメ）、斯はキ（キル）、この賀はシ（名のり・しげ）、波はツ（ツツミ）である。○那能弖理伊麻斯芝―魚《な》の照りかはしし。那はナ、やはり魚の古語である。能はノで、格助詞を表している。弖理は照り。魚が銀鱗を光らせての意である。伊はカ（カノ）、麻はハ（バ）、斯はシ、芝もシである。○賀波能比呂理―かはし来るや。賀はカ、波はハ、能はシである。比はク（クラフ）、呂はここではル（リョ、ロの活用による）、理はヤ（ヤム）である。○伊麻須波淤―魚《お》怖《お》じづと。伊はオ（名のり・おさむ）で、これも魚である。麻須波淤は怖《お》じづと。麻はオ（ヲ）、須はジ（シュ）、波はヅ（ツツミ）、淤はト（トトコホル）である。魚はまるで恐れていない。怯《おび》えてはいないの意である。○富岐美呂迦母―朱鷺《とき》見るかも。富岐も、トキを表していた。美はミ、この呂もル、迦はカ、母はモである。

［大意］トキが山代川に寄ってくると、魚は素早く気づき、身をかわして逃げ、暴れる。すると、トキは、魚を川岸へと追い込みながら、くちばしで突き刺した。しかし、取ることができなかった。なお魚を探し、水を掻きながら、追い立てている。魚が飛び跳ねたので、その魚を追っかけては、くちばしで突いて、取ろうとしたが、魚は体を照り返して、かわす。かわすと、また寄ってくる。少しも怯えてはいない。ナメられている……。トキは、魚をこのように見ていた。

解き終えて、感動した歌である。この時代、トキは健在だった。多少の脚色はあると思われるものの、明確な事実がある。トキは餌を取ることは、上手ではなかったようである。

それにしても、「都藝」「富岐」がトキを、「袁」「和」「流」「那」「伊」が魚を表していたとは……。表記が統一されていればと、つくづく思う。解釈する方は、これだけでも言いえぬ苦しみを味わう。その反面、得るところも少なからずある。古代では、水の言語に「シ」もあったことが、この歌でも確認することができた。これは、貴重な収穫の一つである。

同様の歌は、『紀』ではこのようになっている。

菟藝泥赴　揶莽之呂餓波烏　箇破能朋利涴　餓能朋例麼　箇破区莽珥　多知嵯介喩屢　毛毛多羅儒　揶素麼能紀破於　朋耆瀰呂介茂

[岩波大系本] つぎねふ　山背河《やましろがは》を　河泝《かはのぼ》り　我《わ》が泝《のぼ》れば　河隈《かはくま》に　立《た》ち栄《さか》ゆる　百足《もも た》らず　八十葉《やそば》の木《き》は　大君《おほきみ》ろかも

[わたしの解釈] 朱鷺《とき》飛ぶ　山背河を　魚《ご》は上《のぼ》るを　鵜《う》の辿《たど》れば　魚《ご》は隈《くま》に　さと　避けしすも　戻《もど》りし魚《や》すばししばと　朱鷺《とき》見るかも

[解釈の根拠] ○菟藝泥赴―朱鷺《とき》飛ぶ。菟はト、藝はキで、菟藝はトキである。泥赴は飛ぶ。泥はト（トトコホル）、赴はブ（フ）である。○揶莽之呂餓波烏―山背河を。通説のとおりである。烏はヲ（オ）である。

○箇破能朋利涴―魚《ご》は上《のぼ》るを。箇はゴ（コ）、魚の古語である。破はハ、格助詞である。能朋利涴は上《のぼ》るを。能はノ（ノウ）、朋はボ（ボウ）、利（リ）にル音はないが、これも呂と同じように、ラ行音上で変化させているようである。涴はヲ（オン）である。

○餓能朋例麼―鵜《う》の辿《たど》れば。餓はウ（ウフ）で、水鳥の鵜を表している。能朋例麼は辿れば。能はタ（タイ）、朋はド（トモ）、例はレ（レイ）、麼はバである。後を追う意である。ここは、格助詞・のを補うべきか。

○箇破区莽珥―魚《ご》は隈《くま》に。この箇もゴ、魚である。破はハ、区莽珥は隈に。区はク、莽はマ（マウ）、珥はニである。魚は岸の隅にという意味である。○多知嵯介喩屢毛―さと避けしすも。多知はさと。素早くの意である。多はサ（サハ）、知はト（トモニ）、もしくは、トとシ（シル）の二音を表していれば、「さとし」となる。嵯介喩屢毛は、避けしすも。嵯はサ、介はケ、喩はシ（シメス）、屢はス（スミヤカニ）、毛はモである。
○毛多羅儒―戻《もど》りし。毛はモ、多はド（名のり・とみ）、羅はリ（ラの活用による）、儒はシ（ジュ）である。
○揶素麼能紀破於―魚《や》すばししばと。揶はヤ、魚を表している。素はス、麼はバ、能はシ、紀もシ（シルス）、破はバ、於はト（トフ、トル）である。○朋者瀰呂介茂―朱鷺《とき》見るかも。朋者はトキ、瀰はミ、呂はル（ロの活用による）、介はカ（カイ）、茂はモである。

［大意］トキが飛んでいる山代川を、魚は上流へと上《のぼ》っている。ウがその後を追っていると、魚は岸の陰に隠れて、素早く危険を避ける。それなのに、すぐに戻ってくる。魚は素早いと、トキは感心して見ていた。

どう見ても、トキはウに比べて、運動神経がすぐれているとは思えない。ウの行動に比べて、トキの動きは相当に鈍い。そんなトキを、いささか揶揄した歌となっている。『記紀』の歌謡の疑問は、石之比売はなぜトキを持ち出してまで、歌にしていたのかにある。それは、次の歌謡で明らかとなる。

歌謡に託されていた心境

『記紀』ともに記す「山代川」は、どこか。「仁徳記」「仁徳紀」で、「山代」の領域がほぼ確定した。旧淀江町と大山町が、該当する地である。そうなると、「山代川」は、この領域の中を流れていたことになる。しかし、その特定は後に回し、ここではさらに、石之比売の行動を追うことにする。「仁徳記」では、石之比売はこのあと「山代より廻《めぐ》りて、那良《なら》の山口」に至り、そこで、またしても難解な歌を詠んでいる。

都藝泥布夜　夜麻志呂賀波袁　美夜能煩理　和賀能煩礼婆　阿袁邇余志　那良袁須疑　袁陀弖　夜麻登
袁須疑　和賀美賀本斯久邇波　迦豆良紀多迦美夜　和藝幣能阿多理

［岩波大系本］つぎねふや　山代河を宮上《のぼ》り　我が上れば　あをによし　奈良を過ぎ小楯《をだて》　倭《やまと》を過ぎ　我が見が欲《ほ》し国は　葛城《かつらぎ》高宮《たかみや》　吾家《わぎへ》のあたり

［わたしの解釈］朱鷺《とき》疾《と》し寄る　山代河　魚《お》見　寄りし馳《は》し　魚《お》が暴れば　青し葦《よし》　鳴るをしき　尾立て寄るを　魚《な》得ずししが　鵜《う》が馳《は》し来《き》　水《し》掻《か》き　取りき　朱鷺《とき》見ばや　鳴きしし下《くだ》り

［解釈の根拠］○都藝泥布夜―朱鷺《とき》疾《と》し寄る。都藝はトキ。泥はト、布はシ（名のり・しき）、夜はヨル、動詞・寄るを表している。前の歌と同じである。○夜麻志呂賀波―山代河。通説のとおりである。○袁美―魚《お》見。袁はオ（オン）で、魚の古語を、美はミで、動詞・見を表している。○夜能煩理―寄りし馳し。夜能は寄りし。夜はヨリ（ヨルの活用による）、能はシである。煩理は馳し。煩はハ（ハン）、理はシ（シハ）である。○和賀能煩礼婆―魚《お》が暴れば。和はオで、魚を表している。能煩礼婆は暴れればとなっている。この句も前の歌と同じである。○阿袁邇余志―青し葦《よし》。阿袁はアオ、邇はシ（ジ）である。余志は葦、余はヨ、志はシである。余をア（アマリ）、志をシと読めば、アシとなる。意味は同じである。○那良袁須疑―鳴るをしき。那はナ、良はル（リョウの活用による）、袁はヲ（ヲン）、須はシ（シュ）、疑はキ（ギ）を表している。岸辺の青い葦の葉がすれ合って、音を立てるかのようなの意である。多くの魚が暴れ、水が激しく波立ったためである。

○袁陀弖夜麻―尾立て寄るを。袁はオ（オン）、尾を示している。陀弖は立て、夜はヨル、寄るである。麻はヲである。○登袁須疑和賀―魚《な》得ずししが。登はナ（ナリ）、魚を表している。袁はエ（エン）、須はズ（ス）、疑はシ（シツカニ）、和もシ（シタカフ）、賀はガである。魚を、得ることができないでいるとの意である。○美賀本斯久―鵜《う》が馳《は》し来《き》。この美はウ（ウルハシ、名のり・うま）で、鵜を表していた。本はハ（ハジメ）、斯はシ、久はキ（キュウ）である。○邇波迦―水《し》掻き。この邇もシ（ジ）で、水の古語を表している。波はカ（カタフク）、迦はキ（キャ）となっている。○豆良紀―取りき。豆はト（トウ）、良はリ（リョウ）、紀はキである。〇多迦美夜—朱鷺《とき》見ばや。多迦は朱鷺《とき》、多はト（名のり・とみ）、この迦もキである。美夜は、「見ばや」と読むべきか。美はミとバ（名のり・はし、はる）の二音を表しているようである。バは格助詞であり、夜（や）は、語調を整えるための間投助詞である。〇和藝幣能阿多理—鳴きしし下り。和はナ（名のり・な）、藝はキ（名のり・き）、幣はシ（名のり・しで）、能もシである。阿多理は下り。阿はク（クマ）、多はダ（タ）、理はリである。

［大意］トキが飛んできた山代河。そこで魚を見つけると、近づくために、素早く動いた。それを察した魚たちは暴れ、そのために、岸辺に生《は》えている青い葦の葉がすれ合って、音を立てているかのようである。トキは尾を立てて寄るが、魚はまたしても通り過ぎていった。すると、ウがすかさず走って来て、水を掻くと、魚を取っていた。それを見たトキは、魚を取ることを諦め、鳴きながら、川を下って行った。

ウに魚を横取りされたトキの姿が、歌われていた。

この歌は、「那良《なら》の山口」で作られていた。ところが、「仁徳紀」では、「那羅《なら》山を越え、葛城を望《のぞ》みて」読まれたという。

菟藝泥赴　揶莽之呂餓波　烏瀰揶能朋利　和餓能朋例麼　阿烏珥予　辞儺羅烏輸疑　烏陀氏　夜莽苔烏輸疑和　餓瀰餓朋辞区珥波箇　豆羅紀　多伽瀰揶　和藝幣能阿多利

［岩波大系本］つぎねふ　山背河《やましろがは》を　宮泝《みやのぼ》り　我《わ》が泝《のぼ》れば　青丹《あをに》よし　那羅《なら》を過《す》ぎ小楯《をだて》　倭《やまと》を過ぎ　我《わ》が見《み》が欲《ほ》し国《くに》は　葛城高宮《かつらぎたかみや》　吾家《わぎへ》のあたり

この歌では、磐之媛（石之比売）の辿った経路は、複雑である。

木国（和歌山県）→淀川→木津川→（木津川市辺りで下船）→「那羅《なら》山」

木国から戻り淀川をさかのぼって、京都府南部の木津川に入り、なおも木津川の上流へと向かい、木津川市辺りで下船したことになる。そこから陸路で、近くはない奈良市北郊の「那羅《なら》山」（平城山）へと至り、ここで、奈良県南西部の「葛城高宮」を眺めていたことになる。

石之比売の生まれ故郷である「葛城高宮」は、「大和国葛上郡《かつらぎのかみこほり》高宮郷」にあったと見なされ、現在の御所《ごせ》市辺りに比定されている。「那羅《なら》山」と「葛城高宮」との距離は三〇km余である。石之比売の立っているところは「那羅《なら》山」である。そこからは、一望の下に、三〇km先まで見渡せることができるようである。そうすると、足下の「奈良」はもとより、磯城郡《しきぐん》の「小楯倭《をだてやまと》」も、瞬間的に視野の中に入ってくることになる。

それなのに、「那羅を過ぎ、小楯倭を過ぎ」などと、視線の動きを、物理的で具体的な移動を示す「過ぐ」の動詞で表現する。どこか異様だ。普通の感覚であれば、〝那羅《なら》、小楯倭《をだてやま》の向こうの〟といった、空間上での遠方を示す言語を使用するだろう。

もう一つの疑問が、この経路だ。これほど実家を懐かしがっているのであれば、どうして、大阪府南部で船を下り、「葛城高宮」を眺めなかったのか。あるいは、そのまま立ち寄ることもできたはずである。大阪府南部は、「木国」から「難波」への途中経過地である。

これが、「難波高津宮」へ帰ることをいやがっての行動であれば、むしろ、状況が険悪であるだけに、実家へもどることを選択したであろう。それなのに、どうして、淀川から木津川をさかのぼって、京都府南部に入り、奈良県北部へと移動したのか。わたしにはこの迂回が、どうしても理解できなかった。理解できないのも、無理はない。わたしの解釈は、このようになった。

［わたしの解釈］朱鷺《とき》飛ぶ　山背《やましろ》河　魚《お》見ばや　上《のぼ》り　魚《お》が上《のぼ》れば　青し葦《よし》　鳴るをしき　尾立て寄るも
魚《ごう》失しきを　海鵜《うみう》が水刺《し》しし　魚《ご》取りき　朱鷺《とき》見ばや　鳴きしし下り

［解釈の根拠］○菟藝泥赴―朱鷺《とき》飛ぶ。○揶莽之呂餓波―山背河。○烏瀰揶―魚《お》見ばや。烏はオ、魚の古語である。瀰揶は見ばや。瀰はミとバ（ハヒコル）の二音を表している。揶はヤである。○能朋利―上《のぼ》り。能はノ（ノウ）、朋はボ（ボウ）、利はリである。○和餓能朋例麼―魚《お》が上《のぼ》れば。和はオで、これも魚を表している。餓はガ、格助詞である。能朋例麼は上れば。能、朋は前述のとおりである。例はレ（レイ）、麼はバである。○阿烏珥予辞―青し葦。『記』では「阿袁邇余志」と表記されていた。阿はア、烏はオ、珥はシ（ジ）、予はヨ、辞はシである。予をア（アラカシメ）と読めば、予辞はアシとなる。○儺羅烏輪疑―鳴るをしき。儺はナ、羅はル（ラの活用による）、烏はヲ（オ）、輪はシ（シュ）、疑はキ（ギ）で、動詞・すの連用形＋助動詞・きの連語となっている。川の中に波が起こり、その波で、川辺の葦が音を立てているかのようなという意である。多くの魚が一斉に動いたための比喩である。「仁徳記」と同じ表現である。

○烏陀氏夜莽―尾立て寄るも。この烏もオだが、トキの尾を指している。陀氏は立て。陀はタ、氏はテ（テイ）である。夜はヨル、莽はモ（モウ）で、夜莽は寄るも。○苔烏輪疑和―魚《ご》失しきを。苔はゴ（コケ）で魚。烏輪疑和は失しきを。烏はウ、輪はシ（シュ）、疑はキ（ギ）、和はヲ（オ）を表している。○餓瀰餓朋辞区珥波―海鵜《うみう》が水刺《し》しし。餓瀰餓はウミウ（海鵜）を表していた。餓はウ（ウフ）、瀰はミである。この朋はガ（カタチハフ）、格助詞である。辞はシ、水を表している。シが水の古語であることは、第七章で詳述。区珥波は、刺ししである。区はサ（サカヒ）、珥はシ（ジ）、波もシ（シハ）である。○箇豆羅紀―魚《ご》取りき。箇はゴ（コ）

で、これも魚を表していた。豆羅紀は取りき。豆はト（トウ）、羅はリ（ラの活用による）、紀はキである。〇多伽瀰揶―朱鷺《とき》見ばや。多伽は朱鷺《とき》。多はト（名のり・とみ）、伽はキ（キャ）を表している。この瀰揶も「見ばや」である。〇和藝幣能阿多利―鳴きしし下り。和はナ（ナコム、名のり・な）、藝はキ（名のり・き）、幣はシ（名のり・しで）、能もシである。阿多利は下り。阿はク（クマ）、多はダ（タ）、利はリを表している。

改めて、この歌の大意を記す必要はなさそうである。ウミウに魚を横取りされたトキ。これが、この歌の主題となっている。

石之比売は気位が高いだけではなく、気性も激しい女性だったようだ。自らを、優雅な姿のトキにたとえていた。これに反し、八田若郎女を黒っぽくて、とても美しいとは思えないウにたとえていたのである。しかも、トキの追っていた魚を横取りするという、性格の悪いウとしてである。

徹底した抵抗

では、仁徳は?。「魚」である。この比喩が解けた時、わたしは思わず笑ってしまった。石之比売の、仁徳に対する嫌味は露骨だ。「聖帝」と讃《たた》えられた権力者を、「魚」にたとえるほどだから、彼女は、よほど逆上して詠《よ》んだ歌ということになる。骨の折れる旅をして「那羅《なら》山」を越えなくても、「葛城」を望まなくても、詠める歌となっている。その内容は、この歌謡の説明文とは大きく異なる。

石之比売の嫌味、多少品位をもって表現すれば、〝教養ある皮肉〟を、記紀編纂者は読み取ることができなかったのである。そればかりか、筆を滑らせたようである。つまり、この歌謡もまた、正しく解釈できていなかったことを明確に示している。どうやら、誤訳に基づいて、「那羅《なら》山を越えて、葛城を望《のぞ》みて」といった説明文を「捏造」していたようである。

それは歌謡全体が証明している。その中でも「海鵜《うみう》」（餓瀰餓）だ。鵜飼い用として利用されているウは、このウミウである。奈良盆地にウミウが飛来する。そんなことはありえない。「山背河」が海のそばだから、ウミウはやって来たのである。木国（和歌山県）から「那羅山《なら》」に至る経路は事実かどうか。この詮索は必要なかったのである。

「青丹《あをに》よし那羅《なら》」も「小楯倭《をだてやま》」も、そして、「葛城高宮」も実在しなかった。それに加え、「吾家《わぎへ》」といった奇妙な言語も、なかった。記紀歌謡は、誤読だらけである。通説となっている解釈のすべてが、理解できないのも、このためなのである。

こうして、石之比売の激しい抵抗は続く。しかし、身から出た錆とはいえ、仁徳は決してくじけない。そこで仁徳は、「山城の綴喜《つづき》」にとどまった石之比売のもとへ、舎人《とねり》・鳥山《とりやま》を派遣する。「仁徳記」に記されているその時の歌が、これである。

夜麻斯呂邇　伊斯祁登理夜麻　伊斯祁伊斯祁　阿賀波斯豆摩邇　伊斯岐阿波牟迦母

［岩波大系本］山代に　い及け《し》鳥山　い及け《し》い及け《し》　吾《あ》が愛妻《はしつま》に　い及き《し》遇《あ》はむかも

「い及《し》け」は、聞き慣れない言語である。イは接頭語、シケは追いつけの意だと解釈されている。

［わたしの解釈］魚走《や》るに　小鴫《こしぎ》　疾《と》し寄るを　小鴫　魚食《ごじ》き　禍《まが》しし妻に　是《こ》しき会はむかも

［解釈の根拠］○夜麻斯呂邇―魚走《や》るに。夜はヤ、以下の脈絡から、魚の古語のようである。麻はハ（バ）、斯はシ、呂はル（ロ、リョの活用による）、邇はニとなっている。○伊斯祁―小鴫《こしぎ》。伊はコ（コレ）、この斯もシ、祁はギで、水鳥のシギを表している。コシギとは、小さいシギといった意味である。○登理夜麻―疾《と》し寄るを。登はト、理はシ（シハ）で、疾し。素早くの意である。夜はヨル、麻はヲである。○伊斯祁伊斯祁―小鴫魚食《ごじ》き。前の句三文字の伊斯祁は、小鴫《こしぎ》である。しかし、後の句三文字の意味は異なる。この句は難

しい。伊はゴ（コレ）、これも魚の古語である。斯祁は「食き《じ》」で、「食く《じ》」（食べる意）の連用形のようである。小鴫《こしぎ》と〝魚食《ごじ》き〟とを掛けている。

○阿賀波斯豆摩邇―禍しし妻に。阿はマ（マカレルキシ）、賀はガ、波はシ（シハ）、斯もシで、憎らしい、いまいましい意の「禍《まが》々し」か。○伊斯岐阿波牟迦母―是しき会はむかも。伊はコ（コレ）、このようにの意の代名詞である。斯はシ、岐はキで、伊斯岐とは、このようにして。つまり、魚を素早くつかまえたようにの意である。阿波牟迦母は、通説のとおりである。「かも」とは、詠嘆の気持ちを含む疑問を表す係助詞である。

小鴫《こしぎ》はあのいまいましい妻に、首尾よく会えるだろうか。これがこの歌の趣旨である。仁徳の鳥山に託した期待が、強く込められている歌である。

「仁徳紀」の歌はどうか

小鴫に強く期待する仁徳の気持ちは、「仁徳紀」のこの歌謡によっても、確認することができる。

夜莽之呂珥　伊辞鶏苦利夜莽　伊辞鶏之鶏　阿餓茂赴菟磨珥　伊辞枳阿波牟伽母

岩波大系本による『記』と『紀』の解釈の違いは、「吾《あ》が愛妻《はしつま》に」（阿賀波斯豆摩邇）と「吾《あ》が思《も》ふ妻に」（阿餓茂赴菟磨珥）だけである。古代では「思う」を「思《も》ふ」と省略していたという。これも疑問の一つである。

［わたしの解釈］魚《や》走るに　小鴫《こしぎ》　疾《と》し寄れば　魚食《ごじ》きしき　禍《まが》しつ妻に　是《こ》しき会はむかも

［解釈の根拠］○揶莽之呂珥―魚《や》走るに。揶はヤ、魚の古語である。莽之呂珥は走るに。莽はハ（バウ）、之はシ、呂はル（ロの活用による）、珥はニである。○伊辞鶏―小鴫《こしぎ》。伊はコ、辞はシ、鶏はギ（キキシ）となっている。○苦利夜莽―疾《と》し寄れば。苦利は疾《と》し。苦はト（トマ）、利はシ（シルシ）を表している。夜はヨレ（ヨルの活用による）、莽はバ（バウ）である。○伊辞鶏之鶏―魚食《ごじ》きしき。伊はゴで、魚のことである。辞鶏は『記』と同じで、「食《じ》き」を表している。之鶏はシキである。○阿餓茂赴菟磨珥―禍しつ妻に。阿はマ、（マカレルキシ）、餓はガ、茂はシ（名のり・し）、赴は助動詞のツ（ツク）を表している。菟磨は妻である。○伊辞枳阿波牟伽茂―是《こ》しき会はむかも。伊は代名詞のコ（コレ）、辞はシ、枳はキで、『記』と同じ意味である。

『記』と『紀』の間には、多少の違いはあるものの、趣旨は同じである。疑念を感じた「阿餓茂赴」は、やはり「吾《あ》が思《も》ふ」ではなかった。それにしても、難しい歌である。それも、単に難解だけではなかった。この歌の難しさは、「伊斯祁」（「仁徳記」）、「伊辞鶏」（「仁徳紀」）にある。ともに〝小鴫《こしぎ》〟と〝魚食《ごじ》き〟を掛けていた。技巧的であるだけではない。ここには、すでに失われた言語が潜んでいた。それが〝食《じ》き〟である。「餌食《えじき》」から、それが解けた。餌食とは、餌《えさ》として食べられるもの、食物・食料のことである。この定義から、餌食は文字どおり、〝餌《えさ》を食べる〟意であったのだろう。名詞が餌食《えじき》なのだから、動詞は〝餌食《えじ》く〟であったと考えられる。

食の漢音は「ショク」、呉音は「ジキ」である。この音は、どの漢和辞典でも確認できる。律令時代の俸《ほう》禄《ろく》（給与）制度を食封《じきふ》という。古代にあっては、食の音は、「ジキ」が一般的であった傾向を示している。

「伊斯祁」「伊辞鶏」には、二つの意味が含まれていた。ことば遊びとしてよく考えられている。洒落た歌でもある。このことば遊びの歌には、さらに隠された事実があった。洒落ているだけではない。奥行きもある。

鳥山は仁徳の部下である。鳥とあることから、この人物は〝小鴫《こしぎ》〟と深く結び付いている。当初はそのように考えた。だが、いくら考え続けても、両者の接点は見つからなかった。「鳥山」で見つかる方が、おかしい。その接点は、人名の鳥山ではなくて、「舎人」の方にあった。通説の「トネリ」に騙《だま》されていた。「トネリ」とは真っ赤な嘘、「舎人」こそ、〝ジキ〟だった。舎はジ（シャ）、人はキ（名のり・きよ）を表していたのである。

舎人・鴫と〝食《じ》き〟。掛け言葉は二つではなかった。これでは、簡単に解けるはずもない。この歌謡の趣旨から、舎人（ジキ）は、側近の意の「直」かとも考えられる。

やっと矛を納めた石之比売

仁徳が期待を寄せた鳥山ではあったが、大后を説得することはできなかった。そこで、仁徳は、口子（『記』、クチコと読まれている。『紀』は口持臣《くちもちのおみ》）を、筒城宮《つつきのみや》の石之比売のもとへ派遣する。しかし、石之比売は、「沈黙」を堅く守り、口持臣をかたくなに「無視」する。謁見を拒否された口持臣は、「雪雨に沾《ぬ》れつつ、日夜を経て、皇后の殿の前に伏して避《まかり》らず」という堅い決意で臨む。石之比売に仕える妹の国依媛《くによりひめ》は、この兄を心配して歌を読む。

初めに『記』、次いで『紀』の歌を、以下に示す。

夜麻志呂能　都都紀能美夜邇　母能麻袁須　阿賀勢能岐美波　那美多具麻志母

［岩波大系本］山代の　筒木《つつき》の宮に　物申《ものまを》す　吾《あ》が兄《せ》の君は　涙ぐましも

「口子」は「無視」されて、「物申す」ような状況になかった。それは『記』『紀』ともに記すところだ。

その記事を無視する。その行き着く先は、〝誤訳〟しかない。

[わたしの解釈] 山代の　筒木の宮に　無視を忍《お》す　明かせし君は　涙ぐましも

[解釈の根拠] ○夜麻志呂能、都都紀美夜邇—いずれの句も、通説のとおりである。○母能麻袁須—無視を忍す。母能は無視、母はム、能はシである。麻はヲ、格助詞である。袁須は忍す。袁はオ（オン）、須はスである。○阿賀勢能岐美波—明かせし君は。阿賀勢能は明かせし。夜を寝ないで、朝を迎えたの意である。○那美多具麻志母—涙ぐましも。通説のとおりである。涙が出るほど悲しくなる意である。

「仁徳紀」の歌謡は、「仁徳記」とは多少異なる。やはり難解だった。

揶莽辞呂能　菟々紀能瀰揶珥　茂能莽烏輸　和餓齊烏瀰例麼　那瀰多遇摩辞茂

[岩波大系本] 山背《やましろ》の　筒城の宮に　物申《ものまを》す　吾《あ》が兄《せ》を見れば　涙ぐましも

[わたしの解釈] 山代の　筒城の宮に　無視も忍《お》す　吾《あ》が兄《せ》を見れば　涙ぐましも

[解釈の根拠] ○揶莽辞呂能、菟々紀能瀰揶珥—山背《やましろ》の、筒城の宮に。いずれも通説のとおりである。○茂能莽烏輸—無視も忍す。難解だったのが、この句である。茂能は無視。茂はム、能はシである。莽はモ（モウ）で、格助詞である。ここまでは、比較的楽に解けた。ところが、ここで、わずか「烏輸」の二文字に、行き詰まってしまった。

この状態を打開することになった手掛かりが、「仁徳紀」のこの記事である。「雖㆑謁㆓皇后㆒而黙之不㆑答」（皇后に謁《まみ》ゆと雖《いえど》も、しかるに黙して、答えず）。口持臣は石之比売から徹底して「無視」されているにもかかわらず、耐え忍んでいる。この文脈から、「烏輪」は「忍《お》す」ということになる。忍には古訓に「シノフ」、名のりに「おし」がある。直前に説明した「仁徳記」歌謡の「母能麻袁須」（無視を忍す）も、この句が解けたことによる連鎖反応である。○和餓斉烏瀰例糜、那瀰多遇摩辞茂—吾《あ》が兄《せ》を見れば、涙ぐましも。いずれも通説のとおりである。

国依媛《くによりひめ》のこの歌で、それまでの態度を軟化させた石之比売は、「難波」に戻り、仁徳と和解する。八田若郎女はその後を保障されて、仁徳のそばから退き、この三角関係も円満な結末を迎える。ところで、石之比売によって辛酸を舐《な》めさせられた口子・口持臣の名は、あるいは、〃クシ〃（苦《く》し）かとも思われてくる。

それでも、仁徳は懲りない。今度は、八田若郎女の実妹の女鳥王《めどりのみこ》に接近をする。この説話にも歌謡は多い。その一つひとつが貴重である。しかし、あまりの難解のゆえに、いまだ解読ができていない。

3　地名は大地に刻まれた金石文

日女島の仁徳

仁徳は、好奇心の旺盛な天皇である。関心の的は、女性だけではなかった。ある日、この天皇は日女島《ひめ》に出掛けた。なかなかマメで、行動力のある天皇である。自然観察は、天皇に求められる必須条件か。日女島では、雁《かり》が卵を生んでいたので、仁徳はその様子を歌にして、建内宿禰に質問をした。

建内宿禰は、八代天皇・孝元の息子である。その建内宿禰が、景行から仲哀・神功、さらに応神に仕え、仁徳の時代にあっても健在だとは驚きだ。これが事実かどうかは、ともかくとして、これが、『記』の記す仁徳の読んだ歌である。

多麻岐波流　宇知能阿曽　那許曽波　余能那賀比登　蘇良美都　夜麻登能久邇爾　加理古牟登岐久夜

［岩波大系本］たまきはる　内《うち》の朝臣《あそ》　汝《な》こそは　世の長人《ながひと》　そらみつ　倭《やまと》の国に　雁卵生《かりこむ》と聞くや

［わたしの解釈］なお来つも　脅《おど》ししが　鳴きぞ　囃《はや》し　厳《いか》しす　去るとすや　脅し来し　茂《しげ》み踏むと　来つや

［解釈の根拠］〇多麻岐波流―なを来つも。多はナ（名のり・な、なお）、麻はオ（ヲ）。岐はキ、波はツ（ツミ）である。流はモ（モトム）である。これは、〝来つ〟を強調する係助詞である。〇宇知能阿曽―脅ししが。宇知能は脅し。宇はオ（オホキナリ）、知はド（トモニ）、能はシである。阿はシ（シタカフ）で、助動詞・きの連体形か。曽は、ガ（カツテ）を表している。〇那許曽―鳴きぞ。那はナ、許はキ（キョ）、曽はゾを表している。〇波余能―囃し。波はハ、余はヤ、能はシである。大声で鳴き続ける意である。〇那賀比登―厳しす。那はイ（イカテカ）、賀はカ、比はシ（シキリ）、登はス（ススム）を表している。荒々しく振舞う意である。

〇蘇良美都夜―去るとすや。蘇はサ（サトル）、良はル（リョウの活用）、美はト（名のり・とみ）、都はス（スヘテ）、夜はヤである。〇麻登能久邇―脅し来し。麻はオ（ヲ）、登はド（ト）、能はシを表している。久はキ（キュウ）、邇はシ（ジ）である。〇爾加理古牟登―茂み踏むと。爾はシ（ジ）、加はゲ（ケ）、理はミ（ミチ）で、爾加理は茂み、草むらのことである。古はフ（フル）、牟はム、登はトである。茂みを踏むのは、仁徳である。〇岐久夜―来つや。岐はキ、久はツ（名のり・つね）、夜はヤである。

長らく信じられてきた「そらみつ倭《やまと》」といった国は、この歌のどこにもなかった。わたしの解釈の場合、特に説明の必要はないと思われる。ヒナを守るために、雁の親鳥は必死になっている。その状況を歌にしていたのである。

親鳥の必死の威嚇

仁徳の歌に、建内宿禰がやはり歌で応えている。この歌にも、「そらみつ倭《やまと》」という句があるという。

多迦比迦流　比能美古宇　倍志許曽　斗比多麻　閇麻許曽邇　斗比多麻　閇阿礼許曽波　余能那賀比登
蘇良美都夜麻登　能久邇　爾加理古牟登　伊麻陀岐加受

[岩波大系本] 高光る　日の御子　諾《うべ》しこそ　問ひたまへ　まこそに　問ひたまへ　吾《あれ》こそは　世の長人
そらみつ　倭《やまと》の国に　雁卵《かりこ》生《む》と　未《いま》だ聞かず

[わたしの解釈] 鳴きしきる　雛《ひな》見むを　馳《は》し来す　飛びぞば　羽掃《はは》きぞし　飛びぞば　羽扇《あを》ぎぞ　囃《はや》し
厳《いか》しす　去るとすや　脅《おど》し来し　茂み踏むと　子を抱きぞす

[解釈の根拠] ○多迦比迦流―鳴きしきる。多はナ（名のり・な、なお）、迦はキ（キャ）である。比迦流は、間を置くこともなく、ずっと続く意の「しきる」である。比はシ（シキリニ）、迦はキ（キャ）、流はルを示している。○比能美古宇―雛見むを。比能は「ひな」。この比はヒ、能はナ（ナイ）である。美古宇は見むを。美はミ、古はム（ムカシ）、宇はヲ（オホキナリ）である。○倍志許曽―馳《は》し来す。倍はハ（ハイ）、志はシ、許はキ（キョ）、曽はス（スナハチ）を表している。

○斗比多麻―飛びぞば。斗はト、比はビ（ヒ）、多はゾ（ソコハク）、麻はバである。○閇麻許曽邇―羽掃きぞし。閇はハ（ハイ）、羽のことである。麻はハ（バ）、許はキ、曽はゾ、邇はシ（ジ）である。○斗比多麻―飛びぞば。○閇阿礼許曽―羽扇《あを》ぎぞ。閇はやはりハで、羽。阿はア、礼はヲ（ヲカム）、許はギ（キョ）、曽はゾである。

○波余能那賀比登（囃し厳しす）・蘇良美都夜（去るとすや）・麻登能久邇（脅し来し）、爾加理古牟登（茂み踏むと）は、前述の仁徳の歌と一字一句同じである。したがって、意味も同じである。このような歌は解きやすい。○伊麻陀岐加受—子を抱きぞす。伊はコ（コレ）、子である。麻はヲ、格助詞である。陀はダ、岐はキ、加はゾ（ソノモノ）、受はス（ズ）を表している。

卵は孵《かえ》って、すでにヒナになっている。「比能」（ヒナ）の見つけられない通説の、結末はすでに明らかだ。

「仁徳紀」にも、雁の話はあるが、その内容は、『記』とは著しく異なっている。

多莽者破屢　宇知能阿曽　儺虚曽破　予能等保臂等　儺虚曽破　区珥能那餓臂等阿　耆豆辞莽揶莽等能
区珥珥箇利古武等　儺波企箇輪揶

［岩波大系本］たまきはる　内の朝臣《あそ》　汝《な》こそは　世の遠人《とほひと》　汝《な》こそは　国の長人《ながひと》　秋津嶋《あきづしま》　倭《やまと》の国に
鴈産《かりこ》むと　汝《な》は聞かずや

［わたしの解釈］疾《と》し親は　脅《おど》ししす　鳴きぞば　忌《い》みし追ひし　鳴きぞば　居《い》し雛初《ひなうひ》しを　怯《お》ずしばや
も　雛《ひな》苦ししつ　飛ぶとし　魚吐《なは》きつしや

［解釈の根拠］○多莽者破屢—疾し親は。多莽は、すぐにの意の疾し。多はト（名のり・とみ）、莽はシ（シケシ）である。者破は親。者はオ（オキナヒト）、破はヤ（ヤフル）である。屢はハ（ハコ）で、格助詞となっている。○宇知能阿曽—脅しします。宇はオ（オホキナリ）、知はド（トモニ）、能はシ、阿もシ（シタカフ）、曽はス（スナハチ）、動詞・す（為）の終止形である。○儺虚曽破—鳴きぞば。儺はナ、虚はキ（キョ）、曽はゾ、破はバである。○予能等保臂等—忌みし追ひし。予能等は忌みし。嫌って避ける意である。予はイ（イタル）、

能はミ（名のり・みち）、等はシ（シナ）を表している。保臂等は追ひし。保はオ（名のり・お）、臂はヒ、この等もシである。

○儺虚曽破—鳴きぞば。前述のとおりである。○区珥能那餓臂等阿—居《い》し雛初《ひなうひ》しを。区はイ（イヤシ）、珥はシ（ジ）、能はヒ（名のり・ひさ）、那はナで、能那も雛を表していた。餓臂等阿は、初しをである。餓はウ（ウフ）、臂はヒ、等はシ（シナ）、阿はヲ（オモネル）である。初めてする経験だったのでといった意味である。○耆豆辞莽揶莽—怯づしばやも。この耆もオ（オキナヒト）、豆はヅ、辞はシ、莽はバ（バウ）、揶はヤ、この莽はモ（モウ）である。怯づは怯える、怖がる意である。○等能区珥珥箇—雛苦ししつ。等はヒ（ヒトシ）、能はナ（ナイ）で、等能は雛を表している。区はク、続く二つの珥は、ともにシ（ジ）、箇はツ（ツツ）である。○利古武等—飛ぶとし。利はト（トシ）、古はブ（フル）、武はト（トラ）、等はシ（シナ）である。○儺波企箇輸揶—魚《な》吐きつしや。儺はナ、魚である。波はハ、企はキ、箇はツ（ツツ）、輸はシ（シュ）、揶はヤである。

仁徳が、巣の中をのぞき込もうとしたので、親鳥は、ヒナを守るために必死に威嚇を始めた。鳴いては、仁徳を巣に近づけまいとして、追っ払おうとする。巣の中にいたヒナは初めての経験だったので、怖がっている。ヒナも不安で苦しくなったのか、巣から飛び出そうとして、魚を吐きだしていた。この歌に、「秋津《あきづ》嶋《しま》」はなかった。

わたしの解釈の正しいことは、建内宿禰の「答歌《かへしうた》」で立証することができる。

夜輸瀰始之　和我於朋枳瀰波　于陪儺于陪儺和例烏　斗波輸儺　阿企菟辞摩揶莽　等能倶珥珥箇　利古武等和　例破枳箇儒

［岩波大系本］やすみしし　我《わ》が大君《おほきみ》は　宜《うべ》な宜《うべ》な　我《われ》を問《と》はすな　秋津嶋《あきづしま》　倭《やまと》の国《くに》に　鴈産《かりこ》むと　我《われ》は聞《き》かず

［わたしの解釈］寄りしつしし　なかを疾《と》し見ば　幼《おさ》な幼《おさ》なしつを　立つをや　起きつしばやも雛　疾《と》ししつ　飛ぶとしし　魚吐《な》きつし

［解釈の根拠］〇夜輸瀰始之―寄りしつしし。夜はヨリで、寄り。これは、「ヨル」の活用による。輸はシ（シュ）、瀰はツ（ツクス）、始はシ、之もシである。〇和我於朋枳瀰波―なかを疾し見ば。和はナ（名のり・な）、我はカ（ガ）、於はヲである。朋はト（トモ）、枳はシで、素早くの意の「疾《と》し」を表している。この瀰はミ、波はバ（ハ）となっている。〇于陪儺于陪儺和例烏―幼《おさ》な幼《おさ》なしつを。于はオ（オオ）、陪はサ（サカヌ）、儺はナ、子どもっぽいの「幼《おさ》な」である。和はシ（シタカフ）、例はツ（ツネナリ）、烏はヲ（オ）である。〇斗波輪儺―立つをや。斗はタ（タタカフ）、波はツ（ツツミ）、この輪はヲ（オツ）、儺はヤ（ヤラフ）である。〇阿企菟辞摩揶莽等能―起きつしばやも雛。阿はオ（オモネル）、企はキ、菟はツ、辞はシ、摩はバ、揶はヤ、莽はモ（モウ）である。等能は雛。等はヒ（ヒトシ）、能はナ（ナイ）である。〇倶珥珥箇―疾《と》ししつ。倶はト（トモニ）、二つの珥はともにシ（ジ）、箇はツ（ツツ）である。〇利古武等和―飛ぶとしし。利はト（トシ）、古はブ（フル）、武はト（トラ）、等はシ（シナ）、和もシ（シタカフ）である。〇例破枳箇儒―魚吐《な》きつし。例はナ（ナラフ）、魚のことである。破はハ、枳はキ、箇はツ、儒はシ（ジュ）である。

「幼《おさ》な幼《おさ》なしつを」（于陪儺于陪儺和例烏）とあるから、まだくちばしの黄色いヒナのようである。人間の姿に驚いたヒナは、巣から飛び立とうとして、魚を吐き出している。これでは、まるで強制的な巣立ちである。人間が近づいて、巣の中をのぞいたばかりに、ヒナは、とんでもない迷惑を被《こうむ》っている。この歌の「阿企菟辞摩」も、仰々しい「秋津嶋《あきづしま》」ではなかった。

日女島を探す

「仁徳紀」のこの歌は、「茨田堤《まむたのつつみ》」で作られている。「茨田堤」とは、「茨田郡茨田郷」にあった堤（土手）と解釈され、淀川流域の枚方市辺りに比定されている。後述するように、「茨田堤」と淀川とはまるで関係はなく、淀川のそばが、この歌に該当する地ではない。それを証明している地名が、「仁徳記」の「日女島《ひめ》」である。この島も、大阪市西淀川区姫島町（新淀川右岸）などではない。「仁徳」に関わる物語の舞台は、淀川流域でも大阪湾岸でもない。「日女島《ひめ》」は古代には、「淡海《あふみ》」と呼ばれていた海に浮かぶ島の一つである。だが、ここまで範囲を絞り込んでも、その所在は分からなくなっている。その原因は、その名称のすっかり変わり果てた姿にある。「日女島」を特定できる根拠は、「安閑紀《あんかん》」のこの記事である。

「牛を難波《なには》の大隅嶋と媛嶋松原に放て。冀《ねがは》くは名を後《のち》に垂《た》れむ」とのたまふ。

「冀くは名を後に垂れむ」の趣旨は、いまだに解明されていない。今、問題はこの章句にあるのではなくて、「大隅嶋と媛嶋松原」の方にある。「オオスミ」と読まれている「大隅」は、大阪市東淀川区大道町辺りに比定されている。この比定も誤っている。「ヒメシマ」と読まれている「媛嶋」は、「仁徳記」の「日女島」と同一の島と見なされている。この比定はどうか。

ここで問題を複雑にしている地名が、「難波」である。書紀編纂者の意図は、〝見え見え〟だ。後世の人間を欺くために、場違いの「難波」を、こんなところに放り込んでいるのである。書紀編纂者にとって、仁徳の行動の場は、どこまでも大阪湾岸でなければならないのである。

「大隅嶋」「媛嶋」ともに、大阪湾にあった地ではない。この島の浮かんでいた海は、「淡海」（中海）である。愛媛県の例が示しているように、媛島は「ヒメシマ」と読むことはできる。その一方、媛字にはエンの音があるので、「エシマ」と読むこともできる。「日女《ひめ》島」の表記がいつの頃か、「媛島」の漢字表記に取って変えられたために、その表記が、「ヒメシマ」から「エシマ」への橋渡しの役割を、果たすことになってしまっていたのである。

「ヒメシマ」から「エシマ」への地名変化は、このように起こっていた。

ヒメシマ　→　日女島　→　媛島《ひめしま》　→　エシマ　→　江島（エジマ）

「クタワタ」が「クマントウ」（熊党）へと、とんでもない地名に変わることだってあるのだから、「ヒメシマ」が、「エジマ」に変化しても、驚くには当たらない。

「日女島」は、『出雲国風土記』（島根郡）の記す「蜈蚣《むかで》島」のことである。この島の特徴について、『出雲国風土記』は、「塩満つ時は、深さ二尺五寸ばかり、塩乾《ひ》る時は、已《すで》に陸地《くが》の如し」と述べている。「陸地《くが》」とは、「ムカデ島」が対岸の夜見島（現夜見ケ島半島）と、陸続きになることを表している。今日では、江島《えじま》と対岸の境港市との間に江島大橋が架かっているために、潮の干満とは関係なく、常に〝陸続きの島〟となっている。

「日女《ひめ》島」は、「安閑紀《あんかん》」の「媛島」のことであり、今日の江島（島根県八束町）である。「日女《ひめ》島」が、江島であることが判明すれば、「大隅嶋」を見つけ出すことはたやすい。「大隅嶋」とは、江島の隣の大根島のことである。今日では牡丹で知られる「ダイコン島」は、かつては、「タコ島」と呼ばれていた。

この「タコ島」について、『出雲国風土記』は貴重な伝承を残していた。「故、蜛蝫嶋《たこじま》といふ。今の人、猶《なほ》誤りて栲嶋《たくしま》と號《なづ》くのみ」。つまり、以前は「タコ島」であったが、今では「タク島」と呼ばれているという伝承である。これがなぜ貴重か。「タク島」こそ、「大隅島」だからである。

隅（グ、グウ）の古訓に、「スミ」があることは事実である。だからと言って、「大隅島」が「オオスミ島」とは限らない。大をタ（タイ）、隅をク（グ）と読めば、「タク」となる。『出雲国風土記』の編纂段階では、「蜛蝫嶋」が「大隅島」へと変わっていたか。あるいは共存していたが、使用頻度は「大隅島」が多くなっていたか。そのいずれかである。そのために、「タコ」から「タク」への音韻変化が生まれていたものと思われる。

先に述べたように、「大隅島」は「大阪市東淀川区西大道町」に比定されている。ところが、「オオスミ」と「オオミチ」では、その音はまるで似ていない。この比定も、「媛島・西淀川区姫島町」説と同じように、誤りである。

『出雲国風土記』には、さらに注目すべき記事がある。「蜛蝫島 … 牧《むまき》あり」（島根郡）。「牧」とは「牧場」のことである。伯耆・出雲は〝自国の牛馬〟だけではなく、筑紫をはじめとする敵国から〝巻き上げた牛馬〟の放牧を、ここでも行っていたのである。「大隅島」は、現在の大根島である。当記事もまた、わたしの比定の正しいことを、裏付けている。

「免木河」と「枯野」

仁徳治世の中心地は、大阪湾岸ではなかった。それを示す証拠は、幸いにもなお残存している。「枯野《からぬ》」と名づけられた船の物語も、その根拠となる。この説話は、『記』では仁徳の時代のことと記されているのに、『紀』ではなぜか、仁徳の父親である応神の時代に移されている。ここにも、『記紀』の胡散臭《うさんくさ》さが感じられる。

「枯野《からぬ》」のあらましは、このようになっている。仁徳の時代、さる川の西のほとりに、天を貫くほどの大樹が生えていた。その大樹の影は、朝日に当たれば「淡道島」に届き、夕日に当たれば「高安山」を越えたという。それほど、その樹木は高く伸びていた。そこで、その木を切って、船を造ったところ、驚異的な速度で海の上を進んだ。この船が「枯野」である。

やがてこの船は、損傷が著しくなったために破壊され、塩を作るための薪として燃されたが、その焼け残った薪で、琴が作られている。その音色は、七里のかなたまで響き渡ったという。素晴らしい琴だったようである。

この大樹の近くを流れていた川が、名義未詳の「免木河」である。岩波大系本でも、一応仮名は振ってある。それでも、「免《?》木《き》河」だ。免は「?」となっているだけで、今日まで、その読み方すら分かっていないのが実情である。読み方が分からないから、当然のことながら、比定すべき河川名も分からない。それなのに、この説話も例外に漏れず、畿内の伝承だと信じられている。

どんなに血眼になって、この川を畿内に求めても、探し当てることは無理である。この川は畿内にはない。「免木河」に該当する川が、今日、「ムキガワ」と呼ばれている妻木川（大山町）である。一九九八（平成一〇）年五月、「妻木晩田《むきばんだ》遺跡」の発見報道によって、妻木は、全国にも広く知られるようになった。妻木も含め、大山町・旧淀江町一帯は、米子市・南部町と同じく、歴史上重大な史実が埋もれている地なのである。この遺跡によって、ようやく、消された歴史事実の一端が姿を現したということになる。

ところで、なぜか妻にムの音はないのに、妻木は「ムキ」と読まれている。妻の古訓にはメがある。女、婦と同義同音のメだ。他方、「免《?》木《き》河」の免にもメンの音があるから、妻木川も「免木河」も、ともに「メキ河」と読むことはできる。古代、「免木河」と表記されていた妻木川は、「ムキカハ」ではなくて、「メキカハ」と呼ばれていたようである。それが音韻の変化によって、今日の「ムキカワ」へと変化していたのである。

この説話の舞台も伯耆、それも大神山《おおみは》（大山）・孝霊山《こうれいさん》山麓が当該の地であって、畿内ではない。大和盆地中心史観に立つ戦後史学が、「免木河」（妻木川）の所在地だけではなく、その名称までもが解けないのも、無理からぬところである。

何度もこの川を渡った。流れは澱《よど》み汚れていて、お世辞にも美しいとは言えない。川幅は三m前後しかないにもかかわらず、このように特筆されているのだから、その歴史的意義は小さくはない。その妻木川と連動していた歴史事実の一つが、「枯野」と名づけられた船の存在である。

「枯野」説話の真相

「枯野」は後で詳述するように、「枯らぬ」(枯れない意)である。大樹の生えていたところは、「免木河」の西側である。ところが、それとは逆の東側に、「唐王《とうのう》」の地名が遺存している。この事実を知って、驚いた。

この地にある唐王神社の主祭神は、スサノオの娘・須勢理毘売《すせりひめ》で、「唐王《からのおう》」とも「韓王」とも称されたといわれている。「唐王」と「枯野」とを結ぶ絆の役割を果たしている神名が、「韓王」である。

「韓王」を、「トウノオ」と読むことは難しい。この表記だと「カラノオ」でなければならなくなる。唐獅子、唐草模様といった語からも分かるように、唐は「カラ」とも読むことができるから、唐王も「トウノオ」とは別に、「カラノオ」と読むことも可能なのである。

そうなると、「唐王」の本来地名は「トウノオ」ではなくて、「カラノオ」であったことになる。「唐王」「韓王」は、「枯野」船の史実によって生まれた地名ということも、十分に考えられるのである。妻木川の東、わずか二km足らずのところに、地名起源不明の「唐王」の地名が遺存していることを、偶然の二文字で片付けることはできなくなる。この帰結によって、「枯野」説話中の高安山を、大阪・八尾市と奈良・平群《へぐり》町の間の、同名の山(標高四八八m)に結び付けることはできなくなった。

その樹《き》の影、旦日《あさひ》に当たれば、淡道《あはぢ》島に逮《およ》び、夕日に当たれば、高安《たかやす》山を越えき。

改めて、「仁徳記」のこの記事の真相を、解明する必要が生まれてきた。しかし、これは、そんなに難しい問題ではない。すでに、「淡道島」は明らかになっている。「淤能碁呂島」(雄々し蛇島《ころ》)―島根半島が、その島である。これが「国生み神話」の語る真実だった。

(1)朝日の作る免木河の大樹の影　↓　淡道島(島根半島)

(2)夕日の作る免木河の大樹の影　↓　高安山

(1)=(2)。影の作るこの等式が成立するように、高安山を求めれば、この問題の答えはおのずと出てくる。この着想のきっかけは、「景行紀」にある。そこに、類似の説話があった。御木《みけ》(三池郡、大牟田市)の歴木《くぬぎ》の形成する影の説話だ。そこには「朝日の暉《ひかり》に當《あた》(当)りて、即ち杵嶋山《きしまのやま》を隠しき。夕日の暉に當りては、亦、阿蘇山を覆《かく》しき」とある。

(3)朝日の作る御木の歴木の影　↓　杵嶋山(佐賀県杵島郡の山)

(4)夕日の作る御木の歴木の影　↓　阿蘇山

この説話でも、(3)=(4)(三〇km前後)となって、朝日の作る影と、夕日の作る影とは、ほぼ等しくなっている。この説話の肝心の部分が、創作ではあっても、自然の法則は尊重されているのである。この点、「仁徳記」にも共通すると見なしてよさそうである。

(5)朝日の作る免木河の大樹の影　↓　淡道島　…　一五～二〇km前後

⑹夕日の作る免木河の大樹の影　↓　高安山　…　一五～二〇km前後

この山を、あるいは孝霊山《こうれいざん》かとも考えたが、免木河（妻木川）―孝霊山間の距離は、どのように見ても五km程度でしかない。船上山《せんじょうせん》にしても五十歩百歩だ。この等式が成立する山は、大山以外にない。それに、伯耆国の説話で、どうして大山（大神山《おおみは》＝三諸山《みは》）を外して語らなければならないのか。むしろ、基点の一つとして、大山を積極的に採用するはずである。それにも増して疑問に思うことが、「タカヤス山」と解釈された山名である。いかにも安っぽく、到底、〃美蛇山《みはやま》〃にはふさわしくない。誤訳の臭いが漂ってくる。「高安山」は実際に、どのように読まれていたのだろうか。

この字面から、「カヤサン」という山岳名が、まず頭に浮かんだ。「高安」は高をカ（カウ）、安をヤ（名のり・やす）と読めば、〃カヤ〃となる。この山名には見覚えがあったばかりか、実際に眼にもしている。

「高安」はカヤ

糸島半島に可也山《かやさん》（三六五・一m、福岡県糸島市）が実在している。この山は、とぐろを巻いて、ジッとしている蛇の姿に見える。美しい山である。

多くはないものの、カヤは、山岳と河川の名称として取り入れられている。

⑴山岳　…　高陽山《かやさん》（新潟・福島県境、九〇四m）、茅《かや》ケ岳（山梨県、一七〇四m）

⑵河川　…　神谷川《かやかわ》（広島県新市町《しんいち》）

高はカ（カウ）、陽はヤ（ヤウ）を表しているから、高陽山は、〃当該漢字第一音採用法〃によって生まれた地名である。神谷川《かやかわ》の例から、京都市北部を流れる紙屋川《かみやがわ》も、もとは〃カヤガワ〃であったとも考えられる。地名以外にも、カヤはある。いちい科の常緑高木を榧《かや》といい、チガヤ・ススキなどのいね科の植物を茅(萱)という。榧も茅も、長いことでは共通する。

このような特徴から、カヤも蛇ではないかと想像することができる。実際に、カヤは蛇の古語だった。『記』では「国生み神話」の直後に、神々の生成譚が続く。その中に、「次に野《の》の神、名は鹿屋野比売《かやのひめ》を生みき。亦の名は野椎神《のつちのかみ》と謂《い》ふ」との記事がある。カヤとは、この「鹿屋」のことである。それは別名を、「野椎」(野蛇《のつち》)と言うのだから、カヤも蛇の古語であったと考えられる。

カヤが蛇の古語であった痕跡は、まだある。前述の可也山《かやさん》は、糸島富士・小富士《こふじ》・筑紫富士とも呼ばれているだけではない。「御床山《みとこやま》」の別名もある。床とは蛇のことだから、御床山を分かりやすく表記すれば、〃美蛇山《みとこやま》〃となる。

可也山《かやさん》…御床山(美蛇山《みとこやま》)　―　御諸山・三諸山(美蛇山《みはやま》)…大山

ここで、御床山は、御諸山・三諸山(美蛇山《みはやま》)とが繋がった。国外にも「カヤ」の地名がある。古代、日本領であった朝鮮半島南部には、「伽耶《かや》」(南加羅)の国が実在していた。「魏志倭人伝《ぎしいじんでん》」の「狗邪韓国《こやかんこく》」の「狗邪」は、「カヤ」に近い音ではなかったかと思われる。カヤの地名は古い。小白山脈中の伽揶山は、「伽《か》耶《や》」の名残である。

国外の「カヤ」は、まだある。南北アメリカ大陸には、日本語の痕跡が現存していることを論じた第2巻(第十五章)では、その痕跡を地名に限定していた。しかし、地名以外の日常語の中にも、その痕跡は残っていた。

カヤックという流線形の舟がある。シカゴ・アラスカのみならず、グリーンランドとシベリヤにも居住している原住民・エスキモーの使用する舟の名称である。このカヤも、その形状から見て蛇と思われる。〃蛇《かや》躯《く》〃、これがカヤックの原義ではないか。「高安」は、蛇の古語〃カヤ〃である。どう転んでも、「高安山」

は、「タカヤスヤマ」ではない。「高安山《かやのやま》」は、大山を置いてほかにないことになる。

この説話の舞台を近畿と見なした場合、大樹の東西の二方向に作る影の長さから、「免木河」はどうしても、芦屋市と神戸市の間を流れていなければならないことになる。この間には、芦屋川が流れている。しかし、この川の名称では、「免木河」とは読めはしない。さらに芦屋川の東の夙川《しゅくがわ》と武庫川《むこがわ》にしても、いずれも、その音韻上から「免木河」に比定しがたい。ここは大阪湾岸の難波とも、近い。それなのに、「免木河」と読めるような河川名は、どこにも遺存していないのである。「免木河」がなければ、高安山を畿内に求めることは難しくなる。

他王朝の歴史書―〝記紀原典〟を適当に盗み取り、その中の地名を、大和盆地とその周辺に当てはめる。このような地名当てはめ法が、いつまでも通用するはずがない。案の定、ここでもボロが出てしまった。奈良・三輪山に、「カヤノヤマ」「カヤサン」の別名はない。その伝承が消失したのではなくて、もとからなかったのである。

「高安山」が正しく読めなかった記紀編纂者には、当然のことではあるが、その意味も分からなかった。そればかりか、それが、「御諸山・三諸山」の別名との認識も、なかった。そのために、大阪府と奈良県の境の山の一つを適当に選び出して、「高安山」を「タカヤスヤマ」として、当てはめていたのである。

近畿の地には、本来「免木河」もなければ、「高安山」も存在しなかった。それなのに、近畿の地に「高安山」が残っている。ということは、どこかの時点で、〝ある権力者〟の意向が、強烈に働いていたからと考えざるをえなくなる。このように仮定しなければ、万人の納得できる「高安山」についての説明は、不可能となる。

記紀編纂者は、「高安山」が正しく読めなかった。それ以上に、「免木河」は読めなかった。読めないのに、この地名を、迂闊に当てはめると、かえって虚偽がバレることにもなりかねない。ここで「大和朝廷」は、慎重になったのである。「免木河」に相当する河川が、近畿にないことも、この慎重な姿勢が、原因となっているのである。

「伊豆国」の欺瞞

「応神紀」で語られている「枯野説話」には、船を造ったところが明記されている。「応神記」にも、「仁徳記」にもない内容である。

（応神五年冬十月）伊豆国に科《ふれおほ》せて、船を造らしむ。長さ十丈。船既に成りぬ。試みに海に浮く。便《すなは》ち軽く泛《うか》びて疾《と》く行《ゆ》くこと馳《はし》るが如《ごと》し。故《かれ》、其の船を名づけて枯野《からの》と曰ふ。

この記事でおかしいというか、どうしても引っ掛かりを感じる個所がある。船を造らせたところが、「伊豆国」である点だ。この「伊豆国」は、現在の静岡県田方郡修善寺町・天城湯ケ島町ではと推定されている。一方、応神の都はどこにあったのか。ここでおかしなことが、『日本書紀』に起こっている。度忘れでもしたかのように、その記事がないのである。しかし、幸いにも、その記録は『古事記』にあった。「軽島《かるしま》の明宮《あきらのみや》」（応神記）が、その宮である。この地は、橿原市大軽町付近に比定されている。そんな『紀』ではあっても、応神は「軽島の明宮」で亡くなったと記しているのだから、応神の都は大和盆地の中にあったことになる。大和盆地から至近距離にある海は、大阪湾である。そうなると、古代の大阪湾岸には、造船に適した地はなかったのだろうかといった、要《い》らぬ心配をしたくなる。

〃国内最高の権力者〃である応神が、船に強い関心を持ってもおかしくはない。それでも、大阪湾岸も和歌山も、伊勢湾岸も無視して、はるか遠方の伊豆国に造船を命じる。都から遠く離れた伊豆国には、造船技術に優れた集団が居住していたことになる。どこから見ても、不自然である。

ところが、これを大山町の説話だと考えれば、先の矛盾はすべて解消することになる。ここで、新たに浮上してきた問題が、「伊豆国」である。書紀編纂者は、やたらに地名に国字を付けたがる悪癖がある。これもその一つだ。

思うに、〃記紀原典〃には、単に、「伊豆」とだけ記されていたはずである。その地名は「イズ」が妥当なようである。しかし、「伊豆」が「イズ」を示していても、「伊豆国とはまるで関係はない。そのような「伊豆」の地を探し出すことは難しいが、辛うじて、かすかな手掛かりを見つけ出すことができた。

妻木川の西、二㎞ほど離れたところに、旧淀江町淀江がある。ここに、井手口《いでくち》、井手《いで》胯《またぎ》の小字が見える。これらの小字では、手字はデと読まれている。ところが、上手《じょうず》の例もあるように、手はズと読むこともできる。そうなると、井手が「イズ」であった可能性も否定することはできなくなる。地名は当てた漢字によって、とんでもない地名に化ける癖がある。「井手」も、その一つではないか。

淀江は、宇田川《うだかわ》の河口に位置している。宇田川の河口に近いところでは、その川幅は妻木川の二倍前後になる。現在では、造る船は巨大だから、進水に便利なように、造船所は、入江の中に設置されている。しかし、古代と現代とでは、造る船の規模が、まるで異なるのだから、古代の〃造船所〃の設置場所として、入江の中にこだわる必要など、まったくない。

逆に、古代人は宇田川の河口をさかのぼったところで、船を造り、完成した船を宇田川に浮かべ、そこから海へ出るといった手法を選んでいたのではないか。河口から離れている川のほとりの方が、高潮・高波の被害から免れることができるという利点がある。このような観点から判断すれば、古代の〃造船所〃として、淀江の井手口付近は格好の地と言えるのではないだろうか。「伊豆」は、淀江町淀江の井手口付近と比定してよさそうである。

「免木河」（妻木川）の西に生えていた大樹を切り倒して、その近くの淀江に運んで船を造る。これが、〃記紀原典〃にあった内容である。これに対し、「応神紀」はどうか。伊豆半島で造った船を、遠州灘から紀伊半島の南端を経て、わざわざ大阪湾へ曳航する。あるいは水夫が乗り込んで航行してくる。これが通説の解釈である。「大和朝廷」の役人は、大阪湾岸―静岡県伊豆間の連絡・調整だけで、ヘトヘトになることは必至だ。このような解釈は、常軌を逸しているばかりか、現実離れもはなはだしいこととなる。

二つの歌謡

ここでまた「仁徳記」に戻り、この舟の行く末について、論述を進めたい。やがて、この船も老朽化して破損した。そこで、塩を作るために、その木材を薪にして燃した。するとその跡から、燃え尽きない木材が出てきたので、それで琴を作ったところ、その奏でる、美しい音色は七里の向こうにまで流れていったという。そこで、仁徳は歌を読んでいる。

加良怒袁　志本爾夜岐　斯賀阿麻理　許登爾都久理　加岐比久夜　由良能斗能　斗那加能伊久理爾　布礼多都　那豆能紀能　佐夜佐夜

［岩波大系本］枯野《からの》を　塩に焼《や》き　其《し》が余り　琴に作り　かき弾《ひ》くや　由良《ゆら》の門《と》の　門中《となか》の海石《いくり》に　触れ立つ　浸漬《なづ》の木の　さやさや

前半はともかくとしても、後半の読み下しは、サッパリ分からない。由良《ゆら》の門とは由良海峡のことで、由良は洲本市（淡路島）の地名だと言われている。

［わたしの解釈］「枯らぬ」（船の名）を　毀《こぼ》し焼《や》き　其《し》が余り　琴に作る　かき弾くや　静《しづ》し伏しつ　ナガ、（蛇）の起きし　身振り　田鶴《たづ》　数《かず》鳴きし　清《さや》すや

［解釈の根拠］○加良怒袁―枯らぬを。怒はヌである。○志本爾―毀《こぼ》し焼《や》き。志はコ（ココロサシ）、本はボ（ホン）、爾はシで、志本爾は毀《こぼ》し。壊す意である。通説の「塩に焼《や》き」とは、塩にするために焼いたの意としては理解できるが、果たして、〝（塩に）するために〟といった語句を、省略するだろうか。どのよう

に考えても、この三文字の読み下しとしては、不適切である。夜岐は焼《や》き。通説のとおりである。○斯賀阿麻理―其《し》が余り。この句も、通説のとおりである。○許登爾都久理―琴に作る。この理は、ル（リの活用による）である。

○加岐比久夜―かき弾くや。通説のとおりである。○由良能斗能斗―静《しづ》し伏しつ。由はシ（シタカフ）、良はヅ（名のり・つか）、能は今では失われた音・シである。斗はフ（フス）、この能もシ、この斗はツである。○那加能伊久理―ナガ（蛇）の起きし。那加はナガ。那はナ、加はガで、蛇の古語を表している。能はノ（ノウ）格助詞である。伊久理は起きし。伊はオ（名のり・おさむ）、久はキ（キュウ）、理はシ（シハ）である。○爾布礼―身振り。爾はミ（名のり・み）、体のことである。布はフ、礼はリ（レイの活用による）である。○多都―田鶴《たづ》。ツルのことである。○那豆能紀能―数鳴きし。那はカ（カク）、豆はズである。数多くの意である。能紀能は鳴きし。能はナ（ナイ）、紀はキ、能はシである。○佐夜佐夜―清《さや》すや。佐はサ、夜はヤ、次の佐はス（スケ）である。

琴を弾くと、それまで静かに伏していた蛇は、起き上がり、体を振って踊り始め、鶴は数多く鳴き、辺りは清々しい雰囲気に包まれた。琴の奏でる音色は、人間のみならず、動物をも魅了したと歌っていたのである。よく理解できる歌である。

類似の歌が、「応神紀」にも載っている。

訶羅怒烏　之褒珥椰枳　之餓阿摩離　虚等珥莵句離　訶枳譬句椰　由羅能斗能　斗那訶能異句離珥　敷例多莵　那豆能紀能　佐椰佐椰

［岩波大系本］枯野《からの》を　塩《しほ》に焼《や》き　其《し》が余《あまり》　琴《こと》に作《つく》り　掻《か》き弾くや　由良《ゆら》の門の　門中《となか》の海石《いくり》に　触《ふ》れ立《た》つ　なづの木《き》の　さやさや

「仁徳記」の解釈と同じである。

［わたしの解釈］「枯らぬ」（船の名）を　毀《こほ》し焼《や》き　其《し》が余り　琴に作る　かき弾くや　静《しづ》し伏しつナガ（蛇）の　上《あぐ》る身振り　田鶴《たづ》数鳴きし　清《さや》すや

［解釈の根拠］〇訶羅怒烏―枯らぬを。怒はヌである。〇之褒珥椰枳―毀《こほ》し焼《や》き。之褒珥は毀《こほ》し。壊す意である。之はコ（コノ）、褒はボ（ホ）、珥はシ（ジ）を表している。〇「之餓阿摩離」と「訶枳譬句椰」の句については、通説のとおりである。「虚等珥菟句離」は「琴に作る」。離はル（リの活用による）を表している。〇由羅能斗能斗那訶能―静《しづ》し伏しつナガの。由はシ（シタカフ）、羅はヅ（ツラナル）、能はシである。斗能斗は伏しつ。斗はフ（フス）、能はシ、この斗はツである。那訶能はナガの、那訶は蛇のことである。那はナ、訶はガ（カ）を表している。能はノ（ノウ）で格助詞となっている。〇異句離珥敷例―上《あぐ》る身振り。異はア（アヤシム）、句はグ（ク）、この離もル、珥はミ（ミミタマ）、敷はフ、例はリ（レイの活用による）である。「仁徳記」の礼字と同じ用法である。〇多菟那豆能紀能―田鶴《たづ》数鳴きし。多菟は鶴の意の田鶴《たづ》。多はタ、菟はヅ（ツ）である。那豆は数。那はカ（カク）、豆はズである。能紀能は鳴きし。能はナ（ナイ）、紀はキ、能はシである。〇佐椰佐椰―清《さや》すや。

このように、ほとんど「応神記」と変わらない。

「枯野」の本当の意味

この歌謡から、「枯野」の由来が解けてきた。「応神紀」にこんな趣旨の記事がある。この船は、用いるに耐えられなくなった。しかし、長きにわたって使ってきたので、その功績を忘れないで、後の世に伝えるようにしたい。そう思って、応神は、家臣たちにこう告げた。

そこで、家臣たちは、この船を薪にして、塩を大量に生産した。なぜ、この行為が、「枯野」船を後世に伝えることになるのか。その中に、燃えることのない木材があって、それで琴を作ったことは、当初からの目的ではなく、結果に過ぎない。どう見ても、「応神紀」の記事は本末転倒の感がある。

この船名について、岩波大系本は、「船の軽《かろ》く疾《と》き」（「応神紀」）ことを由来としているのだから、「軽野《かるの》」が本来名であって、「枯野」はその転訛であろうとの注釈を伏している。しかし、この解釈も間違っている。

この船を後世に伝える行為こそ、「枯野」という命名にあった。「枯野」は「カラノ」ではなかった。野にはヌの音がある。このヌは、打ち消しの助動詞・ずの連体形である。「枯野」は、〝枯れない〟ことを示す「カラヌ」、もしくは「カレヌ」である。この点、「加良怒」「訶羅怒」の表記も、同じことを示している。

〝不滅の大樹〟〝永遠の大樹〟が、「枯野」である。「枯野」の名称こそ、後世への記念碑である。「枯野」とは、船に使った大樹に畏敬の念を込めての、名称であったようである。

大山町唐王は、あるいは燃え残った「枯野」の一部で、琴を作ったところか。「カラヌ」「カレヌ」が、「カラノ」へと音変化し、後世のある時点で、これに「唐王」の漢字表記を当てたために、いつしか、今日の「トウノウ」へと、とんでもない地名に化けてしまったようである。大山・孝霊山北麓には、貴重な地名が残っている。ここは、日本古代史の解明には不可欠の地である。

4 「難波《なには》」・大阪湾岸の矛盾

自然を簡単に変えることはできない。ところが、変えられると勘違いしている人間もいる。その典型が自然を破壊して、むやみやたらに公共事業を強引に進めたがる政治家と官僚である。国家財政が危機に瀕し、酷使される若者や、少なからぬ国民は毎日の生活にあえいでいるのに、その様子が眼中に入ってこないというよりも、あえて、見ようとしないのだから、よほど志の低い人間ということになる。

方位に現れた矛盾

同じように、その地形に逆らってまで、縦のものを横にするといったような傍若無人と思える記事が、「仁徳紀」にある。「ある」というより、「放り込まれている」。仁徳十一年の記事が、それだ。

1「今、朕《われ》、是の国を視《み》れば、郊《の》も沢《さは》も広く遠くして、田圃《たはた》少《すくな》く乏《とも》し。且《また》、河の水横に流れて、流末駛《と》からず。聊《いささか》に霖雨《ながめ》に逢《あ》へば、海潮《うしほ》逆上《さかのぼ》りて、巷里《むらさと》船に乗り、道路亦、泥になりぬ。故《かれ》、群臣《まへつきみたち》、共に視《み》て、横《よこしま》なる源を決《さく》りて、海に通《かよ》はせて、逆流を塞《ふさ》ぎて、田宅《なりどころ》を全《また》くせよ」とのたまふ。
2宮の北の郊原《のはら》を掘りて、南の水を引きて、西の海に入《い》れり。因《よ》りて其の水を號《なづ》けて堀江という。又、北の河の澇《おおなみ》を防がむとして、茨田堤《まむたのつつみ》を築く。

しばらく長雨が降れば、川は溢れて流れ、水は岸を越えて「横」（左右）に広がり、川は、とどまるかのようにゆっくりと流れて、その流末はわからなくなるほどの状態になる。さらに、海潮の逆流によって、田畑は冠水し、船に乗って、里・村を移動し、道路は泥土状と化して、歩行が不可能となる。

このように悲惨な状態を目撃した仁徳は、治水事業によって、田畑と宅地を確保するために、一大事業に取り組む決意を固める。そこで、仁徳は二つの方策を考えた。

2は、1の実行記事である。仁徳はなぜ、この一大事業を思い立ったのか。暴風雨によって、日常生活に支障を来すほどの深刻な事態が、発生していたからである。その原因のすべてが、「河の水横に流れて」という状態にあった。つまり、この川には堤防がないか。あっても、十分に機能していない状態にあったようだ。そのために、

長雨　↓　潮の逆流　↓　川の水と一緒になった潮による増水　↓　川の左右での氾濫

という、悪循環を繰り返していたようである。

そこで仁徳は、この悪循環を断ち切るために、「河の水横に流れ」る状態を変えようと決断したのである。

（灌漑事業の内容）

(1)堀割の築造　：　「宮の北」の原っぱに堀割を通して、その「南」にたまる水の「西の海」への排出

(2)「茨田堤」の築造　：　海から押し寄せる大波を防ぐための、「北の河」への「茨田堤」の築造

これが、仁徳の計画した一大灌漑事業の骨格である。

(1)「堀割の築造」。仁徳の都は、「難波・高津宮」である。現在の大阪市中央区大阪城址の南（天王寺区餌《え》差《さし》町付近）に比定されている。だから、この北を流れる川は淀川となる。つまり、通説では、宮の「北の河」とは、淀川以外には考えられないことになる。あるいは、『紀』はそれを自明のこととして、記述している

との反論もあるだろう。だが、この反論は成立するかどうか。

宮の北に淀川が流れているのだから、「宮の北の郊原《のはら》」を掘って、その南にたまっている水を、「西の海」に流す。「西の海」を、一応、大阪湾と見なすことはできる。容認できない状況が、「宮の北の郊原《のはら》」の、その南にたまっている水の存在である。これだと、高台にある「難波・高津宮」はともかくも、その周辺は湿地帯であったことになる。古代、大阪湾は現在よりも内陸部に大きく湾入していた。仁徳は、そのような湿地帯の中の高台を、あえて選んで都を設けたのだろうか。それだけではない。大阪湾に近いだけに、防衛上もきわめて危険だ。問題はまだある。

(2)「茨田堤の築造」。「北の河」とは、正確には「宮の北の河」のことである。この判断は正しい。ところが、ここから話がややこしくなってくる。「茨田」は、枚方市に比定されている。『和名抄』の「河内国茨田《まむた》郡茨田郷」が、その根拠となっている。この地名に引かれて、「北の河」を、〝枚方市―東成区〟と解釈し、「茨田堤」を、この間の七里（約二八㎞。七里×四㎞）の堤とした見解（吉田東伍『大日本地名辞書』）まで現れた。

「宮の北の河」は淀川。これを言い換えれば、〝宮の前の川〟となる。茨田堤が築かれたところは「宮の北の河」、すなわち〝宮の前の川〟の淀川のそばである。ところが、これがとんでもないところへ移動させられる。そのとんでもない地が、枚方市である。枚方市は、かつての「茨田郡茨田郷」である。吉田東伍はこの地名を、忠実に「仁徳紀」に適用していたのである。

この解釈にも問題がある。吉田の見解のとおりであれば、「宮の北の河」ではなくて、〝宮の前を東北へさかのぼる川〟となってしまう。しかし、『記紀』では、川の上流を表す場合、ある地点を基準に「北の河」とか「南の河」といったように、方位を使用することはない。「出雲の簸《ひ》の川上」（神代紀）、「菟狭の川上」「緑野の川上」（景行紀）といった表現の示しているように、必ず「川上」と表記している。むしろ、この表現こそ常識的と言える。だから、「北の河」を、淀川上流の枚方市に比定することはできないのである。

まして、そこから大阪市内の東成区までの堤防工事となれば、頭痛がするのに、腰に湿布をするようなものである。淀川河口から東成区の西の端まででも、七～八kmは離れている。そんな上流に、どんなに巨大な堤防を築いても、海水の逆流には無力でしかない。やはり、〝無駄な公共事業〟と化す。

この記事の舞台となった地は、畿内のこととして書かれている。ところが、実地に即していないのだから、数カ所も穴の開いた水道管から、水が一斉に噴き出すように、『紀』が編纂された時点で、すでに矛盾が噴出していた。水であれば止められるが、一度噴き出した矛盾は止められなくなる。

改めて、この記事を見れば分かるように、「潮」の逆流によって、「宮の北の河」の河口周辺が、水浸しになって、国民が不自由をしているという模様を伝える内容となっている。「滂《おおなみ》」とは「大波」のことである。海から押し寄せる波であって、川の波ではない。いわんや、岩波大系本が解釈している「ちり、あくた」の類いではない。どこまでも、この記事は大阪湾岸のことと見なしているから、とんでもない矛盾に気づかなくなってしまっているのである。

大阪湾に見せ掛けたこの記事の決定的矛盾は、「北の河」という表現に尽きる。「流末」とは、「難波・高津宮」から見た川の流れの末のことではなくて、河口付近の流れの意である。こんなことは、今さら説明するまでもないことである。

では、「難波の高津宮」を基点として見た場合、淀川河口の方位を「北の河」と強弁できるかどうか。「難波・高津宮」の比定地・餌差町から、この方位を考えれば、適切な表現は〝西の河〟であって、「北の河」ではない。この記事の矛盾は、こうして方位に現れたのである。

本来の地は
やはりここだった

この矛盾を解決する方法が、一つだけある。河口が西を向いている「淀川」の、この記事を右回りに、九〇度回転させればよい。そうすると、これまでに指摘してきた矛盾は、たちどころに雲散霧消する。「仁徳紀」によって、名無しのゴンベエにされてしまったこの川は、南から北に向かって流れている。それも、〝北に向かって流れる河〟の先は、「海」でなければならない。このような川の存在するところは、太平洋側ではない。四国の香川・愛媛県の一部と、日本海側の全域である。

この川はかつての「宇治川」、現在の日野川である。この記事もまた、伯耆・出雲の史書から切り取られ、「仁徳紀」に放り込まれていたのである。この事実から、「堀江」（堀割）を設けたという「宮の北の郊原《のはら》」とは、「高津宮」（福市丘陵）と、中海の間に広がっていた日野川流域の、野原ということになる。

仁徳の宮―「難波《なは》高津宮」は、米子市南部の福市丘陵に築かれていた。日野川は、この丘陵地に沿って東を流れ、北の日本海に向かって流れているから、この条件に合致する。この丘陵地は広く、宮殿の造営地として適している。

それに、「高津宮」という宮殿名だ。高いところにある入江・港など、金輪際存在しないから、「高」と、入江・港を示す「津」とは一致しない。この津は、草津《くさつ》、直江津《なおえつ》、中津《なかつ》の「ツ」と同じ地名接尾語と思われるから、「タカ・ツ」とは〝高い地〟のこととなる。〝高い地にある宮〟。これが「高津宮」の由来である。福市丘陵地の一角に存在した「高津宮」の呼称は、その地形にふさわしいことになる。

こうして、仁徳の宮の所在地がほぼ特定できたことから、「宮の北の郊原《のはら》」の範囲も、さらに絞り込むことができる。そこは兼久《かねひさ》の北、観音寺《かんのんじ》付近から車尾《くずも》に広がる一帯を指していたものと思われる。「西の海」に通じる「堀江」は、この間に開削されていたことになる。「西の海」とは中海のことである。「西の海」に対し、「東の海」とは当然のことではあるが、夜見ケ浜半島によって隔てられた美保湾ということになる。

これで「（宮の）北の河」からの、「澇《おおなみ》」の浸水を防ぐために築かれた「茨田堤」の位置の特定も、可能となった。「茨田堤」は日野川の河口近くに築かれている。そのように断言できる。「茨田」の地名音は「マムタ」ではなくて、「ツキタ」が適切なようである。「茨」には「つく。土を築く」（諸橋『大漢和辞典』）の意味がある。日野川の河口に近い米子市上福原に、「簗田」の小字名が残っている。堤を築いた地にふさわしいところである。くわえて「茨田堤」は、その地名を冠して名づけられていることは、明らかだからである。

ところが、「(宮の)北の河」の両岸に堤を築くことは難しかったらしく、結局片方の岸にしか完成しなかったと、「仁徳紀」は述べている。上福原の位置するところは、日野川左岸(西岸)である。つまり、「茨田堤」は、日野川左岸にしか完成していなかったのである。

そうなると、対岸の現日吉津村《ひえずそん》側では、常に水がたまっている状態となる。そこで止むをえず、この一帯を遊水池として活用したのではなかったか。しかし、この不作為の対策によって、激しい集中豪雨や長雨によって、日野川が増水しても、雨水は右岸の遊水池に流れるために、「茨田堤」の決壊は免れることができる利点が生まれている。

「仁徳紀」のこの記事は、本来日野川の氾濫と、それに対する治水事業が語られていたのである。「(宮の)北の河」は、両岸に堤防を築くことが困難であったほどの大河である。日野川もまた大河である。ここに矛盾はない。

前述した「宮の北の郊原《のはら》」に、「堀江」(堀割)を設けたという「仁徳紀」の記す土木事業は、簡素な記事である。同様のことは、「仁徳記」にも記されている。「難波の堀江を掘りて海に通《かよ》はし…」とある記事が、それだ。「難波」とは現在の米子港辺りのことだから、この一帯が、水浸しになることを防ぐための土木事業であったようだ。

この記事の後に、「墨江津《すみのえのつ》を定めたまひき」(仁徳記)とあるから、「堀江」掘削事業に関連し、「墨江津」を大々的に整備したようである。この「墨江津」とは、やはり現在の米子港付近のことと思われる。

5　破壊されても真実は残る

「山代河」の発見

石之比売がさかのぼった「山代河」は、どこか。「仁徳記」と「仁徳紀」によって、探索の範囲はさらに狭まり、「山代河」を特定できる条件は、出揃ったようである。そこで、ここまで保留にしてきたその答えを、ここで明らかにしたい。

「山代河」は、現在の大山町を流れている川である。その大山町を貫流し、日本海へ直接注ぐ川はわずかに三本、東の阿弥陀《あみだ》川、西の妻木川とその間を流れている江東《こうとう》川だけである。

妻木川が「免木河」であることは、すでに確定しているから、「山代河」を発見できる条件は整った。その条件とは、①トキが餌である魚を取ることのできる川であること。②「那良山」に近いこと。この二つである。

①・②、二つの条件を同時に可能にする川は、阿弥陀川ではない。上流はそうでもないが、中・下流は川幅も、水深もある。運動神経がそれほどよいとも思われないトキが、魚を容易に取ることのできる川ではない。それに妻木川、江東川に比べ、「那良山」からは離れている。したがって、「山代河」とは、唐王の西を流れている江東川ということになる。

ここで、「那良山」の地名の特定が、欠かせなくなる。『記紀』の記す「山代」「山背」は、本来鳥取県西部の淀江町・大山町一帯の地名である。奈良市北部の「平城《なら》山」ではない。「那良山」は、「ナラ山」と読まれている。

「ナラ山」も、〃蛇の山〃と見なすことが出来そうである。いずれも蛇のナギ・ナハが、それを暗示している。キもハも、蛇を示す言語の一つである。そうなると、ナもまた蛇である可能性は、一段と高くなる。そこで、ナに関する言語を集めて、考えてみた。

(1)綯《な》う　：　数本の糸やワラなどをよじって、一本の紐《ひも》や縄などを作る行為をいう。「よる」ともいう。ヨも蛇の古語である。

(2)波　：　もとは〝蛇身《なみ》〟か。体をくねらせて動く蛇の姿は、波そのものである。波の音はハ。これも蛇に通ずる音である。

(3)梛　：　ナギと読む。マキ科の常緑高木のことである。この漢字には、ナ・ダの音がある。いずれも蛇を示す音となっている。

(4)苗　：　もとは、種子から長く伸びた〝蛇枝〟か。

関連する言語が少なくないために、断定はできかねるものの、それでもナと蛇との繋がりを示唆している。「那良山」は、〝蛇の山〟との仮説は成立しそうである。この仮説は、別の視点からも証明可能である。

那がオオ（オホシ）、良がナガ（名のり・なか、なが）を表していると見れば、「那良山」は、大蛇の山を意味する〝オオナガ山〟となる。あるいは、那がカ（カク）、良がラ（名のり・ら）であれば、その意味するところは、〝カラ〟となって、〝蛟《か》・蛇《ら》〟となる。〝オオナガ〟・〝カラ〟は、いずれも蛇を表していることになるから、「那良山」が、蛇に因む山岳名であることに変わりはない。

〝オオナガ山〟・〝カラ山〟は、大山ではない。この山は大山の北に聳える孝霊山（標高七五一・四m）、二つの峰のある〝二上山〟である。今日では「コウレイ山」と呼ばれているが、もとは〝カラ山〟であったと思われる。孝はカ（カウ）、霊はラ（リョウ、レイの活用による）を表していたようだ。リョウの音はラに転訛しやすい。これもやはり〝蛇の山〟となる。

孝霊山の北麓と日本海に挟まれた旧淀江町には、一大古墳群が残っている。ここは、石馬を出土した石馬谷古墳など約四〇〇基にも及ぶ古墳で構成されている。この遺跡は、考古学上「カラ山遺跡群」と位置づけられている（森浩一『古代日本と古墳文化』）。カラを意図して表記された孝霊が、いつしかコウレイへと様変わりをしていたのである。

一時期、「那良山」＝孝霊山に沿って流れている妻木川を、「山代河」と考えたこともある。妻木川が「免木河」であることが判明したことによって、この迷いも消え去った。これで「山代河」は解けた。

もう一つの問題が、「仁徳紀」の記す「山代の筒城宮《つつきのみや》」である。この宮も大山町、それも妻木晩田遺跡のある晩田山（番田山）と孝霊山の東に、存在していたことになる。

『紀』の地の文にある「筒城宮」（記：筒木宮）は、「仁徳記」の歌謡では「都都紀能美夜」、「仁徳紀」では、「菟々紀能瀰揶」と表記されている。

「山代の筒城宮」の地

その「ツツキ」の意味するところは、何か。「国引き神話」（第1巻・第四章）で述べたように、ツツは、蛇の古語である。キも虺、やはり蛇である。つまり、〝ツツキ〟とは、蛇の重複語なのである。

これで、「ツツキ」の原義は解けた。それでは、その宮はどこにあったのか。「山代」の領域は限定されてはきているものの、しかし、「筒城の宮」を〝発見〟することは難しい。手掛かりの一つが、豊房《とよふさ》の小字名の「槻《つく》ノ下」「月《つき》ノ下」かと思われる。周辺の村落が合併して、明治一〇年に発足した豊房の地名に、「筒城の宮」についての特別の由来はない。

北の唐王から豊房に至る平野部は、緩やかに傾斜し、平坦ではない。それでも、豊房がこの傾斜地の、最も奥まったところに位置していることに、この地の重要性を感じる。豊房の奥には大山、東に船上山、西に孝霊山が聳えているために、開けている方位は、日本海に面した北だけである。防衛上、大山町は理想的な地形にある。

豊房の位置と、その小字名の「槻《つく》ノ下」「月《つき》ノ下」から、「山代の筒城の宮」は、この地の可能性は高い。左手には、自然の楼観（物見櫓）となる晩田山も控えている。「山代の筒城の宮」は、万全の体制の下に守られていた。邪馬壹国に追い詰められた忍熊王が、この地に帰って来たことも、これでうなずける。ここで、最期の決戦に挑んでいたのである。

大山町豊房付近にあったと思われる「筒城宮」、米子市福市丘陵にあった「高津宮」。これらの「宮」の存在を確認することができたことは、意想外のことである。『記紀』の「仁徳天皇」に関する記事は、〃伯耆・出雲＝狗奴国の「宮」〃が、旧西伯町馬場だけではなく、その地から、さらに日本海に近いところにも築かれていたことを、明確に伝えている。

仁徳はここに葬られていた

「仁徳天皇」に関し、不審な点はまだある。「仁徳天皇」の陵墓とされている大仙《だいせん》陵古墳の所在地は、堺市百舌《もず》夕雲《せきうんちょう》町である。ところが、その妻・石之比売の墳墓は、佐紀《さき》古墳群（奈良市佐紀町）の中にある。その間の直線距離は、約三四km もあり、二基の墳墓は遠く隔たっている。不仲な二人の関係を知っていた周囲が、このような配慮をしたためか。それにしても離れ過ぎている。天武・持統合葬陵は別にしても、わたしの作業室からその山頂が見える伏見桃山陵（明治天皇陵）と東陵（昭憲皇太后陵）とは、南向きに並んでいる。ただし、東陵は二〇～三〇 m ほど低いところに築かれている。この陵墓と比較すれば、仁徳陵と石之比売陵との距離的隔絶が、どれだけ異様であるかが分かる。

どうして、こんなことになってしまったのか。それは、いずれも仁徳陵と石之比売の墳墓ではないからである。生活の本拠が伯耆であるのに、河内や大和に葬られるはずはない。二人の墓地は伯耆に求めるべきなのである。二人の死亡と埋葬地は、『紀』に具体的に記されている。

六十七年冬十月　…、河内の石津原《いしつのはら》に幸《いでま》して、陵《みささぎの》地を定めたまふ。… 始めて陵を築く。〈仁徳紀〉

このあとに、「百舌鳥耳原《もずのみみはら》」の伝承が続く。鹿が突然この原に現れ、陵墓築造作業者の間に入ってきて、突然倒れる。その死因を確認しようとすると、いきなり百舌が鹿の耳から飛び出してきた。そこで、その耳を調べると、百舌につつかれて破られていた。このために、仁徳の墓地は「百舌鳥陵《もずのみささぎ》」と呼ばれるようになったという。これが陵墓の名称となった由来である。

「仁徳記」にはこの伝承はない。ただ「御陵《みはか》は毛受《もず》の耳原《みみはら》にあり」と記すのみである。「百舌鳥耳原」や「毛受耳原」だけでは、仁徳陵を見つけることは難しい。発見の鍵は、「河内の石津原」にある。「河内《かはち》」とは〝河端地《かはち》〟、河のそばの地を示す普通名詞のようである。「河内の石津原」の近くには、日野川支流の野本《のもと》川が流れている。

この野本川右岸の丘陵地に、石州府という地がある。この地名は「セキショフ」とも、「セキシュウフ」とも呼ばれている。「セキショフ」の地名音は、わたしの関心を募らせた。「関所」に関係した地名かとも、考えたのである。このために、現地を訪れた。訪れて、ここに道路の必要性はなく、関所を設置するようなところではないと、即座に理解ができた。ところが、この地名へのこだわりが、ここで生きてきた。

「仁徳陵」の地は「石津原」だ。「百舌鳥耳原」や「毛受」では、この陵墓は特定できない。できる手掛かりは、「石津原」である。この地名を、岩波大系本は「イシツハラ」と訓じているが、津はツではなくて、ズではないかという疑いである。津にはツのみならず、ズ（名のり・ず）の訓もある。州の音にも、シュウだけではなくスもある。

津がズであれば、どうなるか。「石津」は〝イシズ〟となる。「石州《いしず》」である。ここに至って、「石津」と石州府とが、寸分の狂いもなく、ピタリと重なった。石州府の地形から府は阜で、丘陵地を示す地名接尾語であると思われる。つまり〝石州阜《いしずふ》〟だ。これに対し、「石津原」の原も、広い地を表す地名接尾語である。阜と原の違いはあるが、その中心地名は〝イシズ〟だ。

岩波大系本の読み方を尊重しつつ修正すれば、「石津」も「石州」も、ともに〃イシ・ズ〃となる。「石津原」は、石州府の古い地名である。つまり、ここが仁徳陵の築かれた地なのである。「石津原」が解けたことによって、「毛受」と「耳原」も解けてきた。「毛受」とは、〃畝土《もづ》〃だ。畝の音にはボウ、ボ、ムのほかに、モの音もある。小高く連なった台地が、〃畝土〃である。一定の地形を示す普通名詞であって、地名ではなさそうである。

「耳原」は〃巳曲原《みみ》〃である。蛇のように曲がっている地を意味している。「毛受」が〃畝津《もづ》〃、「耳原」が〃巳曲原《みみ》〃であれば、この二地名は矛盾しない。それどころか、ピタリと対応している。百舌の地名説話は、地形の「毛受」から生まれたようである。

こうして、石州府に辿り着くことができた。だが、不安はあった。石州府に墳墓が築かれていた形跡が、あるのかどうかだ。この地を訪れた時、ここに、墳墓の「かけら」すら眼にすることはなかった。けれども、その疑問はやがて解けた。この地はかつては、墳墓の「かけら」どころか、驚くほどの数の墳墓が並ぶ密集地だったのである。それも、「石州府古墳群《せきしょふ》」と呼ばれるほどの規模を誇っていたのである。

「石州府古墳群」とは、「大山西麓の標高一〇〇メートルから七〇メートルの丘陵・扇状地上に分布する古墳群の総称」（『鳥取県の地名』平凡社）である。この古墳群は、「丘陵上の約四〇基と扇状地の約七二基の二群に大別され、前者が古墳時代前・中期、後者が後期の築造」（前掲書）と考えられている。

その中でも、コンピータ会社の工場用地開発に伴って調査された区域からは、「前方後円墳二基、方墳八基、円墳五〇基のほか、多数の石棺墓・石蓋土壙墓が発掘」（前掲書）されているから、この墳墓群の中心地であったかと思われる。

石之比売の埋葬についても、「仁徳紀」が記していた。彼女は、夫の仁徳よりも早くに亡くなっている。

仁徳三十五年夏　…、磐之媛命、筒城宮に薨《かむさ》りましぬ。

仁徳三十七年冬　…、皇后を乃羅山《ならやま》に葬りまつる。

「筒城宮」（紀）で亡くなった磐之媛は、「乃羅山」に埋葬されている。その墳墓は、奈良市佐紀町・佐紀古墳群の中にある。しかし、この「乃羅山」は、通説となっている奈良市北郊の奈良坂ではない。孝霊山《こうれいさん》のことである。石之比売は、「筒城宮」で亡くなっているのだから、その埋葬地に、孝霊山麓が選ばれても不思議ではない。あるいは、孝霊山の北に連なる晩田山《ばんだやま》の可能性もなくはない。

仁徳は、米子市石州府に葬られていた。その妻の石之比売の埋葬地が、孝霊山麓、もしくは晩田山であれば、不自然ではなくなる。その間の距離は直線にして、わずか一〇km前後である。それに、淡海を見渡せるという共通点もある。ここに違和感はない。

仁徳・石之比売、二人の埋葬地の特定は、『記紀』の誤読というよりも、『記紀』に欺かれたために生じた不幸な結果である。このような埋葬地の特定は、仁徳と石之比売の墳墓に限られた例ではない。他の天皇陵の特定（考古学者は「治定《じじょう》」という）も、例外ではないのである。

「仍《よ》りて、菟道の山の上に葬りまつる」（仁徳紀）と記された仁徳の異母弟・菟道稚郎子《うぢのわきいらつこ》（宇遅能和紀郎子）の墳墓は、どうか。この墳墓は、宇治川の南岸、宇治市菟道《とどう》丸山にある。それも平坦な地にある。周囲に「山」などない。もとは円丘であったが、宮内庁によって「前方後円墳」状に整備されて、手厚く保存されている。信じられないことが、ここでも起きていた。

本来の「菟道の山」とは、宇治川のそばの山のことである。宇治川とは現在の日野川である。日野川のかたわらの山は、限定されてくる。長者原台地の北端・福市・青木丘陵が、最有力地となる。宇遅能和紀郎子の埋葬地は、ここ以外に考えられない。

顕宗（袁祁・弘計）・仁賢（意祁・億計）だけではなかった。仁徳に関する記述も、同じ手口から生まれていた。『記紀』は、狗奴国の史書の行儀の悪い〝つまみぐい〟によって編纂されている。そんな『記紀』が、ここでも、その馬脚を現しただけである。無断で借用した狗奴国の史書を、素知らぬ顔をして「大和朝廷」の史書にすり替えていた事実が、「仁徳天皇」でさらに鮮明となってきた。

消滅していた「陵墓」

仁徳の墳墓は、「石州府墳墓群」の中に存在していた。それも、過去の話であって、今はない。発掘調査された「石州府墳墓群」のほとんどは、当初の計画に基づいて、整然と「整備」されている。

一九八六〜八七年にかけて行われた工場用地整備という、〝現実を重視した工事〟のためである。これで、すべてが分からなくなった。「仁徳天皇」の陵墓もである。それだけではない。やはり、「毛受《もず》」が埋葬地となっている仁徳の息子の履中・反正の陵墓も、同じ運命を辿っている。一時代を築いた「古代天皇」の、墳墓の消滅という衝撃的事実が、ここでは、現実に起こっていたのである。

わたしが初めて訪れた一九九九（平成一一）年一一月、この地に墳墓の「かけら」すらも確認できなかったのは、このためである。この一大墳墓群は、古墳公園に縮小されて、直径四二m・高さ六mの大円墳と、ここに移築された六七号墳だけが、ささやかに保存されている。それ以前に、同じことが、安来市の「中仙寺古墳群」でも起こっていた。

記紀神話は作り話と信じられている現在、伯耆・出雲に、日本列島を動かしていた巨大権力が存在したことなど、誰も信じていない。大和盆地を古代の中心地と考える「大和朝廷一元史観」から見れば、鳥取・島根県は僻地・田舎だ。その鳥取・島根県に一大古墳群が存在しても、大和盆地とその周辺の巨大古墳群に比べ、その考古学的価値は数段劣る。口に出してこそ言わないが、これが大多数の、しかも、「大和朝廷一元史観」に「汚染」された古代史学者・考古学者たちの本音ではないか。

鳥取・島根県の墳墓は、畿内の巨大な前方後円墳よりも前に造られている。いずれも狗奴国滅亡以前の墳墓だ。それは絶対年代にして、二五〇年以前、この地に巨大権力が存在していた時代のことである。

第三章　崇神《すじん》を巡る『記紀』の深奥

1　「纏向遺跡《まきむく》」と箸墓

三輪山に近い「纏向遺跡《まきむく》」は、「邪馬台国」畿内説論者にとっては、「聖地」である。この地に、神と人とが、ともに造ったといわれる箸墓《はしはか》があることが、絶対の支えとなっているようである。箸墓は、畿内説を支える屈強の根拠となっている。その箸墓について、「崇神紀」には異様な伝承がある。

箸墓伝説の舞台

夫である大物主大神の現れる時は、昼ではなく夜ばかりだから、その顔がよく分からない。これが、その妻となった倭迹迹日百襲姫《やまとととびももそひめ》の、不満の種となっていた。そこで倭迹迹日百襲姫は、大物主にその思いを告げた。

「明朝に、そのうるわしく、威厳のあるお顔を、この眼で確認したいと強く願っています。だから、もうしばらくここにとどまっていてください」

「それももっともなことだ。わたしは翌朝、そなたの櫛箱の中に入っていようと思う。しかし、そのわたしの姿を見ても、決して驚かないように」

こういって、大神は妻と約束をした。これを聞いて、密かに不審を覚えた倭迹迹日百襲姫は、夜の明けるのを待って、櫛箱を開けて中を見た。するとそこには一匹の美しい小蛇がいた。驚いた姫は、夫との約束を破って、大声で叫んだ。

　これを恥じた大神は、人の姿になって妻に言い放った。

「そなたは我慢できずに、わたしに恥をかかせた。わたしは還《かえ》るが、今度はわたしが、そなたに恥ずかしい思いをさせてやる」

　言い終わるや、大神は大空を踏むかのように、「三諸山」へ登って行った。あとに残された妻は、夫の後ろ姿を見ながら後悔し、そのままそこに座り込むと、箸が体に突き刺さり、そのために亡くなってしまう。その後、倭迹迹日百襲姫の遺体は、「大市」に葬られることになる。人々はこの墓を「箸墓」と呼んだという。

　一風変っているこの伝承にふさわしく、その墓の作り方もまた、相当に変っている。この墓は、「日《ひる》は人作り、夜は神作る。故、大坂山《おほさかやま》の石を運《はこ》びて造《つく》る。則《すなは》ち山より墓《みはか》に至るまでに、人民相踵《おほみたからあひつ》ぎて、手逓伝《たごし》にして」運んで、完成している。

　「三諸山」は「ミモロヤマ」で、桜井市の三輪山のことと信じ込まれている。この地名比定は、まさしく「動かざること山の如し」といった「不動の定説」となっている。この「不動の定説」から、「大市」は「オホチ」と読まれて大和国城上郡大市郷《やまとのくにきのかみこほりおほちのさと》（桜井市北部）に、「オホサカヤマ」と読まれている「大坂山」は、「二上山の北側の山」に、それぞれ比定されているのである。

　しかも、築造には多数の人々が携わっているのだから、それは大古墳だと信じられている。三輪山山麓一帯で、大古墳となると、その西北の箸中《はしなか》にある全長二七五ｍの前方後円墳だけである。この古墳の、大家たちによる「箸墓」の特定に、少しの迷いもなかった。

「大坂山」は、香芝《かしば》市逢坂に所在する山と推定されている。その逢坂から箸中《はしなか》の「箸墓」までは、直線距離でも一三〜一四km、紆余曲折のある実際の道程だと、二〇kmは優に越える。その間を、人が並んで石を運ぶ。どのように見ても、合理的な方法だとは言いがたい。

伝承そのものが不条理なのだから、その方法が不合理であっても、一向に構わないと開き直ることは、許されない。「手逓伝《たごし》」こそ、「箸墓」築造の特徴的方法である。それは地の文だけではなく、その歌謡にも如実に表れている。その「手逓伝《たごし》」を軽視、もしくは無視をして、それで本当の「箸墓」に辿り着けると思ったら、とんでもない思い違いである。

ここまで繰り返し、執拗に述べてきたように、「三諸山」は「ミモロヤマ」ではなくて、「ミハヤマ」であり、鳥取県の大山《だいせん》である。この「大物主」（大カガ―大蛇）とは、「三諸山」の化身であって、大国主ではない。その共通点は、「蛇」である。「三諸山」は、〃美蛇山〃である。だから、この説話が蛇に関係していたとしても、一向に不自然ではない。

大山西麓の旧溝口《みぞぐち》町（現伯耆町）には、大内も大坂の地名もある。その間の直線距離は、わずか三kmである。町内には大江・大倉・大滝といった地名もある。ここには、「大〜」の地名が目白押しだ。ところが、大坂に、肝心の大坂山の地名がないのである。このために、旧溝口町の大内と大坂を当該の地として採用することに、二の足を踏まざるをえなくなった。

このようなことはよくあることだから、慣れているとはいえ、道なき道に迷い込んでしまうと、気分は陰々滅々としてくる。ここで、鳥取県に固有の〃土着の言語〃、つまり方言が、落ち込んだ気分を救ってくれた。この言語は、正否の判断に迷いのあった「しごす」と違って、古代における〃都ことば〃だと、即座に分かった。「箸墓」築造の特徴は、「手逓伝」にある。直観的にそう思った。

「手逓伝」とは、一体どんな工法なのか。わたしの関心はいつまでも、「手逓伝」に集中した。土木作業員が一列に並んで、石を手渡して運ぶ。足の上に落とす危険性だけではない。身体的負担も大きく、合理性はまったくない。重い石を運搬するには、最悪の方法である。それなのに、「箸墓」の築造に関しては、「手逓伝」が強調されているのである。それはなぜか。

古代人の合理性

「手逓伝」による運搬方法とは、「水」を最大限に有効活用した方法、つまり、水の浮力を利用して、重い石を運ぶという方法である。この伝承の舞台は、大山山麓である。それも、〝美蛇山〟の姿を眺めることのできる地だから、関係する地は、おのずと限定されてくる。

この地で、石を運ぶのに利用できる川はただ一つ、日野川（古代の宇遅川《うちかわ》・飛鳥川）だけである。その方法は①日野川横断、②日野川縦断の二方向に分かれる。①では、作業員が向こう岸まで並び、石を対岸へ運んだことになる。②では浅瀬に並び、上流から下流へ運んだことになる。①、②、どちらか。

日野川も伯耆橋から上流では、大人が隠れてしまうほどの水深もなさそうだから、一応、①も可能ではある。けれども、対岸には墓を造るだけの広い土地はない。したがって、その答えは②となる。この墳墓を築くために、墳墓築造従事者たちは、水の浮力だけではなく、その流れをも、巧みに利用していたのである。これで、大市と大坂山を特定する範囲は一段と狭まった。やはり推測したように、この地は日野川流域にあった。とは言っても、大市も大坂山も、ともにその地名音を変えている可能性はある。

大市は通説のオホチのほかに、キシと読むこともできる。大をキ（名のり・き）、市をシと読んだ場合が、これに当たる。今問題にしている大山の北麓は、どうか。日野川右岸の伯耆町に岸本の地名が残っていた。岸本の中心地名は岸だ、ここが目指す「大市《きし》」である。岸本から北へ一km足らずのところが、この間まで「仁徳」の墳墓もあった「石州府古墳群《せきしょふ》」跡地である。

岸本の地にも、八基の古墳が築造されている。いずれの墳墓も、古墳時代後期後葉（七世紀）と推定されている。箸墓は、狗奴国が滅亡する二五〇～二六〇年以前に築かれているから、現存する八基の中にはない。

箸墓を含む墳墓は、狗奴国を占領・支配した邪馬壹国が徹底的に破壊している。その跡地に、新たに造られた墳墓が、現存の八基である。岸本もまた、「三諸山」（大山）を間近に見ることのできる地である。「大市《きし》」の地は、これで確定した。

では、〝オホサカヤマ〟と読まれている大坂山は、どの山か。長山《ながやま》（旧溝口町、現伯耆町）が、それに当たる。全国の河川名も山岳名も、その大半は「蛇」を取り入れていることで、共通している。山岳名は、神聖な蛇がとぐろを巻いてたたずんでいる姿からの、連想であったようだ。この顕著な特徴を、無視すべきではない。

この視点から見れば、通説となっている「オホサカヤマ」は、疑問視せざるをえない。「オホサカヤマ」は、「大坂」の表記によって、本来名が歪められた結果であることまでは否定できないのである。ここで、「蛇」を通して、大坂山と長山の本来名を考えれば、その間に一つの共通項が浮かび上がってくる。

まず大坂山。この山は、〝ナガハヤマ〟ではなかったか。大はナガ（名のり・なが）、坂はハ（ハン）を表していたと見ることができる。ナガもハも、ともに蛇の古語である。

一方の長山はどうか。この山の本来名は、〝ナガシヤマ〟か。長字はナガシ（古訓・ナカシ）を表しているが、より厳密に言えば、〝ナガ・シ〟だ。ナガは前述のとおり蛇、シも巳で蛇を示している。このように、表記上まったく異なる二つの山には、蛇の重複地名という共通項があることがはっきりする。ところが、長山の地名音に異変が起こる。〝ナガシヤマ〟から、いつしかシ（巳）が抜け落ちて、〝ナガヤマ〟へと変化し、そのまま定着したものと推測できる。いささか強引な解釈ではあるが、必ずしもそうではないのである。

長山と岸本との間は、約四㎞である。重い石材を運ぶのだから、重労働を強いられる距離である。しかし、水の浮力とその流れを利用した運搬作業であれば、その負担は半減する。大山の丘陵地が日野川まで迫っているため、長山周辺は今でも極めて狭く、山のすそ野と日野川との間を、辛うじて道路（国道一八一号）が通っているだけといった土地柄である。あるいはこの採石は、道路開削もしくは拡張を兼ねていたのだろうか。そうであれば、賢明な方法である。

実は、長山は、石の名産地だったのである。標高九〇mの河岸段丘上に、「長山馬籠《ながやままごめ》遺跡」がある。縄文・弥生・古墳時代にわたる複合遺跡だというから、その歴史は長い。縄文時代の遺物として、ここでは、早期から晩期にかけての土器・石器が、多数出土し、黒曜石の剝片《はくへん》もまた多量に見つかっている。このほかに、竪穴状遺構二基、土壙四三基も確認されている（『鳥取県の地名』平凡社）。一大遺跡である。

この遺跡で、わたしが特に注目したことは、石器製作場所（一カ所）もさることながら、集石遺構が二カ所も発見されているという点である。この段丘から日野川まで〝滑り台〟を作って、墳墓に用いる石を転がしていたのだろうかと思いたくなる。

「大坂山」の地名比定から、この長山に辿り着き、この遺跡の存在と特質を知って感動した。「長山馬籠遺跡」の存在を知っていて、この地に辿り着いたのではない。逆である。長山の発見が先、「長山馬籠遺跡」が後だからである。大坂山と長山を結び付けるわたしの解釈は、決して強引ではなく、的外れでもないのである。

岸本に辿り着いた時には、心底驚いた。岸本の北が、前に述べた石州府《せきしょふ》である。かつては総数一三〇基を誇った一大墳墓群のあった地「石津原」（「仁徳紀」）だ。仁徳の墳墓もここに造られていた。「倭迹迹日百襲《やまとととびももそ》姫《ひめ》」の墓とは、一kmも離れていない。これで驚かない方がおかしい。

ここで、「手逓伝《たごし》」で「箸墓」を造った時の歌謡を考えてみたい。

飫朋佐介珥　菟藝廼煩例屡　伊辞務邏塢　多誤辞珥固佐縻　固辞介氏務介茂

［岩波大系本］大坂《おほさか》に　継《つ》ぎ登《のぼ》れる　石群《いしむら》を　手逓伝《たごし》に越《こ》さば　越《こ》しかてむかも
［わたしの解釈］音裂《さ》けし　突きし掘れる　石群《いしむら》を　手逓伝《たごし》に越さば　傾《かし》ぎて継がむ
［大意］音が裂けるかのように、石群《いしむら》を激しく突き砕いて、掘り出している。その石を、人々が列を作り、手から手へと渡して運ぶので、列の人たちは前かかがみになって、受け渡しをしていた。
［解釈の根拠］〇飫朋佐介珥―音裂けし。飫朋は音。飫はオ、朋はト（トモ）である。佐介珥は裂けし。佐はサ、介はケ、珥はシ（ジ）である。〇菟藝迺煩例屢―突きし掘れる。菟はツ、藝はキ、迺はシ（シメ）である。煩はホ（ボン）、例はレ（レイ）、屢はルである。〇伊辞務邏塢。通説のとおりである。〇多誤辞珥固佐縻。この句も通説のとおりである。〇固辞介氏務介茂―傾《かし》ぎて継がむ。固はカ（カタシ）、辞はシ、介はギ（キル）、氏はテである。務はツ（ツトム）、介はガ（カイ）、茂はムである。

「手逓伝《たごし》」とは、鳥取県固有の言語である。手はタではなく、いつの頃からかテに変わっているが、この名詞が「てご」、動詞が「てごする」である。これを標準語に翻訳すれば、「手伝い」「手伝う」となる。ここでも、鳥取県の方言が役立った。親の「てご」をする。これが子どもの「義務」であった。この「義務」によって、遊び盛りの子どもたちは無自覚のうちに、「忍耐力」のみならず、「克己心」をも養っていたと言える。

倭迹迹日百襲姫の本名は

「倭迹迹日百襲姫」の墓を造るために、土木作業者は三諸山（大山）を眺めるかのように、日野川の東の浅瀬に一列に並び、長山から岸本まで石を運んでいたことになる。この墓の様式は前方後円墳ではない。時代が大きく異なる。後で取り上げる事件で明らかになるように、これは紀元前の事件である。その前に、どうにも理解できない「ヤマトトトヒモモソ姫」の「本名」を、明らかにしておかなければならない。

『記紀』は、他王朝の文献を細切れに引用しているから、その記事の全体像が把握できない怨《うら》みがある。この説話も、その最たるものである。それでも微《かす》かに、解明の手掛かりは残されている。この説話の特徴は、この二点にある。

(1)夫は「吾還《われかへ》りて汝《いまし》に羞《はぢみ》せむ」と、妻に復讐を誓っている。大はオオ・オホ、物はカ（カタチ）、主もカ（名のり・かず）と読めば、大物主は、大蛇を表す〝オオカガ〟あるいは〝オホカガ〟となる。また、大をカ（カタチ）、物もカ（カタチ）、主をシ（シュ）と読めば、カカシ・カガシとなって、やはり蛇となる。

(2)大物主は日中はいなくて、現れる時は決まって夜である。フクロウ、ネズミなど、夜行性の生物は少なくないが、(1)との関連で考えれば、それは蛇となる。

大物主の正体は、紛れもなく蛇である。その蛇が敵意をむき出しにしたのだから、ここで、一つの生物が浮かび上がってきた。「カエル」だ。「倭迹迹日百襲姫」は、蛇に〝にらまれたカエル〟同然ということになる。カエルにとって、蛇は天敵である。ここに、この女性の「本名」を突き止める鍵が、隠されているようである。そこで、「カエル」に照準を当てて解いてみた。

この女性の「本名」は、〝イトシカハヅ姫〟である。倭はイ・ヰ、迹はト（トム）、次の迹はシ（シャク）で、「愛《いと》し」である。「愛し」には可愛い、かわいそう・気の毒といった意味があるが、この説話の顛末から、ここでは後者のようである。日はカ（名のり・か）、百はハ（ハク）、襲はヅ（ツク）でカハヅである。以上の立論から、倭迹迹日百襲姫の本名は〝愛《いと》し蛙《かはづ》姫〟、かわいそうなカエルであったと結論づけることができる。

二〇〇一（平成一三）年五月、快晴の中を生山《しょうやま》（日南町）から、日野川沿いの国道一八一号線を歩いていた。わたしの歩く予定の大半は、冬になるとオシドリの飛来することで知られている日野町である。日野町に入る辺りから日野川は深くなり、その流れも美しさを増してくる。

ところが、その反対側では、崩れた斜面の修復と、落石防止工事が所々で行われていた。国道から見える民家の屋根の多くには、雨漏りを防ぐために、青いシートが張られている。前年一〇月の鳥取県西部大地震による爪痕は、ここにも激しく及んでいたのである。

この国道のあちこちで、復旧工事が行われているから、一人の歩行者でも邪魔になる。そこで、わたしは日野町上菅《かみすげ》の手前から、山際の旧道を歩くことにした。上菅《かみすげ》の集落に入ると、石垣の上に一軒の民家があった。その石垣の下を、山水《やまみず》が小川となって流れている。そこで奇怪な光景を眼にした。一匹のカラスヘビが赤い腹をよじらせながら、石垣を登ろうとしている。ところが、斜面が急であるためか、石垣を滑り落ちては、また懸命に登ろうとしている。

よく見ると、そのヘビは、ピンポン玉のように体を膨《ふく》らませたアマガエルを、くわえていた。ガマの妖術を使う「児雷也《じらいや》」と、大蛇に変身する「大蛇丸《おろちまる》」の〝壮絶な戦い〟が、わたしの眼前で起こっていたのである。

石垣が登れない原因は、口に入れた「児雷也」が異様に膨らんでしまったために、体を正常に動かすことができなくなり、同時に、冷静さをも失っていたことにある。そのために石垣の反対側、つまり、わたしの立っているところは、平坦な岸となっているのに、それに気づかなくなっていたのである。

しかし、必死に抵抗を続けているものの、「児雷也」の生命は風前の灯である。ここで、わたしは、あえて弱肉強食・食物連鎖の自然界の法則に逆らって、近くに落ちていた棒切れで「大蛇丸」をつついた。すると、驚いた「大蛇丸」は水面に落ちるや、口の中の「児雷也」を吐き出し、あれほど苦しんでいた石垣を素早く登って、消えた。

一方「児雷也《じらいや》」はというと、流れに乗って川を下っていたが、岸辺の雑草に引っ掛かって、そのままジッとしている。やがて安全と判断したのか、体内の空気を抜いて、もとの体になると、アマガエルも流れの中に消えていった。少年時代、大きなアオダイショウを踏みつけて、ひっくり返った時は、心底ビックリしたが、この死闘も衝撃的であった。

すべてが「箸」は、「恥」（羞）に掛けられているようにも思われる説話となっている。しかし、この「蛇」だった説話の中心は、そんなささやかなことにあるのではなさそうである。

この説話は、大物主の別名でもある大国主とは関係なく、三諸山（美《み》蛇《は》山＝大山）の化身として語られている。この点は理解できても、分かりづらい説話であることに変わりはない。その原因は、書紀編纂者によって、原形が下手に端折られて、壊されていることにある。

説話の全体像が分からないから、その根源までは解明できないにしても、蛇にまつわる説話が、本来形であったと思われる。この説話には三諸山と大物主、そして櫛と箸の四点が一組として、意識的に組み込まれている。

この事実の一部に早くから気づいていた研究者が、吉野裕子《よしのひろこ》である。「大和の空に秀麗な円錐形を描いて聳《そび》える三輪山の神が蛇神」と考える吉野は、箸も櫛も「古代人によって蛇に見立てられた」と推測した。次いで、この推測をさらに拡大させ、「三輪山、櫛、箸、はいずれも祖神としての蛇」を表し、「その祖神に仕える蛇巫《へびふ》の本質を暗示する呪物」（吉野「箸墓《はしはか》考」『「天皇陵」総覧』新人物往来社、一九九三年七月刊所収）だと結論づけた。桜井市の三輪山を、本当の三輪山と信じて疑わない吉野ではあるが、この説話の的を、ほぼ正確に射止めている。これは、他の古代史学者たちにはない視点である。

吉野の考えたように、この説話は三点一組ではなくて、四点一組となっている。それも、「蛇」だらけの四点一組である。三諸山・大物主と櫛が、蛇であることは、すでに解明済みである。残るは一つ、箸のみである。

(1)「クシ」…「クシ」が蛇であることは、第2巻（第十三章）で、すでに論じている。

①ナメクジ … ナメは蛇の古語であった。では、クシ（クジ）とは。これに類似した語が、クジラ（鯨）である。クジラのラも蛇の古語であった。河川・山岳・珠玉・土地・造作・道路…のように、同義重複語の日本語は少なくない。むしろ、日本語の特徴の一つである。「ツチノコ」もそうだった。

ナメクジとクジラとは、名称の上では、いわば兄弟関係となる。ナメラから、ナメが蛇の古語の一つであることを認識した時点で、「クシ」もまた蛇ではないかと考え続けた。それを、この「三諸山説話」で確信した。クシは、やはり蛇である。長くて細い針状の櫛のみならず、串もまた蛇の派生語と見なすことができるようである。

②大国主はオオクニヌシか … クシが蛇であることを、鮮明に証明している人名がある。周知の大国主だ。オオクニヌシは誤訳である。国はク（クニ）、主はシ（シュ）と読まなければならなかった。オオクシ、オホクシ。これが正解である。つまり、大蛇である。大物主はオオモノヌシではなかった。類似の誤訳が、大国主にも起こっていたのである。

大国主には多くの別名があった。『記』では「大穴牟遅《おおつむち》」「宇都志国玉」などがあり、『紀』では、「大物主」「国作大己貴」「大国玉」「顕国玉」などがあった。「宇都志国玉」は「ウツシクニタマ」と読まれているが、正しくは〝ウヅシクシ〟（渦し蛇＝とぐろを巻いた蛇）である。国はク（クニ）、玉はシ（シラタマ）を表している。誤訳の「ウツシクニタマ」は、「顕国玉」にも適用されてきた。顕に、ウツシの音訓はない。顕は大きい意のア（アラハス）である。「顕国玉」は〝アクシ〟（阿蛇）である。「大国玉」も〝オオクシ〟で、「顕国玉」と意味は同じである。

クシは蛇で、間違いない。箸の語源はどうか。細長い箸の形が、蛇に相通じるという共通点がある。「箸墓説話」から、新たに見えてきた言葉と地名がある。

(2)「ハシ」とは

①柱　：　クジラ、ナギラ、ナガラが〝蛇＋蛇〟であったように、ハシラのラが蛇であれば、ハシラもともとは〝ハシ・ラ〟であって、蛇の同義重複語となる。この推定の是非を確かめることのできる用語が、床柱である。

②床柱《とこばしら》　：　「床の間の脇の化粧柱」（新村編『広辞苑』）が、床柱である。そして床《とこ》の間についても、『広辞苑』は、「ゆかを一段高くし、正面の壁に書画の幅などを掛け、床板《とこいた》の上に置物・花瓶などを飾るところ。近世以降の日本建築で、座敷に設ける。室町時代の押板《おしいた》が起源」と定義している。トコの原義が失われてしまったために、「床」の漢字を当てられているが、本来は「蛇」のことである。もとより「押板」が、その起源ではない。その起源は紀元前にさかのぼる。

「床の間」とは、「蛇の間」のことであって、日本古来の家屋の中で、最も大切で、神聖な空間なのである。その神聖な空間に使用される柱が、床柱である。トコハシラのトコとラが蛇であれば、その中間のハシが蛇であってもおかしくはない。つまりトコ・ハシ・ラだ。

床柱は神聖な柱なのだから、蛇の三段重ね言語として表現したのだろう。床柱は、あのアナコンダにも匹敵する言語と言えそうである。

(3)「天八十河」　：　この川は、「神代紀」（第五段一書第七）に記されているように、独立を志向する伯耆・出雲の民と、「伊奘諾《いしだ》」（〝偉《い》し蛇《だ》〟か。伊邪那岐の別名）率いる筑紫軍との間で、激しい戦闘が繰り広げられた戦場の一つである。この河川名は、次のように読み下すことができる。

①〝アマのヤ・ソのカハ〟。通説の読み下しである。ヤもソも蛇だから、蛇の重複語と見なすことがで

きる。つまり、〝天の蛇《や》・蛇《そ》の河〟である。

②〝アマのハシのカハ〟（天の蛇《はし》の河）。八十をハシ、蛇とする解釈である。

従来の読み下し「ヤ・ソのカハ」を尊重すれば、正解は①となる。その戦場の中心は、米子市岡（鳥髪・鳥上）であった。だから、「天八十河」は、岡の近くでなければならない。岡の東、わずか二・五kmのところを、法勝寺川《ほっしょうじがわ》が流れている。「天八十河」とは、法勝寺川のことである。この地には、今も昔も、法勝《ほっしょう》寺《じ》という寺院はないから、これも大きく間違っている。

法勝寺川についても、次の読み下しが成立する。

①〝ハシシカハ〟（馳《は》し巳《し》川）。法はハ（ハウ）、勝はシ（ショウ）、寺もシを表していると考えた読み下しである。「アマ」とは、巨大を意味する。

②〝ハシ・シカハ〟（蛇《はし》・巳《し》川）。法勝を蛇のハシ、寺も蛇のシと考えた解釈である。

③〝ハシシカハ〟（蛇《はしし》為川）。寺を動詞・すの連用形・しと見なす解釈である。

やはり、正解となる解釈は決めかねるが、これも、①か②と考えられる。

「神代紀」（第五段一書第六）では、同じ戦場が、「天安河」と記されている。これは、どう読めばよいのか。この地名中、中心となる文字は、安である。ヤスは野洲（滋賀）、夜須（高知・福岡）の地名としても残っている。これ以外にも、安来《やすき》（島根）、安田（新潟・高知）といった類縁地名も遺存している。

これらの地名から、ヤスも蛇かと考えられるが、その確証はない。ここでは、安（ヤス）は蛇のヤを表しているものと考えて、〝天の蛇《や》の河〟と仮定しておきたい。

「ハシ」が、蛇であることが判明したことによって、改めて、ある記事の奥行の深さに感心した。「この時、箸その河より流れ下りき」（「神代紀」）と、スサノオのオロチ退治の冒頭には書かれている。〝記紀原典〟の著者は、ここで箸を小道具として活用することによって、蛇の出現を暗示していたのである。このような気配りのある話の組み立ては、蛇に関しても呆れるほど無知の記紀編纂者の、遠く及ぶところではない。

前述したとおり、「箸墓説話」では、三諸《みは》山・大物主・櫛と箸の四点で語られている。「四」は、伯耆・出雲にとっては、聖数であった。この一点を取り上げただけでも、「箸墓説話」の〝もとの説話〟が、「大和朝廷」ではなく、伯耆・出雲で生まれていたと見なすことができる。

「ヤマトトトヒモモソ姫」を、卑弥呼その人だとし、「箸墓」を、卑弥呼の墓だと主張する見解も、ここで、粉々に砕け散った。倭迹迹日百襲姫は、邪馬壹国と激しく敵対した伯耆の女性である。聖域視されてきた「纒向遺跡」に、「箸墓」は存在しない。大和盆地は狗奴国政治圏に属し、やはり邪馬壹国とは敵対関係にあった。そんなところに、卑弥呼の墓が築かれるはずがない。

では、「纒向遺跡」のあの巨大な前方後円墳（もとは円墳か）は、一体誰が築いたのか。この問題は、大仙陵古墳（伝仁徳陵）とともに、後で論じたい。

大国主の別名と判明した蛇の古語

クシもハシも蛇だった。ここで、大国主の別名と蛇の古語を一括して表記し、これまでの論述を整理しておきたい。

㈠　大国主の別名

（1）『古事記』

①大穴牟遅　…　オオツムヂ＝大旋風《おおつむぢ》（大きな竜巻、竜巻を蛇に見立てた表現）

②葦原色許男　…　アガのシコヲ＝阿賀《あが》の醜男（旧西伯町阿賀の醜い顔をした男。葦原《あが》は地名の旧西伯町阿賀）

③八千矛《やちほこ》　…　ヤチホコ

④宇都志国玉　…　ウヅシクシ＝渦し蛇《くし》（とぐろを巻いた蛇）
⑤宇迦之御魂　…　ウカシトコ＝宇蛟し蛇《とこ》（大蛇となる蛇）。御をト（トトノフ）、魂をコ（コン）と読んだ場合
⑥大国御魂　…　オオクニギョスダ＝大国御《おおくにぎょ》す蛇《だ》。魂をダ（名のり・たま）と読んだ場合

(2)『日本書紀』
①大物主　…　オオカガ、もしくはカガシ
②国作大己貴　…　aクニツクリオオキキ（国作り大き虺）、bクニツクリオオツムヂ（国作り大旋風《おおつむぢ》）

国作大己貴は「クニツクリオホアナムチ」と読まれている。ことに大己貴については、書紀編纂者が「於褒婀娜武智」と分注を施しているために、「オホアナムチ」と読まれている。しかし、この分注自体が間違っている。

「国作」は、通説のとおり「クニツクリ」と思われるが、大己貴の解釈は誤っている。大はオオ・オホ、己はキ、貴もキ（虺）を表しているものと思われる。これがaの読み下しである。己をツ（名のり・つちのと）、貴をムチ（名のり・むち）と読めば、bとなる。

(3)『出雲国風土記』
③葦原醜男　…　アガのシコヲ、『記』に同じ
④八千戈　…　ヤチホコ、『記』に同じ
⑤大国玉　…　オオクシ＝大蛇《くし》。国をク（クニ）、玉をシ（シラタマ）と読んだ場合
⑥顕国玉　…　アクシ＝阿蛇《くし》

①大穴持　…　オオツチ。穴をツ（ツチムロ）、持をチと読んだ場合
②大国魂　…　オオトコ。国をト（トカ）、魂をコ（コン）と読んだ場合
(4)その他　…　大穴六道（『釈日本紀』引用の『土佐国風土記』逸文）…　オオツムヂ、『古事記』の大穴牟遅（大旋風）と同じ意味である。

「希代の英雄」。多様な別名で表されていた大国主を、改めてそう思わざるをえない。ここで、蛇の古語も一括して提示しておきたい。

㈡蛇の古語（三八語、五十音順）
(1)一語で表された蛇（一七語）
①エ、②カ、③キ、④サ、⑤シ、⑥ソ、⑦ダ、⑧チ、⑨ナ、⑩ネ、⑪ハ、⑫ヒ、⑬フ、⑭ミ、⑮ヤ、⑯ヨ、⑰ラ、
(2)二〜三語で表された蛇（二一語）
①ウズ（ウヅ）、②オト、③カカ・カガ・カガシ、④カナ、⑤カヤ、⑥クシ、⑦コロ、⑧トク、⑨トコ、⑩トシ、⑪ツチ、⑫ツツ、⑬ツヌ、⑭ツムヂ（ツムジ）、⑮ナガ、⑯ナギ、⑰ナハ、⑱ナメ、⑲ノコ、⑳ハシ、㉑ハハ

蛇も種類の多い生物である。その蛇の中には、毒ヘビのマムシも生存しているのだから、種類別に名称をつけて識別することは、一面では、危険の有無の表示ともなる。それは生活上の知恵でもあり、工夫でもある。だから、これだけあってもおかしくはない。その解釈を巡って、わたし自身が混乱してきたことも、今

では納得できる。これで、混乱しない方がおかしい。

なお、ここで多少の不安を覚える解釈が、ヨとツヌである。ヨとツヌの用例が、「伊予」「壹与」の二例と、「八束水臣津野」の一例しかないことによる。

蛇を尊崇した国々

同義重複語は、日本語の際立った特徴となっている。この特徴はミキ（幹）、ミチ（道）、ミネ（峰）の語にも見られる。この三者には、長いという共通性がある。共通性はこれだけではない。ミとキ・チ・ネは蛇の古語でもある。

この共通性から、幹・道と峰のいずれも蛇の重複語と見なすことができる。このように、蛇は言語形成に関わって、密接で、しかも複雑な動きを示す。その動きは、地名にも現れていた。

「伯耆」はホウキではなくて、ハハキが本来地名であった。「神代記」には、〝神聖な蛇のようにしなやかで、強靭な矢〟を意味する「天之波波矢《あましははや》」が記されているほどだから、ハハの語は古い。ハハキは〝ハハ・キ〟で、蛇の重複語となっている。

ハハキだけではない。その敵国のチクシもそうだった。チは地名接頭語ではなくて、蛇《ち》である可能性があるから、チクシも蛇の重複語の〝チ・クシ〟となる。チクシに類する地名が、チハ（千葉）である。チは蛇《ち》、ハも蛇である。

ハを取り入れている地名は、まだある。香川の表記だと、その区切りは〝カ・カハ〟となる。しかし、これももとは、蛇の同義重複語〝カカ・ハ〟であろう。古代にあっては、蛇は複雑な動きをする。〝カガ・ハ〟で想起される人物が、邪馬壹国に滅ぼされた「香坂王」である。「香坂」は、しかし〝カガ・ハ〟ではなくて〝コハ〟、大蛇の〝巨蛇《こは》〟である。「カゴサカ王」は誤訳である。

本来は〝カガ・ハ〟であった香川県の中央部、坂出市の南に飯山《はんざん》町（綾歌《あやうた》郡）が存在する。飯山《はんざん》はもとは、〝蛇の山〟の意の〝ハサン〟、もしくは〝ハヤマ〟か。坂出市には大槌・小槌島がある。この槌（ツチ）も、蛇のことである。四国には石槌山（一九八二m、愛媛県）もある。石槌は石の蛇ではなくて、〝偉し蛇《つち》〟であったと思われる。大いなる蛇の山。これが石槌山の本来地名である。

ツチの地名は四国だけに限らない。土崎（秋田市）、土岳・土浦（茨城県）、都知（石川県羽咋郡）、土山（滋賀県甲賀郡）、津知（鳥取県日野町）、都治川（江川《ごうがわ》支流、江津《ごうず》市）といった地名が、目白押しである。

文字のない遠い昔、日本人は一音、あるいはせいぜい二音で、言語を表していた。地名も例外ではない。中心語が一音・二音となっている地名が、全国のあちこちに遺存しているのも、そのためである。

2　「オホタタネコ」伝説を解く

概略とその系譜

倭迹迹日百襲姫に関する人物が、「意富多多泥古」、「大田田根子」だ。いずれも「オホタタネコ」と読まれている。これまでの例から、どうやらこの人名も怪しい。そのように感じられる。この説話もまた、複雑怪奇である。

「オホタタネコ」が必要とされた時代は、とても不幸で困難な時代だった。その原因と対応について、「崇神紀」の記す説話は、このようになっている。

国内に疫病が蔓延して、国民の半数が死亡した。そのために農民は土地を捨てて流浪の身となったり、あるいは反乱を起こす者もあった。このような災厄に心を痛めた天皇は、これを鎮めるために、「八十万の神」を集めて卜占《ぼくせん》を行わせた。その時、神の乗り移った女性が、「日百襲《かはづ》姫」だった。

その神は、天皇に「大物主」を祭るよう告げた。早速、お告げのとおりにしたが、効果は現れなかった。ところが、天皇の夢の中に「大物主」が現れて、教示した。それは、わが息子の「大田田根子」に、わたしを祭らせれば、不安の種は、すべて消えてなくなるという内容であった。

そこで、天皇は家臣に命じて、「大田田根子」を探させたところ、この人物を「茅渟県の陶邑」で発見する。天皇の前に現れた「大田田根子」は、自らの身元を説明し、天皇の夢のとおりにすると、国内の災厄は治まり、海外の国も帰順し、国内は平和になった。その結果、五穀は豊かに実り、そのお陰で、農民の生活も潤ってきた。

これが、「崇神紀」の概略である。ところが、説話の概略はほぼ同じであっても、これが「崇神記」となると、著しく異なる点が生じてくる。ここで「崇神紀」と「崇神記」との違いを列挙する（表3―1）。

この説話に対するわたしの関心は、次の三項目についてである。

(1)「オホタタネコ」の読み方が正しいのかどうか。
(2)その系譜はどうなのか。
(3)「オホタタネコ」は、一体どこで生活していたのか。

表3―1　『記』『紀』の記す「オホタタネコ」

区分	『古事記』	『日本書紀』
①人名表記	意富多多泥古	大田田根子
②両親（父）	大物主	大物主
（母）	活玉依《いくたまより》比売《ひめ》	活玉依媛
③生活の地	河内の美努村	茅渟県の陶邑

このように、『記』と『紀』では、「人名表記」も「生活の地」についても、異なっている。相違は、これだけではない。『紀』では、「大田田根子」は、大物主と活玉依媛の息子となっている。ところが、『記』ではいささか事情が異なっている。その親子関係は、岩波大系本（倉野憲司校注）では、このようになっている。

僕《あ》は大物主大神《の》、陶津耳命《すえつみみの》の女《むすめ》、活玉依比売《いくたまよりびめ》を娶《めと》して生める子、名は櫛御方命《くしみかたの》の子、飯肩巣見命《いひかたすみの》の子、建甕槌命《たけみかづちの》の子、僕意富多多泥古《あれおほたたねこ》。

僕者大物主、娶㆓陶津耳命女、活玉依比売㆒生子、名櫛御方命之子、飯肩巣見命之子、建甕槌命之子、僕意富多多根古。

言っては悪いが、さっぱり要領を得ない読み下しである。それでも、岩波大系本は、大物主大神から意富多多泥古に至る縦の系譜と解釈している。

要領を得ないだけではない。岩波大系本の解釈には、誤りもある。誤りの一つが、「名櫛御方命」にある。これを、「名は櫛御方命」と解釈した。このように読むのであれば、「名は」は「櫛御方命」だけではなく、他の三人の表記の冒頭にも付されてしかるべきなのに、原文では、そのような表記とはなっていない。

「名櫛御方命」は、これで一人の人名なのである。その意味は〝眼奇《めく》しき巳命《みのみこと》〟である。名はメ（メイ）を、櫛はクシ、御はキ（ギョ）、そして方はミ（名のり・み）を表している。これは瞳《ひとみ》の美しい蛇といった意味である。父親の大物主は、大蛇を表す〝オオカガ〟であった。その子どもも、伝統を守り、やはり蛇に因《ちな》む名前を受け継いでいたのである。

この誤りを修正すれば、その系譜はこのようになる。

大物主大神
活玉依比売
　├名櫛御方命 ― 飯肩巣見命 ― 建甕槌命 ― 意富多多泥古

岩波大系本に対する疑義は、まだある。それは、「之子」を〝〜の子〟とした解釈である。どうやら、直前に示した人物の子どもと理解したようである。明らかに、誤まっている。

ここは、「…　生子、名櫛御方命、之子飯肩巣見命、之子建甕槌命、之子僕意富多多泥古」と、読点を付して、「…生める子、名櫛御方命、かの子飯肩巣見命、かの子建甕槌命、かの子僕《あれ》意富多多泥古」と解釈すべきである。「之」は、直前の人物（親）を指し示している代名詞である。これだと、その系譜もスッキリしてくる。意富多多泥古は、大物主の「五世の孫」だったことになる。

「オホタタネコ」の居住地

「大物主」には、二つの側面があった。一つは、「美蛇山」（三諸山・大神山―大山）の化身であり、他の一つは大国主の別名であった。ここでは、明らかに後者である。つまり、「オホタタネコ」は、大国主の子孫の一人である。この事件は大国主の没後、それも半世紀以上も過ぎた頃に、起こっていたようである。

崇神が四方に探し求めたその時、「オホタタネコ」は『記』では「河内の美努村」、『紀』では「茅渟県の陶邑」にいた。「河内のミノ村」は八尾市上之島町に、「チヌの県《あがた》のスへ邑《むら》」は堺市東南部の陶器山付近に、それぞれ比定されている。この間、一〇km以上も離れている。

一人の人物の居住地が、これだけ離れていると、この村名とその比定地は正しいのかと、かえって不安になる。二つの地名は、同一地点を表している。「オホタタネコ」が、二つの村の境界辺りに住んでいたために、『記』と『紀』で違いが生じたと、解釈すべきではないだろうか。

これまでに述べてきたように、「河内」とは、普通名詞の〝河端地〟のことである。大阪府東部の地名ではない。その川とは、米子市内の東を流れる佐陀川か。西の法勝寺川か。それとも日野川、加茂川か。〝河端地〟が重要な決め手となるのだから、「美努村」も「陶邑」も、いずれかの川の近くに探せばよいことになる。

そこで、まず疑問に思うことは、「美努」の読み方である。努にノ音はないのに、「美努」は「ミノ」と解釈され、通説となっている。これで、本当に大丈夫かという疑問だ。この地名は〃ミヌ〃（水野）、あるいは〃ミド〃（水土・水門）を表している。努をヌと読むか、ドと読むかの違いである。

日野川右岸に、水浜という地名が残っている。明らかに矛盾した地名である。川の岸を、浜とは呼ばない。それは「瀬」だ。この地名はもとは〃ミ・ハ〃か、〃ミヅ・ハ〃であったと思われる。ハは地名接尾語だから、「美努村」は〃ミヌ村〃、あるいは〃ミド村〃で、水浜と見なして間違いないようである。それは「茅渟県の陶邑」で、証明可能だ。

県名《あがためい》の「茅渟」は、本当にチヌだろうか。渟にヌ音は確認できないから、これも疑問である。渟は地名接尾語のテ（テイ）、もしくはタ（タマル）を表していると考えられる。そうなると、「茅渟」は、〃チタ〃の可能性がある。

日野川の下流域には、古代に「千太郷」があった。豊田・熊党《くまんとう》・車尾《くずも》といった村が、この郷に属していた。これより上流の水浜・大殿《おおとの》・諏訪・上新印《しい》・下新印などの一帯は、「巨勢郷《こせのさと》」である。

この「千太郷」について、邨岡『日本地理志料』は、「訓闕、按当㆔読云㆓世牟多㆒」（訓を闕《もらせ》り。按ずるに、まさに読みて世牟多と云《い》ふべし）と推測し、「セムタ」とした。これが間違いだった。「千太」は、「チタ」と読むべきなのである。つまり、『紀』の記す「茅渟」である。

ここで、読者は不審を覚えるだろう。水浜が属していた〃行政区〃は、「千太」ではなくて、「巨勢郷《こせのさと》」ではないかと。もっともである。ところが、『紀』の「茅渟」の〃行政区名〃は、郷ではなくて、「県《あがた》」なのである。

狗奴国における地方の行政区分は、〃県―邑《むら》〃となっていた。これは、『記紀』と各地の『風土記』で、確認することができる。「茅渟県《あがた》」の領域が、今後明らかになるかどうかは分からないにしても、少なくとも、この県は、「千太郷」と「巨勢郷《こせのさと》」とを包含する領域であったようだ。

ここで、邪馬壹国と天武を始祖とする「大和朝廷」における地方の行政区分についても触れておく必要がある。邪馬壹国は〝評《こほり》―里《さと》〟で統一している。これに対して、「大和朝廷」の採用した制度は、〝郡《こほり》―郷《さと》〟となっている。

三者三様の行政区分ではあっても、〝県＝評＝郡〟、〝邑＝里＝郷〟となっていて、その区分に大差はない。呼称の違いだけである。自己の保持する権力の誇示。邪馬壹国と「大和朝廷」における行政区分の呼称の変更は、この目的のためだけである。「県」は、「大和朝廷」の直轄地ではないのである。

肝心の「陶邑」は、どのように解釈すればよいのか。「スエ邑」ではなく、単に〝ス邑〟であろう。なぜなら、まさにこの地に、諏訪の地が残っているからだ。この諏訪のハは地名接尾語だから、中心地名はスである。今求めている〝ス邑〟は、この諏訪である。

水浜・諏訪ともに、かつての「巨勢郷《こせのさと》」に属している。県名《あがためい》は、「千太」であったようだ。水浜・諏訪で最も重要なことは、日野川を挟んで、この二つの地は相対していることにある。大阪府下の八尾―堺間のように、一〇km以上も離れていない。『記』『紀』の地名表記は、一つの対象を正面からと、背後から見た場合に似ている。

「美努村」は、「茅渟県《あがた》」の中にあったと理解してよさそうである。水浜と諏訪とは、もとは同一地名なのである。水をミヅと読むか。それともスと読むか。この違いだけである。その地名起源は、岸辺のようである。

崇神が、早馬の使いを四方に遣わして、仰々しく探しているだけに、「オホタタネコ」が、馬場（旧西伯町）に近いところで生活していたことは、予想外であった。その原因は、「茅渟県の陶邑」の表記にある。この解読にも、長期間にわたって苦しめられ、サジを投げていたこともある。そういった経過があるだけに、解き終えた今、わたし自身、十分に納得できる答えだと、改めて確信している。

確信できる根拠は、まだある。それが「崇神紀」の記事、「(茅渟県の)高橋邑《たかはしむら》の人活日を以て、大神《おおみわ》の掌《さか》酒《びと》とす」である。

今日、鳥取・島根の県境となっている〝要害山・母塚山連峰〟は、中海の近くまで迫っている。この連峰の北端と中海の間は、極めて狭い。この地形から高橋とは、連峰の端に当たる地―〝岳端《たかはし》〟、そのように見なすことができる。高橋が〝岳端〟であれば、その地は米子市祇園町辺りということになる。

高い橋が架かっていたことが、高橋邑の地名起源ではない。地名を字面どおりに解釈しても、まずその地名起源を明らかにすることはできない。「掌酒」とは、大神山（大山）に酒を奉納する職務のようである。その職務に携わっていた人物が、活日（イクヒと読まれている）である。

「オホタタネコ」の本名は

「オホタタネコ」と読まれている「意富多多泥古」「大田田根子」は、どのように解釈すべきか。当然、それは同一の、もしくは相共通する名前でなければならない。これが解明の前提となる。二代目の「名櫛御方」は〝眼奇《めく》しき巳《み》〟であった。一代目と二代目が蛇に関係しているのだから、「オホタタネコ」の本名もまた、蛇に由来していると推測することができる。それは、『記』の出生に関わる説話でも明らかである。

容姿端正な活玉依毘売のもとへ、容貌・風格ともに威厳のある一人の男が、夜毎訪れていた。いわゆる美男美女の組合わせである。ところが、数日もしないうちに、彼女は妊娠をした。この妊娠に不審を持った両親が尋ねると、娘はその男性の姓名も住所も知らないという。

実に行儀の悪い娘ということになるが、それはさておき、ここで両親は、この男性がどこからやって来るのか。それをまず突き止めるために、一計を案じた。夜になって男性が現れた。そこで彼女は彼の衣服の裾に、糸のついた針をコッソリと刺す。

朝になり、その糸に従って行くと、辿り着いたところが、美和山の神の社だった。そのために、「意富多多泥古」は、「神の子」であることが判明したという。

「美和山」とは「三諸山」のことである。「美和」は「ミワ」であり、蛇がとぐろを巻いた姿の「三輪」である。このように、「意富多多泥古」の父親は、蛇に深く関係していることは、明白である。そこで、「意富多多泥古」は、簡単に解けるものと舐《な》めていた。しかし、簡単ではなかった。

躓いた原因は、「意富」にあった。富にホ音は確認できないから、通説の「オホ」は成立しない。このため「オホ」を除外して考えると、「意富」はイトか、オトとなる。意にはオモフ、オモムクといった古訓があるだけではない。その名のりには、「お」もある。イトかオトかで、思いを巡らしていて、ある事実に気づいた。

かつてチチカカ湖の語源を考えていて、一つだけ腑に落ちないことがあった。それが、表3-2の中の「?」部分である。

この表で明示したように、カカに照応する語がないのである。しかし、それはすぐに分かった。誰にでも分かる。「オト」である。他の三つの言語から、この「オト」にも父親と蛇の二義があることは、明白である。「意富」は、「オト」と見なしてよさそうである。

表3-2　父母に分類されていた蛇の古語

区分	父	母
蛇	チ	ハ・ハハ
	?	カカ

オドオドとは、落ち着きのない動作・しぐさを表す副詞である。コロコロ、ノコノコが蛇から派生した言語であったように、オドオドもまた、蛇の動作から生まれた言語のようである。ただし、オドオドが、コロコロ・ノコノコと決定的に異なる言語であることは、

オドオドした夫を、絶えず尻に敷いている〝カカア天下〟を連想させることか。

これで、「意富多多泥古」「大田田根子」も解読できたことになる。まず「意富多多泥古」から解読する。これは〝オト・カガ・ヒコ〟（蛇《おと》・蛇《かが》・彦）となる。二つの多は、いずれもカ（名のり・かず）で、多多は蛇のカガである。泥はヒ（ヒヂ）、古はコで、泥古は〝ヒコ〟。男子を表す名称・彦である。

「大田田根子」は、どうか。この人名は、「意富多多泥古」とはいささか異なっている。大田田は〝オオカガ〟（大蛇）である。大は、文字どおりの意である。二つの田は、カ（カリ）を表しているから、田田は蛇の古語のカガである。根子はハシ、やはり蛇のことである。根はハ（ハシメ）、子はシを表している。〝オオカガハシ〟が、「大田田根子」の本名である。「意富多多泥古」「大田田根子」ともに、〝オロ・チ〟〝ツチ・ノコ〟のように、蛇を重ねた人名である。

「我が御前」と「大神の前」

「オホタタネコ」と読まれている「意富多多泥古」「大田田根子」を、解読しながら、行き詰まってしまった。その最大の理由は、「意富」の二文字にあった。

> 即ち意富多多泥古命を以て神主《かむぬし》と為《し》て、御諸山において、意富美和の大神の前を拝《いつ》き祭りたまひき。
> 於㆓御諸山㆒、拝㆓祭意富美和之大神前㆒。　〈崇神記〉

「意富美和之大神」を、どのように解釈すべきか。この句は、例によって「オホミワの大神」と読まれている。安易な読み下しだと思う。「意富」に苦しめられている時に、この記事の重要性に気づいた。

それは、「大神の前」と「御前」についてだ。「御前」は、その直前の記事の中にある。大物主大神が崇神の夢の中で、このように告げていた。

是《こ》は我が御心ぞ。意富多多泥古を以ちて、我が御前を祭らしめたまはば、神の気《け》起らず。国安らかに平らぎなむ。

この記事中の「御前」が、「大神の前」と同義であることは言うまでもない。この記事の複雑なところは、まさにここにある。「我が御心」とは疫病が流行し、それによって死者は多数に上り、国内が乱れた状態に陥ったことを指している。この「我が御心」を鎮めるために、意富多多泥古が祓《はら》い清めるところが、「我が御前」なのである。どういうことか。

「大物主大神」は、蛇を表す三諸山の化身である。ということは、三諸山そのものなのである。だから、「我が御前を祭る」ということは、〝三諸山の前に広がる大地〟を、祓い清めることとなる。疫病と死者の発生は、とてつもないところにまで広がっている。それは、標高たかだか四六七・一mの奈良・三輪山の頂上から眺めて、その視野に納まる狭い領域のことではない。

これが霊峰大山だとどうか。その山頂からだと、晴れていれば、遠く愛媛県の石槌山も見えるという。つまり大山の前には、広大な大地が広がっているのである。「我が御前」とは、まさしくこの光景を指していたのである。

そうなると、『記』の当該記事は、この三諸山の山頂において、遠く広がる大地、多数の人々が生活を営んでいる現実の地を、意富多多泥古が祓い清めることによって、そこから「神の気《け》」（神のたたり）は去り、国内に平和がよみがえったという伝承であったことになる。そうなると、「於二御諸山一」とは、麓とか中腹ではなく、三諸山の山頂がふさわしいことになる。

これまで、一人として重視してこなかった「我が御前」「大神の前」は、このように、実は揺るがせにできない要素を、その内に含んでいたのである。

「大物主大神」には、①三諸山の蛇の化身、②大国主の別名の二義があることは、すでに判明している。意富多多泥古は、大国主の子孫である。そのために意富多多泥古が、三諸山・大物主の化身の前に広がる大地を、祓い清める役にふさわしいと判断されたのである。

『記』の前後をつなぎ合わせると、どうやらこのような筋書きになる。当然のことではあるが、『記紀』に、このような詳細な説明はない。真実を見破られないために、あえて、〝記紀原典〟の記事を削除したものと思われる。ことに、「我が御前」「大神の前」の具体的説明がないことで、この推測が誤っていないことを、裏付けているようである。

「意富美和之大神」を解く

ここで改めて、御諸山《みはやま》の御前の神「意富美和之大神」の解釈についても、結論を示しておかなければならない。「オホミワの大神」が誤りと指摘できる根拠は、富にホ音が確認できないことによる。この一字の解釈だけで、通説は崩壊している。この大神を祭る目的は、国内に蔓延した疫病に苦しんでいる国民を救済することにあった。これが、解読の前提となる。

この「意富」はオトではない。意はイ、富はト（トム・名のり・と）で、意富ははなはだしい意の〝イト〟を表している。美はミ、和はカで、美和は美しい蛇の美蛟となる。あるいは美をミ、和をワと読めば、美輪となる。ワも蛇の古語の一つ。そのように見なしうる。之はシで、動詞・すの連用形を表している。以上の解釈から、「意富美和之大神」とは、〝いと美蛟《みか》し大神〟、もしくは〝いと美輪し大神〟となる。いずれにしても、神聖な蛇の魔力によって、災厄を一掃する大神のこととなる。

この解読の難しさは、「蛇」にあるのではない。他人《ひと》様の史書を勝手に切り刻んだ側に、全面的な責任がある。『記紀』は、実に厄介な史書である。本居宣長が『記紀』研究に生涯を費やしたことも、十分に理解できる。『古事記』を根底から疑うことをしなかった本居にとっても、その解釈の難しさに、頭を悩ませることは多々あったと思われるが、そのために、腹立たしい思いをすることはなかったであろう。しかし、凡人のわたしは違った。

徐々に判明してきた事実によって、『記紀』の頁をめくるたびに、腹立たしい思いは募ってきた。俗に言う〝頭に来る〟という状態である。それは、その難解のゆえではない。難解にしてしまった、悪質な手口に対してである。その手口を、白日の下に暴き出すことが、『記紀』に隠された謎解きの面白さの一つではあってもである。日本国民は、とんでもない史書をつかまされているのである。

3 「反逆」の深層

畿内に設定されていた舞台

「崇神記」「崇神紀」ともに、内容のほぼ一致した記事が、「タケハニヤス王の反逆」である。「タケハニヤス王」は、崇神の父親・開化天皇の異母弟であり、実の叔父に当たっている。次に示した引用は、「反逆」鎮圧の場面である。

「崇神記」

1山代の和訶羅河《わからかは》に到りし時、其《そ》の建波邇安《たけはにやす》王、軍《いくさ》を興して待ち遮《さえぎ》り、各《おのおの》河を中に挟みて、対《むか》ひ立ちて相挑《あひいど》みき。故、其地《そこ》を号《なづ》けて伊杼美《いどみ》と謂《い》ふ。今は伊豆美《いづみ》と謂ふなり。

2（建波邇安王死にき）故、其《そ》の軍ことごとに破れて、逃げ散りぬ。ここに其の逃《に》ぐる軍を追ひ迫《せ》めて、久須婆《くすば》の度《わたり》に到りし時、皆迫《せ》め窘《たしな》められて、屎《くそ》出

「崇神紀」

(1)（山背に）進みて那羅山《ならやま》に登りて、軍《いくさだち》す。進みて輪韓河《わからがは》に到り、埴安彦《はにやすひこ》と、河を挟み屯《いは》みて、各相《おのおのあひ》挑む。其の河を号《なづ》けて挑河《いどみがは》と曰ふ。…今、泉河《いづみがは》と謂ふは訛《なま》れるなり。

(2)（埴安彦を…殺しつ）其の軍衆脅《おび》えて退く。則ち追ひて河の北に破りつ。而《しかう》して、首を斬ること半《なかば》に過ぎたり。屍骨《しかばねさは》多に溢《あふ》れたり。故、其の処《ところ》を号《なづ》

でて褌《はかま》に懸《かか》りき。故、其地《そこ》を号《なづ》けて屎褌《くそばかま》と謂《い》ふ。
今は久須婆と謂ふ。
3又其の逃《に》ぐる軍を遮《さえぎ》りて斬れば、鵜《う》の如く河に浮きき。故、其《そ》の河を号《なづ》けて鵜河《うかは》と謂ふなり。
4亦《また》其の軍士《いくさびと》を斬り波布理《はふり》き。故、其地《そこ》を号《なづ》けて波布理曽能《はふりその》と謂《い》ふ。

けて、羽振苑《はふりその》と曰ふ。
(3)亦《また》其の卒《いくさ》怖《お》ぢ走《に》げて、屎《くそ》、褌《はかま》より漏れたり。…屎褌《くそばかま》と曰ふ。今、樟葉《くすは》と謂ふは訛《なま》れるなり。

『記』『紀』ともに、「タケハニヤス王」に対する憎悪むき出しの地名説話となっている。当然のように、この事件の舞台も、畿内と信じられている。

本当の舞台は

表3-3に示しているように、わたしの見解を、これから順次説明したい。この事件は「山代国に在る我が庶兄《まませ》建波邇安王」(「崇神記」)、「山背に向《ゆ》きて、埴安彦を撃たしむ」(「崇神紀」)とあるように、この戦闘は、「山代」「山背」から起こっている。わたしのこれまでの推理からすれば、「山代」「山背」は、現在の大山町と旧淀江町に広がる一帯の地名ということになる。

したがって、和訶羅河・輪韓河は、「那羅山」の麓を流れていなければならない。第二章で述べたように、「那羅山」は、現在の孝霊山のことである。

(1)和訶羅河《わからかわ》　：「ワカラ河」が、通説となっている。同じ川が、『紀』では「輪韓河《わからかは》」と表記されている。ワとは、『紀』の記す「輪」のことで、とぐろを三段に巻いた蛇の姿、つまり蛇そのものを示す語か。「三輪山」の例もある。訶が蛟のカ、羅も蛇のラであれば、カラ(訶羅・韓)とは、蛇の重複語となる。「カラ」のこの帰結から、「ワカラ」とは、蛇の三段重ね地名ということになる。これは、蛇行の激しい川であるがゆえの表現か。この特異な地名は、孝霊山にも当てはまる。

高麗山とも表記される孝霊山には、カハラヤマの別名があり、香原山・河原山・瓦山と表記されている。そこでまず、孝霊から取り上げてみたい。孝はカ（カウ）、霊（レイ、リョウ）は、ラに活用させている。孝霊は蛇の重複語のカ・ラである。高麗についても、孝霊と同じことが言える。これも、蛇の古語〝カ・ラ〟である。高はカ（カウ）、麗はラ（ライ）である。孝・高をコ（コウ）と読めば、いずれも〝コロ〟となる。やはり、蛇である。

「カハラヤマ」は、どうか。香はカ、原はハラ、それも蛇の重複語のハ・ラである。つまり、香原とは〝カ・ハ・ラ〟のことで、蛇の三段重ねの山ということになる。河原と瓦山についても、同様である。孝霊山は、蛇の山である。

では、和訶羅河はどの川か。旧淀江町（現米子市淀江町）の西を流れる佐陀川である。それは、次に示す伊杼美・伊豆美で証明することができる。伊杼美・伊豆美は、木津川の流域とその別名と信じられているが、間違っている。米子市内の東北、佐陀川の東に位置し、旧淀江町と隣接する地が、泉《いずみ》である。ここでは、そのものズバリの地名が利用されていた。

表3-3　「タケハニヤス王の反逆」に関する地名

地名	通説	私見
(1)和訶羅河《わからかわ》・輪韓河《わからがわ》	木津川	佐陀川《さだがわ》（米子市）
(2)久須婆《くすば》・楠葉	楠葉（枚方市）久須婆《くすば》渡は淀川の渡し場	車尾《くずも》周辺（米子市）
(3)鵜河《うかわ》（『紀』にはなし）	未詳	宇遅河《うちかわ》（現日野川）
(4)波布理曽能《はふりその》・羽振苑《はふりその》	祝園《ほうぞの》（精華町）	花園町《はなぞのまち》（米子市）

(2)久須婆《くすば》・楠葉　…　この事件は、奈良市北部から京都府南部の山城・枚方市一帯を舞台として起こったと考えられている。この思考の根拠の中心が、楠葉だ。枚方市に、この地名が現存しているからだ。ここだと、久須《くす》婆《ば》の渡《わたり》は、淀川の渡し場との説明も可能だ。

だが、すでに、その根拠は、根底から崩壊している。

「久須婆之度」とは〝久須婆の渡し場〟のことだから、「久須婆」は川の名称と見なしうる。すなわち、「久須婆河」（勾《く》す蛇《は》川）のことであり、普通名詞である。この川は、鳥取県中部を流れる天神川ではなくて、日野川を指している。

しかし、記紀編纂者にとって、「久須婆河」の定義は、どうでもよかった。彼らは、この事件の舞台をどこまでも畿内としたいために、久須婆—楠葉の地名を、ここにもはめ込んでいたのである。

「久須婆河」の特定によって、久須婆—楠葉は、日野川左岸の車尾《くずも》周辺と見なすことができる。クズモについては、①大きく曲がり、盛り上がった地の意の〝勾《く》す畝《も》〟。②「久須婆河」に面し、大きく湾曲した地形を表す〝勾《く》す面《も》〟の、二の地名起源が考えられる。しかし、決定的根拠が見つからないために、いずれとも決めがたい。

(3)鵜河《うかは》　：　久須婆・楠葉が車尾《くずも》周辺であれば、「鵜河」も明らかだ。この付近を流れる川は一つ、その名称を消される前の「宇遅河《うちかわ》」「飛鳥川」、現日野川しかない。日野川では「鵜河」とはならないが、「宇遅《うち》河《かわ》」だとチ音を消すだけだから、容易に「ウカハ」へ変えることができる。

(4)波布理曽能《はふりその》・羽振苑《はふりその》　：　「鵜河」「宇遅河《うちかわ》」が日野川であることが判明すれば、「波布理曽能《はふりその》」「羽振苑《はふりその》」は、その近くにあったことになる。

この地を特定する鍵は、「波布理・羽振」（はふり）にある。そこで、「はふり」に結び付く言語を探してみた。その結果はこのようになった。①「屠《はふ》る」（体を切って殺害する）、②「溢《はふ》る」（あふれる）、③「放《はぶ》る」（放って捨てる。追放する）、④「葬《はぶ》る」（死体をほうむる）。

この地名説話に該当する「はふり」は、どれか。その答えは、③である。「放《はぶ》る」とは、換言すれば、「放《はな》つ」意である。逆に、「放《はな》つ」から「放《はぶ》る」の発想が生まれて、この地名説話を創作していたと見ることができる。では、「放《はな》つ」とは、どんな地名か。それは、単にハナ（鼻・端）である。

突き出た地形を鼻という。〝～鼻〟だ。この〝～鼻〟を地図上で探すのに、北海道から沖縄県まで、必死に眼を通す必要はない。島根県だけで十分である。大崎鼻・巻が鼻・多古鼻・潜戸《くけど》鼻・犬堀鼻・長尾鼻・十六島《ウップルイ》鼻（以上、島根半島）、笠ケ鼻・大崎ノ鼻・大崎鼻・赤鼻・赤島鼻・魚待ノ鼻（大田市から益田市に至る日本海岸）。島根県は、冬でも〝ハナ盛り〟なのである。この〝～鼻〟は、すべて日本海に突き出た岬である。その地形から、「端《はな》」とは同義であることが、分かる。

これで「ハフリ」は解けた。ハフリとはハナ（鼻・端）のことである。残った「ソノ」（曽能・苑）には、どんな意味が隠されているのか。ソとは「日向《ひなた》の襲《そ》」（「神代記」）、あるいは宇曽川《うそがわ》（滋賀県）、木曽、阿蘇などの地名に見られる言語で、蛇を表していた。ノは野で、地名接尾語だから、ソノとは蛇の体、あるいは、その動作のように、複雑に曲がっている地形を表している。

花園の地名は、海岸部だけではなくて、内陸部の埼玉・奈良・京都市内（右京区）にも存在する。これらの地名が示しているように、山塊・丘陵地の先端部が、平野部に突き出たところも、「花」―「鼻」「端」なのである。花園とは海に突き出た岬、あるいは平野部に突き出た山・丘陵地の先端部、それも、複雑に曲がった蛇のような地形を示している。つまり、ハナソノとは、〝鼻（端）蛇野〟のことなのである。

この〝鼻（端）蛇野《その》〟の鼻《はな》（端）を、「放《はな》」の意に、蛇野を「曽能」「苑」に変えて、『記紀』は「波布理曽能」「羽振苑」と表記していたのである。この地名説話に該当する地は、米子港に近い米子市花園《はなぞの》町である。お花畑や花屋が多いから、花園の地名が生まれたのではない。「ハナソノ」に引っ掛けて、『記紀』が〝ハフリソノ〟の地名を生み出していたのである。いうまでもなく、花園は、後世の手になる表記である。

花園町と米子港の近くに、三旗《みはた》町と旗《はた》ケ崎《さき》の地名がある。その地形から、三旗とは〝海・端〟であり、旗ケ崎とは〝端ケ崎〟のことであろう。いずれも旗作りとは無縁の地である。

この解釈もおかしい

ここまで地名比定の誤りを指摘してきたが、おかしいと思われる解釈は、まだある。「崇神紀」のみの記す「我君」である。

1其の卒《いくさ》怖《お》ぢ走《に》げて　…　乃《すなは》ち甲《よろひ》を脱《ぬ》きて逃ぐ。得免《えまぬか》るまじきことを知りて、叩頭《の》みて曰《い》はく、「我君《あぎ》」といふ（其卒怖走　…　知レ不二得免一、叩頭曰、我君）。

2又、叩頭《の》みし処を號《なづ》けて、我君《あぎ》と曰ふ。叩頭、此《これ》をば廼務《のむ》と云ふ（又號二叩頭処一曰我君。叩頭、此云二廼務一）。

これが、通説となっている読み下しである。「叩頭」は、「神功紀」「皇極紀」にも見られる。難しい言語である。『紀』では、あえて注釈を付して、「叩頭」を「廼務」（ノム）と読むよう指示している。この分注が正しければ、古代には、このような行為を表す言語が、「ノム」としてあったことになる。

「叩頭」は、漢和辞典にも載っている。藤堂編『学研漢和大字典』では、「額を床や地面につけて敬礼する。ぬかずく」との解説がある。ただし、「ノム」ではなくて、「コウトウ」としてである。いずれにしても、「叩頭」の解釈は、やはり難しい。

しかし、「叩頭」が、この地名説話にかこつけられた言語ではない。それは、「我君」の方である。それも、「我君」は、岩波大系本の解釈「アギ」ではなくて、「イタ」（痛）を表している。『紀』には、現に、「しごす」「たごし」といった当時の〝都ことば〟が、記録として残っていた。「イタ」も、例外ではなかった。

敗走する「タケハニヤス王」の軍勢は、「叩頭」（地面にうずくまる）という行為をしながら、〝イタ〟（痛）と叫んだのである。我はイ（イタツキ）、君はタ（タフトシ）を表していた。無論、この地名説話も、悪意から生まれている。

では、「イタ」の地はどこか。この〝激戦〟記事は、楠葉の地名説話の後であることを考えれば、「我君」は、日野川左岸の車尾と花園町の間にあったと推測できる。それも〝イタ〟、もしくは、それに近い音の地名ということになる。そうであれば、陽田《ようでん》が有力な候補地となる。陽田は、古くは用伝・用田と表記されている。

その表記から、用伝・用田のもとの地名音は、〝ヤタ〟であったと考えられる。用はヤ（ヤウ）、伝はタ（タ）だ。この〝ヤタ〟が、「タケハニヤス王」征討軍から〝イタ〟と揶揄されていたことになる。用伝・用田は、近世になると、陽田と表記されるようになって、その地名音も「ヨウデン」へと変化し、本来の地名音が消滅していたのである。

ＪＲ米子駅を挟むようにして、陽田町の南西にある地が、「出雲国の御大」（「神代記」）の陰田町だ。今では「インダ」と呼ばれているが、古代には〝オンダ〟、あるいは〝オダ〟であった地だ。この二つの地名は、例の〝宝島の地図〟（国土地理院「米子」）によって、早くから気づいていた。陰陽説に関係はないと思いつつも、それがこうして、古代の謎を解く貴重な手掛かりになるとは、想像すらしなかったことである。

これが真実だった

以上が、わたしの一連の地名比定とその根拠である。通説とは全面的に異なる。いずれが正しいか。古代の謎解きをしているに過ぎないわたしか。それとも、「学問」を標榜する学者たちの方か。

従来の学者たちは、これも畿内で起こった事件と、心の底から信じきっている。初めに地名ありきという発想であり、立場だ。この点では、『記紀』を疑わぬ立場でもある。

畿内の地名は、『記紀』に基づいて、作為的に生まれている。それなのに、従来の学者・研究者に、この認識はまるでない。ないから、過ちを犯し続けてきたのである。この硬直した姿勢では、一連の地名が突き止められるはずはない。それに期待することは、ないものねだりである。

『記紀』の記事は、「山代」「山背」から、米子市北部に広がる戦闘記録である。まして、この事件は、たった一人の人物が、「朝廷」に歯向かったといった反逆ではない。ここには、忍熊王の最期の地と正確に重なっているという共通性がある。その共通性が、「河の北」である。

『紀』では、「羽振苑《はふりその》」の地名説話中に、「則《すなは》ち追ひて河の北に破りつ。而《しか》して、首を斬ること半《なかば》に過ぎたり。屍骨多《しかばねさは》に溢《あふ》れたり」とある。ところが、同じ『紀』の「神功紀」でも、「（武内宿禰等）菟道《うち》に至りて河の北に屯《いは》む」と記されている（傍点はいずれも著者による）。「神功紀」のこの記事は、第2巻（第十章）で述べたように、狗奴国大王の息子の一人である忍熊王の悲惨な最期を語っていた。

「神功紀」の「河の北」とは、大きく蛇行した日野川の北岸を表している。一〇代天皇・崇神と十四代天皇・仲哀とでは、時代は異なる。それなのに、時代をさかのぼった「崇神」の時代でも、ここで激しい戦いが行われていることに、驚く。「崇神紀」「神功紀」ともに、「河の北」が激戦地となっているのである。果たして、これを偶然の一致と見なすことができるかどうか。

ここで、『記紀』編纂の手口の一つが見えてきた。同一の事件をバラバラに切り刻んで、「崇神紀」と「神功紀」の構成に当てていたのである。一方で、同一事件なのに、その内容の異なる記事が、『記紀』には存在する。まず『記』では、こうなっている。

「又此の御世に、大毘古命をば高志道《こしのみち》に遣はし、其の子建沼河別命《たけぬなかはわけ》をば、東の方十二道に遣はして」、服従しない人々を平定する一方で、「日子坐王《ひこいますのみこ》をば丹波国に遣はして、玖賀耳《くがみみ》の御笠《みかさ》を殺さしめたまひき」と記している。「道」とは、北海道が示しているように、国の意である。

これに対応する『紀』の記事が、「四道将軍」の派遣である。

①大彦…北陸。②武渟川別《たけぬなかはわけ》…東海。③吉備津彦…西道《にしのみち》。④丹波道主《たにはのちぬし》…丹波

『記』『紀』ともに、〝「大和朝廷」国史編纂所〟で誕生している。しかも、これは「大和朝廷」の国を挙げ

表3-4　『記』と『紀』の相違

遠征先等	『古事記』	『日本書紀』
①高志道・北陸	大毘古命（父親）	大彦
②十二道・東海	建沼河別（息子）	武渟川別
③西道	記述なし	吉備津彦
④丹波国	日子坐王	丹波道主
⑤丹波での犠牲者	玖賀耳の御笠	記述なし

ての一大事業だ。それなのに、表3-4で示したように、著しい相違点ばかりが、やたらに目立つ。その一例が、二人の人物の親子関係の有無についてである。『記』では親子関係となっている大毘古命・建沼河別が、『紀』の大彦・武渟川別については、その説明のないことである。もとより、『記』『紀』の相違は、これだけではない。

『記』『紀』のこの記事だと、大和盆地の「大和朝廷」に同盟国はなく、孤立無縁の状態だったことになる。一体、いつの時代の遠征なのか。大和盆地は銅鐸文明圏に属していた。だから、その敵国である高志道《こしのみち》・北陸へ、遠征することは理解できる。しかし、それ以外は、すべて銅鐸文明圏内の国々である。

仮に百歩譲って、建沼河別・武渟川別が遠征した「東の方十二道」「東海」が、高志道《こしのみち》・北陸同様、銅鐸文明圏の敵国である「その余の旁国」（『魏志倭人伝』）であったとしても、なお、「西道」「丹波国」への攻撃は矛盾する。『記紀』のデタラメぶりが、ここに露出している。

これらの相違もさることながら、看過できないことは、「丹波国」だけが他の諸国に比べ、「国」と明記されている点だ。それはなぜか。「玖賀耳の御笠」の存在にあったためと思われる。

真実を隠すことはできない

狗奴国の大王は「卑弥弓呼《ひみくか》」だと、「魏志倭人伝《ぎしいじんでん》」は記していた。その実態は、〝日美陸〟であった。この「玖賀」も、〝陸〟かと思われる。それに、もう一つ無視できない表記が「耳」だ。「布帝耳」（スサノオの子孫。布帝は太蛇《ふだ》、富蛇《ふだ》か）、「忍穂耳」（天照の長男）、「陶津耳」（意富多多泥古の祖先）に見られるように、「耳」は重要な人物に付されている。「魏志倭人伝」も、投馬国の官職名に「弥弥《みみ》」（長官）、「弥弥那利《みみなり》」（副官）があったことを記録している。

玖賀耳の御笠は、敵国の北陸と接する丹波国の統治を任されている。御笠にも「耳」があることから、この人物は「卑弥弓呼」の部下、それも腹心の部下であったと推測できる。そんな人物が、殺害されているのである。この戦死は、大規模な戦闘の結果であったことを示唆しているようだ。

『記』では、大毘古命が高志道《こしのみち》に赴く途中で、「タケハニヤス王」が謀反を企てていることを察知する。そこで、まずこの謀反を鎮圧した後に、改めて高志道《こしのみち》へ遠征している。ところが、北陸でどんな戦闘が起こっていたのか。その記述は一切ない。建沼河別（武渟川別）が遠征した「東の方十二道」（東海地方）についても、事態は平和裏に進行したかのように、戦闘記事はやはりない。拍子抜けするほどだ。

「大和朝廷」の遠征は、北陸から東北の広範囲に及ぶ。それなのに、まるで親善のための〝出張〟でもあったかのように、戦闘記事は皆無となっている。そうして、最後は相津の地名説話となって、『記』の記す一大遠征は終わる。

大毘古命は先の命のままに高志国に罷《まか》り行きき。ここに東の方より遣はさえし建沼河別と、其の父大毘古命と共に、相津《あひづ》に往《ゆ》き遇《あ》ひき。故、其地を相津と謂ふなり。

ここに、事実を正確に書き残すという誠実さはない。むしろ、人を食ったような記事である。今日、相津《あひづ》は福島県の会津に比定されているから、記紀編纂者の意図は、しっかり叶えられていることになる。しかし、そうなると、ここで常識では考えられない〝親不孝〟が生まれることになる。

高志国に行軍した大毘古は、さらに遠方の東北の福島まで〝大遠征〟をしたことになる。息子はノホホンとして会津にとどまり、大毘古の方が〝親バカ〟丸出しで、老骨にムチ打って、遠路はるばる、福島の会津までやってきたことになる。親孝行・不孝に関係なく、どう見ても正常な感覚ではない。

「相津」とはどこか。福島県の会津ではない。〝場違い〟の間違いだ。言うまでもなく、この地名の中心は「アフ」ことにある。「アフ」は、大規模な戦闘が繰り広げられた鳥取県西部、それも日本海岸であったと見なすことができる。「相津」とは〝淡海《あふみ》の津〟の、それも多分に悪意を含む改変形であろう。したがって、「相津」とは、中海・美保湾の海岸部ということになる。

〝記紀原典〟に記されていた戦闘記事とその地名説話は、北上してきた筑紫軍と、南下してきた高志軍とが、伯耆・出雲軍を壊滅させて、〝淡海《あふみ》〟の津（海岸部）で、出会ったという内容になっていたものと思われる。それを、記紀編纂者は切り刻んで、このようにとんでもない記事を、でっち上げていたのである。

改めて考えてみれば、この説話には看過できない不審があった。崇神の二代後、一二代天皇・景行による「九州全土平定譚」となると、『紀』の態度は一変する。「景行紀」は征圧した人物名も地名も、そして遠征経路についても、その記述は詳細を極めている。「崇神紀」の遠征記事との違いは、極端である。

不審はまだある。どうにも理解できない行為が、これだ。「大和朝廷」の意図したように、この事件が実際に、奈良市北部から京都府南部・木津川を経て楠葉に至る一帯で起こっていたのであれば、この一帯は、いわば「大和朝廷」の膝元に当たる。それなのに、自らの膝元の地名を、著しく品性を欠く言辞をもって、悪しざまに罵っている。そこが反逆者を壊滅させた地ではあっても、この行為はどこかおかしい。

「崇神記」「崇神紀」の地名説話が、侮蔑の羅列となっていることは、敵に対する露骨な感情の表出なのである。その感情とは、激しい憎悪である。この侮蔑に満ちた地名説話は、積年の怨みが、一挙に吹き出した結果だと捉えるべきである。攻撃する側の憎悪は、「タケハニヤス王」とその兵士たちだけではなく、「淡《あふ》海《み》」沿岸の地にも向けられていたからこそだ。

記紀編纂者の狙いは、明らかである。編纂の主眼は、実際に展開した「淡海」沿岸での戦闘を、「タケハニヤス王」の「反逆」に仕立て上げることにあった。ここで、激しい戦闘場面を引用しておけば、後はどうでもよかったのである。唯一無二の目的は、「大和朝廷」による全国平定という〝きっかけ〟だけだった。記紀編纂者はここでも、恥も外聞もなく、制圧の目的を「タケハニヤス王の反逆」に、そして、その戦地も畿内にすり替えて、悪用していたのである。

「大和朝廷」は、この戦闘記事をどこで仕入れたのだろう。滅亡して行く狗奴国に、このような敗北記事は書けないばかりか、その余力すらも残ってはいなかったことは、容易に想像できるところだ。仮に書けたとしても、狗奴国にとって、「淡海」沿岸は一大拠点となっていた地である。そのような自国の地名を、このように悪しざまに書くはずがない。

この戦闘記事を書き残した国家権力は、すでに明らかである。邪馬壹国だ。邪馬壹国には、宿敵・狗奴国に完全勝利したことを、高らかに歌い上げた史書が存在していた。それも、狗奴国の捕虜たちに、地名などを逐一確認しながら、克明に、しかも敵国を徹底して侮辱しながら、満面に笑みをたたえながら記述していたのである。

その史書を、「大和朝廷」はある時点で、確実に手に入れていたのである。手に入れた後に、必要なところだけを抜き出し、何食わぬ顔をして改変していたのである。これが、「大和朝廷」による史書作りの、不動の方法となっている。

この人名は…

通説に従って、ここまで「タケハニヤス王」の名称を使用してきた。「建波邇安王」が、その表記である。この人物名は、〝猛し蛇蛇《はしや》王〟だ。建はタケ、もしくはタケシである。波はハ、邇はシ（ジ）で、波邇は蛇のことである。安もヤ（ヤス）で、これも蛇の古語である。波邇安は、蛇の重複語ということになる。

これは、『紀』の「武埴安彦」とも一致する。武はタケシ、埴はハ（ハニ）、安はヤを表していると思われるから、ハ・ヤも蛇の重複語ということになる。〝猛し蛇蛇《はや》王〟。これが、「武埴安彦」の人名である。

こうして歴史に名を残すだけの人物である。相手国にとっては手強い敵であったということになる。その戦闘の地から考えれば、「建波邇安王」「武埴安彦」もまた伯耆の武将である。香坂王・忍熊王とは兄弟であった可能性は、多分にある。香坂王・忍熊王は筑紫を攻撃するために、豊浦宮《とうらのみや》（山口県）に出陣し、建波邇安王は自国を守るために、伯耆にとどまっていたものと思われる。

　香坂王の「本名」は、カゴサカ王ではなくて、〝コ・ハ・王〟（巨・蛇王）である。香はコ（コウ）、坂はハ（ハン）を表している。すでに述べたとおりである。忍熊王は、〝雄々し大蛇《くま》王〟か。忍はオオシ（名のり・おし）と読むようである。熊は、哺乳動物のクマではない。九州・熊本の地名は、阿蘇山に由来している。阿蘇山の麓に位置しているから〝熊の本〟、熊本なのである。つまり、阿蘇＝熊ということになる。アソとは大蛇のことだから、この等式から、クマも当然大蛇となる。熊本県南部の人吉市には球磨川が流れている。球磨が、哺乳動物のクマであるはずがない。クマは大蛇。これで、非業の最期を遂げた三人の「本名」も、はっきりした。

　ここで、一定の領域に集中している一つの地名について、考えてみたい。それは、「カシラナシ」「アタマナシ」と呼ばれている地名である。その起源も由来も分からないが、縁起の悪い地名であると言える。そのためか、全国にも珍しい地名である。ところが、鳥取県西部の各地には、この地名が集中して残っているのである。いずれも小字名である。

(1)頭無《かしらなし》・頭無シ《かしらな》　…　境港市上道《あがりみち》町・高松町、米子市新山《にいやま》・古市、旧会見《あいみ》町天万《てんまん》、大山町安原、旧中山町（現琴浦《ことうら》町）赤坂、倉吉市国府《こう》・大立《おおたち》。なお夜見ケ半島最北端の上道町には、「頭無」の地名は上・中・下頭無と、向頭無《むこうかしらなし》として残っている。

(2)頭《かしら》ナシ・他　…　旧西伯町（現南部町）北方、旧東伯町（現琴浦《ことうら》町）光好《みつよし》・八橋《やばせ》（頭無《ナ》シ）旧岸本町（現

伯耆町）小林（頭ナシ、頭ナシ原）、倉吉市上古川（頭《あたま》なし）
⑶頭無《ずな》シ　…　旧鹿野町《しかのちょう》（現鳥取市）今市

このように、その分布はなぜか、中部の旧伯耆国までであって、東部の旧因幡国には、わずかに⑶の一例しか見られないのである。極めて局地的な地名であると言える。

「カシラナシ」「アタマナシ」の地名表記が、バラバラであることは、さして問題ではない。問題は、同じような地名が一定領域に集中して、遺存しているところにある。ここに、その異様性を覚える。どうしてか。

「大和朝廷」による「建波邇安王」「武埴安彦」征討のための激戦地と、「カシラナシ」「アタマナシ」とが、ピタリと重なっているためである。「カシラナシ」「アタマナシ」の地名は、重大な歴史の悲劇をまとっているように感じられる。

「首を斬ること半《なかば》に過ぎたり。屍骨多《しかばねさは》に溢《あふ》れたり」と、先に『紀』から引用した記事が語っているように、〝頭なし〟の死体は一体や二体ではなく、おびただしい数に上《のぼ》っている。

米子市・旧淀江町と大山町一帯は、狗奴国と邪馬壹国が、その存亡を賭《か》けた激戦の地であった。そのために生まれた地名だと、推測することもできる。不幸な推測である。しかし反面、これがわたしの邪推であればとも思いたいが、果たしてどうだろうか。

第四章　雄略と泊瀬・吉野

1　簒奪の大王

雄略は「倭《い》の五王」の一人、武だと見られている。例の格調の高い「上表文」の印象が強烈なために、『記紀』の描く人物像には、違和感がどこまでもつきまとう。それどころか、その片鱗すらも、見出すことのできない大王である。

残忍なる権力者

『記紀』から見えてくる姿は、ささいなことでも、肉親・親族を平然と殺害する凶暴な権力者のそれである。やたらに猜疑心が強く、残忍性まで備えている性格こそ、雄略の個性である。雄略の手に掛かった犠牲者は、「市辺天皇」だけではなかった。

図4-1の中で、まず犠牲となる親族は、従兄弟の目弱王（眉輪王）である。雄略は、わずか七歳の子どもの殺害にまで及んでいるのである。殺害に至る経過は、このようになっている。

安康《あんこう》天皇は、大日下王の妹・若日下王を雄略と結婚させようと考えた。大日下王はたいそう喜び、その意思表示をするために、安康に贈り物をした。ところが、ここで予測しえない事態が起こってしまう。

安康の使者の根臣《ねのおみ》が、その贈り物を横取りしたばかりか、大日下王が雄略を格下の家柄の者だと言って侮辱したと、虚偽の報告までした。この報告を真に受けた安康は、怒って大日下王を殺害してしまう。この事件の後、安康は大日下王の妻・長田大郎女《ながたのおほいらつめ》を皇后として迎える。これが不幸の始まりだった。大日下王とそ

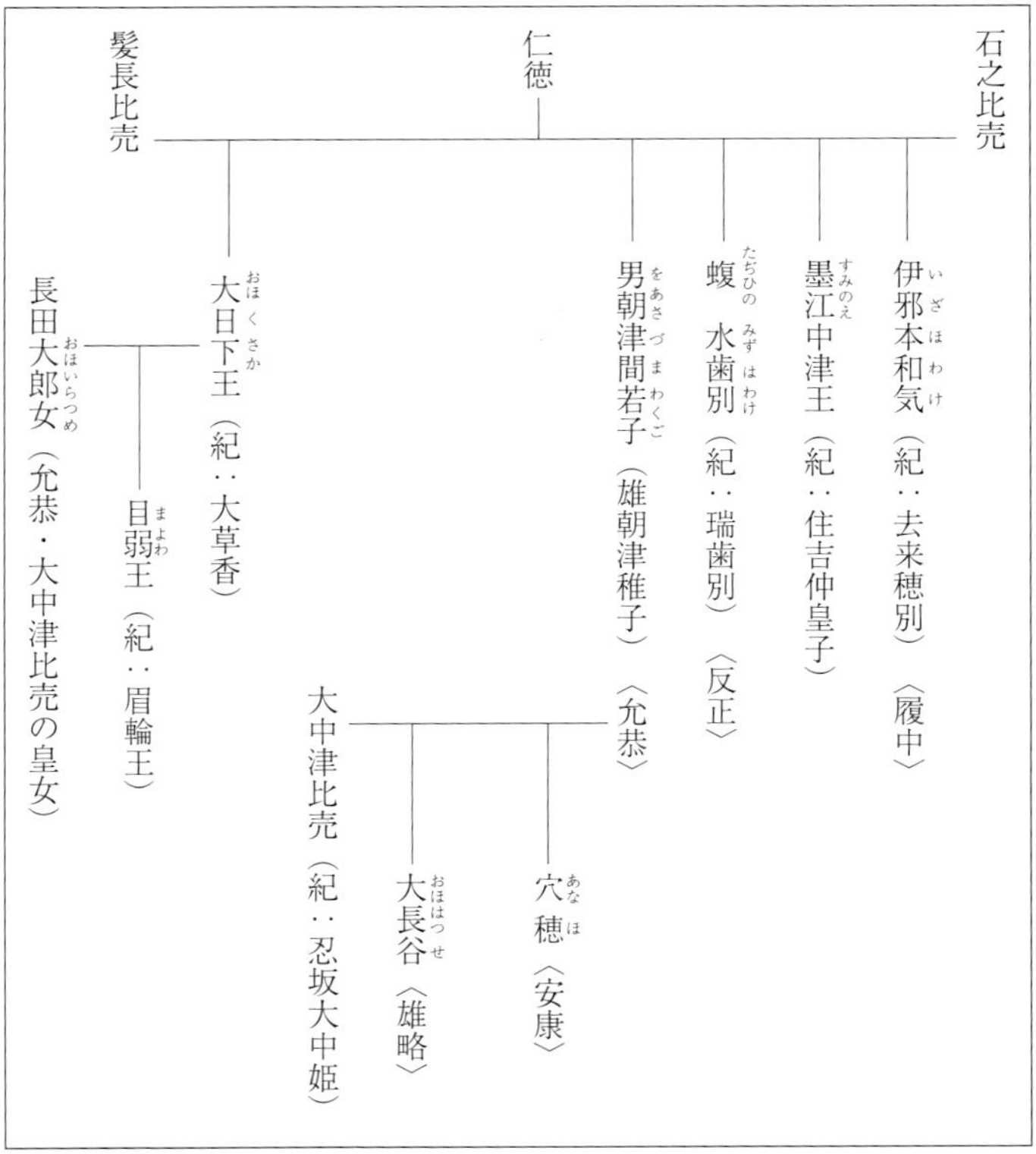

図 4－1　雄略に関する系譜（人物名の読みは岩波大系本による）

の妻・長田大郎女との間には、目弱《まよわ》王がすでに生まれていた。

ある日、安康は皇后とした新妻・長田大郎女に、かつての夫である大日下王の殺害に至る顚末を、不用意にも喋ってしまう。安康に運はなかった。周りには誰もいないはずなのに、その床下で、七歳の目弱《まよわ》王が一人で遊んでいた。ここで、すべてを知った目弱王は、父の敵を討つために、寝静まっている安康の首に、剣を刺して殺害をする。その後、目弱王は宮殿を脱し、都夫良意富美（ツブラオホミと読まれている）のもとへ緊急避難をする。大人顔負けの行動力である。

この経緯を知った雄略は、即座に行動を起こす。まず、兄の黒日子王と白日子王の二人に事件を報告するが、二人とも特に問題視する様子もなかったので、その態度に不信感を抱いた雄略は、兄二人を殺してしまう。雄略の決意は、この直後に都夫良意富美（『紀』では円《つぶらのおほおみ》大臣）の屋敷を取り囲んだことで、鮮明になっている。このため、そこでかくまわれていた目弱王は、自らの死を都夫良意富美に委ねて、最期を迎える。

この事件は『紀』では、いささか異なっている。七歳では不自然と考えたのか。眉輪王の年齢に触れてはいない。そればかりか、雄略の兄弟の動向にも違いが生じているのである。兄弟の八釣白彦皇子《やつりのしらひこのみこ》は、雄略の説明を黙殺したために殺害される。一方、もう一人の兄弟である坂合黒彦皇子《さかあひのくろひこのみこ》は、眉輪王とともに、円大臣の屋敷へ避難をしている。

わたしが、この説話を重視する理由は、七歳の子どもが大人を殺害したことにあるのではない。目弱《まよわ》王・眉輪王という人名にある。目弱・眉輪は、ともに「マヨワ」と読まれてきている。『記』の「目弱王」だと、〝弱視の王〟で片付けられかねないが、『紀』の「眉輪王」だと、そのような読み方も、解釈もできなくなる。年齢はともかくも、子どもの目弱王・眉輪王を殺した動機は、ただ一つ。皇位の簒奪である。目弱王・眉輪王は、その読み方が定説化している「マヨワ王」ではない。

目はミ（ミル）、弱はハカリで、その名前は〝ミハカリ〟だ。他方、眉はミ、輪はワで、〝ミワ〟である。

〝ミハ〟〝ミワ〟とは、伯耆国の象徴である大神山《おほみはやま》―大山の別名である。その由緒ある〝ミハ〟〝ミワ〟を、名前として与えられた人物こそ、次期天皇位を継承する最右翼に、位置していたことを示している。

次期天皇後継者は、大長谷《おほはつせ》―雄略ではなかった。目弱王の父親も、「大日下」（記）であり「大草香」（紀）であった。これも、「オホクサカ」ではない。〝オホカガ〟、大蛇を意味していた人名なのである。日はカ、下もカである。草もやはりカ（カヤ）、香もカである。

一方の雄略はどうか。和風諡号《しごう》の「大長谷《おほはつせ》」は、「オホハツセ」ではない。〝オホナガ〟、もしくは〝オホナガヤ〟である。長をナ（名のり・なが）、谷をガ（ガヤ）と読むか。長をナガ、谷をヤと読むかの違いである。〝ミハ〟と〝オホナガ（ヤ）〟は、ともに蛇を基調とはしていても、どうやら格が違うようである。

大日下（オホカガ）の息子である〝ミハカリ〟〝ミワ〟という人名に、権力の正統性を見ることは誤っているだろうか。いまだ知られざる日本古代を解くための手掛かりは、「蛇」にある。「蛇」を知らなければ、日本の古代史は解けないようになっている。

倭王・武の視野に入ってくる世界は、中国と朝鮮半島の動向だけである。ところが、雄略はどうか。朝鮮半島との関わりはあっても、中国に対してはまるでない。雄略は、本当に倭王・武にふさわしい大王だろうか。

雄略と赤猪子

「雄略記」には、手前勝手を権力者の特権と勘違いしているような説話がある。

ある日、「美和河《みわかは》」に遊んでいた雄略は、その川辺で衣を洗っている一人の娘に出会う。その娘は、引田部の赤猪子《あかゐこ》といった。一目惚れした雄略は、即座に、その娘と結婚の約束をした。ところが、この約束は一向に実現しないまま、時間だけがいたずらに過ぎて、赤猪子は八〇歳になってしまっていた。寄る年波に容貌も衰えて、不安にかられた赤猪子は献上品を携えて、雄略のもとを訪れた。

対面した雄略は、赤猪子が結婚もしないで、自ら契った約束を健気《けなげ》に守り通したことに感激した。が、それ以上に後悔をした。しかし、どんなに悲しみ、悔やんでみたものの、今までにあまりにも無情な時間が流れ去っていた。自らが招いた不幸であるにしても、彼女を妻とするには、歳を取り過ぎていた。そこで妻とすることを断念し、代わりに歌を贈って、赤猪子を慰めることにした。これが赤猪子説話の概要である。
簒奪の大王・雄略にふさわしい説話である。呆れるほど手前勝手な性格が、露骨に出ている。この説話中、特にわたしが注目した地名が、説話の舞台となった「美和河」である。以下の二首は、雄略が赤猪子に贈った歌である。当然と言うべきか。歌の中に、「美和河」が織り込まれていた。

美母呂能　伊都加斯賀母登　加斯賀母登　由由斯伎加母　加志波良袁登売

[岩波大系本] 御諸《みもろ》の　厳白檮《いつかし》がもと　白檮《かし》がもと　ゆゆしきかも　白檮原童女《かしはらをとめ》

「神の社にある神聖な橿の木。その橿の木が忌みはばかれるように、近よりがたいよ橿原の乙女は」（土橋寛『古代歌謡全注釈・古事記編』）。これが、いわば通説の解釈である。「神聖な橿の木」が、どうして「忌みはばかれる」のか。疑問の残る解釈である。
この歌の誕生した地は、大山（美蛇山《みはやま》）の麓を流れる「美和河《みわがわ》」のほとりである。この地理的位置関係から、「美和《みわ》」も〝美蛇《みは》〟と同じ言語と見なしうる。それは、美しい姿をしている蛇の意である。この視点から、「雄略記」の歌は読み解かなければならないようである。

[わたしの解釈] 美蛇《みは》とし　いと奇《く》し川の奇《く》し川の　ゆゆしきかも　奇《く》しなる童女《をとめ》
[大意] 美しい蛇のように、延々と流れるとても神秘的で美しい川（美和河）。その川をなお美しいと思わ

せる、さらに美しい乙女よ。
[解釈の根拠]○美母呂能―美蛇《みは》とし。美はミ、母はハ（ハハ）、呂はト（トモカラ）、能はシである。能には、かつてはシ音があったことを認識できないことも、誤訳の大きな原因となっている。○伊都加斯賀母登―いと奇《く》し川の奇《く》し川の。伊はイ、都はト、加はク（クハフ）、斯はシ、賀母はカハ（川）、登はノ（ノホル）である。○由由斯伎加母―ゆゆしきかも。通説のとおり。神秘的の意である。○加志波良袁登売―奇《く》しなる童女《おとめ》。加はク、志はシ、波はナ（ナミ）、良はル（リョウ、名のり・らの活用による）、袁登売はオトメである。若くて、輝やかんばかりの美しい乙女の意であろう。もとより、赤猪子のことである。

すっかり年老いた赤猪子を、雄略は驚き、そして嘆いた。雄略の気持ちは、この歌となって表れる。

比気多能　和加久流須婆良　和加久閇爾　韋泥弖麻斯母能　淤伊爾祁流加母

[岩波大系本]引田《ひけた》の若栗栖原《わかくるすばら》　若くへに　率寝《るね》てましもの　老いにけるかも
[わたしの解釈]泣きぞし　嘆《なげ》きししとや　長きとし　いと手は萎《しぼ》み　老いしをしぞも
[解釈の根拠]○比気多能―泣きぞし。比はナ（ナラフ）、気はキ、多はゾ（ソコハク）、能はシである。○和加久流須婆良―嘆きししとや。和はナ（名のり・な）、加はゲ（ケ）、久はキ（キュウ）、流はシ（シク）、須もシ（シュ）である。婆良はとや。婆はト（トラカス）、良はヤ（ヤヤ）である。とやとは、格助詞・と＋係助詞・やの連語で、疑いを表している。
○和加久閇爾―長きとし。和はナ、加はガ、久はキ（キュウ）、閇はト（トツ）、爾はシ（ジ）である。○韋泥弖麻斯母能―いと手は萎《しぼ》み。韋泥は、はなはだしい意のいと。韋はイ、泥はト（トトコホル）である。弖

はテ、手である。麻はハ（バ）、格助詞である。斯母能は萎《しぼ》み。斯はシ、母はボ、能はミ（名のり・みち）を表している。○淤伊爾祁流加母—老いしをしぞも。淤はオ、伊はイ、爾はシ（ジ）、祁はヲ（ヲホイナリ）、流はシ（シク）、加はゾ（ソノモノ）、母はモである。

［大意］泣きながら、悲嘆にくれていたのか。その長きがゆえに、そなたの手はたいそう萎《しぼ》み、すっかり老いてしまったものだ。

第二句の「和加久流須婆良」は、解読に苦労する表記となっている。

待ち焦がれていた赤猪子

この雄略に対する赤猪子の歌が、次の二首である。ここまで、通説とわたしの解釈は大きく異なっていた。この二首はどうか。

美母呂爾　都久夜多麻加岐　都岐阿麻斯　多爾加母余良牟　加微能美夜比登

［岩波大系本］御諸《みもろ》に　つくや玉垣《たまがき》　つき余《あま》し　誰《た》にかも依《よ》らむ　神の宮人《みやひと》

［わたしの解釈］姥《うば》つ身　疾《と》く寄るを　足掻《あが》き　泣き　おめきぞし間も　寄らむ　悲しみ淀《よど》す

［解釈の根拠］○美母呂爾—姥つ身。美はウ（ウツクシ）、母はバ（ハハ）、呂はツ（ツキ）、爾はミ（名のり・み）を表している。○都久夜多—疾《と》く寄るを。都はト、久はク、夜はヨル、多はヲ（オホシ）である。○麻加岐—足掻《あが》き。麻はア（アサ）、加はガ（カ）、岐はキである。○都岐—泣き。都はナ（ナラフ）、岐はキ。○阿麻斯多爾加母—おめきぞし間も。阿はオ（オモネル）、麻はメ、斯はキ（キル）。動詞・おめくの連用形で、叫ぶ意である。多はゾ（ソコハク）、爾はシ（ジ）、この加はマ（マス）で間、母はモ（モウ）である。○余良牟—寄らむ。○加微能美夜比登—悲しみ淀《よど》す。加はカ、微はナ（ナシ）、能はシ、美はミを表してい

る。夜比登は淀《よど》す。夜はヨ、比はド（トモカラ）、登はス（ススム）を表している。

［大意］姥となる身は、意想外に速く寄って来るものです。そのために心が苦しくなって、足掻《あが》き、泣き叫んでいる間も、同情などしないで忍び寄って来るものです。その悲しみは、「美和河」に流れないで、淀となって、わたしの体の中にたまっています。

「悲しみ」は、〝悲し身〟でもあるようだ。雄略と赤猪子の歌は、いずれも「美和河」を中心に作られている。しかし、この歌の「美母」は、「美《み》蛇《は》」ではなかった。記紀歌謡は難しいと、つくづく思う。

赤猪子のもう一つの歌が、これである。

久佐迦延能　伊理延能波知須　波那婆知須　微能佐加理昆登　登母志岐呂加母

［岩波大系本］日下江《くさかえ》の　入江の蓮花蓮《はちすはなはちす》　身の盛《さか》り人《びと》　羨《とも》しきろかも

［わたしの解釈］ひた悲し　枯れしし蓮《はちす》　花は疾《と》しなし　盛る日の　淡《あは》し去るぞも

［解釈の根拠］○久佐加延能―ひた悲し。久はヒ（ヒサシ）、佐はタ（タスク）で、久佐はひたすらの意のひた。加はカ、延はナ（ナカシ）、能はシである。○伊理延能波知須―枯れしし蓮《はちす》。伊はカ（カノ、カレ）、理はレ（リの活用による）、この延はシ（シリソク）、能もシである。波知須は蓮、植物のハスのことである。○波那婆知須微能―花は疾《と》しなし。波那はハナ、花を表している。婆はハで格助詞、知はト（トモニ）、須はシ（シュ）、微はナ（ナシ）、能はやはりシである。

○佐加理昆登―盛る日の。佐はサ、加はカ、理はル（リの活用による）、昆はヒ、そして登はトではなく、ノ（ノホル）、格助詞を表している。○登母志岐呂加母―淡《あは》し去るぞも。登はア（アク）、母はハ（ハハ）、志はシ、岐はサ（サカシ）、呂はル（ロ、リョの活用による）、加はゾ（ソノモノ）、母はモである。

［大意］ひたすら悲しんで、過ごしています。枯れてしまった蓮《はす》の、その花も早くになくなってしまいました。若くてはなやかな日は、はかなく去ってしまったからです。

「美和河」と「引田部」の特定

「美和河」はどこか。ここで、この川を問題としたい。その前に、改めて強調しておきたいことがある。「三諸山」は、「ミモロヤマ」と読まないということである。こんな山は、日本のどこにもない。正しい読みは、「ミハヤマ」（美蛇山）である。

現在、「美和河」は、初瀬川を源流とする奈良・三輪山麓を流れる川と信じられている。これを否定するわたしの方が、まず変人扱いされることは必至だ。しかし、変人はわたしではない。ここに至るまでに、「三諸山」については、詳しく論じてきている。

いわゆる記紀神話の舞台は、伯耆・出雲であり、その説話も伯耆・出雲が中心となっている。したがって、「三諸山」は常に、伯耆・出雲との脈絡の中で語られている。これに反し、大和盆地に関する説話は、皆無である。だから、記紀神話の中に、大和盆地の入り込む余地はどこにもない。それなのに「三諸山」だけは、大和盆地の三輪山だと強調する。それも、「ミモロ」と読んで……。その地名比定も解釈も、実に異様である。

地名は政治的意図によって、強制的に消されることがある。そのために、「宇治川」も「飛鳥川」も、とんでもないところへ移されて、本来の地からは消されている。だが、現在の「宇治川」も「飛鳥川」も、〝記紀原典〟の伝える川ではないのだから、『記紀』の記す事件について説明できない現象が起こることは、必然のなりゆきである。

これから取り上げる「美和河」とは、どの川か。この説話の舞台も、伯耆・出雲である。ここで参考になる地名が、「美和山」である。『記』に記されている地名は、「美和河」だけではなく、「美和山」（崇神記）もある。

ワも、蛇を表す言語の一つであったことは、「和訶羅河」（崇神記）、「輪韓河」（崇神紀）が示していた。ワも、蛇を表す言語であれば、それは、とぐろを巻いた状態ではなくて、丸くなって、地面に伏している姿から生まれたものか。それにハとワの音は似ている。この音の類似性から、ワも蛇の古語と見なす根拠となりうる。

ハもワも蛇であれば、〝ミハ〟も〝ミワ〟もともに、〝美蛇〟で表現することができる。すなわち、「御諸山」「三諸山」は〝美蛇山〟、「美和山」「美和河」も〝美蛇山〟〝美蛇河〟となる。「美和河」は、「美和山」と一対になっている地名である。

候補となる三筋の川

「美和河」の候補となる川は、三本ある。その所在地は、いずれも鳥取県西部である。①大山寺の横から流れ出ている精進《しょうじん》川。②やはり大山を源流とする佐陀川。③現在の日野川。この三本の川である。果たしてどれか。

日野川は、本来は宇遅《うち》（菟道）川・飛鳥川と呼ばれていた。佐陀《さだ》川は、その東（右手）を流れている宇田《うだ》川とは、一対の河川名である〝左蛇川〟・〝右蛇川〟のようにも見える。この二筋の川は、いずれも米子市淀江町を流れている。

しかし、これが、本来の河川名ではなさそうである。「サダ」とは、蛇の重複語のようである。サはスサノオのサと同じで、蛇だ。ダも蛇と考えられる。これに反し、「ウダ」とは、大蛇の意の〝宇蛇《だ》〟のことと考えられる。表記は異なるものの、ダ（陀《だ》・田《だ》）は、いずれも蛇《だ》を表しているものと思われる。

残る精進《しょうじん》川はどうか。仏教用語と見なして、深く考えなかった。これが誤解だった。進はジンではなくて、単にシ（シン）を表していた。シとは巳、蛇のことである。精《しょう》は澄みきって、汚《けが》れのない状態を示す語である。より分かりやすく言えば、「清《しょう》」である。すなわち、精進川とは、〝ショウシカハ〟（精巳・清巳川）

のことである。精進川こそ、長年にわたって探し求めていた〃ミワカハ〃だった。

「美和河」は精進川である。この川に比定できる根拠が、赤猪子が居住していた「引田部」である。これは地名である。部《へ》とは、その地の端の意の辺《へ》のことか。この地名の中心は引田である。ヒダとも、イデともよむことができる。ここで、「美和河」を精進川とする地名比定が、生きてきた。

引田は〃ヒケタ〃でも、〃ヒタ〃でもなく、〃イデ〃である。精進川周辺が〃イデ〃と呼ばれていたと断言できるだけの根拠が、この地に残っていた。現在では、南北に貫く「米子道」によって、この一帯の平野部は東西に分断されているために、それぞれが別空間と錯覚しがちだが、もとは一つの平野である。

冬宮である大神山《おおがみやま》神社の裏手（南側）を流れている精進川は、ここで北に折れて、佐陀《さだ》川に合流する。その佐陀川の西に赤井手《あかいで》という地名が残っている。同様の地名は、福岡県春日市にもある。井手・井田の地名は、全国にはザラにあるが、赤井手の地名は珍しい。井手になお赤を付しているのだから、ここに、この地名の特質を感じる。

藤堂編『学研漢和大字典』の説明には、井は、「清（しみず）と同系のことば」とある。井は単なる水ではなく、清水・真水のことである。井戸は今日では、水を得るために、地中を掘って、地下水を吸い上げたり、汲み上げたりする装置といった言語となっている。ところが、そのような技術のない時代にあっては、どうして、飲料水を得ていたのだろうか。このように、突き詰めて考えれば、清水の湧き出るところの意の〃井土〃が、井戸の語源ではないかと思われてくる。

井戸の原義が〃井土〃であれば、井手との関係も鮮明となる。つまり、〃井土〃と井手とは、類縁地名ということになる。手とは、場所を示す〃田〃—タ、テ（テン）、ト（トコロ）、カ（カリ）のことだから、井手とは、井戸の原義である〃絶えず湧き出る清水を汲むところ〃を表している地名ということになる。

赤の意味については、赤子《せきし》・赤ん坊・赤心《せきしん》・赤誠《せきせい》の言葉が、その意味を示している。赤子・赤ん坊とは

〝純真無垢・けがれのない子ども〟の意である。赤心・赤誠はともに、「真心」のことである。つまり、赤には純真、けがれのないといった意味がある。これで、赤井手の地名起源も明らかである。

赤井手の特徴

米子市赤井手《あかいで》も、前述の精進川・佐陀川だけではなく、この二つの河川が合流する地点で、野本川《のもとがわ》も合流している。ここもまた、〝真水・清水を汲むことのできる地〟として、赤井手の地にふさわしい地形となっているのである。

以上から、「引田部」とは〝イデベ〟（井手辺）、（赤）井手のへり・端の地名のこととなる。当時の赤井手の領域は、むろん分からないが、その地は精進川の流域、それも大神山《おおがみやま》神社付近よりも、さらに東の地ということになりそうである。ここまでの推論から、赤猪子が洗濯をしていた「美和河」は、精進川ということになる。

ここで、現実的な観点から考えてみたい。〝古代の洗濯機〟は、川である。日野川・佐陀川でも、洗濯はできる。水量があることは利点だが、川幅があり過ぎる。特に日野川はそうである。

大河で洗濯をする女性は、洗濯に集中する一方で、その洗濯物が流されないように、気を遣わなければならない。過って流してしまうと、拾うために一苦労することになる。この点、小川である精進川だと、そのような心配はない。精進川の規模は、洗濯をする川に適している。

それに、大河・中規模の川だと、しゃがんで洗濯をする女性の姿は、草むらにさえぎられて見落とすこともありえるが、精進川のほとりだと、そのようなことは起こりえない。このように、現実的な観点から考えれば、「美和河」は、どうしても精進川ということになってくる。

これで、「赤猪子」の本名も、ほぼ明らかとなってきた。純真で誠実な態度から、〝セイコ〟（誠子）かとも考えたが、正解は「アカイコ」である。それも、清らかな水のような女性の意の〝赤井子〟である。この人名には、赤井手の地名が下敷きになっていたようである。これでようやく、「赤猪子」と精進川に関わる問題も、すべて解決を見た。

2　「吉野」の謎

「吉野」は「天皇、吉野宮に幸行《い》でましし時、吉野川の浜に童女《おとめ》ありき」と、「雄略記」の記しているように、「吉野宮」と「吉野川」とは近い。吉野川の近くに建てられた宮殿から、吉野宮と命「ヨシノ」か名されたということも、多分にありえる。

この説話の直前に記されている赤猪子説話の地は、米子市内の赤井手と精進川（美和河）だった。そうなると、「吉野宮」と「吉野川」は、どうなるのか。

橿原市の南部に、「吉野」の地名がある。ここには「吉野川」だけではない。「吉野山」もある。通説の立場であれば、「吉野」の地を特定するには、少しもためらうことのないところである。通説にとっては、「吉野」は自明の真実なのである。そのために、この地を「エシノ」「ミエシノ」と解釈しても、一向に不審としないのである。この奇妙な解釈は、この直後に示す。

だが、吉野、ことに吉野川に関しては、首を傾げたくなるような奇怪な現象が起こっている。吉野川は奈良県を出て和歌山県に入ると、その名称は紀ノ川に変わる。吉野川は紀ノ川の支流の一つではない。〝吉野川・紀ノ川〟は、一筋の川である。先に奇怪な現象と表現した原因は、この名称にある。これが、なぜ奇怪か。それは、次に示す河川名と比較すれば、即座に明らかとなる。

(1)北上川　…　旧北上川の注ぎ込む先は、石巻湾である、それが、新北上川では、追波湾《おっぱわん》へと、その流れを九〇度も変えられている。そんな北上川ではあっても、岩手県内でも、宮城県内でも、河川名は同じである。
(2)阿武隈川《あぶくま》　…　この川は、福島県から宮城県へと流れている。福島・宮城でも、その河川名は同じである。
(3)利根川　…　栃木・埼玉の県境から千葉県へと流れている。やはり、いずれの県においても、その河川名の変わることはない。一貫して、利根川である。
(4)吉野川　…　愛媛県の石槌山を源流とするこの川は、愛媛県ではもとより、徳島県にあっても、吉野川である。

本流が行政区を異にした途端、その名称を変えるという事例は、吉野川・紀ノ川だけである。どのように考えても、不可解である。奈良県の「吉野」は、『記紀』の記事に、信憑性を付与するために捏造された地名の、一つに過ぎない。「吉野」も、奈良県とはまったく無縁の地名である。そのために、木に竹を接いだような河川名が、ここに生まれているのである。

ここまで述べてきたように、「大和朝廷」歴代天皇である顕宗・仁賢・崇神・仁徳に関わる主要な地は、いずれも鳥取県西部となっていた。それなのに、「吉野」に限って、奈良の地ということはありえない。当然のことながら、「吉野」も、鳥取県西部にあった可能性は高くなる。

それでは、「吉野」の地はどこかに求めればよいのか。これが、ここで直面する問題となる。ところが、問題はまだ別にある。「吉野」の地を探し求める前に、解決しておかなければならないことがある。「吉野」は、本当に「ヨシノ」なのか。この地名音で正しいのかどうか。この一見単純な、しかし根本的な問題である。

実は、「吉野」は難解な地名である。「吉野」を読み解く上で参考になる地名が、滋賀県の木之本《きのもと》（町）である。滋賀県北部の木之本は、西に琵琶湖が開けているが、その背後には伊吹山地が控えている。つまり、この地は伊吹山地の麓に位置していることになる。

木之本の表記を眺めていて、重大なことに気づいた。この表記は、キノモトとは別に、之をシと読めば、〝キシモト〟となる。現在地名音のキノモトで正しいとも言えるが、もとは、キシモトの可能性もあったことになる。

岸本という地名

米子市内を南北に走る国道一八一号線を南へ下り、日野川に架かる伯耆橋を東に渡ったところが、岸本町（現伯耆町）岸本である。それは、まさしく岸本の中の岸本といった感のある地名である。

この橋も何度も渡っている。いつの頃からか、「吉野」は伯耆橋の東詰、もしくは西詰辺りと目星を付けていたにもかかわらず、それでも、岸本の地名に注意を払ったことはなかった。この地名を新しいものと、勝手に決め込んでいたためである。

苗字としては少なくないが、地名となると意外に少ないことが、岸本の顕著な傾向なのである。これは、岸本を調べていて気づいた点である。岸には、①水ぎわ、②がけ（崖）の二つの意味がある。今、問題として取り上げている岸本は、どちらか。日野川のほとりにあるから、一応、①の水ぎわには該当する。

では、本の意味はどうか。本には元、中心の意味がある。この意味を尊重すれば、岸本とは水ぎわの中心地のこととなる。そうなると、河川の流域には岸本をはじめ、〝岸〜〟といった地名が残っていてもよさそうなものなのに、それがない。

②の「がけ」はどうか。伯耆橋から眺めた岸本の地に、崖は見当たらない。だが、そこには、「ガケ」の小字がいくつかある。

ガケノ下《シ》タノ下《シ》モ、ガケノ下《シ》タノ上《カミ》、ガケノ上東《ウエヒガシ》、ガケノ上《ウエ》これらの小字名を表記する際、どうしてガケを岸と記さなかったのか。素朴な疑問である。素朴であるだけに、その答えも単純である。

岸本の岸は、ガケの意味ではない。一方、小字名では実際に崖が存在していたから、あえて「ガケ」と表記していたのである。これが、その答えである。すなわち、岸本の岸は「水ぎわ」でも、「がけ」の意味でもなかったのである。岸字には、深い意味が隠されている。

岸字の地名起源を究明する上で、木之本以上に参考になる地名が、和歌山県の貴志川《きしがわ》である。河川名の多くが、蛇に由来している。高野山を源とする貴志川も、その例に漏れない川である。貴志はキとシに分けて考えれば、その原義が見えてくる。キは虺、シは巳で、いずれも蛇を表している。

子《し》　丑《ちゅう》　寅《いん》　卯《ぼう》　辰《しん》　巳《し》　午《ご》　未《び》　…　亥《がい》
ね　うし　とら　う　たつ　み　うま　ひつじ　い

十二支中、巳は訓ではミだが、音ではシである。〝虺巳川〟が、貴志川の本来の姿である。キには虺という明確な意味がある。シはどうか。蛇であることを証明できる痕跡が、実際にあるのかどうか。ところが、シも巳（＝蛇）であることを示す地名が、全国に残っていた。

①石山《いしやま》（標高五〇四m、青森県下北半島中央部の山）。②石岳《いしだけ》（標高二四二m、沖縄本島、辺野古の西北の山）。この二つの山は、とぐろを巻いた蛇の姿に似ていることによる山岳名と思われる。③石川　…　北陸の県名、福島県の南部山間部の郡・町名。④石坂。⑤石田。

これらの地名とその地形から、イシとは、大きい蛇の意の〝偉巳〟ではないか。そのように考えられる。愛媛県の石槌山はどうか。これも威容を誇る蛇の山の〝偉し蛇《つち》山〟、あるいは〝偉巳《いし》・蛇《つち》山〟ではないか。以上の例から、シは蛇の巳である確率は極めて高いのだから、キシモトのシが蛇であることを妨げる条件は、ほとんどないことになる。

岸本町岸本の北に吉長《よしなが》、南に吉定《よしさだ》の地名が現存する。だが、この二つの地名を「吉野」の根拠とすることはできない。これらの地名は比較的新しく、「天保郷帳」（一八三四年成立）から確認できる地名、つまり、江戸期に生まれた地名である。これに反し、岸本は古い。一七〇一年の「元禄郷帳」には、すでに「岸本村」と記載されている。

いつ生まれた地名なのか。その時代を特定することは不可能に近いが、古代にさかのぼる地名ということも十分に考えられる。岸本という市町村名は、全国でもここだけである。その岸本町も、時の流れにはあらがえなかった。二〇〇五（平成一七）年一月、隣の溝口町と合併して、この町名も消滅した。

鳥取県倉吉市の南西隅・上神《かずわ》の地に、岸《きし》ノ下《した》の小字名が残っている。小山塊の麓に位置するこの地には、川も崖もない。岸《きし》ノ下《した》もレッキとした〝岸下〟（虺巳下）である。

〝虺《き》〟・〝虺巳《きし》〟とは、無数の蛇が這っているように見える、複雑な起伏のある丘陵地ということになりそうである。したがって、〝虺〟状の、あるいは〝虺巳〟状の丘陵地の麓に位置する地が「木之本」であり、「岸本」ということになる。

「吉野」を読み解く

こうして、木之本・岸本の地名起源が判明してくると、ここから、その類縁地名も見えてきた。最も近いと思われる類縁地名が、貴船山《きぶねやま》（標高六九九・八m）の麓にある木野《きの》（京都市左京区）である。次いで、本州最南端の串本（和歌山県）である。

串本の類縁地名として、串原（岐阜県）、串間（宮崎県）、串木野（鹿児島県）などを挙げることができる。

クシは蛇の古語である。橋本（和歌山県、米子市など）も、木之本・岸本の類縁地名である。ハシもまた蛇の古語である。

　では、「吉野」はどう読むべきか。当然、これが新たな問題となってくる。吉備《きび》（和歌山県の町名、岡山県の郡名）、吉舎《きさ》（広島・三次《みよし》市の町名）の例はあっても、吉をキと読む地名は、どちらかと言えば例外に属す。他方、吉井《よしい》・吉川《よしかわ》・吉田《よしだ》は、全国に広く分布する地名である。吉見《よしみ》（埼玉県の町名）、吉城《よしき》（岐阜県の郡名）といった地名もある。これらの地名で分かるように、吉で表記された地名の多くは、「ヨシ〜」である。

　ヨも蛇を表していたことは、「国生み神話」で解明したところである。シも巳で蛇のことだった。つまり、「ヨシ」も〝蛇《よ》・巳《し》〟ということになり、吉野川は〝蛇《よ》・巳《し》の川〟のこととなる。地名上、このような傾向があっても、『記紀』の記す「吉野」は、「ヨシノ」ではない。

　ここで、「大和朝廷」の文人たち、すなわち記紀編纂者の、「吉野」に対する知識の程度が分かってきた。ここで明言できることは、記紀編纂者が「吉野」を〝キノ〟と読んではいなかったことである。「吉野」を、〝キノ〟と読んでいたのであれば、紀ノ川に〝キノカワ〟をつなぐような愚かなことは、しないはずだ。

　記紀編纂者は、「吉野」を「ヨシノ」と読んでいたようだ。ヨもシもともに蛇のことである。しかし、記紀編纂者は、「ヨシ」の意味を理解していなかった。そのために、一筋の本流でありながら、蛇の川（紀ノ川）に蛇の川（吉野川）を接続するという矛盾したことを犯していたのである。

　どっちに転んでも蛇の川なのだから、途中で、本流の河川名を変える必要など、まったくなくなる。源から河口まで、一貫して同じ河川名として流れている徳島県の吉野川が、その好例である。

　キチ・キツの音のある吉の示す音は、やはりキであり、野がノであれば、「吉野」は〝キノ〟となり、野がシ（シャ）を表していれば、〝キシ〟（虺巳）となる。その地は、旧岸本町岸本ということになる。吉野が岸本であれば、吉野川はおのずと決まってくる。その川は、日野川である。大きく蛇行して流れる日野川こそ、″キのカハ″（迆の川）、″キシのカハ″（迆巳の川）にふさわしいことになる。

吉野宮と二つの地名

「吉野宮」に関わって、「雄略紀」には、次の二つの地名が記載されている。これら二つの地名は、いずれも「吉野宮」とは近い。そのように見なすことのできる記事となっている。

1（二年）冬十月（三日）、吉野宮に幸《いでま》す。（六日）御馬瀬に幸す。虞人《やまのつかさ》（山沢を管理する役人）に命じて縦《ほしいまま》に猟《かり》す。重《かさな》れる巘《みね》に凌《のぼ》り、長《ひろ》き莽《はら》に赴《ゆ》く。

2（四年）秋八月（十八日）、吉野宮に行幸す。（二十日）河上の小野に幸す。虞人に命じて、獣駈《か》らしめたまふ。

雄略は狩猟が目的で、「吉野宮」に赴いていた。「御馬瀬」も「河上の小野」も、最適の狩り場であったようだ。違いは、「御馬瀬」が「長《ひろ》き莽《はら》」であり、そこへ行くには、いくつもの峰を越えなければならなかったことである。これに反し、「河上の小野」には、そのような詳しい記述はない。拠点は、いずれも「吉野宮」である。それなのに、どうして、このような記述の違いが生じているのか。不可解である。

不可解な点は、まだ残っている。それは「河上の小野」だ。この「河上」については、肝心の河川名が記されていない。あくまでも、吉野川を自明のこととした記述となっている。書紀編纂者の思惑は、ただ一つ、後世の錯誤を狙っている。しかし、その思惑は、「吉野宮」「吉野川」に関しても、修復しようのないほころびが生じている。

そうなると、疑惑は、「御馬瀬」にも及んでくる。岩波大系本では、「御馬瀬」に「ミマセ」の仮名《ルビ》が振ってある。「ミマセ」を、吉野郡大淀町増口《ましぐち》に比定する説もある。それであっても、「ミマセ」が正しいとは言えないのである。「御馬瀬」と「河上の小野」については、後で明らかにしたい。明らかになった段階で、記紀編纂者の手口の悪質性が、なお鮮明となるはずである。

幻の「み吉野の意牟漏が嶽」

地名は、誤訳によって生まれることもある。「雄略記」のこの説話も、その典型である。

日を改めて、新妻とともに想い出の地・吉野川のほとりに出掛けた雄略は、そこに「御呉《みあぐ》床《ら》」（今日でいう床几《しょうぎ》か）を立てて、楽しいひとときを過ごしている。「御呉床《みあぐら》に坐《ま》して、御琴を弾きて、その嬢女《おとめ》に儛《ま》ひせしめたまひき」（「雄略記」）。これが、その一場面の記述である。

この記事から、雄略の身元を、垣間見ることができるようである。雄略もまた仲哀と同じように、琴を弾くことのできる天皇なのである。「琴」は、大刀・弓・矢とともに、〝四種の宝器〟にとって不可欠の一品であった。

雄略はここからさらに「安岐豆野」に出て、今度は狩りを楽しんでいる。その時、雄略が「御呉床《みあぐら》」に座っていると、蚊が天皇の腕を刺すや、トンボが近寄ってくると、その蚊を食って、飛び去っていった。そこで、雄略は、トンボを褒めた一首を詠んでいる。

美延斯怒能　袁牟漏賀多気爾　志斯布須登　多礼曽　意富麻幣爾麻袁須　夜須美斯志　和賀淤富岐美能
斯志麻都登　阿具良爾伊麻志　斯漏多閇能　蘇弖岐蘇那布　多古牟良爾　阿牟加岐都岐　曽能阿牟袁
阿岐豆波夜具比　加久能碁登　那爾淤波牟登　蘇良美都　夜麻登能久爾袁　阿岐豆志麻登布

［岩波大系本］み吉野《えしの》の　袁牟漏《をむろ》が獄《たけ》に　猪鹿《しし》伏すと　誰《たれ》ぞ　大前《おほまへ》に奏《まを》す　やすみしし　我《わ》が大君《おほきみ》の　猪《し》
鹿《し》待つと　呉床《あぐら》に坐《いま》し　白梼《しろたへ》の　衣手《そて》著具《きそな》ふ　手腓《たこむら》に　蝈《あむ》かきつき　その蝈《あむ》を　蜻蛉《あきづ》早咋《はやぐ》ひ　かくの如《ごと》
名に負はむと　そらみつ　倭《やまと》の国を　蜻蛉島《あきづしま》とふ

ひどい解釈である。ほとんど間違っている。大和の枕詞と見なされている「そらみつ」といった言葉は、初めから存在しない。それにこの歌には、鳥取県の方言が混入しているから、なお解くことは難しい。

［わたしの解釈］（第一句）鳩さはしを　群れし　鳴きし居《い》し　伏す野　蔓《かずら》がいと生《は》へしを　押し　休みしを　蚊が飛びき

（第二句）憂《う》ししを　後すや来《く》るに　かはししも　音し寄って来《き》　敏《さと》し飛ぶも　刺しき

（第三句）もがきつつ　阻止しむを　蜻蛉《あきつ》はや飛びぞ来　しごす　蚊の追はむと　空飛び　寄るを疾《と》し来《き》しを　蜻蛉標《あきつしめ》とし

［大意］（第一句）無数のハトが飛んで来て、そこに伏し、つばさを休ませる野。そこでわたしも、群生しているつる草を押し倒し、その上に横になって休んだ。すると、蚊が飛んで寄ってきた。

（第二句）蚊は、あの忌まわしい羽音を立てながら、寄って来る。体をかわしても、蚊はすぐに飛んで来て、わたしを刺した。

（第三句）そのために、もがきながら、阻止していると、それに気づいたトンボは、蚊が寄ってくると、飛んで来て、蚊を退治してくれた。こうして蚊を追っ払うと、空を飛び、蚊がまた近寄ってくると、トンボは素早く飛んで来る。そうして、わたしのいるところを「標《しめ》」（宮中）として、蚊を締め出した。

［解釈の根拠］（第一句）○美延斯怒能袁—鳩さはしを。美はハ（名のり・はし、はる）、延はト（トヲシ）である。斯はサ（サク）、怒はハ（ハフル）、能はシ、袁はヲ（ヲン）である。○牟漏賀—群れし。牟はム、漏はレ（ル、ロウの活用による）、賀はシ（名のり・しげ）である。○多気爾志斯—鳴きし居し。多気爾は鳴きし。多はナ（名のり・な）、気はキ、爾はシ（ジ、シカリ）である。志斯は居し。志はイ（イタハル）、斯はシである。○布須登—伏す野。布はフ、須はス、登はノ（ノホル）である。

○多礼曽意富麻幣爾麻―蔓がいと生へしを。多はカズ（名のり・かず）、礼はラ（ライ）で、多礼はカズラ、つる草のことである。曽はガ（カッテ）、格助詞である。意はイ、富はト（トム）、麻はハ（バ）、幣はヘ（ヘイ）、爾はシ、麻はヲである。○袁須―押し。袁はオ（オン）、この須はシ（シュ）となっている。○夜須美斯志―休みしを。夜はヤ、須はス、美はミ、斯はシ、志はヲ（オモフ）である。○和賀淤富岐―蚊が飛びき。和はカ、蚊を表している。賀はガで、格助詞である。淤はト（トトコホル）、富はビ（名のり・ひさ）、岐はキである。

（第二句）○美能斯志―憂《う》ししを。美はウ（ウルハシ）、能はシ、斯もシ、志はヲ（オモフ）である。○麻都登阿具良爾―後すや来《く》るに。麻都登阿は後すや。麻はア（アサ）、都はト、登はス（ススム）、阿はヤ（ヤノムネ）である。具良爾は来《く》るに。具はク、良はル（ロウ、リョウの活用による）、爾はニである。○伊麻志斯漏―かはししも。伊はカ（カノ、カレ）、麻はハ（バ）、志はシ、斯もシ、漏はモ（モル）である。

○多閇能蘇弖岐―音し寄って来《き》。多閇能は音し。多はオ、閉の異字体である閇はト（トッ）、能はシである。蘇はヨ（ヨミカヘル）、弖はテ、岐はキである。蘇と弖の間には、促音・っを補って読むようである。○蘇那布多古牟良爾阿―敏《さと》し飛ぶも。蘇那布は敏《さと》し。蘇はサ（サトル、サム）、那はト（名のり・とも）、布はシ（名のり・しき、しく）である。多古牟は飛ぶも。多はト（名のり・とみ）、古はブ（名のり・ふる）、牟はモ（モウ、モトム）である。○良爾阿―刺しき。良はサ（名のり・さね）、爾はシ（ジ、シカリ）、阿はキ（キシ、キタ）である。

（第三句）○牟加岐都岐―もがきつつ。牟はモ、加はガ（カ）、岐はキ、都はツ、岐もツ（ツメ）である。○曽能阿牟袁―阻止しむを。曽能は阻止。阿はシ（シタカフ）、牟はム、袁はヲ（ヲン）である。○阿岐豆―蜻蛉《あきつ》。阿岐豆はトンボの古語で、通説のとおりである。○波夜具比加久―はや飛びぞ来。波夜ははや、波はハ、夜はヤを表していた。素早くの意である。具はト（名のり・とも）、比はビ、加はゾ（ソノモノ）、久はキ

（キュウ）である。○能碁登―しごす。能はシ、碁はゴ、登はス（ススム）である。「しごす」とは始末する、退治する意である。

○那爾於波牟登―蚊の追はむと。この那もカ（カク）で、蚊を表している。爾はノ（ノミ）、於はオ、波はハ、この牟はム、登はトである。○蘇良美都―空飛び。蘇良は空。蘇はソ、良はラ（ロウ、リョウの活用による）である。美はト（名のり・とみ）、都はビ（名のり・ひろ）である。

○夜麻登能久爾袁―寄るを疾《と》し来《き》しを。夜はヨル、麻はヲである。登はト、能はシ、久はキ（キュウ）、爾はシ（ジ）、袁はヲ（オン）である。蚊が近寄ってくると、素早く飛んで来ての意である。○阿岐豆志麻登布―蜻蛉《あきつ》標《しめ》とし。阿岐豆は蜻蛉。志はシ、麻はメで、志麻は「標《しめ》」である。登はトで格助詞、布はシ（名のり・しき）、動詞・すの連用形である。

「能碁登」は、「しごす」を表している。聞き慣れない、したがって、理解不能な用語である。これはかつての〝都ことば〟、今日の鳥取県の方言である。この言語については、第1巻（第十一章）で触れている。『出雲国風土記』には、「伊弉奈枳乃麻奈古坐熊野加武呂」（怒《いか》し猪《しし》をしごす熊野の神蛇《かむなが》）という、実に長いスサノオの「亦の名」が記されていた。この時、「しごす」について、あえて深入りをしなかった。ここで、再度触れることになるためである。

『出雲国風土記』は、いわば〝山陰中心の地理志〟である。そこに「方言」が混じっていても、とくに驚くには当たらない、これに対し、『古事記』はどうか。『記』は、「大和朝廷」の手になる歴史書である。それなのに、この「方言」が混入しているのである。畿内に、こんな言語はない。この言語にも、『古事記』の隠された秘密の断面が現れている。このような見方は、わたしの解釈が過っているためか。

この歌で最も難解な語が、最後の句の中にある「志麻」であった。どのように読めばよいのか。まず、それが分からなかった。思考を重ねながら、ようやく、標縄《しめなわ》（注連縄とも表記）に辿り着いて、この難解な語も解き終えることができた。

標縄《しめなわ》とは、聖域と不浄の地との境を明示する縄のことである。その「標《しめ》」とは、「占め」の意で、「土地の領有を示し、立ち入りを禁ずるために張りめぐらす縄などの標識」（北原編『全訳古語例解辞典』第二版）のことである。この標によって、限定された領域が「標《しめ》の内」である。これは、「神・天皇などの領有地として、一般の立ち入りを禁じた地域。転じて宮中」（前掲書）を指す言語なのである。

これは「蜻蛉《あきつ》」が、雄略を希代《きたい》の天皇とあがめ、その身を守ったという歌謡であり、その主眼は、〝トンボにも慕われている天皇〟の強調にあるようだ。「天之真名井《あまのしめい》」解明のきっかけが、この「志麻」であったことを、ここで付言しておきたい。

わたしの解釈で明らかになったように、「そらみつ倭の国」はなかった。「み吉野の意牟漏が獄」も存在しなかった。いずれも誤訳の産物である。むろん、「み吉野《えしの》」もである。「ヨシノ」を「エシノ」と呼び変えることなど、まず考えられないことである。

『紀』ではどうか

「雄略紀」にも、同じ趣旨の説話が残っている。そこには、やはり歌謡も記載されている。「河上の小野」で作られたというこの歌謡は、「雄略記」の歌謡よりも、遥かに厄介で、しかも難解である。

野麼等能　嗚武羅能陀該儞　之之符須登　挖例柯　挙能居登　飫裹磨陛儞麻嗚須　飫裹枳瀰簸　賊拠嗚
枳舸斯題　柁磨磨枳能　阿娯羅儞陀陀伺　施都魔枳能　阿娯羅儞陀陀伺　斯斯磨都登　倭我伊麻西麼
佐謂麻都登　倭我陀陀西麼　陀倶符羅爾　阿武柯枳都枳　曽能阿武嗚　婀枳豆波野倶譬　波賦武志謀
飫裹枳瀰儞麼都羅符　儺我柯陀播　於柯武　婀岐豆斯麻野麻登（一本：婀岐豆斯麻登以符）

[岩波大系本]　倭《やまと》の　峰群《をむら》の嶽《たけ》に　猪鹿伏《ししふ》すと　誰《たれ》か　この事《こと》　大前《おほまへ》に奏《まを》す　大君《おほきみ》は　そこを聞《き》かして　玉纏《たままき》の　胡床《あごら》に立たし　倭文纏《しつまき》の　胡床《あごら》に立たし　猪鹿《しし》待と　我《わ》がいませば　さ猪《ゐ》待つと　我《わ》が立《た》たせば　手腓《たくふら》に　虻《あむ》かきつき　その虻《あむ》を　蜻蛉《あきづ》はや囓《く》ひ　昆《は》ふ蟲《むし》も　大君《おほきみ》にまつらふ　汝《な》が形《かた》は　置《お》かむ　蜻蛉《あきづ》嶋《しま》倭《やまと》　（一本《あるふみ》…　蜻蛉嶋《あきづしま》といふ）

この歌は長歌である上に、難解でもあるので、四句に分けて説明したい。

[わたしの解釈]（第一句）疾《と》く飛び　なじりし蚊が来《き》　媚びししすがり　脅しき　なお後《あと》ししば　居《い》しを　飽《あ》かづばや来《き》

（第二句）居《い》し馳《は》しば　退《ひ》くと来《き》しを　寄るに　賢《さか》ししつ求《ま》ぎしを　寄るに　賢《さか》ししがみ　刺すを　忌《い》まはし　また顔刺すを

（第三句）蚊賢《さか》しを　敏《さと》しつし来《き》しを　気づき　添ひしと居《い》蜻蛉《あきつ》　蚊の飛び　噛《か》むとしば　追ふ

（第四句）来《き》つに離れじ　鳴きつ蚊馳しつし　蜻蛉標《あきづしめ》しばす（一本の読み下しは、後述）

[大意]（第一句）俊敏に飛びまわり、しつこくなじりながら、蚊が寄って来た。媚びを売っては、すがり、脅したりもする。ふたたび退き下がったと思うと、まだいる。飽きることもなく、寄って来る。

（第二句）そばにいると、飛び回り、退いては、また寄って来る。そうして、ずる賢《がしこ》く求めては、ずる賢《がしこ》くしがみ付き、刺す。本当に憎らしい。またも、顔を刺した。

（第三句）蚊はずる賢い。また素早く寄って来た。それに気づいて、かたわらに寄り添ってくれたトンボは、蚊が飛んで来て、わたしを噛もうとすると、必ず蚊を追っ払ってくれた。

（第四句）トンボがわたしのそばを離れないために、しつこいほど鳴いていた蚊は、逃げて行った。蜻蛉《あきづ》がわたしのいるところを、立ち入り禁止の「標《しめ》」としてくれたのである。

［解釈の根拠］（第一句）〇野麼等能―疾《と》く飛び。難しい発句である。野はト（名のり・とお）、麼はク（クタク）、等はト（トウ）、能はビ（名のり・ひさ）となっている。〇嗚武羅能陀該儞―なじりし蚊が来《き》。嗚武羅能はなじりし。嗚はナ（ナク）、武はジ（シノク）、羅はリ（ラの活用による）、能はシである。陀はカ（ガケ、カタクヅレ）で、蚊を表している。白川静『字通』は、陀はガケ（崖）と明示し、その古訓にも、「カタクヅレ」を挙げている。陀をタ、ダだけで、この歌を解釈しようとすれば、ここで行き詰まってしまうことは必至である。該はガ（カイ）で、格助詞である。儞はキ（キミ）、動詞・来《き》である。〇之之符須登拕例―媚びしすがり。之はコ（コノ）、次の之はビ（ヒサシ）、符はシ（シルシ）、須もシ（シュ）である。登拕例はすがり。登はス（ススム）、拕はガ（カカマル）、例はリ（レイの活用による）である。〇柯挙能居―脅しき。柯はオ（ヲノノエ）、挙はド（トルカ）、能はシ、居はキ（キョ）、である。

〇登飫裏磨陛儞麻―なお後ししば。登はナ（ナリ）、飫はオ、裏はア（アツマル）、磨はト（トク）、陛はシ（シナ）、儞もシ（ジ）、麻はバである。〇嗚須飫―居しを。嗚はイ（イナナク）、須はシ（シュ）、飫はヲ（オ）である。〇裏枳瀰簸賊抛―飽《あ》かづばや来《き》。裏はア（アツマル）、枳はカ（カラタチ）、瀰はヅ（ツクス）、簸はバ（ハ）、賊はヤ（ヤフル）である。抛はキ（キョ）、動詞・来《く》の連用形である。

（第二句）〇嗚枳舸斯題―居し馳しば。嗚はイ（イナナク）、枳はシ、舸はハ（ハヤフネ）、斯はシ、題はバ（ハシ）である。〇柁磨磨枳能阿―退《ひ》くと来《き》しを。柁はヒ（ヒコハエ）、磨はク（クタク）、次の磨はト（トク）、枳はキ、能はシ、阿はヲ（オモネル）である。〇娯羅儞―寄るに。娯はヨ（ヨロコフ）、羅はル（ラの活用による）、儞はニである。〇陀陀伺施都魔枳能阿―賢ししつ求ぎしを。陀陀伺施都は賢ししつ。陀はサ（サカシ）、次の陀はカ（カタクツレ）、伺はシ、施もシ、都はツである。魔枳能阿は求ぎしを。魔はマ、枳はギ（キ）、能はシ、阿はヲ（オモネル）を表している。

○娯羅儞―寄るに。前述のとおりである。○陀陀伺斯斯磨―賢ししがみ。陀陀伺も前述のとおりである。斯はシ、次の斯はガ（カク）、磨はミ（ミカク）である。○都登倭―刺すを。都はサ（名のり・さと）、登はス（ススム）、倭はヲ（ヲモネル）を表している。○我伊麻西―忌まはし。我はイ（イタツキ）、伊はマ（名のり・まこと）、麻はハ（バ）、西はシ（名のり・し）である。○麼佐謂麻都登倭―また顔刺すを。麼はマ、佐はタ（タスク）である。謂麻は顔。謂はカ（カタル）、麻はオ（ヲ）を表している。都はサ（名のり・さと）、登はス（ススム）、倭はヲ（オモネル）である。

（第三句）○我陀陀西麼―蚊賢しを。我はカ（ガ）で、蚊を示している陀陀西麼は賢しを。陀はサ（サカシ）、次の陀はカ（カタクツレ）、西はシ（名のり・し）、麼はヲとなっている。○陀倶符羅爾阿武柯―敏しつし来《き》しを。陀はサ、倶はト（トモ）、符はシ（シルシ）、羅はツ（ツラナル）、爾はシ（ジ、シカリ）を表している。阿武柯は来《き》しを。阿はキ（キタ）、武はシ（シノク）、柯はヲ（ヲノノエ）である。

○枳都枳―気づき。枳はキ、都はヅ（ツ）、枳はキである。○曽能阿武鳴婀枳豆―添ひしと居蜻蛉。曽はソ、能はヒ（名のり・ひさ）、阿はシ（シタカフ）、武はト（トラ）、鳴はイ（イナナク）で、そばにいる意である。婀枳豆は蜻蛉。婀はア、枳はキ、豆はツ（ヅ）である。○波野倶譬―蚊の飛び。波はカ（カタフク）で蚊を、野はノで格助詞を、それぞれ表していた。倶譬は飛び。倶はト（トモ）、譬はビを表している。○波賦武志謀―噛むとしば。波はカ（カタフク）、賦はム（ムクユ）、武はト（トラ）、志はシ、謀はバ（ハカル）である。○飫裹―追ふ。飫はオ、裹はフ（ブ）である。

（第四句）○枳瀰儞麼都羅符―来《き》つに離れじ。枳はキ、瀰はツ（ツクス）、儞はニである。麼都羅符は離れじ。麼はハ（バ）、都はナ（ナカク）、羅はレ（ラの活用による）、符はジ（シルシ）である。○儺我柯陀播於柯武―鳴きつ蚊馳しつし。儺我柯は鳴きつ。儺はナ、我は今では消滅した音・キ、柯はツ（ツカ）である。陀はカ、蚊を表している。播於柯武は馳しつし。播はハ、於はシ（シテ）、柯はツ（ツカ）、武はシ（シノク）である。◯婀岐豆斯麻野麻登―蜻蛉標《あきづしめ》しばす。婀岐豆は前述のとおり、蜻蛉。斯麻は標《しめ》。斯はシ、麻はメである。野はシ（シャ）、この麻はバ、登はス（ススム）である。

　これが、わたしの解釈の根拠である。蚊のしつこさが、巧みに歌われている。本質的には、『記』の歌と同じである。とは言え、『記』に比べ、『紀』の歌謡は難解である。その難解のゆえに、誤訳もあるかと思われる。真実の前には、人は謙虚であるべきだと、絶えず心掛けているから、これで完璧だと強弁するつもりはない。

　ところで、これに類似する歌謡が、「一本」にも収録されている。それは語句の一部の違いなので、省略した。ただし、わたしの解釈の正しいことを証明するために、この歌の最後に引用されている章句のみ、紹介する。

　それは右に示した「婀岐豆斯麻野麻登」の句が、「一本」では、「婀岐豆斯麻登以符」となっている。わずかの違いである。この句はどのように読み下すべきか。登はト、以はナ（ナラシ）、符はシ（シルシ）を表しているから、「一本」の句は、「蜻蛉標《あきづしめ》となし」となる。

　またしても、通説とは大きく異なってしまった。特に、通説と異なる解釈を意識したり、こだわったりしたためではない。わたしの会得した解読方法・〝当該漢字第一音採用法〟を、ここでも適用しただけである。その結果が、これである。

　『記』と『紀』とでは、その背景は異なってはいても、しつこい蚊を、トンボが追い払って「標」とした歌である点で、主題も趣旨も共通している。それなのに、通説の解釈との間には、根本的な相違が生まれてしまった。その原因は、どこにあるのか。

致命傷となった一刺し

わたしの方法で記紀歌謡を解いた結果、出現した虫の特性は、「しつこさ」にあった。この「しつこさ」を身上とする虫は、蚊をおいていない。それなのに『記紀』は違った。ここでまず、歌謡に関連して記された『記』と『紀』の説明文（地の文）を、それぞれ掲げることにする。この地の文を見比べれば、誰にも解消のしようのない不審感が生まれてくることは、必至である。

ここに蜹《あむ》御腕《みただむき》を咋《く》ふ。（原文）爾蜹咋二御腕一。〈雄略記〉

虻《あむ》、疾《と》く飛び来て。（原文）虻疾飛来。〈雄略紀〉

これが通説となっている読み下しである。

通説の『記』の「蜹」が蚊なのか、あるいは虻《あぶ》なのか。その決着はすでについている。「虻」は「アム」とは読めるが、「カ」とは読めない。『紀』では、明らかに「虻」である。つまり「アム」「アブ」である。なぜ、これほどしつこい虫が虻なのか。こうなると、不可解の一語に尽きる。この原因は、右に示した歌謡の誤訳にあった。

夏になると、意祁《いけ》・袁祁《おけ》兄弟も渡った天神川で、しばしば泳いでいた少年時代、時々アブが襲ってきた。二度ほど刺されたことがあるが、蚊と違って、刺されると顔をしかめざるをえないほど痛い。しかしアブは、蚊ほどにはしつこくない。追っ払うと、ふたたび襲ってくることはまれである。そんな体験が、ここで生きてくるとは思ってもみなかった。

ハエの一種であるアブは、その大きさにおいて、赤トンボとほとんど変わらない。それにその動きは、トンボ以上に俊敏である。トンボが簡単に捕えることのできる相手ではない。それが蚊だとどうか。蚊であれば、赤トンボやシオカラトンボでも、捕えることができる。

「𧊒」は見慣れない漢字である。わたしが常用している藤堂編『学研漢和大字典』にも、この漢字はない。それほど現代人の日常生活とは無縁の文字である。そこで諸橋『大漢和辞典』で調べてみた。「𧊒」の音は「タフ」である。これには二つの意味があった。一つは、「身に斑點のある小さい蟲」のことなのだが、これが、どのような虫なのかは判別できない。ところが、もう一つの解説に、「か」とあった。これで、この虫の正体が判明した。そこには、「𧊒、蚊蟲也」（𧊒、蚊蟲《かちゅう》なり）という一文が、『集韻』より引用されていた。

蚊とアブの相違。説明文と歌謡の不一致。このように、ここには信じられない矛盾が生じている。この説明文と歌謡とは同一の作者、あるいは同一の編纂者によって著されている。だから、これは、絶対と言っていいほど起こりえない矛盾である。それなのに、説明文の作者（記紀編纂者）は、歌謡の意味を取り違えていたことになる。

記紀編纂者は、〝記紀原典〟に記されていた「蚊」を、正しく読むことができなかった。ここで、それを自ら白状しているのである。「阿牟」（記）・「阿武」（紀）は、この歌謡の一章句中の音を表す一用字でしかない。それを熟語と考えて、「アム」「アブ」と読んでいたのである。お粗末の極みである。

蚊がアブに化ける。『記紀』の世界では、信じられないことが起こっていた。「アム」「アブ」は誤訳によって、『記紀』に無理やり登場させられていたのである。ことに『紀』では、この誤訳によって、説明文が「𧊒」（蚊）から「虻」へ改変されていたことは、明らかである。蚊とアブの混同は、致命的だった。「大和朝廷」はここでも、〝誤読〟という大失態を演じていたのである。ここに至って、『記紀』のいかがわしさは、さらに際立ってきたようである。

「阿岐豆野」の地を突き止める

「吉野宮」に関連して、「雄略紀」には「御馬瀬」と、「河上の小野」の二つの地名が記載されていることは、前に述べた。いずれも、「吉野宮」から近いところにある。雄略が狩りをして、この歌を作った「阿岐豆野」は、「河上の小野」である。その地を、これから突き止めることにする。

「吉野宮」のあった岸本から、最も近い狩り場、それも鳥獣の多くいると思われる狩り場は、どこか。それを突き止める手掛かりが、「御馬瀬」と「河上の小野」である。実は、この探索は難しいことではない。

現地に立てば、この狩り場は即座に分かる。〝吉野宮＝岸本〟の等式が確立した時点で、解けていた。「御馬瀬」も「河上の小野」も、広大な大山丘陵の中に存在する。

(1)御馬瀬

①旧岸本町番原《ばんばら》　：　御馬瀬は通説のミマセではなくて、オバセ（オハセ）、もしくはオオバセ（オオハセ）か。オ・オオは地名接頭語、セは地名接尾語だから、中心地名はバ（ハ）である。

②旧岸本町大原　：　大原の小字に大畑《おおばたけ》が残っている。オオバタケはオバタ・オオバタと読むこともできる。御馬瀬がオバセ・オオバセであれば、違いは地名接尾語だけである。大畑が御馬瀬である可能性は大きい。

(2)河上の小野　：　大原―オオハラ（オハラ）とオノ（オオノ）の違いは、やはり地名接尾語だけである。番原・大原はともに別所川《べっしょがわ》の流域にあり、大原は、番原の一kmほど「河上」に位置している。

一応、このように比定してみた。けれども、なお、「御馬瀬」＝大原の小字大畑、「河上の小野」＝大原という等式も成立する。そうなると、「御馬瀬」も「河上の小野」も、同一地を指していることとなる。妥当な比定は、むしろこちらか。

日野川東部の大原は、その地名のとおり、中央部は大原千町《おおはらせんちょう》と呼ばれる米作地帯が広がり、火山砕屑物《さいせつぶつ》からなる「洪積台地の緩やかな傾斜地」（『鳥取県の地名』平凡社）である。

近現代に開拓されて、広大な米作地帯へと変貌しているこの地も、古代にあっては、その様相は著しく異なっていたであろう。そんな広々とした原野であれば、野生動物も豊富に棲息していたと思われる。大原の地こそ、鳥取県西部における最高の狩猟場にふさわしい。

事実を正確に伝える。これが、史書の果たすべき役割である。ところが、記紀編纂者は違った。できるだけ、事実を伝えないようにし、妨害する。これが記紀編纂者の方針である。その本音が、この説話では、「河上の小野」に露骨に現れていた。この「河」とは「吉野川」（日野川）ではなくて、別所川である。それを隠すために、あえてその河川名を伏せている。そればかりか。誤訳によって、ありもしない地名まで生み出していた。『記』の「意牟漏《をむろ》が嶽《たけ》」も、『紀』の「峰群《をむら》の嶽」も、実在しなかったことだけは事実である。

これで、「阿岐豆野」の地も明らかになった。この地名誕生の由来となった「蜻蛉《あきつ》」は、雄略には幸せではなく、不幸をもたらしたようである。しかも、蚊をアブと間違えるという、取り繕うことのできないボロを出してしまった記紀編纂者の解釈ぶりに、この「蜻蛉《とんぼ》」も、ひょっとして、舌を出して笑っているのではないだろうか。

言うまでもなく、それは、前代未聞のお粗末な失態に対する侮蔑の笑いには違いない。しかし、それだけではないようだ。無理やり、アブを追っかけさせられたことによる苦笑いも、多少含んでいたのではないか。この歌謡は、そんなことを思わせる。

夕方、自宅に近い宇治川の河川敷で軽走運動《ジョギング》をしていると、赤トンボが、群れて飛んでいる場面に出会うことがある。眼を凝らすと、その中を、ブヨ（ブト）のような、無数の小さい虫が飛び交っている。赤トンボは、その虫を捕食するために、群れて飛んでいたのである。この歌謡の解読をきっかけに、自然の中に発見した世界が、この光景だった。

3　「長谷」と「泊瀬」

「泊瀬の小野」から眺めた光景

雄略天皇が「泊瀬の小野に遊びたまふ」時に、詠んだ歌がある。それは「山野《やまの》の体勢《かたち》を観《み》て、慨然《がいぜん》とし感《おもひ》を興し」たからだと、『紀』は伝えている。「慨然《がいぜん》とし感《おもひ》を興し」とは、心から感激したといった意である。それがこの歌である。

挙暮利矩能　播都制能野麼播　伊底挖智能　与慮斯企野麼　和斯里底能　与慮斯企　夜麼能　拠暮利矩能　播都制能夜麼播　阿野儞于羅虞波斯　阿野儞于羅虞波斯

[岩波大系本] 隠国《こもりく》の　泊瀬《はつせ》の山《やま》は　出《い》で立《た》ちの　よろしき山《やま》　走《わし》り出《で》の　よろしき山《やま》の　隠国《こもりく》の　泊瀬《はつせ》の山《やま》は　あやにうら麗《ぐは》し　あやにうら麗《ぐは》し

この歌を通説のように、数珠つなぎに並べてしまうと、分かりづらいが、以下のように区切れば、理解しやすいようである。

挙暮利矩能　播都制能野麼播
伊底挖智能　与慮斯企野麼
和斯里底能　与慮斯企夜麼能
拠暮利矩能　播都制能夜麼播
阿野儞于羅虞波斯
阿野儞于羅虞波斯

こうして見ると、「挙暮利矩能」と「拠暮利矩能」とは、表記が似ている上に、どちらも「コモリク」と読むことができる。しかし、「播都制能野（夜）麼播」は別にして、それに続く以下の句はまるで異なっているために、両者は対句となっていることが分かる。そうなると、いずれも「隠国《こもりく》」と違うのではないかとの予感を抱かせる。では、その結末はどうか。

［わたしの解釈］明くるかし　はっと為《せ》し山は　偉《い》し蛇《だ》とし　青し奇《く》しを　光るぞし　奇《く》ししきや増《ま》し
日暮《く》るかし　はっと為《せ》し山は　あやにうら悲《がな》し　あやにうら悲し

［大意］夜が明けてゆく。急に眼前に現れたために、心の底から感動し〝はっとした山〟は、とぐろを巻いた雄大な蛇のようであり、その山容は青く、神秘的な美しさを漂わせている。太陽が昇るにつれて、輝きを増し、さらに青く、神秘性を増してなお美しく見える。

その蛇の姿をした山が、日が落ちて、すっかり暗くなってしまうと、その姿に、無性に悲しさを感じてしまう。その神秘的で美しい姿が見えなくなって、言いようもなく寂しさが募ってくる。

［解釈の根拠］○挙暮利矩能―明くるかし。挙はア（アク）、暮はク（クレ）、利はル（リの活用による）、矩はカ（名のり・かね）、能はシである。○播都制能野麼播―はっと為《せ》し山は。播はハ（ハン）、都は促音・ッとトの二音を表していた。播都はハット、思いがけないことで、いきなり驚く意の副詞を示している。播はハ（ハン）、都は促音・ッとトの二音を表していた。制はセで、動詞・すの連用形、能はシ、助動詞・きの連体形を表している。野はヤ、麼はマ、播はやはりハ、格助詞である。〝はっと為《せ》し山〟の実態は、〝蛇《は》と為《せ》し山〟である。

○伊底挓智能―偉《い》し蛇《だ》とし。伊底挓は大蛇のことである。伊はイで、大きい意の偉を表している。底はシ（シタシ）である。挓はダ（タ）で蛇、智はト（トモ）で格助詞を、能はシで、動詞・すの連用形を表している。○与慮斯企野麼―青し奇しを。永遠の山であることを示している。与慮斯は青し。与はア（アタフ）、慮はオ（オモフ）、斯はシである。企野麼は奇しを。企はク（クハタツ）、野はシ（シャ）、麼はヲである。この野麼は山ではない。

○和斯里底能―光るぞし。和はヒ（名のり・ひとし）、斯はカ（カク）、里はル（リの活用による）、底はゾ（ソコ）、能はシである。○与慮斯企夜麼能―奇《く》ししきや増し。この与慮斯企夜は奇《く》ししきや。与はク（クミス）、慮はシ（シル）、斯もシ、企はキ、夜はヤである。麼能は増し。麼はマ、能はシを表していた。

○拠暮利矩能―日暮るかし。拠はヒ（ヒク）で、日を表している。暮利矩能は前述のとおりである。○播都制能夜麼播―この句も、前述のとおりである。野と夜の違いだけである。○阿野儞于羅虞波斯―あやにうら悲し。阿野儞は通説のとおり、あやに。于羅虞波斯はうら悲し。于はウ、羅はラ、虞はガ（カマビスシ）、波はナ（ナミ）、斯はシを表している。

「挙暮利矩能」と「拠暮利矩能」とは、紛れもなく、対句を形成していた。通説の解釈に疑義を感じた句が、「走り出《わしで》」である。「家から走り出たところ」だと解釈されている。しかし、「走り出《わしで》のよろしき山」というおかしな表現は、やはりなかった。

正しく復元されたこの歌から、新たな問題が始まる。雄略の感激した「播都制能野（夜）麼」（はっと為《せ》し山・蛇《は》と為《せ》し山）を眺めた「泊瀬の小野」とは、どこか。これについて、「泊瀬の山山の展望のよい初瀬川沿いの平地のことで、特定の地名ではなかろう」（岩波大系本）といった見解が、有力のようである。

ところが、ここに一つの不審が生じてくる。「泊瀬の山々」を眺めることのできる地は、「泊瀬の小野」であって、「泊瀬（長谷）の朝倉宮」ではない。これが、『紀』の記述から読み取れる光景である。実際はどうか。初瀬から、「泊瀬の山々」はよく見えるのである。『紀』と現実の光景とは、大きく矛盾する。

この地を奈良県桜井市のこととして、疑う者は誰もいない。三輪山（標高四六七・一m）の東に巻向山《まきむく》（五七六m）が、さらに、その北に初瀬山（五四五・六m）が聳え、西の三輪山を基点に、これらの山々が東へと連なり、一つの山脈を形成している。この山脈の南を流れている川が、初瀬川だ。肝心の朝倉は、私鉄の長谷寺駅と桜井駅のほぼ中間に当たる初瀬川の南岸、それもさして広くもない地に位置している。

奈良県の三輪山も、周りの山々と違って、美しい山である。否定はしない。休日ともなれば、「大神《おおみわ》神社」やその前を南北に走る「山の辺の道」は、観光客でにぎわう。初瀬山麓の長谷寺もボタンの開花する季節には、人の波が押し寄せる。しかし、ここからやや外れた私鉄の長谷寺駅―朝倉駅間に、観光客の姿を見掛けることはない。

この地で眼にする光景は、平凡そのもの。激しく心を揺すぶられる光景など、少しも期待できないところである。それなのに、『紀』では、なぜこのような誇張表現となっているのか。その理由は至って単純である。〝記紀原典〟は、この地を舞台としていないからである。

〝はっと為《せ》し山〟と〝蛇《は》と為《せ》し山〟を表していた「播都制能野（夜）麼」は、〝美蛇山《みはやま》〟（大神山《おおみはやま》・三輪山）を指している。それなのに、大和盆地ではどうか。近くにあるとはいえ、三輪山と初瀬山とは、別個に存在しているのである。この歌は、「泊瀬山」を詠《よ》んではいなかった。ここに至って、矛盾は一気に吹き出してきた。

良心のかけらもない手口

雄略の実在を否定する論者は、現在一人としていない。それどころか、雄略は「大和朝廷」の天皇の一人、それも「倭の五王」の一人、上表文で知られる倭王・武に比定されている。そして、これが揺るぎなき定説となって、今に至っている。古代史学者たちにとって、雄略はその実在の上で、安定した天皇なのである。

だが、雄略についても、すでにここに至るまでに、驚くべき事実が次々に明らかになっている。その驚くべき事実の一つが、雄略の宮都の所在地問題である。その宮都について、その表記が、『記』と『紀』とでは異なっている。どうして、このような違いが生じているのか。雄略は本当に、「大和朝廷」の天皇なのかどうか。

1長谷の朝倉宮に坐《ま》しまして、天の下治《し》らしめしき。〈雄略記〉
2　壇《たかみくら》を泊瀬の朝倉に設《まう》けて、天皇位に即《つ》く。ついに宮を定む。〈雄略紀〉

これが、それぞれの天皇即位記事である。同一地を指しているのに、その表記は「長谷」と「泊瀬」となっていて、まるで違っている。この表記の違いは無視できない。

書紀編者は、「神代」を編集する際、最大一一種もの「一書」から、引用をしていた。一見丁寧・親切を装った「一書」の悪用であり、あえて、混乱を招くための恣意的多用である。後世の研究者をもて遊ぶかのような手口の、えげつない行使である。この手口の行使が、日本古代の真相が、究明できなくなっている根本原因なのである。

記紀編纂者は、「吉野」の本来地が特定されないように、腐心しながら、慎重に関係記事を盗用していた。慎重にとは、〃史実が、すっかり分からなくなるように〃、そして、〃その化けの皮が剝がれないように〃との意である。「一書」群を恣意的に活用したばかりか、活用した「一書」の中に、独自の作文まで挿入したりして、史実隠しに余念のない姿までさらけ出している。これが、「大和朝廷」における文化人の史書編纂の水準であり、実態なのである。

この犯罪的な姿勢は、「吉野」に限ったことだけではなかった。「長谷」と「泊瀬」についても、その姿勢は変わることはなく、『記紀』を蔽《おお》う〃普遍的姿勢〃となっている。ひとえに、尻尾をつかまれないための、悪しき小細工である。

「長谷」を読み解く

開けてビックリ玉手箱とは、このことだった。そこはわたしにとっては、すでに馴染みの地だった。しかし、この解明も簡単ではなかった。この地に到達するまでに、多大の辛酸を舐めさせられた。

「長谷」は、「ハツセ」と読まれている。ところが、諸橋『大漢和辞典』など、いくつかの漢和辞典を調べても、長にハツ、谷にセの音訓を確認することができない。それなのに、「ハツセ」は通説となっているのである。

「長谷」は、「ハツセ」とは読めない。読めなのに、なお強引に読む。なぜ、こんなことになっているのか。その原因は、『紀』の「泊瀬」にあるようだ。これを「ハツセ」と読み、これを「長谷」に適用したものと思われる。ここから混乱が起こっていた。「長谷」を「ハツセ」と読んでいる間は、この地の究明は不可能である。

山城・宇治川・樟葉のように、その本来の地を変えられながらも、『記紀』に残された地名は少なくない。逆に、意図的に消された地名もまた、少なくない。しかし、『記紀』に記録されている地名の中には、その姿を変えて、つまり、もとの地名音が著しく変えられて残っている可能性もある。そこで、「泊瀬」の地の探索を開始した。その探索を行ったところは奈良県ではない。鳥取県西部だ。

「長谷」はナガ・ヤである。長はナガを、谷はヤを表している。ナガは蛇、ヤは地名接尾語か。大にはナガの名のりがあるから、「長谷」は「大谷」とも表記することができる。旧西伯町と境を接するところに、米子市大谷の地がある。「長谷」は、この大谷のことである。

大谷の西が吉谷《よしたに》である。もとは、蛇に由来する〝キタニ〟(虺谷)、あるいは〝キヤ〟(虺野)であったとも考えられる。ここには、トコの小字も残っている。大谷の北が橋本である。ハシも蛇の古語である。この一帯には、蛇に由来する地名が集中している特徴がある。

「長谷」が米子市大谷であれば、『紀』の「泊瀬」も、この地を指していることになる。この地名比定で、新たな問題が生じてきた。「泊瀬」は、「ナガヤ」とは読めない。通説の「ハツセ」も間違っている。

「泊瀬」を読み解く

全国には皆瀬（秋田県）、尾瀬（群馬県）、伊勢（三重県）、布施・能勢（大阪府）、久世（京都府）、田布施（山口県）といった地名がある。表記は異なっても、セにはところ・場所の意味があるから、「〜セ」の地名は少なくない。このために、「ハツセ」と読まれている「泊瀬」についても、それに類する地名と思われてきた。

ところが、「ハツセ」は、はなはだ心もとない地名なのである。「泊」に「ハク」の音はあっても、「ハツ」の音はない。それなのに、「ハツセ」と読んで、「初瀬」の地名まで生み落とされているばかりか、それを追認している現状がある。

ここで、留意しなければならないことがある。現存する地名表記と地名音を根拠に、古代の地名を探すことは、方法として、正しいと言えないということである。これまでから執拗に述べてきたように、ただ、音表記のために当てられただけなのに、その漢字によって、もとの地名が、著しく変わってしまう場合がある。このような傾向のあることを考えれば、「泊瀬」を、そういった地名の例外と考えることは、かえって危険だ。

泊をハ（ハク）、瀬をセと読めば、「泊瀬」は「ハセ」となる。しかし、瀬をシ（シタム）と読めば、「ハシ」となる。実在していた地名は「ハセ」か「ハシ」か、そのいずれかである。

幸いにも、それを判定できるだけの根拠は残っていた。「泊瀬」は、雄略の大王名にも用いられている。この観点から見れば、地名の「ハツセ」は適切ではない。「泊瀬」は〝ハシ〟である。

大谷の北が、橋本である。つまり、「朝倉宮」は、大谷と橋本の中間辺りに建てられていたことになる。『記』の引用した〝原典〟では、表記の視点が大谷（長谷）に置かれていたことになり、『紀』では橋本に置かれていたことになる。これで、わたしの長谷・泊瀬に対する地名比定が、誤っていないことが証明できたはずである。

「泊瀬の小野」はこの地

雄略が詠んだ前述の歌の動機は、「山野《やまの》の体勢《かたち》を観《み》て、慨然《がいぜん》とし感《おもひ》を興し」たことにある。「雄略紀」のこの記事から、「泊瀬の小野」とは、極めて眺望の素晴らしい地、それも意外性のある土地柄ということになりそうである。『紀』によって特筆されている地は、どこか。「泊瀬の小野」は、「河上の小野」のように、漠然としていない。その範囲は限定されている。

米子市大谷・橋本が、「長谷」「泊瀬」の地なのだから、「小野」は、この近辺の地名と見なして、大過なさそうである。「河上の小野」は、狩猟に適した土地柄だった。そんなところが、〃小さい野原〃であるはずがない。

「河上の小野」の小字は、オオ（大）を表していた。つまり、小野は大野のことである。ところが、法勝寺川西岸の地帯は、〃要害山・母塚山連峰〃の山裾が、西から東へ張り出している上に、小山塊と丘陵地が点在している。このような地形のために、米子市大谷・橋本の周りで、〃大きい野〃を探し出すことは、至難の技である。この一帯に、そのような大地はない。

この狭くて窮屈な地形から考えれば、この「小野」は狭い・小さい〃サノ〃と解釈する方が、妥当である。ここで、一つの貴重な体験が生きてきた。一九九九（平成一一）年一一月、旧西伯町境《さかい》を現地調査した。「崇神紀」の「太田田根子」説話の中に、「我は是《これ》倭国《いこく》の域《さかい》の内に所居《を》る神、名を大物主と為《い》ふ」との一説がある。大物主（オオカガ）とは、大国主の別名である。ところが、この説話では、大物主は三諸山《みはやま》（美蛇山＝大山）の化身として語られていた。この記事も、『紀』を読む者をして、理解不能に陥れるために、書紀編纂者が〃記紀原典〃を、大きくねじ曲げた事例の一つである。

この記事を正視すれば、「倭国の域の内」に居を構えていた大物主とは、三諸山の化身ではなくて、大国主のことである。大国主はなんらかの事情で、この地に一時的に滞在していたようだ。宮殿を馬場の地から、ここへ移したということではなさそうである。

現地調査のきっかけは、この記事にある「倭国の域」とは、旧西伯町境ではないかと考え、その地を実地に確認するためである。〝要害山・母塚山連峰〟の麓、旧西伯町東町西町から境に至る地は、自転車で上ることのできないくらい、急な傾斜地となっている。

この一帯は、今日では住宅地として整備されている。その中を貫通する道路を、西から東へ下ってくると、突然……。まさに、「慨然《がいぜん》とし感《おもひ》を興し」た心境となった。〝要害山・母塚山連峰〟に沿った国道一八〇号線からは、まるで見えなかった大山が、その優雅な姿を誇るかのように、眼前に聳えていた。思わず、感動した。わたしが初めて訪れた時は、秋である。雄略は冬二月である。雄略の眼には、さらに美しく、神秘的な三諸山《みはやま》―冠雪の大山が飛び込んできたのである。

古代における大谷・橋本と境の間の、道路整備状況は分からない。雄略が、「泊瀬」から「小野」へやってきた経路も、したがって分からない。しかし、大谷・橋本と、その東南の境との距離は、わずかに一㎞前後でしかない。山塊・丘陵地に囲まれている大谷・橋本の地は、見通しが悪い。それなのに、境に出ると、急に視界が開けるのである。『紀』の表現は、決して大仰ではない。

そこで、境の地名起源が問題となる。これは境界の意ではない。境の地形から、〝小峡《さかひ》〟〝狭峡《さかひ》〟か。峡とは海峡・山峡の語が示しているように、山や丘陵地に挟まれた谷間のことである。

「雄略紀」の先の歌謡の終わりには、「是に、小野を名けて、道小野と曰ふ」との記事もある。「小野」については、「初瀬川沿いの展望のよい平地であろう」（岩波大系本）といった地名比定がある。「道小野」は、「ミチノヲノ」と読み下されている。「小野」はサノであって、ヲノではないが、ミチ（道）まで否定する必要はなさそうである。

小野は「蛇と為《はせ》し山」、すなわち〝美蛇山《みはやま》（大神山《おほみはやま》）＝大山〟を眺めることのできる地である。そのために、特別に「道小野」と呼んだといっているのである。「道小野」とは〝ミチのサノ〟であり、〝見蛇の小野《みちのさの》〟のことである。言うまでもなく、〝美蛇山《みはやま》が見える小さな野〟の意である。

これで、長谷・泊瀬と小野のすべてが解けた。鳥取県西部を走り回ったことは、少しも無駄ではなかった。長谷・泊瀬が解けてもなお、「泊瀬の小野」は解けなかった。一時は、その解明をあきらめていたこともあった。それだけに、この難問が解けた時、改めて、足で稼ぐことの意義を実感した。

4　ここが志幾《しき》だった

「直越道」は近道の意か

雄略は、本当に「大和朝廷」の天皇だったのか。雄略についての疑惑は、まだある。まず、この説話についての行動の概略を、次に示す。

雄略が皇后の若日下部《わかくさかべ》王と、「日下」に滞在していた時のことである。雄略は「日下之直越道」より、河内に行幸した。その折、河内の「山の上」に登って、国の内を見渡した。すると、屋根に堅魚《かつを》（堅魚木のこと）を飾った家が、眼に入ってきた。雄略が家臣に、その家の所有者を尋ねると、それは「志幾の大《おほ》県主《あがたぬし》」の家だという。

これを聞いた雄略は、その家屋を焼き払うことを命じた。天皇の怒りを知った「大県主」は、ひたすら自らの非を謝罪し、鈴を付けた白い犬を献上して、ようやく事態は収まったという。

この説話についても、通説視されている比定地がある。

(1)日下　…　東大阪市日下町
(2)日下之直越道　…　日下の直越《ただごえ》の道。「大和の平群郡から生駒山の南方を越えて河内国に至り、難波に下る道で、これが一番近道であるから直越と言ったのである」(岩波大系本)。
(3)山の上　…　未詳
(4)志幾　…　志紀郡(柏原市付近)

『記』だけに記されているこの説話も、真実を明らかにする貴重な要素を含んでいる。

ところが、ここにも大きな矛盾があった。雄略が移動した経路は、通説では、〝「日下」(東大阪市日下)↓河内の「山の上」〟となっている。それなのに、肝心の「河内」の「山の上」とは、どこなのか。最も知りたいこの地について、『記』はまったく言及していないのである。これもまた、不審を覚える記事である。それにもかかわらず、『記』のこの記事に対し、通説は不問に付したままである。この措置も理解しがたい。

肝心の「河内」の「山の上」とは、どこか。以下の文脈から考えれば、その地から肉眼で「志幾の大県主」の家を目撃しているのだから、〝河内の「山の上」〟と「志幾の大県主」の家とは、そんなに離れていないことになる。そうなると、この事件の舞台は、「日下」と「河内の志幾」に限定されてくる。

「日下之直越道」と「志幾」

この記事も、「盗作」である。この事件となった舞台も、大阪や奈良ではない。間違いなく伯耆国、鳥取県西部である。ところが、この帰結に至るまでが、散々だった。米子市西部に「日下」の地が残っていることも、災いした。その地は、大神山《おおがみやま》神社の南を流れる精進川の、さらに南にある地である。急斜面の地形となっていて、雄略の皇后の滞在していた地としては、どこから見ても不適切である。この地形から判断すれば、「雄略記」の内容とは、まるで合わないのに、この日下にこだわって、いつまでも振り回された。

日下の地名だけではない。「直越道」がどの道なのかも、サッパリ分からなかった。そのために、この説話の解明を放置していた。と言うよりも、諦めていた。「日下」とあれば、まず「クサカ」と読む。これまでは、この悪癖も災いしていた。この非に気づいたことから、この説話の謎解きを再開した。

この記事の「日下」は〝ヒカ〟、中心地名は〝ヒ〟である。「クサカ」ではなかった。これで、米子市西部の「日下」にこだわる理由はなくなった。「日下」は、米子市日原を示していたのである。現在では、ヒバラと呼ばれているが、要は、カ（処）とハラ（原）の地名接尾語の違いだけなのである。あるいは、これが日原の本来地名かとも思われる。

「河内」とは、すでに述べたように、〝河端地〟のことである。日原からその「河内」に出るのに、「日下之直越道」といった通説の「近道」など、必要としない。「直越道」とは行動経路のことではなかった。これは二段地名表記である。「日下」が〝ヒカ〟、日原《ひばら》であることが判明して、この事実に、ようやく気づいた。

そこで、日原の小字を調べて、納得した。そこには幸運にも、「水落《みずおち》」という小字が残っていた。「直越道」の「道」は、道路の意ではなくて、地名接尾語の「チ」を表していただけなのである。「近道」のことと解釈されてきた「直越道」とは、〝ミオチ〟という地名である。直はミ（ミル）、越はオ（オチ）、道はチ（名のり・ち）を表していたのである。現在まで残っていた「水落」は、「ミズオチ」ではなくて、もとは〝ミオチ〟だったことになる。

ここまで辿り着くと、「志幾」の発見も、時間の問題のはずだったが、ことは簡単には運ばない。ここでまた、長い間立ち往生してしまった。人間は先入観に弱い。「日下」を無条件で「クサカ」と読んでしまうように、一度それが頭の中に染み込んでしまうと、払拭するのに一苦労をする。その先入観とは、「アオキ」と呼ばれている「青木」の地名だった。「青木」とは、福市丘陵の南に連なる丘陵地の地名である。

雄略は「日下の直越道」から、「河内」の山の上に来ている。その「日下の直越道」も、「河内」も特定できている。「雄略記」の記事から、〝河内の山〟に特定できるところは、東の日野川と西の法勝寺川との間に広がる福市・青木丘陵しかありえない。その地形は、まさしく「河内」（河端地）である。それなのに、この狭い範囲の中に、肝心の「シキ」を見つけることができなかった。

「シキ」の地名が消滅していることも、可能性としてはある。そう考えてみたものの、『記紀』の記す地名は、その地名音を変えてはいるが、大半が遺存している。だから、「シキ」も残っている方に賭けた。「シキ」を見つけられなかった原因は、実は、この「青木」の表記にあった。志幾が志紀と表記されても、「シキ」と判読することはできる。それが青木だと、どうなるか。

この漢字表記に、長年欺かれていたのである。やはり推測していたとおり、「青木」こそ、長年探し求めていた「シキ」の地だった。本来、青はシ（ショウ）、木はキを表していたのである。漢字表記によって、地名は化ける。「青木」も、例外ではなかった。

雄略が登って、周囲を眺めた〝河内の山の上〟とは、米子市青木丘陵のことだった。この「山の上」から眺めて、「志幾の大県主」の不届きな家屋の造りを確認できるほどだから、その家も「志幾」の領域の中、それも青木丘陵の麓にあったことになる。

「青木」は「シキ」。これも、忘れることのできない謎解きの一つである。それにしても、『古事記』撰者の太安万侶は、なぜ、この山の名称を明らかにしなかったのか。明らかにしなかったのではなくて、〝明らかにしたくなかった〟。これが、安万侶たちの本音である。太安万侶は、『史記』の司馬遷や『三国志』の陳寿と、肩を並べることのできるような歴史家ではない。逆に、その足下にも、到底及ばない。太安万侶たちの化けの皮は、まもなく剝《は》がれる。

5　雄略と一言主

「宇多岐」と「ウタキ」と読まれている「宇多岐」という言語が、「雄略記」に記されている。それは、いう〝都ことば〟この説話の中で現れる。

又一時《あるとき》、天皇葛城の山に登り幸《い》でましき。ここに大猪《おほしし》出でき。即ち鳴鏑《なりかぶら》を以《も》ちて其の猪を射たまひし時、其の猪《しし》怒りて、宇多岐依《よ》り来つ。故、天皇其の宇多岐を畏《かしこ》みて（其猪怒、而宇多岐依来。故、天皇畏二其宇多岐一）、榛《はり》の上に登り坐《ま》しき。

傍線部のみを、原文で示した。この記事も「宇多岐」という語も、『紀』にはない。いわば不可解な言語である。このために、岩波大系本も「未詳の語」として、その解釈を保留している。妥当な処理である。「宇多岐」を、「ウタキ」と読み下すことが誤りなのである。『古事記』原文には、「宇多岐」については「音を以ちゐよ」と注釈が付されているために、「ウタキ」と読まれているのである。ところが、この注釈自体が間違っているから始末が悪い。

宇はウではなく、ヨ（ヨル）を表しているから、正解は「ヨダキ」となる。「ヨダキ」とは、うるさい、しつこくて煩わしいといった意味である。このように「雄略記」で使用されているのだから、この言語はれっきとした〝都ことば〟なのである。

「宇多岐」が判明したことで、この使用句の疑問も解けた。矢を体に射られた大イノシシは怒って、しつこいほどうるさく唸《うな》り、近寄って来た。そのために、雄略は恐怖を感じ、ハリの大木へ登って、避難した。

これが、この説話の骨格となる。

実は「雄略記」のこの記事が、「ヨダキ」の初出ではないのである。「雄略記」直前の「安康記」において、「ヨダキ」はすでに使われている。その「安康記」では、意祁《いけ》・袁祁《おけ》兄弟の父親・市辺王の性格を、「ヨダキ物云う王子」（宇多弓物云王子）と表現している。

ところが通説は、「宇多弓」を「宇多弖」と見なし、これを語義未詳の「ウタテ」と解釈した。明らかに誤っている。「ウタテ」といった言語は、いまだかつて存在したことはない。この語の正しい漢字は弓字であって、弖字ではない。『記』における「ヨダキ」の使用は、今判明しているところでは、この二例のみである。わずか二例ではあっても、この語が判明したことは貴重だ。

なぜ、「宇多岐」が「ヨダキ」と解けたのか。それは、わたしに、特別な能力が備わっているからではない。泣き叫びながら、物をねだる子に対して、親が〝ヨダキイ子だ〟と言うように、「ヨダキ」は「ヨダキイ」へと変わって、今でも鳥取県では使われているからである。「宇多岐依」の表記から、「ヨダキ」ではなく、「ヨダキイ」かとも考えたが、そうではなかった。この直後の章句の表記では、「其宇多岐」となっているから、「宇多岐」で区切るようである。原文の併記も、これを確認するためである。

「ヨダキ」は、鳥取県人でなければ理解できない。それは多分、鳥取県でしか通用しない言語―方言だからである。「宇多岐」が解けた瞬間、貴重な〝都ことば〟がほぼ正確な形で受け継がれていたことに、強い驚きを覚えた。が、しばらくして驚きは笑いに変わっていた。同時に、鳥取県で生まれたことに感謝した。

ところが、実は、「宇多岐」は鳥取県だけの方言ではなかった。ＮＨＫのラジオ番組（第二）に、「上方演芸会」がある。二〇〇八（平成二〇）年一〇月一〇日（金曜日。午後九時三〇分〜一〇時）の放送は、大分県の豊後高田市からであった。そこで、大分県の方言として、この「よだきー」が紹介されたのである。てっきり、鳥取県にしか通用しない古代の〝都ことば〟と信じきっていただけに、衝撃だった。

数日後、最寄りの図書館の徳川宗賢監修『日本方言大辞典』で確認した。そこには、「弥猛し《形》（『よだけし』の転）」とある。邪馬壹国政治圏の九州では、大分県以外にも、福岡・宮崎・鹿児島の各県で使用されている。これに対し、狗奴国政治圏では鳥取県のほかに、兵庫・岡山・広島と愛媛・高知の各県で、今もなお使われている。この方言は、主に西日本に残っていることが分かる。

念のため、手元の北原編『全訳古語例解辞典　第二版』で調べると、やはりこの語がある。それも「いかめしい。おおげさである」と説明してある。立派な全国共通語だった。もちろん、「ウタキ」という語は、全国共通語にも方言にもない。単なる誤訳である。それであっても、「宇多岐」（ヨダキ）は、この説話の舞台が鳥取県であることを、依然として暗示している。これに続く説話が、それを証明していた。

怒れる大イノシシ事件があっても、なお性懲りもなく、雄略はこの山へやって来た。それは、大イノシシ事件とは趣を大きく異にしている。

説話の概要と一言主の素姓

又一時《あるとき》、天皇葛城山に登り幸《い》でましし時、百官の人等、悉《ことごと》に紅《あか》き紐著《つ》けし青摺《あおずり》りの衣服給《たま》はりき。その時、その向へる山の尾（山尾）より山の上に登る人有りき。

以下、わたしの解釈でこの不可思議な説話を紹介したい。

その山を登る一行は、まるで天皇の行列のようであり、しかも、その行列の様子だけではなく、その装束も、人々の風貌もよく似ていた。天皇はその光景を見て、尋ねた。

「この国には、わたし以外に天皇はいないのに、このように、すべてがそっくりとなっている。そなたは一体、何者なのだ」

それに応える相手の人物が、また雄略にそっくりだったので、天皇は激しく怒り、自ら弓に矢をつがえると、家臣たちもことごとく天皇に倣《なら》った。すると、相手方も同じ行動を起した。そこで、天皇はまた尋ねた。

「わたしと同じことをするそなたの名を名乗れ。お互いに名を名乗って、それから矢を放つことにしよう」

「わたしが先に尋ねられたのだから、先に名乗ろう。わたしは悪いことも一言、善《よ》いことも一言で言いわける神、一言主大神《ひとことぬし》だ」

「恐れ多いことです。こうして、ここにこのようにお姿を見せられるとは思ってもいないことでした」。

こう言って、雄略天皇はひどく恐縮した。

やがて、雄略たちは帰路につく。すると、一言主一行は、「長谷の山の入口」に集まり、葛城山から下りてきた雄略たちを、そこで見送った。別れるに際し、雄略は自ら体に付けていた大刀と弓矢ばかりでなく、家臣たちの身に付けていた青摺《あおずり》りの上着を脱がせ、これらを丁重に一言主へ手渡した。一言主は手を打って喜び、その贈り物を受け取った。

まるで、鏡の中の自分の顔を見ているかのような説話である。この直感は正しかった。「雄略」と「一言主」とは、瓜二つ。これが、この説話の主題となっている。

なぜ、このような説話を作り出したのか。「大和朝廷」の真意は、測りかねる。だが、この説話の奥にも、雄略の実在を否定するに足る真相が隠されていた。問題は、この説話の舞台は、奈良・大阪の境の葛城山《かつらぎさん》と、山岳名もはっきりしない「向へる山」で、正しいのかどうかである。それに対する疑問点を、以下に列挙する。

(1)一言主は大国主の息子「アヂスキタカヒコネ」とする伝承がある。『釈《しゃく》日本紀』に引用されている『土佐国風土記』逸文だ。そこには、「土佐の高賀茂《たかかも》の大社あり。其の神の名を一言主尊《ひとことぬしのみこと》と為《な》す。其のみ祖《おや》は詳《つまび》らかならず。一説に大穴六道尊《おほつむぢ》の子、味鉏高彦根尊《あじすきたかひこね》と曰ふ」とある。大穴六道とは、大国主の別名である。大国主と天照の長女・多紀理毘売《おごりひめ》（驕り姫）との間に生まれた子どもが、「アヂスキタカヒコネ」と下照比売である。

(2)その「阿遅須枳高日子」は、「葛城の賀茂社《かものやしろ》」にいたと、『出雲国風土記』は記している。これは「阿遅須枳高日子」に関する有力な情報である。では、「葛城の賀茂社《かものやしろ》」は、どこにあったのか。そして、その意味するところは、何か。

(3)この説話は、本来は、「阿遅須枳高日子」と、ある人物Xの間に起こっていた出来事である。ところが、ここに、「雄略」が、主人公として割って入ってきたために、その煽りを食って、ある人物Xは、この説話からはじき飛ばされるという悲運を被っている。

(1)で述べられていることは、実に明快である。一言主は、一説によれば大穴六道の子、「味鉏高彦根」だと言っているのである。この伝承は正しい。その根拠は、「大穴六道」の表記にある。『記紀』や『出雲国風土記』にない表記でありながら、「大穴牟遅《おほつむぢ》」（記）と同じく、「大穴六道」もまた、「オホツムヂ」と表現している点にある。

二人の一致点は、まだある。『出雲国風土記』には、「阿遅須枳高日子」は「御須髪八握《みひげやつか》に生《お》ふるまで……み辞通《ことかよ》はざりき」（仁多郡）と記されている。この記事から、「阿遅須枳高日子」は成人になっても、言葉に不自由していたことが分かる。この身体的特徴は、一言主とも一致する。

一言主が「阿遅須枳高日子」であることが判明したことで、この説話の謎が解け始めた。(1)から(3)によって、問題点は明確になった。この説話を解明する唯一の手掛かりは、『出雲国風土記』の「葛城の賀茂社《かものやしろ》」

だけである。この解明は、この説話の核心に迫る上で不可欠である。

「葛城の賀茂社」とは

「葛城山」も、自明のこととして処理されている。この山は、「カツラギの山」と読まれ、それも、奈良県御所市と大阪府千早赤阪村の境界にあり、金剛山地を形成する山のことだと、堅く信じられている。

「葛城山」は、標高九五九・七mもある高山である。そのためもあって、山頂までロープウエイが敷設されている。その「葛城山」から、東北東の「長谷山」（桜井市）の入口まで見送る。そこは、直線距離でも二〇kmは離れている。こうなると、わたしのような凡人の想像力では、到底理解の及ぶような説話ではなくなる。実は、この「葛城山」も、『記紀』を粉々に破壊するだけの威力を、持っていた。それほど、「葛城山」解明の果たした意義も、大きい。

「阿遅須枳高日子」の妹・下照比売は、天若日子と結婚して高姫村（旧会見町、現南部町）で暮らしていた。ところが、義弟の天若日子が不慮の死を遂げる。その死に、「阿遅須枳高日子」が立ち会っていることから明らかなように、この人物の生活・活動の拠点は鳥取県西部である。

「葛城の賀茂社」を明記した『出雲国風土記』（意宇郡）の記事は、このようになっている。

> 賀茂の神戸《かむべ》。郡家の東南三十四里なり。天下造らしし大神命の御子《みこ》、阿遅須枳高日子命、葛《かつら》城《ぎ》の賀茂《かものや》社《しろ》に坐《いま》す。此《こ》の神の神戸なり。故《かれ》、鴨《かも》と云ふ。

「神戸」とは、特定の神社に配属させられ、租税をもって、その神社に奉仕する民戸といった解釈がされている。記紀神話の「神々」は、架空の存在ではなくて、実在していた人物である。それは、『出雲国風土記』などの「風土記」の中の「神々」についても、同じことが言える。日本神話の「神々」とは、その社会の「上々《かみがみ》」、つまり、その社会の上層部に位置していた人々のことである。したがって、「神戸」とは、社会の上層部に属していた人物の、支配下にあった特定集団ということになる。

これらの人々が奉仕させられていたのは、神社ではなくて、特定の支配者である。「賀茂の神戸」は、安来市大塚町付近にあったと推定されている。この「神戸」は、「郡家」（意宇郡役所、松江市山代町）の東南三四里（一八・二km。一里約五三五m）のところにあったと記されているのだから、この推定はほぼ間違いない。大塚町の北に、加茂・東加茂の地名が遺存していることも、無縁ではなさそうである。

人は死して後に「神」となるが、万人のすべてがなれるわけではない。社会の「上々《かみがみ》」である支配者層のみが、「神」扱いされるだけである。それは記紀神話を見れば、理解できることである。ところが、この「神」を、文字どおりに解釈しようとした学者が、記紀神話造作説を主張した津田左右吉と、その支持者である。

「葛城の賀茂社《かものやしろ》」は、どうか。わたしの考える「神戸」の性格からすれば、意宇郡の近くにあると思われるのに、通説では違っていた。それは、『延喜式』に見える「大和国　葛上郡《かつらきのかみのこほり》高鴨阿治須岐託彦根命神社」（所在地：奈良県南葛城郡葛城村鴨神）だという。「賀茂社《かものやしろ》」とは、祭神を阿遅須枳高日子とする神社のことだと解釈しているのである。「社」は神社のことか。それは『出雲国風土記』を調べれば、その是非は明らかである。

舎人郷《とねのさと》……即ち是《こ》は志毘《しび》が居《す》めるところなり。〈意宇郡〉

山代郷……山代日子命《やましろひこのみこと》坐《いま》す。〈意宇郡〉

美保郷……御穂須須美命《みほすすみのみこと》、是《こ》の神坐《いま》す。〈嶋根郡〉

美談郷《みたみのさと》……和加布都努志命《わかふつぬしのみこと》、……郷の中《うち》に坐《いま》す。〈出雲郡〉

朝山郷　……　神魂命《かみむすび》の御子、真玉著玉之邑日女命《またまつくたまのむらひめ》、坐《いま》しき。〈神門郡〉
滑狭郷《なめさのごう》　……　和加須世理比売命《わかすせりひめ》、坐《いま》しき。〈神門郡〉
斐伊郷《ひのさと》　……　樋速日子命《ひはやびこ》、此処《ここ》に坐《いま》す。〈大原郡〉

〝郷名＋人物名＋坐《いま》す〟。これが『出雲国風土記』の通例の表記となっている。現実的な表現である。実際にその土地に住み、そこで生活を営んでいたからに、ほかならない。〝大国主風土記〟の色彩が強い『出雲国風土記』は、〝人物風土記〟の側面も合わせて備えている。もっとも、『出雲国風土記』には「〜社」として、神社名が克明に記録されていることは確かである。「秋鹿郡《あいか》」に、次のような記事がある。

神名火山《かむなびやま》。…謂はゆる佐多《さだ》大神の社は、即ち彼《そ》の山下なり。

「ヒ」も蛇の古語なのだから、「神名火山」とは、神聖な蛇の山を意味する〝神な蛇《び》山〟のことであり、佐多大神とは猿田毘古《さだひこ》のことである。その猿田毘古《さだひこ》を祭る神社は、神名火山の麓にあると伝えているのである。実際に『出雲国風土記』の「秋鹿郡《あいか》」内の神社一覧には、「佐多御子社《さだのみこのやしろ》」とある。大国主の息子であることを強調したいために、あえて「御子」を付して、神社名としたものか。

『出雲国風土記』には、三九九社（神祇官のいる社一八四、不在の社二一五）にものぼる神社総数が記録されている。ところが、この中に、「葛城の賀茂社《かものやしろ》」は含まれていない。そのために、この神社を、出雲から遠く離れた奈良県葛城の「賀茂社《かものやしろ》」と見なしたのである。大和盆地も同じ銅鐸文明圏に属しているから、その神社に、「阿遅須枳高日子命」が祭られていても、おかしくはない。

しかし、決定的に重要なことは、「阿遅須枳高日子命、葛城の賀茂社《かものやしろ》に坐《いま》す」との表現は、『出雲国風土記』の記す他の人物についての表現と、異なるところのない点である。ということは、「阿遅須枳高日子」の活動の拠点は、「葛城の賀茂社《かものやしろ》」であったということになる。それは〝賀茂神社〟のことではない。「社」を、一面的に解釈すべきではないのである。

「社」が、必ずしも「神社」を意味してはいないことは、ほかならぬ『出雲国風土記』中の、いわゆる「国引き神話」が証明している。

（八束水臣津野）「今は国引き訖《お》へつ」と詔《の》りたまひて、意宇《おう》の社《もり》に御杖《みつえ》衝き立てて、「おゑ」と詔《の》りたまひき。

右の文脈から、「意宇の社」が、神社を表していないことは明らかである。この「社」については、岩波大系本も、「神社名ではない。…　杜（もり）に通わし用いたもの」と解釈している。この杜は〝鎮守の森〟ではなくて、〝鎮守のない森〟である。「葛城の賀茂社」の「社」も、〝鎮守のない森〟のことで、〝葛城の賀茂の地に茂る森〟のことである。そうなると、「葛城の賀茂社」とは、平坦な地ではないことになる。

ふたたび伯耆と出雲の国境を考える

『出雲国風土記』は、どうして「葛城の賀茂社」の所在地を明確にすることを、避けたのか。最後まで残った疑問が、これだった。ここに、「当局」が深く関与していた伯耆と出雲の、国境問題が横たわっていたから、あえて明記できなかったのである。古代の国境は、〝要害山・母塚山連峰〟だと、『出雲国風土記』によって強調されていた。それを受けての記事が、「門江浜《かどえはま》伯耆と出雲と二つの国の堺なり」である。

門江浜とは、〝要害山・母塚山連峰〟の北端にあって、安来市島田の門生《かどう》から吉佐《きさ》に至る海岸部の地名であり、中海に面した浜である。干拓されて、今では中海町となっている。これが、『出雲国風土記』の強調する国境である。ところが意外にも、この国境線は、確固とした政治的思惑によって、著しく歪められていた。

それ以前の国境は法勝寺川であり、法勝寺川と〝要害山・母塚山連峰〟に挟まれた領域は、伯耆ではなく、出雲に属していた。ここまでが、第1巻で述べたところである。この場面では、あえて法勝寺川下流の国境については、言及しなかった。言及することによって、かえって、繁雑になることを恐れたためである。

しかし、その説明をいつまでも、保留にしておくこともできなくなってきた。保留のままでは、「葛城の賀茂社」の所在地を明らかにすることができなくなる。ここに至って、その国境をどうしても、明確にしておく必要に迫られてきた。〝要害山・母塚山連峰―門江浜《かどえはま》〟の国境線が、どうして誤っているのか。その根拠については、すでに述べたとおりである。

ところが、それだけではなかった。新たに見つかった事実が、「大国主神、出雲の御大の御前に坐《いま》す時、…帰《かへ》り来る神あり」と、『記』の記す少名毘古那の寄港地だった。

この「御大の御前」とは、「陰田《おんだ》の岬」のことで、これは、現在の米子市陰田町《いんだちょう》のことである。当時は、隣接する祇園町をも含む地名であったようだ。ところが〝要害山・母塚山連峰―門江浜〟が国境だと、この「出雲の御大の御前」は、伯耆国に属することになる。やはり、〝要害山・母塚山連峰―門江浜〟は正しい国境ではないことが、この記事だけでも、はっきりする。

この事実から、古代の両国の国境は、〝要害山・母塚山連峰―門江浜〟のさらに東、法勝寺川ということになる。だが、この川の流れは、複雑である。法勝寺川は、今日では宗形神社の近く、山陰道と日野川の交差する観音寺《かんのんじ》（字戸上《とかみ》）で、日野川と合流している。それは、米子大橋の上からでも確認できる。そうすると、法勝寺川のこの流れから、国境線は〝法勝寺川―日野川〟となる。

だが、これを国境と見なせば、「伯耆国郡内の夜見嶋」（現夜見ケ浜半島）は出雲に属することになってしまい、

『出雲国風土記』の〝正確な記事〟とも、矛盾することになる。それだけではない。法勝寺川と日野川とが合流し、現在の姿となった時期は、比較的新しく、一七〇二年、江戸中期の元禄時代の大洪水が、その原因であったようだ。これで〝要害山・母塚山連峰—門江浜《かどえはま》〟とともに、〝法勝寺川—日野川〟の国境線もまた成立しないことになる。

古代、法勝寺川はどこを通って、淡海（中海）に流入していたのか。法勝寺川は、かつては激しい暴れ川であった。その激しい爪痕を、長砂町《ながすなちょう》に残していた。「平成元年（一九八九）から二年に行われた当地域の発掘調査によって、原始・古代以降法勝寺川などの氾濫により堆積したとみられる厚い砂層が南北にわたって検出され、村名はこのような地質・地形に由来するとも考えられる」と、『鳥取県の地名』（平凡社）は、この地の特徴を述べている。

古代の法勝寺川が、加茂川（肥の河）と最も接近するところは、日原《ひばら》—安養寺《あんにょうじ》橋間である。その距離は、わずか六〇〇mしかない。しかも、法勝寺川の上流にある風光明媚な賀祥《がしょう》ダムも、今日見られるような堅牢な堤防もなかった。往時、法勝寺川と加茂川、法勝寺川と日野川との繋がりが、複雑であったことだけは想像できる。

安養寺橋—観音寺《かんのんじ》字戸上《とかみ》間を、繰り返し往復して、そう思った。そうして、地理・地形にも疎い素人のわたしが得た結論が、これである。

(1)法勝寺川は安養寺橋付近で、加茂川と合流していた。
(2)法勝寺川は安養寺橋の南の戸上付近で、さらに日野川とも合流していた。

このように、法勝寺川下流は、二手に分かれて流れていたと推測できる。この推測の根拠が、次に示す二点である。

(3)米子大橋の架かる戸上の北には、天然の堤防となる小丘陵が伸びている。このため、法勝寺川の水が、ここを越えて西の長砂町に流れ込むことはありえない。

(4)そうなると、どうしても戸上の南、小丘陵のない安養寺橋付近の西で、法勝寺川は加茂川と合流していたと推測せざるをえなくなる。

この仮説であれば、加茂川の洪水の発生とその被害状況についても、合理的な説明が可能となる。激しい集中豪雨に見舞われた時、合流地点が上流にあるために、加茂川へ流入する法勝寺川の水量は、どうしても多くなる。こうして大洪水が発生し、低地の長砂町で氾濫していたのである。

洪水は人命にも直結するだけに、治水事業は、今も昔も大切な事業の一つである。法勝寺川の堤防は、旧西伯町馬場から河口まででも一〇数kmにも及ぶ。それも両岸に築かなければならないから、総工事距離は一〇数kmの二倍となる。相当に厳しい土木事業になることは避けられなくなる。「宇治川」(現日野川)の氾濫に対応するために、河口付近に堤防(茨田堤)を築いていたことを、「仁徳紀」も伝えていた。

法勝寺川は日野川だけではなく、加茂川とも合流していた。実際に、長砂町に法勝寺川の氾濫の痕跡があるということは、加茂川と合流した法勝寺川が、ここを流れていたことを物語っている。

現在の加茂川は、長砂町でJR米子駅を取り囲むように、二方向に分かれて中海に注ぎ込んでいる。その一つが、JR米子駅の北を流れる旧加茂川であり、もう一つが、その南を流れる新加茂川である。新加茂川の開削は、一九三三(昭和八)年のことである。

〝法勝寺川─旧加茂川(日原《ひばら》─米子港《よなごこう》間)〟。これが、古代の伯耆と出雲の国境線である。この国境線は、

「夜見島」（夜見ケ浜半島）に沿って、北西へと伸びて、境水道に至っていたようである。

このように断定できる根拠が、粟島（米子市彦名町）の存在である。『出雲国風土記』では、粟島は、出雲国意宇郡内に所属する島として扱われている。当時の国境線が、半島と粟島の間に引かれていることを、今に告げている（図4-2）。

伯耆・出雲の国境問題は、これですべて解決した。次の問題は、「葛城の賀茂社」の所在地だ。この地の特定は、説話全体を解く重要な糸口となる。同時に、〝一言主＝阿遅須杞高日子根〟の事実の判明した意義もまた、とてつもなく大きい。

「葛城山」の論理

なぜなら、「葛城の賀茂社」は、阿遅須杞高日子根の生活・活動の拠点となっていた伯耆国の西部を中心に探せば、その発見の確率は、一段と高くなる。それも新旧の国境の間、すなわち、その地は、〝法勝寺川―旧加茂川〟と〝要害山・母塚山連峰―門《かど》江《え》浜《はま》〟の間に限定されてくる。

それなのに、肝心の「葛城」（カツラギ）の地名が、この一帯に見当たらないのである。なぜか。ここで生じた疑問が、まずこれである。「カツラギ」の地名が、政治的意図を持って消されたか。あるいは、「葛城」の読み方が間違っているのか。それとも、別の地名に変わってしまったためか。

解明の鍵は、この説話の中に隠されていた。結論を示す前に、この説話の問題点を、整理しておきたい。

(1)この説話には、解釈の分かれている章句がある。「天皇之還幸時、其大神満山末、於二長谷山口一送奉」。これが、その章句である。次いで、この章句の中の「山末」を、どのように解釈すべきかという問題もある。

(2)一言主が登っていた「葛城山に向へる山」とは、実際にどの山なのか。お互いの行動が手に取るように見えたのだから、「葛城山」と「向へる山」とは、至近距離にあるはずである。それなのに、その具体名がないのである。不思議な記述である。

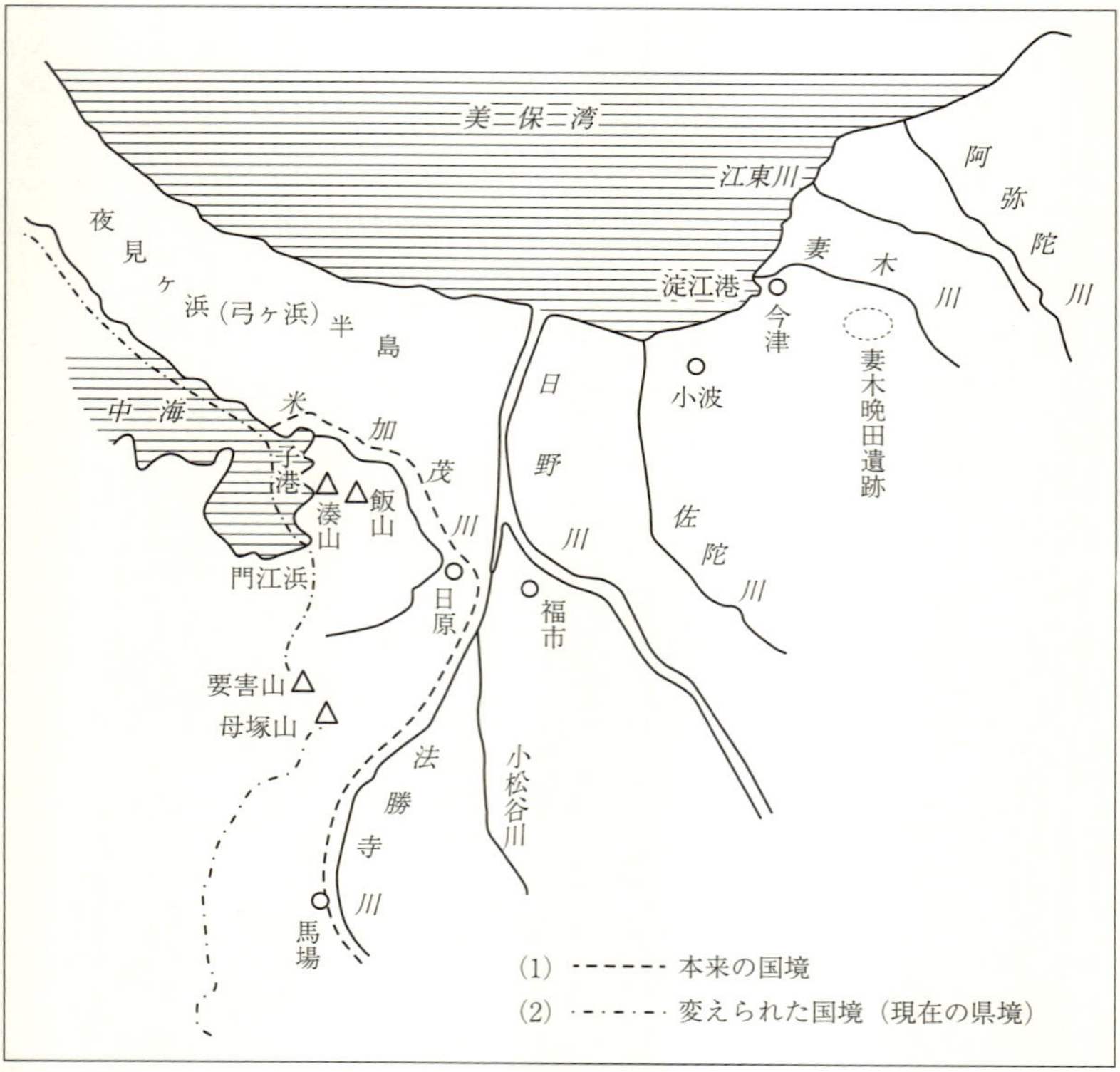

図４－２　伯耆と出雲の国境

この二つの問題は、どのように解釈すべきか。まず、(1)の疑問から解くことにする。

[岩波大系本の読み下し] 天皇の還り幸《い》でます時、其の大神、満《み》山の末より、長谷《はつせ》の山口《の》に送り奉《まつ》りき。

岩波大系本は、「満《み》山の末より」を「山の峰から」と解釈した。この解釈だと、当該個所の原文「其大神満山末」は、〝自㆓其大神満山末㆒〟となっていなければならない。岩波大系本の解釈は、前段も後段も間違っている。

[角川文庫『古事記』の読み下し] 其の大神、山の末に満《いは》みて、長谷《はつせ》の山口《やまのくち》に送りまつりき。

角川文庫の、この章句の解釈は正しい。その角川文庫は、「其の大神、山の末に満《いは》みて」を、「山のはしに集まって」と解釈している。岩波と角川の解釈の相違は、「山末」の定義にある。

「山尾」については、岩波大系本・角川文庫ともに、「山の尾根」と解釈している。この説話の文脈から、この解釈はおかしい。と言うよりも、明らかに誤っている。「山尾」は、〝山の麓〟のことである。問題の「山末」はどうか。岩波大系本は「山の峰」、角川文庫は「山のはし」だ。一八〇度も異なるような見解となっている。

角川文庫の「山のはし」が、山のどの辺りを指しているのか。肝心の点が、不鮮明となっているために、疑義は依然として残る。この説話の「山末」とは、〝山の麓〟のことである。それは、この説話の初めに明記されている「山尾」と、ほとんど同じ意味なのである。

岩波大系本と角川文庫の解釈が異なっているところは、ここまでである。「於㆓長谷山口㆒送奉」の章句の解釈は、共通している。ともに、「葛城山」から下りてきた雄略を、一言主が「葛城山に向へる山」の〝山頂〟、もしくは〝山のはし〟から、わざわざ「長谷の山の口」まで送ったという見解である。「長谷山」とは、初瀬山（桜井市）のことである。この山の麓に、雄略の宮殿があったと信じられているから、このような解釈となっているのである。

しかし、両者相共通しているから、正しいということにはならない。かえって、おかしくなってしまっているのである。冷静に考えてみるまでもなく、この解釈は成立しない。逆に、致命的な過ちですらある。

なぜ、おかしいのか。「葛城山」と「長谷山」との間は、直線距離でも二〇kmはある。雄略がたいそう恐縮した一言主に、二〇km以上もある雄略の宮殿・「長谷」まで送らせる。この行為自体が、説話の趣旨に著しく反しているのである。まして、この道程であれば、どう考えても現実的ではない。それなのに、岩波大系本も角川文庫も、ともに、この「二〇km」を解釈の前提とした。

どういうことか。つまり、岩波大系本・角川文庫は、ここで「於二長谷山口一」を、「長谷の山口に」と読み下し、「於」を「まで」と理解してしまったのである。明らかに誤解だ。於に、「〜まで」の意味はない。この於も、ところ・時間などを示す「〜で」「〜において」の意である。「葛城山」と「長谷山」とは、遠く離れているという認識が災いしたのである。

この章句の真意は、「天皇の還《かへ》り幸《い》でます時、其の大神、山の末（麓）に満《いは》み、長谷の山口において送りまつりき」となる。つまり、「葛城山」に「向へる山」から下りてきた一言主一行は、その麓の「長谷の山口」に集まり、そこで、やはり「葛城山」から下りてきた天皇の「還り」を、見送ったという意味である。これで、「向へる山」の名称が明確になった。その山とは、「長谷山」である。それも、雄略一行の登った「葛城山」とは、至近距離にあったことになる。

「長谷山」は、「ハセの山」「ハツセの山」ではない。〝ナガヤの山〟、もしくは〝ナガの山〟である。長がナガ（名のり・なが）を、谷がヤを表していれば、〃ナガヤの山〃、長がナ（名のり・なが）を、谷がガ（ガヤ）を表していれば、〃ナガの山〃となる。

この山の地名音も、今ではすっかり変わってしまっている。ところが、この山を発見する微かな手掛かりが、残されていた。〃ナガヤの山〃〃ナガの山〃とは、〃蛇の山〃のことである。

この山は、今日では「イイヤマ」と呼ばれている「飯山」である。飯山も、もとは〃ハヤマ〃（蛇山《は》）であったと思われる。すなわち、「長谷山《ながや》」だ。飯山も、どこかの時点で、「イイヤマ」へと化けていたのである。

「葛城山」を特定する

「長谷山」は、飯山へと変っていたものの、その本来の意味は、保存されていた。「葛城山」はどうか。この山岳名は、現在では見当たらない。

この問題は、飯山から解けてきた。これは〃ゾックリさん〃の説話なのだから、二つの山岳名もまた、〃ゾックリさん〃でなければならない。飯山は、〃蛇山《は》〃が本来地名である。そうなると、「葛城山」も〃蛇の山〃ということになる。

葛城山は、大阪府・奈良県の境にある山だけではない。大阪府・和歌山県の境にも、伊豆半島（静岡県）にもある。山形県の葛城山は、標高一一二一ｍもある。その名称は、いずれも「カツラギ」である。ラもキも、ともに蛇の古語である。カツはどうか。「カツ〜」の地名は、全国に広く残っている。

①勝浦市（千葉）・同町（徳島）、②勝田市（茨城）・同町（岡山）、③勝山市（福井）・同町（岡山、福岡）・同村（茨城）、④桂（京都市）・同村（茨城）、⑤勝賀山《かつが》（香川）、⑥勝木川《かつぎ》（新潟）、⑦勝島《かつ》（福岡、津屋崎町の沖）

これが、その地名の一部である。山形・栃木の月山《がっさん》も、もとは〃カツヤマ〃か。このほかに、カツラキの類縁地名と思われる柿崎《かきざき》町・同川（新潟）、餓鬼《がき》岳（長野）、餓鬼《がき》山（山形、富山）といった地名もある。つる草の総称を、カヅラ（葛）という。とにかくよく伸びるために、蛇を想起させる植物である。

このような状況から、カツも蛇ではないか。そのように思わせる根拠は、滑字にある。滑は、ナメと読むことができる。ナメは蛇の古語である。ところが、滑はカツとも読むことができる。ヘビを表す蛇字には、タ・ダ、シャ・ジャの音がある。当てた漢字によって、地名は化ける傾向がある。この傾向は、言語にも該当するようだ。つまり、ナメ→滑→aナメ、bカツという変化である。勢いよく動きまわる意の「活《かつ》」も、蛇を連想させる。カツラキもトコハシラ（床柱）と同じように、蛇の三段重ね表記と見なすことができそうである。

「葛城山」は〝蛇の山〟である。その「葛城山」は、どこに存在していたのか。これが、ここでの新たな問題である。標高わずか五九・二mの飯山は、米子市久米町にあり、標高九〇・四mの湊山《みなとやま》に相対している。湊山とは、明治期まで残っていた米子城のあった山である。

「ミナトヤマ」（湊山）も、当てた漢字によって、とんでもない地名に化けていた。湊山のもとの名称は、〝蛇の山〟の〝ソヤマ〟を示していた。ソウの音のある湊字は、蛇のソを表していたことになる。神護《こうご》列石で有名な女山《ぞやま》（福岡県瀬高町、現みやま市瀬高町）とは、同一地名ということになり、阿蘇山は類縁地名となる。

この山は、米子港に面していることが、災いした。このために、湊字の地名音は、ミナトへと変わり果てていた。茨城県の太平洋岸に、那珂湊《なかみなと》市の地名が残っている。この地名も、もとは蛇の重複地名の〝ナガ・ソ〟だ。

〝葛城山＝湊山＝蛇の山〟。この等式は、成立する。米子港に面していた湊山が、ここまで問題としてきた「葛城山」である。『出雲国風土記』の記す「葛城の賀茂社」とは、〝葛城山山麓の賀茂の森〟―湊山山麓の森を示していたのである。

湊山・飯山の南麓には、新加茂川の河口が開け、「葛城山」（湊山）の東には、市役所・図書館・美術館などが所在する加茂町の地名も、残っている。ここからだと、「賀茂の神戸」（安来市大塚町付近）は近い。「葛城山」が湊山であることは、『紀』によっても、確認することができる。

「来目水」を特定する

「葛城山」は解けた。次は「来目水」である。「雄略記」と異なって、「雄略紀」は簡略化されている。そこには、「（一言主）神、天皇を侍送《おく》りたてまつりたまひて、来目水に至る」と記されていて、「葛城山」と「来目水」とは近いことが、示唆されている。

「来目水」は、「クメノカハ」と読み下されている。湊山・飯山の所在地が久米町だから、「クメノカハ」は正しいなどと、通説を擁護するつもりはない。

来がク、目がミ（ミル、名のり・み）を表していれば、「来目水」は、曲がりくねった蛇のような川の、〝クミカハ〟（勾巳川）となる。あるいは、来がナ（名のり・な）、目がメを表していると考えれば、やはり〝蛇の川〟の〝ナメカハ〟となる。通説のとおり、水字は、川を表しているようである。

このように読み下した根拠は、〝蛇の山〟である「葛城山」（現湊山）の麓を、「来目水」が流れているためである。それは、「長谷の山口」（飯山の登山口）とも、地形上一致する。この点、有力な根拠となる。

ここまで範囲が狭まると、「来目水」を特定することは簡単である。「来目水」とは、現在の旧加茂川のことである。旧加茂川は、米子港の南で中海に流入している。しかし、これが、古代から続いてきた川筋だとは思われない。湊山―旧加茂川間の地は、比較的低位にある。この地形から、旧加茂川は現在よりも、さらに湊山の近くを流れていたと推測することもできる。

オロチ退治の舞台となった「肥の河」の下流は、古くには〝クミのカハ〟、もしくは〝ナメのカハ〟と呼ばれていたようである。ここに阿遅須枳高日子根が登場しているのだから、紀元前の時代の名称ということになる。

「来目水」について論述してきた過程で、漢字は怖いとつくづく感じた。福岡市西区の「吉武高木遺跡」のある吉武と、吉武に隣接する地名の金武が、脳裏をよぎった。

キフ（岐阜県と同一の地名）
→ 吉武 → ヨシタケ
→ 金武 → カナタケ

同一領域を、それぞれ吉武・金武と表記したために生じた現象と思われる。同じことが、「来目」にも起こっていたと考えることができる。

ここは「葛城山」のそばにあるのだから、「来目」は、もとは〝クミ〟か〝ナメ〟であった可能性は、なおさら高い。その地名を「来目」と表記したことから、吉武・金武と同じような運命を辿り、以下の二つの地名に分裂したと推測することができる。

クミ・ナメ → 来目
→ カモ → 加茂
→ クメ → 久米

湊山・飯山の所在地である久米の地名が、古いのか、それとも新しいのか。そこまでは分からない。しかし、久米の地名が全国に分布していることを考えれば、必ずしも新しくはないようだ。それに、〝記紀原典〟の編まれた地が、現在の米子市なのだから、「来目」がもとは〝クミ〟、あるいは〝ナメ〟であったと見なすことは、的外れの見解ではない。むしろ、米子市の久米と加茂の地名が隣接している現状こそ、その本来地名が〝クミ〟、もしくは〝ナメ〟であったことを、暗黙のうちに告げている。

この説話を復元する

「葛城山」を舞台としたこの説話は古い。紀元前の説話だ。そこへ、五世紀の「雄略」が割り込んで来たために、その煽《あお》りを食って、一人の人物が消されていた。

この説話を復元することは簡単だ。逆に、作られた天皇「雄略」を、消去すればよい。そうすると、この説話の主人公は「雄略」ではなくて、「葛城山」の一言主＝阿遅須杞高日子根ということになる。

では、「向へる山」（飯山）を登っていった人物Xとは、一体誰なのか。そこまで、解明できるのか。当然のこととして、こういった声は必ず起こる。だが、それを解く鍵は、この説話自体にある。

この説話の真意は、一言主とXとが瓜二つであったことを強調することにある。一言主とソックリの人物は、すでに『記紀』が明らかにしていた。その人物とは、筑紫に暗殺された「アメノワカヒコ」（記：天若日子、紀：天稚彦）である。

「この二柱の神の容姿、甚《いと》よく相似たり」（「神代記」）、「時に此《こ》の神の形貌《かたち》、自《おの》づからに天稚彦と恰然《ひとしく》相似れり」（「神代紀・第九段一書第一」）と、『記紀』は伝えている。これは、本来、お互いにソックリだった「阿遅須杞高日子根」と、「アメノワカヒコ」の説話だったのである。

それだけではない。「天稚彦と味耜高彦根と友善《うるは》し」（「神代紀」）と記しているように、義兄弟である二人は、実の兄弟のように仲が良かった。よく似ている上に、仲の良かった二人は、快晴に恵まれたある日、淡海（中海）沿岸の「葛城山」（湊山）・「長谷山《ながやま》」（飯山）周辺で、一日を楽しく過ごした。そんな説話だった。

英霊塔が建っているだけの飯山の山頂は、木立ちで覆われているために、見通しは悪い。それでも、西の湊山だけはよく見える。一言主と「アメノワカヒコ」がそうであったように、湊山と飯山もまた、兄弟のような山である。

現在、この一帯は、湊山公園として美しく整備されている。公園内の防波堤に置かれた長椅子《ベンチ》に座って、「淡海」を眺めていると、心は和む。「山紫水明」「風光明媚」の熟語がピッタリの地である。説話の全体が明確になると、この地を舞台にしたこともうなずける。考えてみれば、ここはまさに、「卑弥弓呼《ひみくか》」（日美陸）の地である。今もなお、あちこちに自然が残っている。

初めて湊山に登った二〇〇二（平成一四）年五月、山頂から入口近くまで下りてくると、何かが動く気配がした。下山途中で〝ムカデ退治〟をしているから、多少用心深くなっている。入口の左右には、城門の礎石となっていた大岩が残っている。その平らな表面には、草が生《む》している。その右の礎石（正面からだと左）の上にいた。

全山が自然に覆われているところだから、出て来てもおかしくはないが、建物が登山口まで迫っているところだけに、やはり現れると、驚く。またしてもシマヘビだった。その出現は、下山してきたわたしを「見送る」ためではと、勘違いしそうなほどだ。手間山の赤猪岩《あかいわ》神社では、シマヘビが、いきなり「出迎え」てくれた。鳥取県西部の蛇は〝礼儀正しい〟というか、妙に律義である。

古代の謎を解く鍵の一つが、「蛇」だった。それを示唆してくれているのではないかと思うほど、鳥取県西部を訪れるたびに、あちこちで蛇と出会ってきた。やはり、その蛇に絡《から》んでいた人物名が、ここまで保留にしてきた「阿遅須枳高日子根」である。

「阿遅須枳高日子根」の人名を解く

大国主の息子である「アヂスキオタカヒコネ」は、天照の実の孫でもある。妹の下照比売とともに、悲運の中に生まれている。この人物名の表記も、史書によって微妙に異なっている（表4-1）。

違いは、「根《ね》」の有無だけである。この人名も分かっていない。正しく読み下されていないのだから、当然である。「阿遅鉏高日子根」は、〝アチシカガヒコ〟（阿《あ》蛇《ち》し蛇《かが》彦）と読むようだ。阿はアで、大きい意を、遅

表4-1　「アヂスキオタカヒコ」の表記と文献

文献	表記	通説の読み
古事記	阿遅鉏高日子根	アヂスキタカヒコネ
	阿遅志貴高日子根	アヂシキタカヒコネ
日本書紀	味耜高彦根	アヂスキタカヒコネ
出雲国風土記	阿遅須枳高日子	アヂスキタカヒコ
土佐国風土記	味鉏高彦根	アヂスキタカヒコネ

はチで、蛇を表している。つまり、阿遅（阿蛇）とは、大蛇のことである。鉏はシ（ショ）、動詞・す（為）の連用形である。高はカ（カウ、カミ）、日もカ（名のり・か）で、高日は蛇の古語のカガである。子はヒ（ヒト）、根はコ（コン）で、これがヒコである。将来は大蛇となる蛇《かが》の男子の意である。

『古事記』のもう一つの表記「阿遅志貴高日子根」は、〝阿《あ》蛇《ち》しき蛇彦《かが》〟である。志はシで、動詞・すの連用形、貴はキで、助動詞・きを表している。これに類似した『出雲国風土記』の「阿遅須枳高日子」は、〝阿《あ》蛇《ち》し蛇彦《かが》〟となっている。須はシ（シュ）で、動詞・すの連用形である。枳はカ（カラタチ）、高もカで、枳高はカガを表している。日子はヒコである。両者の違いは、助動詞・きがあるかないかだけである。

「味耜高彦根」「味鉏高彦根」は、いずれも〝アシダヒコ〟（阿《あ》し蛇《だ》彦）である。味耜・味鉏はアシ。味はア（アヂ）、耜はシ、鉏もシを表している。巨大という意味である。高はダ（タカ）で、「蛇足《だそく》」の蛇《だ》である。彦はヒ（ヒコ）、根はコ（コン）である。〝阿《あ》蛇《ち》し蛇彦《かが》〟〝阿《あ》し蛇《だ》彦〟。これが、いわゆる「アヂスキタカヒコネ」の素顔である。

『記紀』などに、その名前を残している人物は、それぞれの社会にあって、大なり小なり影響力を保持していた人物だ。そういった人物の中でも、人名に蛇を取り入れることのできた人物は、当時の支配者層に限られている。

あるいは、その社会の支配者層の中の序列を、表していたとも考えられる。紀元前のいわゆる「神話時代」から、蛇への畏敬の念は強く、その執着には、凄まじさを感じるほどである。

別の意味で、それ以上に凄まじいと思われる一団が存在する。記紀編纂者だ。「天孫降臨」時代の人物「阿遅志貴高日子根」を、こんなところで登場させていたのである。ア然とするばかりだ。「天の宇受売」も「神功皇后」として、紀元後の世界へ移動させられたばかりか、敵国の天皇の妻として扱われていた。その執筆態度には、良心の〝かけら〟すらない。

記紀編纂者は、歴史事実を後世に残すことの責任も自覚も、すべて放棄しているから、このような作文をしても、平然としていることができるのである。その『記紀』は、神武以後、その中心地は大和盆地だと強調している。一貫した主張だ。だが、その骨格がここでも大きく揺らいでいる。倒壊は最早、時間の問題である。

謎の「三諸岳」

「雄略紀」(七年秋七月)には、「三諸岳」の説話がある。この説話も蛇に関係している。

「朕《われ》、三諸岳の形を見む」と思った雄略は、腕力のある家臣に、必ず捕らえてくるようにと命じた。この命令に従って、その家臣はすぐに「三諸岳の形」である大蛇を捕らえてきて、天皇の前に差し出した。

ところが、それは「雷虺虺」(イカツチの虺虺《ひかりひらめ》きて)、「目精赫赫」(目は精《きよ》く赫赫《かくかく》)としていた。虺虺《きき》とは「雷の鳴り響く音」(藤堂編『学研漢和大字典』)を言う。これを見て、雄略は恐れおののいて、宮殿の中に隠れてしまった。そのために、この「形」を三諸岳に放ち、その名を「雷」とした。「雷」とは〝イカ・ツチ〟(厳《いか》・蛇《つち》)、すなわち、荒々しい音を発する、威厳のある蛇ということになる。それは、蛇を連想させる音に由来しているようである。

雷鳴のゴロゴロは、蛇の古語コロと同じである。「目精赫赫」とは、眼は澄んでいて、赤く輝いていたという意味である。これは、「彼《そ》の目は赤加賀智《あかかがち》の如くして」(「神代記」)と形容されていたヤマタのオロチの、眼にも共通する。「三諸岳の形」の眼もまた、「赤いホオズキ」に似ていたことになる。結局、これは〝雷の蛇由来譚〟のようである。

「三諸」は定説となっている「ミモロ」ではなくて、「ミハ」（美蛇）である。「雷」を「イカツチ」ではなく、「カミナリ」と読み、「三諸」を「ミモロ」と読み続けている間は、蛇に因んだこの説話は、何も解けないことになる。

疑問とすべき点は、まだある。「三諸岳」は、なぜか「ミモロノヲカ」（岩波大系本）と読まれている。「岳」には、「丘」の意味もあるが、この山は奈良・三輪山ではない。大山だ。だから、「オカ」の解釈は馴染まない。「三諸岳」の読み方としては、「ミハの岳《たけ》」、あるいは「ミハの岳《やま》」がふさわしい。「三諸岳」の表記は、書紀編纂者による手直しではなさそうである。ただ、「ミモロノヲカ」の読み下しが、根底から間違っているだけのことである。

ところで、大山の古称は、『出雲国風土記』の写本によって、なぜか異なる。「大神岳」とも、「火神岳」とも表記されている。「大神岳」は、〝オオミハダケ〟が本来の名称だから、「火神岳」は「ヒのミハダケ」となる。

しかし、「火神岳」は、大山が火山活動を行っていた時代の名称ではないようである。楷書ではまったく似ていない大字と火字も、草書体だと、必ずしも似ていないとは言えなくなる。あるいは、「火神岳」誕生の背景には、大字を火字と見誤ったことがあったのではないか。

当然の結果

「雄略」についてのわたしの解釈も、終わりに近づいた。わたしの見解に、読者はまたしても、アッと驚いたと思う。そのわたしも、「雄略」で驚いたことがある。内倉武久氏の著作『太宰府は日本の首都だった』を読んでいて、ビックリした。奈良県立橿原考古学研究所（以下、橿原考古学研と略）が、「雄略＝武」の都と考えられている桜井市初瀬の脇本地区で、発掘調査をしていたという。

一九八四（昭和五九）年から七回に及ぶ調査によって、五世紀の遺構である「東西二間、南北三間の掘っ立て柱の建物跡一棟と柱の列」、そのほかに須恵器、土師器などが出土した。これについて、橿原考古学研は建物がやや小さくて、都の中心部の建物とは考えにくいということから、「遺跡の中心部ではなく、南の端にあたったらしい」と推測していたようである。

この見解に対し、内倉氏は、「（前略）著名な大王であり、日本列島はおろか、朝鮮半島の支配権まで認められた『倭の五王・武』の都だったら、なにかそうしたことをにおわせるような出土品があってもよいと思うのだが、中国・朝鮮との関係をしのばせる出土品はまったくでなかった。（中略）須恵器はどこの遺跡からでも数多く出てくる。貧弱としか言いようがない」と、批判的に指摘した。

この発掘調査は、四年間にわたって続けられたようである。その後打ち切られたまま、再開はしていない。せめてもの救いである。倭の五王・武は、大和盆地で日本列島を統治してはいなかったのだから、必然の結果である。

人間は時に、歴史に皮肉られることがある。その脇本で、やはり橿原考古学研が、銅鐸を溶かして再利用したという工房跡を発見していた。その模様を、二〇〇七（平成一九）年一二月七日の『朝日新聞』が、報じている。この工房跡についての考古学者の見解は、明快である。

考古学者の寺沢薫氏は、ここに、「大和王権」が介在していたと強調する。銅鐸研究者の難波洋三氏も、「纏向遺跡のすぐ近くで見つかった意義は大きい」と述べている。この論評にも、「大和王権」の存在を裏付ける根拠の一つとしたい氏の本音が、漏れているようだ。

銅鐸についてのわたしの見解は、すでに明らかにしている。銅鐸文明圏の初瀬・脇本にも、邪馬壹国の鋭い爪は、容赦なく突き立てられていたのである。水に落ちた犬は徹底して叩くという方針のもとに、敵国をすべて叩き潰し、被差別部落を作り上げていた。これが、邪馬壹国の占領政策であった。そのような征服者の手に掛かれば、狗奴国圏の象徴である銅鐸が、丁重に扱われるはずはなかった。

第五章　別人にすり替えられていた狗奴国の大王たち

1　応神もこの地の光景を楽しんでいた

一致しない光景

「応神記」（六年春二月）に、一つの行幸記事がある。ところが、その記事の内容と、通説となっている比定地での実際の光景とが、まるで一致しないのである。これで一致する方がおかしい。通説は、ここでも誤っていた。解明のきっかけは、「宇遅」の発見にあった。その記事は、このようになっている。

一時《あるとき》、天皇近つ淡海国に越え幸《い》でまし時、宇遅野《うちの》の上に御立《みた》ちしたまひて、葛野《かづの》を望《みさ》けて歌ひたまひしく、

知婆能　加豆怒袁美礼婆　毛毛知陀流　夜邇波母美由　久爾能富母美由

[岩波大系本]千葉《ちば》の葛野《かづの》を見れば　百千足《ももちだ》る　家庭《やには》も見ゆ　国の秀《ほ》も見ゆ

岩波大系本は、「家庭《やには》」とは「人家の庭」、「国の秀《ほ》」とは「国のすぐれたところ」だという。次いでこの経路を、〝大和国（奈良県）↓宇治（京都府）↓「近つ淡海国」（滋賀県）〟だと解釈した。

「近つ淡海国」は大津市、「宇遅野」は宇治川流域の野原、そこから見える「葛野《かづの》」は、京都市右京区葛野《かどの》と比定しているためである。それなのに、この記事は、これらの地形とはまるで一致していないという矛盾がある。

まず、肝心の「宇遅野」がどこか。それがサッパリ特定できないのである。この後、応神は「木幡村《こはたのむら》」を通っているから、通説のとおりだと、「木幡村」は宇治市木幡《こわた》・黄檗《おうばく》辺りということになる。しかし、ここからだと、宇治と「葛野《かどの》」との間は、二〇km以上も離れている。何かおかしい。

宇治川流域は、すべて「宇遅野」であるとの解釈が成立しても、二〇km余の距離があるのだから、「宇遅野」から「葛野《かづの》」の地は、まるで見えない。それだけではない。ありふれた土地柄の「葛野《かづの》」が、特筆するだけの「国の秀《ほ》」とは、どうしても思われないのである。

このように、この記事を、宇治―大津間の応神の行動と、その道すがらの歌謡と解釈すれば、現実との間に、いくつもの矛盾が生まれてくることになる。どうして、こんな矛盾だらけの事態となり果ててしまったのか。

ここで、改めて、解決すべき問題が浮き彫りになってきた。通説となっているこの歌謡の解釈は、これで正しいのか、どうか。ここに至るまでに、通説視されている記紀歌謡の解釈は、わたしのそれとは根底から異なっていた。

［わたしの解釈］淡《あは》し　曲処《くまど》を見れば　藻《も》も千蛇《ちだ》し寄るに　魚《な》は見ゆ　奇《く》し鮎も見ゆ

［大意］清らかな川の、湾曲しているところを眺めていた。川底にはびこっている藻が、揺れ動いている。その動きは、さながら無数の蛇の、流れに従って泳ぎ、寄り添っているかのようである。このため、視界はさえぎられてはいるものの、それでも魚は見える。美しい鮎も見える。

この川は、「宇遅河」である。宇治市・京都市を流れる宇治川ではない。鳥取県西部を流れる日野川である。
［解釈の根拠］○知婆能―淡し。知はア（名のり・あき）、婆はハ、能はシである。○加豆怒袁美礼婆―曲処を見れば。加はク（クハフ）、豆はマ（マメ）、怒はドで、川の湾曲しているところ・淀を表している。加豆怒は、通説となっている「カヅノ」ではない。地名ではないのである。○毛毛知陀流夜邇―藻も千蛇《ちだ》し寄るに。この句は難解である。毛はモで、藻のことである。次の毛もモだが、係助詞を表している。知陀流は、千蛇《ちだ》しの意である。知はチで千、数の多い意である。陀はダ、蛇である。流はシ（シク）、動詞・すの連用形である。夜はヨルで動詞、邇はニで、逆接の接続助詞となっている。
○波母美由―魚《な》は見ゆ。波はナ（ナミ）で、魚のことである。母はハ（ハハ）、格助詞を表している。美由は見ゆ。美はミ、由はユである。○久爾能富母美由―奇《く》し鮎も見ゆ。久はク。爾はシ（ジ、シカリ）を表しているようである。能富は鮎。能はア（アタフ）、富はユ（名のり・ゆたか）である。この母は前後の文脈から考えれば、モとなる。係助詞である。

わたしの読み下しが正しいかどうかの判定は、『紀』で可能である。「応神紀」にも、同じような歌謡がある。

知麼能　伽豆怒塢彌列麼　茂茂智儂蘆　夜珥波母彌喩　区珥能朋母彌喩

［岩波大系本］千葉《ちば》の葛野《かづの》を見れば　百千足《ももちだ》る　家庭《やには》も見ゆ　国の秀《ほ》も見ゆ

このように、通説では「応神記」の解釈と、まったく同じである。しかし、同じことをもって、正しいとの根拠にはならない。

［わたしの解釈］淡《あわ》し　淀処《よどど》を見れば　藻も蛇《ち》なり寄るに　魚《な》は見ゆ　奇《く》し鯵刺《あぢ》も見ゆ

「応神記」の「奇《く》し鮎」が、「応神紀」では、水鳥の「奇《く》し鯵刺《あぢ》」に変わっていたことが、大きな相違点である。

［読み下しの根拠］○知麼能―淡し。知はア（名のり・あき）、麼はハ（バ）、能はシである。○伽豆怒塢彌列麼―淀処を見れば。伽豆は川が湾曲している意の淀。伽はヨ（ヨル）、豆はドである。怒はド、地名接尾語・処を表している。塢はヲ、格助詞である。彌列麼は見れば。彌はミ、列はレ（レッ）、麼はバである。「伽豆怒」（淀処）は、理解しやすい言語である。ここから、『記』の「加豆怒」（曲処）が解けてきた。

○茂茂智儂蘆夜珥―藻も蛇《ち》なり寄るに。初めの茂はモ、藻である。次の茂もモ、ただし係助詞である。智はチで、蛇を表していた。儂蘆は動詞・なり。儂はナ（ナウ）、蘆はリ（ロの活用による）となっている。夜はヨルで動詞・寄るを、珥はニで、逆接の接続助詞を表している。この句も、『記』と同じ光景を表現していた。○波母彌喩―魚《な》は見ゆ。波はナ（ナミ）で、魚の古語である。母はハ（ハハ）、格助詞である。彌喩は通説のとおり、見ゆである。

○区珥能朋母彌喩―奇し鯵刺も見ゆ。区珥は、神秘的の意の奇し。区はク、珥はシ（ジ）である。能朋は「アユ」ではなくて「アヂ」、水鳥のアジサシのことである。能はア（アタフ）、朋はヂ（チハフ）を表していた。母はモ、格助詞である。「能朋」は簡単に解けると、ナメていたが違った。「能富」（鮎）の先入観が災いした。このために、「アヂ」に辿り着くために、ずいぶんと遠回りをさせられた。

これで、応神が詠んだという「宇遅野」も特定できる。その決め手は、アジサシである。そこは、日野川の河口に近い河川敷ということになる。ここからだと、美保湾を望むことができる。

応神はこの後、「木幡村」を通っている。移動手段は徒歩か馬か、馬車なのか。それは明らかではないが、いずれにしても、「宇遅野」と「木幡村」とは近い。

木幡を解く

ところで、「木幡」は、「コハタ」で正しいのかどうか。肝心の「木幡」に関する記事は、『記紀』ともにこれだけだから、その確証には、安定性を欠く。それに、地名はもとの意味を無視して、変てこなものに化ける悪癖がある。常に、頭の片隅に置いておかなければならない命題である。だから、どうしても慎重になる。

この「木幡村」は、宇治市木幡に比定されている。これは、この記事に基づいて、後で付けられた地名である。記紀編纂者の読解能力には、常に疑問を持ち続けているものの、「コハタ」の地名音までをも、否定することはなさそうである。なぜか。

日野川の河口からややさかのぼったところに、巨勢《こせ》郷という地名が、古代には存在していた。そこは、日野川の河口に近い車尾《くずも》・熊党《くまんとう》の南、日野川流域の水浜・諏訪・上新井《かみしい》・下新井一帯の古代の郷名であった。「コハタ」とは、〝コの端《はた》〟の意、つまり、〝コ〟のそば、かたわらに位置していることを示す地名である。それは山、それとも川のそばか。答えは、〝川のそば〟である。

河内の地名音は、カワチ（カハチ…河端地）が一般的である。ところが、この表記を、「コウチ」と読む地名も存在する。

①河内《こうち》町（広島県賀茂郡）、②河内《こうち》（福井県上中《かみなか》町）、③河内《こうち》川（a神奈川県丹沢湖が源流、b鳥取県旧気高《けたか》町、c岡山県落合町）

一連のコウチは、カワチの音変化によって生まれた地名ではなさそうである。古くには、河をカだけではなくて、コとも読んでいたのである。そうなると、コハタはどうなるか。〝河端〟となる。この河は本来の宇治川、今、話題にしている日野川である。これで、巨勢も解けた。コセとは、〝河瀬〟である。コハタが、コセよりも古い地名なのかは分からない。

あるいは、この一帯は、コセともコハタとも呼ばれていたのだろうか。いずれにしても、〝木幡＝巨勢〟は地名のみならず、地理的にも成立する。「宇遅野」からそんなに離れていないから、この地名比定に矛盾はない。

「木幡村」を探していて、気づいた地名が、米子市今在家《いまざいけ》である。〝今、在宅している〟といったような地名の今在家《いまざいけ》は、どこにでもあるありふれた地名ではある。大山町などにも、今在家の地名は残っている。この地名も、とんでもない姿に化けた典型の一つである。今在家は「イマザイケ」ではなく、「コサカ」（大きな坂の意の巨坂、もしくは小坂）であったと思われる。今はコ（コン）、在はサ（サイ）、家はカである。

もっとも、米子市今在家は、現在では平坦な地となっている。坂など、どこにもない。しかし、現況をもって、「コサカ」（巨坂、小坂）を否定することはできない。人間社会の長い営みによって、丘陵地が農地へと開墾されたためである。

応神は日野川下流域から、「木幡村」へとやってきているのだから、「木幡村」を米子市、あるいはその周辺に求めることは誤ってはいない。ここで、一つだけ言えることは、「木幡村」は、日本海に近いところに存在していたという事実である。

通説の宇治市木幡《こわた》は、「宇治川」に近い。その一部は「宇治川」に面している。琵琶湖とも比較的近い。だが、断言していい。応神は宇治川のほとり、現在の宇治市の中をウロウロしてはいなかった。

2　八束水臣津野は天皇だった

『記紀』の中の八束水臣津野

八束水臣津野（馳《は》しす大蛇《おおつぬ》）は、『出雲国風土記』だけではなく、『記紀』の中にもいた。しかも天皇だった。天皇であったことを示す根拠は、『出雲国風土記』ではなく、『記紀』にある。そこには、この事実が明確に記されている。それなのに、なぜ、この重大な事実に、今まで誰も気づかなかったのか。不思議である。

その原因は明確である。『記紀』の記す朝廷は、大和に所在した。これが、日本国民の通念となっている。『記紀』の生み出した「共同幻想」である。この幻想が、日本国民の間に深く浸透しているために、誰も真実が見えなくなっているのである。

八束水臣津野は、「国引き神話」の主人公である。今日、津田左右吉の「実証」によって、「国引き神話」は、架空の物語と広く信じられている。このために、八束水臣津野もまた架空の神であって、実在した人物であるとは考えられていない。だが、すでに詳述したように、八束水臣津野は、この世に紛れもなく実在していた。

八束水臣津野が、綱で引き寄せた国は四カ国である。①「志羅紀」（新羅）、②「北門《きたど》の佐岐《さきの》国」（島前《どうぜん》）、③「北門の農波《つはの》国」（島後《どうご》）、④「高志の都都《つつ》の三崎」（能登半島）が、その国々であった。

一大叙事詩にも擬せられている「国引き神話」は、「天孫降臨」以後、伯耆・出雲（狗奴国）が筑紫（邪馬壹国）に奪われた国々を、ふたたび取り戻そうとした史実である。この事件は、「天孫降臨」直後に起こっていたと考えられるから、八束水臣津野は、大国主の息子の「建御名方」である可能性は高い。

記紀編纂者は、参考にした原典の内容をバラバラに解体し、大和盆地や畿内を舞台とする「物語」を、手前勝手に創作している。しかし、そこからさらに踏み込んで、人物や地名を勝手に作ることまではしていない。この手口から判断すれば、八束水臣津野（＝建御名方）は、実在した人物であると推測することができる。

八束水臣津野が仕立て上げられていた「大和朝廷」の天皇とは……。それは孝元《こうげん》である。第八代の天皇だ。孝元を、八束水臣津野と同一人物とする根拠は「大倭根子日子国玖琉命」（記）、「大日本根子彦国牽天皇」（紀）と表記され、「オオヤマトネコヒコクニクル」と読まれている和風諡号《しごう》にある。

「国玖琉」の「クル」（玖琉）とは、「繰る」意である。「繰る」とは、「蔓《つる》や紐《ひも》・糸など細長い物を手元に引き寄せる。たぐる」（北原編『全訳古語例解辞典』）ことである。「たぐる」とは「手繰る」ことであって、「両手を交互に動かして、手もとに引き寄せる」（西尾他編『岩波国語辞典』）行為をいう。「繰る」の意味は、昔も今も変わってはいないから、「国玖琉」とは、〝国を手もとに引き寄せる〟ことであり、「国引き」とは同義ということになる。後述するように、「国牽」が、それを文字どおり示している。

日本神話において、国を引っ張った人物はただ一人、八束水臣津野しかいない。それなのに、「大和朝廷」・記紀編纂者は、この人物については、「大倭根子日子国玖流」の和風諡号《わふうしごう》だけで白《しら》を切り、「本名」は、ひたすら隠し通していたのである。「本名」を明らかにすれば、『記紀』は〝盗作の史書〟であることを、自ら白状するようなものだからだ。

前述したように、八束水臣津野が「国引き」をした時代は、あるいは「天孫降臨」直後の可能性がある。『記紀』の系譜では、「孝元」は「建波邇安王」の父親となっているが、その状況から、八束水臣津野と孝元の生きた時代は、大きく異なっていると言わざるをえない。

「建波邇安王」は、狗奴国滅亡直前の人物である。他方、八束水臣津野は「建波邇安王」と違って、意気軒昂だ。やられたら、やり返す。取られたら、取り返す。これが八束水臣津野の、筑紫とその同盟国に対する根本姿勢―政治哲学であったようだ。その激しい鼻息に、落日の狗奴国大王を感じ取ることはできない。

「国引き」から見えてくる八束水臣津野は、敵意剝《む》き出しの塊のような大王の姿だけである。

ところが、八束水臣津野と同じように、「孝元」についても、その情報は極めて少ない。そのために、八束水臣津野・孝元の時代を特定することは難しい。ただし、一つだけはっきりしていることは、「天孫降臨」以後の大王であったということである。

孝元は、「大和朝廷」の天皇ではない。それを示す別の証拠が「軽之堺原宮」（紀：境原宮）だ。「軽」は例によって、奈良県橿原市大軽町付近に比定されているが、これも間違いである。では、その地はどこか。その地は、「軽」では探せない。

前章「泊瀬の小野」で説明したように、法勝寺川左岸、旧西伯町（現南部町）に「境」の地名が残っている。「境」は、米子市と接している。このために、「境」は米子市と旧西伯町の境界かと思いがちだが、そうではない。米子市の市制発足は新しい。一九二七（昭和二）年のことである。それ以前、米子市の南部は、旧西伯町の「境」とともに、天津《あまつ》村に属していた。だから、この「境」が、米子市・西伯町の境界ではないのである。「境」とは〝小峡《さかひ》〟、あるいは〝狭峡《さかひ》〟のことである。これも、前章で述べたとおりである。

法勝寺川に架かる「境」の明枝《あけえだ》橋を東へ渡ると、そこは伯耆国の手間（旧会見町―現南部町）だ。法勝寺川は伯耆国と出雲国との境界なのである。八束水臣津野は、ここで国政の指揮を執っていたのである。八束水臣津野は、どうしてここに都を築いたのか。

その動機として、一つだけ思い当たることがある。この地では、秀麗な〝美蛇山《みはやま》〟―大山を正面に見ることができる。ところが、ここから南部へ下ると、〝美蛇山〟を眺めることはできなくなる。「境」は、その意味でも、〝美蛇山〟を眺める境界でもあったことになる。

「堺原」と「倭国の域の内」

米子市に隣接する東町西町（旧西伯町、現南部町）に、「米子ニュータウン」と命名された住宅地が造成されている。この「ニュータウン」は、国道一八〇号線と境との間に設けられた住宅地である。国道一八〇号線とは、〝要害山・母塚山連峰〟に沿って南北に伸びる国道である。「堺原」とは、国道一八〇号線と境の間の一帯を表しているようである。したがって、「堺原宮」は、この中に存在していたことになる。

「倭国《いこく》」には、広狭の二義がある。

(1)日本列島の総称　…　伯耆・出雲も筑紫も、自国を「倭」と呼称していた。これは、日本列島の支配者であることの、あるいはそうありたいとの裏返しの主張なのである。実際に、この両国は日本列島の覇者たらんとして、激しい争いを繰り返していた。伯耆・出雲と筑紫の双方の「倭」へのこだわりは、日本列島の支配者へのこだわりでもあったことになる。

古代の日本人について、「魏志倭人伝」が「倭人《いじん》」「倭種《いしゅ》」と記していたことは、すでに「倭国《いこく》」の呼称が定着していたからである。「伊都国」もまた、「倭土国」だったのである。

(2)倭《い》の中の倭《い》　…　「倭国《いこく》」の中心地、都の意である。大国主の宮殿は旧西伯町馬場に築かれていた。大国主が、「出雲より『倭国』に上《のぼ》りまさむとして、束装《よそひ》し立たす時に、…」（「神代記」）とある「倭国」も、出雲国の中の「都」のことであり、より具体的に言えば、馬場の宮殿を中心とした都域ということになる。

これで明らかなように、この直後に論ずる「倭国の域《さかい》の内」（崇神紀）の「倭国」とは、都域と同義なのである。したがって、この「域」は「境界」のことではなくて、都域の中の地名である。つまり、「堺原宮」と「倭国の域の内」とは、同一の領域を示しているのである。

大国主の時代、八十神を倒した後であっても、その内部には、なお八十神の息の掛かった者たちはいたであろう。中国山地の入口のような、いわば奥まったところにある馬場の宮は、その反映のようでもある。行政府としての機能よりも、〝自己防衛〟を優先させた結果である。

八束水臣津野は、大国主の息子である「建御名方」と、同一人物と見なすことができる。八束水臣津野（建御名方）には、筑紫の建御雷の侵入を、やすやすと招いたとの反省がある。その反省は、すかさず実行に移されたようである。二つの宮の地理上の相違を比較することで、八束水臣津野の反省の核心が見えてくる。

淡海（美保湾・中海）沿岸
①馬場　…　一三～一五km
②東町西町～境　…　五～六km

この数値の示しているように、②は①の二分の一となっている。これで断定的に言えることが、一つだけある。つまり、八束水臣津野の拠点は、より淡海に「接近」している点である。ここに、八束水臣津野の最大の目的があったと言える。

「国引き神話」の帰結から、八束水臣津野の時代には、伯耆・出雲は筑紫に対して、優位に立ってはいたが、敵国も拠点の周りに要塞を築き、必死になって軍事力を整備してきている。このため、相違する二つの政治圏の間には、緊張が絶えずみなぎり、決して油断できる状況ではなかった。

敵国の動向の察知と迅速な対応。淡海の港から筑紫・北陸への出陣と、同盟国への伝達が、速やかに実行できる司令本部の存在は欠かせない。この点、内陸部に入り過ぎている馬場の地は、政治の中枢・司令本部としては、適切な立地とは言いがたい。

この課題を克服するためには、より淡海に近いところへの移転が、現実問題となっていたと思われる。そのために必要とした宮が、「軽之堺原宮」であった。この宮には、敵地攻撃に対する機敏性・迅速性が求められていたのである。つまり、外患への的確・機敏な対応だ。すべては、この一点にあった。

大国主（大物主）が、「倭国の域の内」——「堺原宮」に滞在したと、「崇神紀」は記している。しかし、その理由は分からない。けれども、大国主と八束水臣津野とは親子なのだから、大国主のこの行為は不可解なことではない。

息子に対して、権力委譲の準備を進めると同時に、その心構えを説くためだったのか。あるいは、権力を八束水臣津野に譲って、全国統治の一線から退いてもなお、時に、息子に助言をしていたためか。その間の事情は分からない。

「軽」と孝元の埋葬地

孝元の宮は、「軽の堺原宮」（軽之堺原宮）といった。「軽」で想起されることがある。阿遅志貴高日子根（「神代記」）の所持していた大刀が、「大量」（「神代記」）、「大葉刈」（「神代紀」）だ。この点、「オオハカリ」は〃オオ＋ハカリ〃ではなく、〃オオ＋ハ＋カリ〃で〃大＋蛇＋大刀〃を表していた。この『記』ではなく、『紀』の方が音節上正確である。「オオハカリ」とは、〃大蛇のように神秘的で強靭な大刀〃の意である。「カリ」には、〃大刀《たち》〃の古語との説がある。文字どおり「刈る」の名詞形であり、その派生語のようである。

孝元の宮の「軽」も、〃大刀〃の「カリ」であろう。「軽の堺原宮」とは〃大刀で堅固に守った堺原宮〃を表していることになる。軽にカリの音はないが、カルカルシ・カロカロシの古訓があることから、カル・カロを、ラ行音上で活用しての表記かと考えられる。大刀で堅固に守らなければならない相手とは、言わずと知れた筑紫だ。これは、筑紫勢力と戦う「天皇」にふさわしい宮殿名と言えるようである。

その孝元の埋葬地については、「御陵《みはか》は剣池の中の岡の上にあり」と、『記』が記している。「軽」と「剣」。存命中の宮と〃死亡後の宮〃—埋葬地とは、名称の上でも釣合いがとれている。宮も墓地も、いずれも武器で守られている。ここには、筑紫と徹底して戦う八束水臣津野の強固な意志が、強く現れているようである。

「軽の堺原宮」は前述したように、橿原市大軽町に比定されている。「御陵」のある「剣池」は、やはり橿原市石川町に比定されている。大軽町の北隣が石川町であり、ここには、「剣池」と見立てられている石川池が存在している。

しかし、この定説の比定で驚くのは早い。驚くのはこれからだ。実は、この「剣池」は、孝元の時代にはまだなかった。「剣池」は、「軽池」とともに人口の池、溜《た》め池なのである。ここまでだと、別に驚くことでもない。ところが、「応神記」に「剣池を作りき」、「応神紀」（十一年）には「剣池・軽池《かるのいけ》・鹿垣池《かのかきのいけ》・厩《うまや》坂池《さかのいけ》を作る」という、とんでもない記事がある。孝元は第八代、応神は第一五代の天皇である。

孝元が死亡した時、「剣池」はまだなかった。それなのに、どうして「御陵は剣池の中の岡の上にあり」などと、書き残すことができたのだろう。この問いに対し、孝元崩御時、陵墓のかたわらに「池」はなかった。ところが、応神の時代になって、その周りに「剣池」を巡らしたから、このような記事になったのだといった答えが、持ち出されるかもしれない。

だが、この答えは成立しない。宮都の所在地と埋葬地の明記。これが、『記紀』の目的の一つだ。それは初代天皇・神武以来変わることはない。それを孝元に限って、「剣池」が作られた後年の環境変化に配慮したため、ということはありえないのである。

記紀編纂者は、ここでも大失態を演じていたことになる。慎重でなければならない〝原典〟と『記紀』との「校訂」を、ここでもしっかりと手抜きをしていたのである。

先に、「軽」の原義を明らかにした。「軽」の原義が解けたことによって、「軽池」も解けてきた。「軽池」とは〝大刀の池〟ということになる。「軽池」は、「剣池」と一対となっていた「溜《た》め池」なのである。

これで、剣池・軽池の原義は判明した。残る鹿垣池・厩坂池は、どのように読めばよいのか。この問題もここで解決しておきたい。「鹿垣池」は、蛇の池の意の〝カガ池〟である。鹿はカ、垣もカ（カキ）である。

次いで「厩坂池」は、曲がりくねった蛇の池の〝クハ池〟か。厩はクで、勾《く》（＝曲）の意か。坂はハ（ハン）で蛇である。蛇はどこまでもついてくる。

橿原市に溜め池は多い。けれども、ここまで論じてきた四つの池の所在する地は、橿原市ではない。〝要害山・母塚山連峰〟に沿って走っているために、わたしが勝手に「山《やま》の辺《べ》の道」と呼んでいる国道一八〇号線沿いにも、溜め池は多い。特に、東町西町と坂根との間には多く、東町西町と境との間にも存在する。しかし、土地の人に聞いても、その名称は分からない。

旧西伯町にあったと思われる「剣池」についても、とっくにその手掛かりは失われている。可能性の一つとして、境の中の「奥堤」が考えられるが、その決め手はない。したがって、「剣池」と一対となっている「軽池」も分からない。これが現状である。

「根子」(1)

「吾輩は猫である。名前はまだ無い。どこで生まれたか頓《とん》と見当がつかぬ」と嘯《うそぶ》いて、開き直っている「ネコ」は、有名である。明治の文豪の描写した「ネコ」は、早い話〝元野良ネコ〟である。野良ネコと違って、生まれも育ちも桁外れに毛並みのよい天皇もまた、「ネコ」だという（表5-1）。孝元も「ネコ」である。本当にそうだろうか。

表5-1　「根子」の称号のある天皇（読みは通説）

区分	『古事記』	『日本書紀』
7　孝霊	大倭《おほやまと》根子《ねこ》日子《ひこ》賦斗邇《ふとに》	大日本《おほやまと》根子《ねこ》彦《ひこ》太瓊《ふとに》
8　孝元	大倭《おほやまと》根子《ねこ》日子《ひこ》国玖流《くにくる》	大日本《おほやまと》根子《ねこ》彦《ひこ》国牽《くにくる》
9　開化	若倭《わかやまと》根子《ねこ》日子《ひこ》大毘毘《おほひび》	大日本《おほやまと》根子《ねこ》彦《ひこ》大日日《おほひび》
22　清寧《せいねい》	白髪《しらがの》大倭《おほやまと》根子《ねこ》	白髪《しらかの》武《たけ》弘国《ひろくに》押《おし》稚日本《わかやまと》根子《ねこ》

（注）敬称の「命《みこと》」（記）、「天皇」（紀）は省略した。

歴代天皇の和風諡号は、いまだに何も解明されてはいない。「根子」も、その一つである。「根子」は、「ネコ」と読まれているけれども、これを「ネコ」と読むだけの、確かな根拠はない。実は、この「根子」にも、蛇が関係していたのである。蛇を深く理解しなければ、日本の古代は解くことができない。これは、決して大仰な表現ではない。

一九九九（平成一一）年五月、初めて訪れた手間山の赤猪岩《あかいわ》神社で、一匹のシマヘビに出会った。この出会いは、その後の「蛇」との深い関わりを、暗示していたのではと思うことが、しばしばあった。実際、古代の真実へわたしを導くための〝案内人〟でもあるかのように、あの蛇との出会いを機に、日本の古代は蛇と深く関わっていることを、次々に突き止めてきた経過がある。不思議な因縁だと、つくづく思う。古代の謎を解くためには、蛇は欠かせない。「根子」の真実に直面して、さらにその感を強くした。

「根子」の表記のある歴代天皇は、声を大にして叫びたいことだろう。〝吾輩はネコに非《あら》ず〟と。そのとおりである。「根子」は「ネコ」ではない。『記』の「根子日子」は、『紀』では「根子彦」である。明らかに、「日子」と「彦」とは照応している。ともに、男子の尊称のようである。

ところが、「根子」は『記紀』ともに同じである。つまり、「根子」は、一文字で表すことのできない用語と見なすことができる。「根子」は、国名と男子の尊称・ヒコ（日子・彦）との間に使用されている。ここに、「根子」の秘密がある。

〝国名　…　日子（彦）〟。この男性は、国をどうしたいのだろう。男といっても、わたしのような凡人ではない。天皇である。すなわち、〝国名　…　日子（彦）〟は、〝国名　…　天皇〟と置き換えることができるのだから、〝国を統治する天皇〟ということになるのではないか。つまり、「…」で示した「根子」は、統治する意を表していることになる。

「根子」(2)

ここで、生じた新たな問題が、「根子」の読み下しである。根には、蛇の意味もあるのだから、蛇に関連した読み下しとしては、①ハシス、②ハスの二つが考えられる。①は根をハシ（ハシメ）、子をスと読んだ場合、②は根を単にハ（ハシメ）と読み、子をスと読んだ場合である。言うまでもなく、ハシもハも、ともに蛇の古語であった。

かねてから、疑問視していた表現が、『古事記』にあった。『古事記』には、『日本書紀』には見られない際立った特徴がある。その特徴とは〝○○天皇、△△の宮に坐《ま》しまして、天の下治《し》らしめたまひき〟というように、各天皇記の冒頭の文言が定型化されていることだ。孝元と雄略を例に挙げれば、このようになっている。

　大倭根子日子国玖琉命、軽の堺原宮に坐《ま》しまして、天の下治《し》らしめたまひき。
　大長谷若建命、長谷の朝倉宮に坐しまして、天の下治《し》らしめたまひき。

「天の下治《し》らしめたまひき」の原文は、「治二天下一也」である。「治」は「シラス」と読まれているのである。「知《し》らす」「領《し》らす」とは、〝知（領）るの未然形＋尊敬を表す助動詞・す〟の連語となっている。「知る」「領る」とは、統治する。治める意である。これは、どの古語辞典にも載っている説明である。

「治」の古訓にはヲサムもあるから、「統治する」意に解釈しても、誤りではない。誤っている点は、これを「シラス」と読み下していることにある。「治」を「シラス」と訓ずることは、果たして適切だろうか。
その適否の判断材料が、「根子」である。

治にはヲサムだけではなく、ハラフ・ハルといった古訓もある。だから、「治」を〝ハシス〟と読み下すことは可能であっても、「シラス」「シル」と読むことには、無理がある。それは、初代の神武と一〇代の崇神の尊称に、明確に現れている（表5−2）。

表5−2　神武と崇神の尊称

天皇	尊称の表記	通説の読み下し
神武	始馭二天下一之天皇（神武紀）	はつくにしらす天皇《すめらみこと》
崇神	所レ知二初国一之御真木天皇（崇神記）	はつくにしらしし御真木天皇《みまきのすめらみこと》

「駁」は「シラス」、「所レ知」は「シラシシ」の読み下しが、通説となっている。「所レ知」はともかくも、「駁」を「シラス」と読み下すには、相当に無理があり、強引ですらある。ゴ・ギョの音がある駁には、ウナカス・トトノフ・ハス・ヲサムの古訓はあっても、シル・シルに類する古訓を、確認することはできないからである。

ここまで問題視して、取り上げてきた根・治・知・駁の四文字に共通する音はハ、それも意味のあるハ、すなわち蛇である。〝ハス〟〝ハシス〟の読み下しは、成立する。北原編『全訳古語例解辞典』などの説明を借りれば、〝ハシス〟とは、〝はるの未然形＋尊敬を表す助動詞・す〟の連語となる。

わたしの解釈だと、神武と崇神の天皇名は、それぞれ〝始めて天の下駁《は》しし天皇〟〝初国知《は》しし御真木天皇〟となる。古代にあっては、蛇は大切な生物である。そのために、国・人名の多くに、蛇が取り入れられていたのである。この行為はさらに拡大し、国家の統治においても、蛇の神秘性にあやかろうとしたのではないか。

蛇の神秘性は、絶大である。日本列島を統治する天皇だから、「大倭根子」「若倭根子」であり、「大日本根子」「稚日本根子」なのである。それでは、どうして〝ハシス〟を表すために、「根子」としたのか。

改めて、ここには、深い意義が介在していたと感じる。長い形状の「根」は、まさしく「蛇《は》」である。出雲の別名は、「根国」（神代紀・第五段本文）であった。これは、単に植物の根ではなくて、蛇を示す「ネのクニ」だった。スサノオが行きたいと強く希望した「妣国」（「神代記」）が、「ハハのクニ」ではあっても、それは〝母の国〟ではなく〝蛇の国〟なのである。

スサノオの故国は、出雲である。その国は「根国」であり、「妣国」である。実のところ、ここまで「根国」と「妣国」との間に、共通性も関連性もあるとは、思っても見なかった。それがあった。蛇で強固に繋がっていた。蛇は古代の隅々にまで、その影響力を行使していたのである。

これで、孝元の「大倭根子日子国玖琉命」も解くことができる。これは、〝大《だい》倭《い》治《は》しす彦・国繰《くにく》る命《のみこと》〟となる。「大倭根子日子」は、「国玖琉命」の形容句とも見なしうる。けれども、むしろ、二つの名前を一つにした天皇名か。『紀』の記す「大日本根子彦国牽天皇」も、基本的に同じだ。〝大日本治《は》しす彦・国引き天皇〟である。

通説は「国牽」も「クニクル」と読んでいるが、疑問である。牽は「引く」ことを表す文字であって、「繰る」意はない。この二文字は、八束水臣津野にふさわしく「国引き」と解釈すべきである。

ただし、「大日本」が、「大倭」と対応していることは理解できても、これをどのように読むのか。いまだに分からない。「大倭」の意味するところも、やはり分からない。現時点で分かっていることは、一つ。倭・日本は、ともに日本列島の総称ということである。それであっても、このいずれをも、「ヤマト」と読むことは無謀である。

このような状況だから、先に表にして示した七代・孝霊、九代・開化、二二代・清寧については、分からない。「賦斗邇」「太瓊」（孝霊）、「毘毘」「日日」（開化）、「白髪」「白髪武弘国押」（清寧）の解読は、難しいとつくづく思う。

変な夢を見ているのだろうか。謎解きを本格的に始めた頃は、絶えずこの不安に襲われた。しかし、今では自信を持って言える。崇神も応神も、「大和朝廷」の天皇ではない。「倭の五王」の一人と見なされてきた「仁徳」も「雄略」も、そうではなかったと。

では、「倭の五王」は、どこにいたのか。この問題も含め、新たな視点から、古代の謎解きを、引き続き進めて行くことにする。

第Ⅱ部　消された古代王朝

こうやの宮（福岡県みやま市瀬高町太神）

七支刀を記す石柱（「こうやの宮」前）

第六章　邪馬壹国、その後

1　徘徊する「妖怪」

虚構の脊柱

一つの妖怪がわが国の古代史界をさまよっている。――「九州王朝」という名の妖怪が。これは「一つの妖怪がヨーロッパをさまよっている―共産主義の妖怪が」（マルクス・エンゲルス著、村田陽一訳『共産党宣言』）という、著名な一文の模倣である。

一九世紀半ば、K・マルクスとF・エンゲルスは、自らの著作『共産党宣言』の劈頭に、この名言を刻みこんだ。資本主義社会の生み出す「貧困」という最大の矛盾の克服と、より高次の社会の実現を目指す新しい思想を、「妖怪」と形容していたのだ。わたしの眼に古田の「九州王朝」が、この「妖怪」と重なって映ったのも、偶然でも不思議でもない。実は、当の古田本人が自ら発見した「九州王朝」を、『多元的古代の成立―下　邪馬壹国の展開』の中で、このように妖怪視していたのである。

一九七三（昭和四八）年、わが国の古代史上に突如として出現した「九州王朝」も、まさしく「妖怪」である。その「妖怪」とは、邪馬壹国の発展した古代の中心王朝、「大和朝廷」に先在して、九州の地に存在した強大な政治権力のことである。古田武彦が『失われた九州王朝』において、詳しく論じ切っているように、今ではそれは、さらに徘徊する「妖怪」ぶりを発揮し、日本列島における中心王朝としての実態を、着実に備え始めている。これが〝足のない幽霊〟との違いだ。

「日本の古代史は虚構の脊柱に貫かれてきた」。崇神も応神も仁徳も、そして雄略も、大和盆地や難波にはいなかった。『記紀』の主張する「大和朝廷」は今、轟音を発しながら、崩壊しつつある。それとともに、日本の古代史を「解明」してきた既存の「学説」もまた、崩壊の過程を辿っている。

三世紀末から四世紀初めにかけて、日本列島には、政治上大きな変動が生じている。銅鐸の消滅、それに代わる巨大古墳の出現という一大現象については、誰しも異論のないところである。それなのに、学者たちは、この局面をどのように解釈してきただろう。ことに、「邪馬台国」九州説では、これが切実な問題となった。そこで、九州説はどうしたか。「邪馬台国」を大和盆地へ、強引に「引っ越し」させたのである。いわゆる「邪馬台国」東遷説である。この東遷によって、「大和朝廷」が樹立されたと考えたのである。

「邪馬台国」東遷説と畿内説との落差

「邪馬台国」東遷説は是か非か。ここで問題にする理由は、この見解もまた、『記紀』の生み出した「大和朝廷」という亡霊に取り憑《つ》かれた見解の一つだからである。それほど、『記紀』の発する「霊力」は強力なのである。

銅鐸の消滅と巨大古墳の出現については、和辻哲郎が一九二〇（大正九）年に、『日本古代文化』において、一つの仮説を提起していた。

①弥生時代の畿内の祭器であった銅鐸は、なんらかの形で大和朝廷の祭祀《さいし》や文化の中に残っていてもよさそうなものである。②ところが、銅鐸はまるで打ち捨てられたかのように、山麓などで出土している。その一方で、北九州系の鏡・玉・剣は、皇室の皇位の象徴にまでなっていると、分析した。

そこで和辻は、「これは九州の支配者が、銅鐸をもつ畿内の先住民を滅ぼしたことを物語っている」と、推測した。氏はさらに続けて、「邪馬台の名は突如として消えた。そして全国を統一する大和の勢力が現れている。ヤマトという名称は、（中略）筑紫の邪馬台から発祥したことを示す一つの根拠である」と結論づけた。「邪馬台」と大和の音は、「ヤマト」で一致するという例の考え方だ。

それであっても、考古学的出土物の分布状況を分析する氏の眼は、客観的である。畿内の銅鐸は、まさしく筑紫勢力によって、徹底的に破壊されているからだ。それから五年後の一九二五（大正一四）年、京大の考古学者である浜田耕作・梅原末治の影響を受けて、畿内説に転じた和辻は、この見解を、いともあっさりと捨て去ってしまうのである。一面的ではあるにせよ、正しかった答えは、初めの方なのにである。

「邪馬台国」九州説に立ちながら、一方で、考古学的出土物と『記紀』を尊重し、「邪馬台国」と「大和朝廷」との統一を考えれば、「邪馬台国」東遷説は、唯一の解答のようである。名だたる学者、それも少なからぬ学者たちが、この説を支持していることもうなずける。

ところが、「邪馬台国」東遷説は解決不能な矛盾を、その内部に抱え込んでいる。「邪馬台国」九州説では、「邪馬台国」は筑紫に、狗奴国は肥後に比定されている。要するに、両国の戦いは、福岡県と熊本県との間に起こった争いと捉えられているのである。それなのに、その局地戦争にあっては、魏の支援を強く求めながら、遠く離れた畿内・大和への進出では、なぜか魏の支援はなく、「邪馬台国」だけの単独行動である。その実行者として、「カムヤマトイハレヒコ」（神武天皇）が考えられている。

神武は平和裏に、大和盆地へ入ってはいなかった。それが平和裏の行動であったのであれば、銅鐸の破壊とは相矛盾する。その実態は「侵入」だった。大阪湾突入に失敗したものの、和歌山県を迂回して橿原に至る間、神武は戦闘に明け暮れている。しかも、長兄の五瀬命《ごかせのみこと》は戦死しているほどだ。これが、『記紀』の記す「神武東征」の実態である。少人数、小集団による小競り合い程度の戦闘規模ではなかったと、想像できる。

それなのに、大胆なこの大遠征には、中国の支援は一切ない。気づかないのか、それとも認識はしているが、無視しているのか、「邪馬台国」東遷説に立つ学者たちは、触れようともしないが、これは無視しえぬ矛盾である。「邪馬台国」東遷説は、所詮、足のない幽霊でしかないことになる。

これに反し、畿内説はどうか。大和盆地に誕生した一豪族、つまり「邪馬台国」内の一豪族が増殖を遂げて、「大和朝廷」へと発展した。これが、畿内説の骨格となっている。この見解であれば、「引っ越し」にも、『記紀』との整合性にも悩んだり、「邪馬台国」と「大和朝廷」との関係についても、神経を尖《とが》らす必要がまるでないのだから、畿内説は気楽だ。泰然自若としていられる。しかし、「邪馬台国」九州説も畿内説も、古田がこの世の中に引っ張りだした「妖怪」が、見えなかったという一点において、共通性を有していた。

狗奴国が滅んだことは、すでに論じた。それは二五〇～二六〇年に、この日本列島で起こった大事件だった。その勝因は、邪馬壹国が魏の支援を得たことに尽きる。その時点で、日本列島は邪馬壹国の支配するところとなった。小が大を倒したのである。

以後、この国家は、どのような変貌を遂げたのか。この本の主題の一つは、ここにある。これから、その足取りを追ってみることにする。それは、すでに古田が発見している世界である。したがって、わたしの行うことは、古田の漏らしたことを拾い集めたり、あるいは補足することが中心となる。

とはいえ、古田が途中から「近畿天皇家」と修正した、神武を始祖とする「大和朝廷」の実在性については、わたしは古田とは、根本から見解を異にする。古田は、九州王朝と「近畿天皇家」の共存・併存を認める立場、氏の言う多元史観である。

これに反し、わたしは天武以前にあっては、「大和朝廷」の存在を認めない立場だ。それは〝九州王朝＝古代中央集権国家〟史観、多元史観に対する一元史観だ。いずれが正しいか。この重大な問題の解明もまた、この本のもう一つの主題である。

2　「貴国」と「貴倭女王」

「神功四十六年春三月」の記事に、馴染みのない、それだけに理解しがたい国名が記されている。それは、「大和朝廷」が斯摩宿禰《しまのすくね》を卓淳《とくじゅん》国に遣わした記事の中に、現れる。

「貴国」

斯摩宿禰が訪れた際、卓淳国王が斯摩宿禰に、百済《くだら》人の動向に関わる話をしている。百済の久氐《くてい》ら三人がわが国を訪れて、百済王の要望を伝えた。「百済王、東の方に日本の貴国《きこく》あることを聞きて、臣等《おのら》を遣《まだ》して、その貴国《きこく》に朝《まう》でしむ。故、道路《みち》を求めて、かの土《くに》に至りぬ。若《も》し能《よ》く臣等に教へて、道路を通はしめば、我が王必ず深く君主を徳せむ」と。引用文中の「道路を通はしめば」とは、国交が開け、通交ができるようになればとの意であり、「徳せむ」とは、心から感謝する、恩を感じるといった意である。

このように述べた久氐は、なおも繰り返し念を押して、帰国している。「若《も》し貴国《きこく》の使人、来《きた》ることあらば、必ず吾が国に告げたまへ」と。ことの経過を聞いた斯摩《しまの》宿禰は、自らの部下二人を百済に派遣して、百済王を慰労した。このために、「時に、百済の肖古王《しょうこおう》、深く歓喜《よろこ》びて」、二人を厚くもてなしたという。感激した肖古王《しょうこおう》は、絹・角弓箭《つののゆみや》・鉄材を授けた。さらに、宝物殿を開けて、この中にある珍宝を、「貴国《きこく》」に献上したいとも告げた。百済王のこの態度を、二人の使者はただちに宿禰に報告した。

この話はこれで終わりではない。こうした経過があって、翌「神功四十七年夏四月」、百済王は早速、久氐等三人を「貴国」に遣わしている。このために、皇太后（神功）と太子誉田別尊《ほむたわけのみこと》（応神）は非常に歓喜したという。この外交記事で明らかなように、百済国が「朝貢」した国は「貴国」であり、その「貴国」は、『紀』では「大和朝廷」となっている。

まず、百済国の卓淳国への要望の中で、「貴国」が語られている。その「貴国」は「東方の日本」にあると言っているのだから、「貴国」が貴方・貴兄・貴殿などと同類の第二人称の用法であるはずがない。この時代、「貴国」と名乗る国が、日本に存在していたことになる。一面で、誤解を招きやすい固有名詞ではある。しかし、これで、れっきとした国名なのである。

「貴国」の出現は、「神功四十六年春三月」の記事だけではない。「『百済記』に云はく」として、『紀』の『百済記』からの引用文の中にも、この「貴国」は出現する。それは「神功紀」だけではなく、次の「応神紀」でも二度にわたって出現する。日本古代史界を徘徊する「妖怪」は、こうしてまず「貴国」として現れた。朝鮮半島の国の一部は、日本を「貴国」と読んでいたのである。これは、「妖怪」の実態を解明する上で、避けて通れない問題である。

この「貴国」問題については、古田が『失われた九州王朝』の中で、すでに解明を試みている。その中には、「貴国」の中心地も含まれていた。では、その地はどこか。『紀』の記しているように、大和盆地なのか。大和盆地でなければ、伯耆・出雲か。それとも筑紫か。

「太宰府の近くに『基山（きやま）』がある。そのそばに『基肄《きい》城』がある。この領域が『キ』と呼ばれる地域だったことは疑えない」（古田前掲書）。これが氏の答えである。しかし、これでは不十分だ。それもやむをえない。古田は水城も大野山《おおのやま》の城《き》も、そして基山《きやま》の城《き》も白村江の戦い以後に築かれた防衛施設であり、「天智紀」の記事は正しいと信じる見地に立つ。これが、古田とわたしとの根本的な相違だ。

水城は古い。大野山の城も古い。そして基山の城もまた古い。完成年代に時間差はあるものの、いずれも「天孫降臨」直後から着工された砦ばかりである。したがって、現在の「太宰府政庁跡」が「貴国」の中心地である。それは邪馬壹国の都とも重なる。

それではなぜ、朝鮮半島の卓淳《とくじゅん》国や百済国は、邪馬壹国を「貴国」と呼んでいたのか。「魏志倭人伝」に慣れている眼には、これは驚きである。「魏志倭人伝」中の日本列島の諸国は、「対海国」「一大国」「伊都国」などの一部を除き、他はすべて卑字で記されていた。邪馬壹国も例外ではない。これも、中国側の夷蛮視による卑字表記である。ところが、「貴国」は、古田の指摘しているように、文字どおり「貴字」によって、〝尊貴〟の対象として遇しているからだ。

朝鮮半島の国々が呼ぶ「貴国」とは、狗奴国と共存していた「邪馬壹国」時代の別の呼称だろうか。四世紀中期の歴史家・范曄《はんよう》は、「後漢書倭伝」において、「邪馬壹国」ではなく、「邪馬臺国」と記していた。この時代、「邪馬壹国」は日本列島を統一・支配する国家へと変容していた。そのために、范曄はそれにふさわしく、「邪馬臺国」と表記していた。「貴国」も、それに匹敵する国名のようである。

「貴国」は、二方向に解釈できそうである。一つは、「城《き》」で固めた「邪馬壹国」による、自国の呼称とする見方である。最も有力な見方である。「貴国」が、邪馬壹国から生まれていた国名であれば、その国名は、蛇の国の意の〝虺国《きこく》〟である。日本の古代は、蛇だらけだった。国名にも人名にも、蛇が取り入れられていた。

もう一つが、百済など周辺国から生まれた国名ではないかという見方である。「城《き》」を意識しつつ、それを尊称に変えての国名ということになる。この場合であれば、「貴国」は〝貴《とおと》い国〟となる。「貴国」についての情報は、あまりにも少ない。だから、これはどこまでも推測の域を出るものではない。

この「貴国」を立証する鍵が、「神功六十六年」のこの記事である（①・②の数字は、この後の論述上のために挿入）。

「貴倭女王」

六十六年。是年《ことし》、①晋《しん》の武帝《ぶてい》の泰初《たいしょ》二年なり。②晋の起居《ききょ》の注に云《い》はく、武帝《ぶてい》の泰初の二年の十月に、倭の女王、訳《をさ》を重《かさ》ねて貢献《こうけん》せしむといふ。

六十六年。是年、晋武帝泰初二年。晋起居注云、武帝泰初二年十月、倭女王遣㆓重㆑訳貢献㆒。

読み下しは、岩波大系本による。古田によれば、この個所は「写本の面からいうと、実は『卜部本《うらべ》』と呼ばれる系列の古写本に現れる文面」のようである。ところが、この「卜部本」よりも古い「北野本」（京都・北野神社所蔵）では、文面に注目すべき違いがあるという。「北野本」の当該個所を左に示す。

　六十六年。是年、晋武帝泰初二年初晋起居注云。武帝泰初始二年十月貴倭女王遣重訳貢献之也。

「卜部本」と「北野本」との違いは、明瞭だ。この前後の文面から見て、貴字の混入しそうな個所は、一切ない。この重大な一点に注目した氏は、「本来『貴倭』とあったのを、意義上から見て『貴』を削り、文意を通じやすくする。─これなら、十分ありうる」と推測した。

そこで、氏は写本上の事実を確認するために、「神功紀」が残っている『紀』古写本を渉猟し、写真化し、これを一つひとつ比較したという。詳しいことは『失われた九州王朝』に譲って、結論だけを紹介すると、「その結果、各所において、北野本の方が卜部本の諸本より古形を保存している事実」を検出し、「『北野本→卜部本』の形で、写本の転移は行われている」ことを確認している。結局、卜部本の書写者は、「書写原本の忠実な書写者」ではなかったようである。

邪馬壹国は「貴国」と〝自称〟していた。それは、「神功六十六年」の記事中の「貴倭女王」によって裏付けられていた。「貴倭女王」とは、〝貴倭国の女王〟のことである。同じように、「基肄城《きいのき》」は「貴国《きいのくに》」の大野山《おおのやま》・基山《きやま》にある杵・城（砦）だから、「キイのキ」なのである。

「基肄城」はやはり、水城と同じように古かった。天智天皇の築いた砦ではない。晋の「泰初二年」は西暦二六六年に当たる。「貴倭女王」とは、その「晋の武帝泰初二年」に貢献した女王のことだから、「壹与《いよ》」である。「基肄城」は、壹与の指図によって築かれた砦ではない。それは、壹与の時代にはすでに存在している。

古代日本に、「貴国」も「貴倭国」も実在していたことは、紛れもない事実である。中国表記、それも夷蛮視された邪馬壹国（山倭国）を、当の支配者たちがありがたがるはずもない。そのために「邪馬」（山）を「貴」に、邪馬壹（山倭）を「貴倭」に代えていたのである。「貴」の意義については、すでに述べたとおりである。

「妖怪」は、「神功紀」では、「貴国」「貴倭（国）」へと、その姿を変えて徘徊していた。すでに、水城などの砦が古いことを論じ、実証してきているだけに、「貴国」「貴倭女王」発見の意義は大きい。

かえって墓穴を掘った記述

「北野本」の解釈については、実はこれで終わったわけではない。問題はまだある。「神功紀」では、「六十六年」の前に、「卑弥呼奉献」記事が三回にわたって引用されている。

1三十九年、…魏志に云はく、明帝の景初三年六月、倭の女王…。
2四十年。魏志に云はく、正始元年に…。
3四十三年。魏志に云はく、正始四年、…。

これで分かるように、三例とも、「魏志倭人伝」からの直接引用となっている。この引用の目的は何か。中国の年代と対応させているのだから、その目的は、〃神功の年代特定〃にある。

一方、先に掲げた「神功紀」（北野本）の文面は、どうか。「是年《ことし》、①晋《しん》の武帝泰初《ぶていたいしょ》三年の初めなり。②晋の起居《ききょ》の注に云《い》はく、武帝《ぶてい》の泰初始め二年の十月…」と、①・②の二段構えの記載方法となっている。古田の指摘のとおりである。では、どうして、二段構えの記載方法となっているのか。

「起居注」とは、天子の日常生活上の記録のことであり、動静録・宮廷の日記の類いである。したがって、古田の指摘しているように、「起居注」だけでは、「いつの年度か、分からない」という欠点がある。そのために、書紀編纂者は、ここでも年代特定が可能なように、特別の配慮をしていたことになる。ところが、書紀編纂者の意に反し、その〝殊勝な心掛け〟が、かえって墓穴を掘っていた。

ところで、先に示した「北野本」による「神功六十六年」の記事の末尾には、「之也」の二文字が付されている。これは、どう読めばよいのか。

　六十六年。是年、晋の武帝泰初三年の初めなり。晋の起居注に云う、「武帝の泰初始めの二年十月、貴倭女王、訳を重ねて遣《つか》はし貢献せしむ」と。これなり。

この文脈から、「之」は、代名詞以外には考えられない。それは、「晋の起居注」の内容である「　」内を指し示している。それを、改めて確認した表記なのである。

西暦二六六年の「貴倭女王」記事を、「神功紀」に放り込んだ記紀編纂者の意図は、どこにあったのか。神功は皇后であって、女王・女帝ではない。それにもかかわらず、あえて「神功紀」に挿入しているのだから、その狙いを推測することは、難しいことではない。卑弥呼・貴倭女王と神功とは、同一人物。これが、その狙いである。この三者は女性の一点で一致する。この一致点が、「神功紀」への引用の動機ということもありえる。

あるいは、むしろ、卑弥呼・貴倭女王の実在を意識したから、「神功皇后」を誕生させたということも、ありえる。しかも、卑弥呼は中国文献でも取り上げられているほどだから、「神功」は、傑出した女性ということも強調できる。引用による派生効果は大きい。悪い要素は、どこにも見当たらない。記紀編纂者の目論見は、なかなか計算高く、したたかである。

神功はいつの時代の女性か。「魏志倭人伝」「晋の起居注」の引用は、それを特定させるための小細工でもある。目的は、記述内容の「史実性」を高めるためである。このような見方ができるのも、この手口が、「神功紀」では多用されているためだ。

「神功三十九年」には、「魏志に云はく」として、卑弥呼による難升米の魏への派遣記事を引用している。それは「景初二年」の事件であった。ところが「神功紀」は、これを「景初三年」に修正している。なぜ修正したのか。それは、次の記事で明らかである。

「神功四十年」には、やはり「魏志に云はく」として、「正始元年」の卑弥呼への証書・印綬拝仮の記事が引用されている。「神功三十九年」と「神功四十年」とは、連続している。したがって、「正始元年」の直前は、「景初二年」ではなく、「景初三年」でなければならない。明帝の急死による「景初三年」の服喪と公式行事の停止など、四五〇年余も後年の記紀編纂者の知るところではなかったのである。そのために、「魏志倭人伝」の原文を堂々と改変していたのである。しかし、彼らにとっては、このような改変は、些事《さじ》中の些事に過ぎなかったのだろう。

「神功紀」は、矛盾の坩堝《るつぼ》であると同時に、古代史情報の宝庫でもある。記紀編纂者は、「神功紀」で、呆れるほど杜撰《ずさん》で、荒っぽい手口を行使していた。そんな「神功紀」ではあっても、ここで見落とすことのできない側面、隠れた史実の断面がある。

「魏志倭人伝」「晋の起居注」を引用した「神功紀」には、「忍熊王の最期」―狗奴国の滅亡も記されている。卑弥呼による難升米の魏への派遣と、「忍熊王の最期」とは、同時代の事件である。記紀編纂者はそのいずれをも、「神功紀」に放り込んでいた。むしろ、歴史事実を無造作に消してしまうことに、うしろめたい気持ちが生じ、ためらったためか。その心理は計りかねるが、どこか割り切れない何かを、ここに感じる。

「神功紀」では「五年春三月」に、「朴堤上説話《ぼくていじょう》」が差し込まれている。まず、この説話を要約して示す。

新羅の訥祇《とぎ》王は毛麻利叱智《もまりしち》（堤上）ら三人を派遣して、倭国へ朝貢した。訥祇《とぎ》王の本音は、先王・実聖王によって人質にされている実弟・微叱許智《みしこち》（未斯欣《みしこん》・美海《みかい》）を帰国させたいことにあった。

倭国へ入った堤上らは、当初の計画どおり微叱許智に、「実聖王はわたしがこうして人質になっている間に、わたしの妻や子どもたちを奴隷にしてしまった。本国へ帰って、その真偽を確認したい」と、嘘を言わせた。

その願いを聞き入れた神功は、葛城襲津彦《かつらぎそつひこ》を付き添わせて、帰国させることにした。一行は対馬の「鉗海《さひのうみ》の水門《みなと》」に着き、そこで宿泊をした。ここで堤上らは、コッソリと船と水手《かこ》（船頭）とを手配し、隙を見て、微叱許智《みしこち》を新羅へ脱出させる。そのあと、堤上は微叱許智の寝床に人形を置いて、時間稼ぎをする。

騙されたことに気づいた葛城襲津彦は、即座に堤上らを捕らえて、檻の中に閉じ込め、火を放って焼き殺す。金富軾《きんふしょく》『三国史記』では、さらに具体的である。倭国へ連れ戻された堤上は、「木島」に流され、そこで体を焼かれ、斬殺されている。いずれにしても、悲惨な最期であることに変わりはない。

露骨な時間操作

反目と対立は、人間を際限のない残虐性に奔らせる。ところで、倭国の「木島《きじま》」とは、どこか。この島は、今もなお所在地未詳となっているが、特定することは、難しい作業ではない。木島は、もとは蛇の島の意の〝虺島《きじま》〟である。処刑実行者は、九州王朝である。だから、この島が、太宰府から遠く離れた絶海の孤島であったとは、まず考えられない。糸島半島北端・西浦崎の北、一kmの海上に、大机島《おおつくえじま》・小机島《こづくえじま》（福岡市西区）が浮かんでいる。木島とは、大机島である。「キジマ」を机島と表記したために、後年、「ツクエジマ」というとんでもない地名に、変わり果てていたのである。

『三国史記』では、微叱許智《みしこち》の脱出したところは、ただ「海中山島」と記すのみで、特定できない。それを、『紀』が補っていた。その地は、「対馬の鉗海の水門」である。対馬からだと、天候次第では、小舟でも脱出は可能だ。

「鉗海の水門」は、対馬・上対馬町（現対馬市）の鰐浦《さめうら》に比定されている。だが、この地名比定は首肯できない。その理由は簡単だ。「鉗海」は、サメとは読めないからである。鉗はス（スキ）、海はミ（名のり・み）で、「鉗海」は「スミ」である。その地は今日、イズミと呼ばれている泉湾・泉の地である。泉にはイズミだけではなく、スミ（名のり・ずみ）もある。泉湾・泉はもとは、スミ湾・スミであったと思われる。

対馬北西岸の鰐浦《さめうら》と違って、泉湾は、九州と朝鮮半島の途中経過地に当たっている。地形上の位置から見ても、「鉗海の水門」は、泉の地であると確信を持って言える。

この説話の悲しみは、『紀』では到底理解できない。後日、堤上の非業の死を知った微叱許智《みしこち》は、堤上の次女を妻に迎え入れて、その行為に報いている。ところが、『三国史記』のこの記述で、この説話は終わってはいない。

やはり韓国の史書である一然《いちぜん》『三国遺事《さんごくいじ》』が、堤上の妻と娘について語るところは、悲惨の一語に尽きる。「久しくして後、夫人、其の慕《おもひ》に勝《た》えず。三娘子《じょうし》を率いて鵄述嶺《しじゅつれい》より倭国を望み、痛哭して終わる」。…後につなぐ言葉を失う。

盗用した史書は…

微叱許智《みしこち》脱出事件は、いつの時代のことか。幸いにして、それを割り出す材料は揃っている。訥祇《とぎ》王は、自身の弟二人を高句麗と倭国に人質として差し出した実聖王を殺害して、四一七年に王位に即《つ》く。その在位期間は四一七～四五七年と、比較的長い。

『三国史記』では、訥祇《とぎ》王は即位後、弟二人の救出を堤上に依頼しているから、微叱許智《みしこち》（未斯欣）救出は、四二〇年前後のことであろう。この事件は「神功五年春三月」に起こっている。ところが、「貴倭女王」の晋の武帝への貢献は「神功六十六年」のことである。この貢献は晋の泰初二年、つまり二六六年に行われている。「神功五年」の事件が四二〇年前後のことだから、矛盾は明らかだ。

時間が逆転しているこの記述を、岩波大系本は「神功皇后とは別の起源の話」と処理し、「文中の皇太后・葛城襲津彦などの名」は、書紀編纂者が書き加えたものと推測した。ずいぶんと好意的な解釈だ。「神功五年」の記事を、仮に手違いと見なしても、なお問題は残る。

（神功）六十四年に、百済国の貴須王《きすわう》薨《みまか》りぬ。王子枕流王《とむるわう》、立ちて王と為《な》る。
（神功）六十五年に、百済の枕流王薨《みまか》りぬ。王子阿花《あか》年少《わか》し。叔父辰斯《しんし》、奪ひ立ちて王と為《な》る。

ここには、四人の百済王が記されている。

表6-1で分かるように、王位継承者とその在位期間に、矛盾も間違いもない。矛盾と間違いは、この二つの記事が、「神功六十六年」の直前に書かれていることである。当然のことながら、その時差は一年、二年でなければならない。ところがいずれも、「神功六十六年」（二六六年）よりも、一〇〇年以上も後代の事件なのである。

これも、神功皇后とは別の事件が誤って、ここに挿入されたことになるのだろうか。そうなると、

表6-1　「神功紀」の記す百済王とその在位期間

王名	在位期間	王名	在位期間
①貴須王（近仇首王《きんきゅうしゅ》）	三七五～三八四	②枕流王	三八四～三八五
③辰斯《しんし》王	三八五～三九二	④阿辛《あしん》王	三九二～四〇五

（注）阿辛王とは、『紀』の記す阿花王のことである。

「神功紀」は、「手違い」だらけの歴史書ということになる。事実そのとおりなのである。ただ、その「手違い」を、「手違い」と呼べるかどうかである。この一点こそ、『記紀』に対する不可避の分析視角である。

百済の王位継承が、「大和朝廷」の、どの天皇の時代に当たっているか。「大和朝廷」の史官―書紀編纂者は、この程度の知識も持ち合わせていなかったことになる。これでは、史官として失格である。それなのに失格どころか、こうして、『日本書紀』を「完成」させている。だから、晋の時代の事件と、百済の事件の前後関係を認識していなかったとは、まず考えられない。その証拠がこれだ。

邪馬壹国と狗奴国の激戦の模様、香坂王・忍熊王の最期の記述。それに同時代の「魏志倭人伝」の引用。これが「神功紀」の特徴である。三世紀の日本列島における大事件を骨格として、「神功紀」は「編纂」されているのである。それは、視点を変えて見れば、一大事件とその時代を、強く意識していたことの表白ということになる。

それでも、記紀編纂者は、そこに一〇〇年以上もの時差があるのに、このように常識では考えられない編集を、果敢に敢行しているのである。決して見破られることはないとの確信があるからだ。だが、ここに至って露見した。後世、時間尺度の国際化が進み、地球上の国々の時間が、「西暦」という基準尺で統一されることなど、『記』と『紀』が編纂された七一二〜七二〇年にあっては、想像外の出来事だ。

それにしても、尻尾をつかまれることはないと高《たか》を括《くく》っていた「大和朝廷」の、その態度たるや、人を舐め切っていると言おうか。自信過剰でもあり、傲慢でもある。その一方で、誤訳を犯し、蚊を虻《あぶ》と取り違えるなど、『記紀』に先行した歴史書を正確に読み解く能力が、著しく欠如している側面もある。

記紀編纂者が、かたわらに置いていた歴史書は、狗奴国の歴史書だけではないようである。二五〇〜二六〇年には、狗奴国は滅亡しているのだから、狗奴国側が、その後の歴史を書き残すことなど不可能だ。別の王朝の歴史書も積極的に活用しなければ、「神功紀」を、このような内容に「編纂」することは、無理である。これらの記事の出どころが、〝「九州王朝」の史書〟からであることを、強く暗示している。

記紀編纂者の涙ぐましい努力も、とっくの昔に水泡に帰している。「神功皇后」の正体が「天の宇受売」であることは、すでに判明している。時空の中を自由に移動させて、古い時代の人物と事件を操作する。記紀編纂者の常套手段が、これだった。わたしたちは、とんでもない史書と相対しているのである。

3　「石穴」は語る

それは地名だった

わたしが古代の謎解きを始めるようになった早い段階で、古田の実証能力に舌を巻いた解釈が、「石穴」だった。「神功六十二年」、朝貢してこなかった新羅を、神功は葛《かつ》城《らぎ》襲《そ》津《つ》彦《ひこ》に攻撃させる。この事件との関連で、次に示す『百済記』が引用されている。「石穴」は、この引用記事の中に現れる。

新羅、貴国に奉《つかへまつ》らず。貴国、沙至比跪《さしひこ》を遣《つか》はして討《う》たしむ。新羅人《しらきひと》、美女《をみな》二人を荘飾《かざ》りて、津《とまり》に迎へ誘《をこつ》る。沙至比跪、其の美女を受けて、反《かへ》りて加羅国を伐《う》つ。

新羅の底意のある〝手厚いもてなし〟に、沙至比跪は、貴国の命令に背くことになる。このため、加羅国の国王たちは百済へ亡命し、沙至比跪の非を訴えた。だが、加羅国の怒りは、これで収まらなかった。加羅国王の妹が、「大倭」に来て、天皇への直訴に及ぶ。こうして、事態は、沙至比跪の予期しない方向へ展開することとなり、命令に背いた沙至比跪は、天皇の反応をひどく気にするようになる。その結末はいかに。

一《ある》に云《い》はく、沙至比跪、天皇の怒《みいか》りを知りて、敢《あ》へて公《あらは》に還《かへ》らず。乃《すなは》ち自ら鼠伏《かく》る。其の妹《いろも》、皇宮《みかど》に幸《つかへまつ》ることあり。比跪《ひこ》、密《ひそか》に使人《つかひ》を遣《まだ》して、天皇の怒《みいか》り解けぬるや不《いな》やを問はしむ。妹、乃《すなは》ち夢《ゆめ》に託《つ》けて言《まう》さく、「今夜《きぞ》の夢に沙至比跪を見《み》たり」とまうす。天皇、大いに怒りて云《のたま》はく。「比跪《ひこ》、何《なに》ぞ敢《あ》へて来《きた》る」とのたまふ。妹《いろも》、皇言《おほみこと》を以て報《かへりこと》す。比跪、免《ゆるさ》れざることを知りて、石穴《いしつぼ》に入《い》りて死《し》ぬといふ。

（注）読み下しは、岩波大系本による。

ここには、襲津彦と沙至比跪の二人の武将が登場する。この二人を、岩波大系本は「同一人が日本側に伝わって、（葛城）襲津彦、百済側に伝わって沙至比跪と記録されたもの」と考えた。この非を、古田が突いた。氏は、二人の違いを明確に見抜いていた。その論述は、『失われた九州王朝』『ここに古代王朝ありき』に詳しい。

⑴神功は摂政のままで、「天皇」にはなっていない。明確に「天皇」と記している『百済記』とは、矛盾する。「神功六十二年」現在では、夫の仲哀天皇は死亡し、息子の応神は、いまだ「天皇」に即位していない。

⑵「其の妹、皇宮に幸《つかへまつ》ることあり」（其妹有㆘幸㆓於皇宮㆒者㆖）の「幸」とは、女性を特別に可愛がる意だ。つまり、正規の皇后には、ふさわしからぬ語なのである。

⑶沙至比跪は天皇の譴責《けんせき》を受けて窮死しているのに、葛城襲津彦は、その後も永く活躍している。その娘・石之比売（磐之媛）は、「仁徳」の妻となっているなど、その子孫も栄えている。

これが、古田の根拠の概略である。岩波大系本と古田と、どちらが正しいか。言うまでもなく、明らかに二人は別人である。「属地主義」による判断では、沙至比跪は九州王朝の武将であったと推定できる。「石穴」が、それを証明している。コッソリと帰国した後の潜伏先で、自殺しているほどだから、正規の居宅も、「石穴」の近くにあったと考えられる。「石穴」は、紛れもなく地名である。

古田が『ここに古代王朝ありき』の中で述べているように、「石穴」の第一発見者は、福岡市在住の兼川晋氏だ。『失われた九州王朝』を読んでいた氏は、太宰府町（現在は市）の字に、石穴（イシアナ）があることを発見した。そこは高雄山の西麓に位置し、その麓には、石穴神社も鎮座している。

石穴―太宰府政庁跡間は、直線距離で三km余しかない。沙至比跪はこの地で、自ら死を選んだのである。足を運んだ距離としては、現実的である。沙至比跪はこの地で、自ら死を選んだのである。兄の身を気遣う妹が、天皇の怒りを伝えるために、

「貴国」（俀国）と「大倭」とは同一の国。『百済記』はこの記事で、このように証言している。「貴国」とは、邪馬壹国の壹与時代の国名である。「貴国」「大倭」の国号から、沙至比跪の不祥事は、狗奴国滅亡後の事件であったと言える。

書紀編纂者の意図

古田の「神功紀」を見る眼は、正しい。だが、「近畿天皇家の外戚」として、〃栄光の生涯〃を終えた「葛城襲津彦」と、身から出た錆とはいえ〃不幸な最期〃を迎えた「沙至比跪」について、古田は、このように述べている。

「この両者の矛盾を、書紀の編者は〃隠して〃いない」「あえて〃両者の矛盾を露呈させた〃形で、書紀は編纂されているのである」と判断して、「ここに書紀の編者の、史家としての、いわば〃公平さ〃を見ることができる」（古田『失われた九州王朝』）と、高く評価した。

「襲津彦」は「沙至比跪」とは、音韻上似ている。ただそれだけのことである。それを「大和朝廷」は利用した。書紀編纂者は錯覚などしていない。両人が別人であることは、とっくに認識済みだ。それなのに、古田はここで見てはならないものを見てしまったようだ。「襲津彦」と「沙至比跪」の接合に、記紀編纂者の「良心」や「公平さ」を感じ取ることは、はなはだ危険だ。

「葛城襲津彦」は、『紀』の表記だ。『記』では「葛城曽都毘古」である。表記は異なるが、その娘が仁徳の妻であることから、両者は同一人物と見なすことができる。襲津彦も曽都毘古も、ともにソツヒコ・カツヒコと読むことができる。襲はソ（名のり・そ）、カ（カサヌ）、曽もソ、カ（カサヌ、カッテ）と読むことが可能であり、津・都はツだ。

これに対し、沙至比跪だと、このようには読めない。跪はキ、古訓もヒサマツクだけだから、比跪をヒコと読むことに、無理がある。わずか四文字に過ぎない人名だけに、かえって難しい。

この人名を考えていて、まず比跪が解けた。比跪はヒキかと思われる。ヒキで思い当たった章句が、「高天原に氷木《ひき》高しり…」（神代記）だった。宮殿の建築様式を示す常套句となっている。「氷木」は、同じ「神代記」では、「氷椽」とも記されている。

ところが、「氷木」は「祝詞」（祈年祭）では、「高天原に千木《ちき》高しり…」となっている。つまり、氷木は千木でもある。氷木・千木とは、社殿の屋上に、長く伸びて交差した二本の木のことである。天を射るかのような千木は、蛇を連想させる。事実、チは蛇を表す語である。木は正訓字のようだから、千木は〃蛇木〃となる。その千木は、氷木でもある。この等式から、ヒもまた蛇と見なしうる。これで千木・氷木は解けた。

しかし、氷木を、比跪にそのまま当てはめることは適切ではない。これは人名なのだから、蛇の重複語と見なした方がよさそうである。沙至比跪は、天皇の命令に背いた人物である。そのような人物が、史書にもとの名で書きとどめられただろうか。史書編纂過程において、もとの名の音を踏まえながら、その意味は、まったく逆に書き改められていることも考えられる。

この視点から推測すれば、沙至は、小さい意の形容詞の〃小《さ》し〃か。この意であれば、沙はサ、至はシを表していることになる。この解読であれば、沙至比跪は、〃小《さ》し蛇《ひ》・虺《き》〃ということになる。

それでも、この解釈には疑問がなくはない。その疑問とは、神聖な蛇をそのまま人名として残している点だ。比跪は、蛇以外の何かを示しているはずである。ここで一匹の生物が、脳裏に浮かんできた。蟇《ひき》だ。蟇とはヒキガエルのことであり、ガマ・ガマガエルともいう。沙至比跪は〝小《さ》し蟇〟。これだと、天皇の怒りをかった人名にふさわしいことになる。そんな沙至比跪であっても、もとの名は〝幸《さち》蛇《ひ》虺《き》〟であったと思われる。

襲津彦・曽都毘古と沙至比跪とは、それぞれの名前が大きく異なっているのだから、同一人物ではない。書紀編纂者は、この事実を熟知していた。その上で、『百済記』の「沙至比跪」を、あえてここで引っ張りだしてきて、あたかも同一人物であるかのように、見せ掛けていたのである。

第七章　実在した九州王朝

1　鏡の中の九州王朝

人物画像鏡の伝える史実と混乱

隅田《すだ》八幡宮（和歌山県橋本市）の人物画像鏡。この古鏡には、銘文が刻されていることで有名だ。この鏡の銘文は鮮明で、文意が正確に読み取れるため、史料価値は極めて高い。しかし、文字数がわずか四八しかないことが災いし、逆に、この銘文をめぐる解読は、今もなお混迷を続けている。そんな中にあって、通説視されている解読が、福山敏男のそれだ。

癸未年八月日十大王年、男弟王、在意柴沙加宮時、斯麻、念長寿（後に「奉」と修正）、遣開中費直穢人今州利二人等、取白上同（銅）、二百旱、作此竟（鏡）

氏は、銘文をこのように判読し、その上で、次のように解読した。

癸未の年八月、日十大王の年（世）、男弟王が意柴沙加《おしさか》（忍坂）の宮に在《まし》ました時、斯麻《しま》が、念長奉、開中費直穢人今州利二人等をして、白上（精良）の銅二百旱を択び取って、此の鏡を作らせた（『福山敏男著作集六』所収「金石文」ほか）。

この解読に対し、批判が起こる。その一人、古田はこの解読に対し、六項目にわたって批判を行った。古田の批判と指摘は、具体的でしかも的確だ。

(1)「日十大王」の「日十」　…　福山はこれを「ヒソ」「ヲソ」と読み、「オホケ王」（記紀のオケ）と考えて、仁賢に当てた。しかし、古田は、福山のこの解釈に疑義を示す。なぜ、「ヒソ」「ヲソ」が、「オホケ」となるのか。その説明はない。

(2)音韻問題　…　「男弟王」を「ヲオトの王」と読んだ福山は、「乎富等《ヲホト》王」（『上宮記《じょうぐうき》』）、「袁本杼《ヲホド》命」（『継体記』）、「男大迹《ヲオト》天皇」（『継体紀』）、さらに「雄大迹《ヲオト》天皇」（『筑後国風土記』逸文）といった表記から、これを継体と考えた。しかし、「ヲオト」と「ヲホト」とは別音であるとして、その非を突いた。

(3)文字判読　…　「念長寿」。これは、福山が他の金石文に合わせようとしたための判読である。しかし、この銘文では、「寿」と読めない。それは「泰」である。

(4)「穢人」の解釈　…　福山は「穢人」を「アヤヒト」（漢人）と解釈し、開中費直穢人を河内直穢人と見なした。「穢人」の解釈は、これで本当に正しいのか。

(5)仁賢と継体の大和における共在　…　癸未年《きびのとし》について、福山は、武烈五年の五〇三年と推測した。これは武烈の死（五〇六年）の三年前に当たる。その時点において、仁賢（日十大王）と継体（男弟王）が、大和の押坂宮に共在していたことになる。継体は、大和の外から迎えられて天皇に即位した人物であり、このような「共在」はありえない。

(6)死者共生の矛盾　…　「癸未年《きびのとし》」が五〇三年であれば、その時の「大王」は、当然武烈となる。それなのに仁賢が、どうして「大王」となるのか。仁賢は、「癸未年」に先立つ四九八年に没している。「死せる仁賢」が、「生ける継体」と共存していることになる。

いずれも、一理ある指摘である。福山の解読では、「死せる仁賢」と「生ける継体」が銘文に刻まれ、しかも、「現役」の大王である武烈は不在、もしくは無視。この非常識な状態が、通説視され続けているのである。古田の解釈は、傾聴に値する。ここから、真実の解明が始まる。

この銘文を検討する前に、まず音韻問題について、わたしの見解を示しておきたい。「袁本杼」は「ヲホト」であり、「男大迹」「雄大迹」は「ヲオト」だ。いずれも「継体」のことだから、それが「ヲホト」であっても、「ヲオト」であっても、その間に音韻上の厳密な区分がないことだけは明らかだ。問題は別にある。富にホ音は確認できないのに、「乎富等」を「ヲホト」と読む。無謀ではないか。

古田武彦の銘文解釈

この鏡の銘文については、一人の例外もなく、すべての学者が『記紀』に基づいて、『記紀』の中だけで解釈しようとした。そんな中で、一人古田だけが、『記紀』の外に出て、この銘文を解読しようとした。これが、古田の判読とその読み下しである。

癸未年八月、日十《ひと》大王年《ねん》・男弟王、意柴沙加宮《いしさかのみや》に在り。時に斯麻、長泰を念じ、開中費直・穢《わい》人の今州利の二人等を遣はし、白上同（銅）二百旱を取り、此の竟（鏡）を作らしむ。

この解読は、「九州王朝」の存在を左右する問題だけに、以下に、古田の挙げた根拠を列記する。

（古田による解読の根拠）

(1)字形の判定　…　「念長」に続く文字は「奉」か、「寿」か。従来の判定は、この二者択一だった。この文字は「寿」よりも、「奉」に近い。しかし、「奉」は左右均整であるのに、ここではそのようになっていない。つまり、この文字は奉でも寿でもなく、「泰」の左文（文字を裏返しに刻んだもの）だと、氏は判読した。

それも「泰」の各種字体を収集・比較しての結果だから、説得力がある。

「念長泰」とは、〝長く泰《やす》らかなことを念ずる〟意となる。吉祥句である。

(2)大王・男弟王と斯麻との身分関係

①主君と家臣の間の表現　…　『記紀』の領域内で解釈してきた従来説は、斯麻を大王・男弟王の臣下、支配・従属にある間柄と見なしてきた。その場合、Aが自分の主君に使者を派遣して、貢献する場合の表現としては、〝A＋遣＋使者＋敬語（奉・朝・献）〟が一般的である。それなのに「奉」とか「献」といった敬語表現が、ここには見当たらない。

…倭国女王俾弥呼、使いを遣わして朝賀す。〈魏志四・三少帝紀〉

これは、その一つの例である。古田がこの傍証として示した記事は、いずれも国外史料ばかりだが、この表現法は、国内史料でも変わることはない。

今、国樔《くず》、土毛《くにつもの》献《たてまつ》る日に　…　屢《しばしば》参赴《まうき》て、土毛献る。〈応神紀〉

「土毛」とはその地の特産物、それも毛皮の特産物のことだろうか。要するに、従来説では、〝敬語表現不存在〟は説明できないのである。

②〝敬語表現不存在〟の示す先　…　ここに敬語がないということは、大王年《ねん》・男弟王と斯麻との間には上下関係はなく、対等であることを示している。これが両者の根本的立場、「この文脈のしめす不可避の帰結」であると、古田は判断した。

③対等な立場に立つ者　…　「大王」とは、一つの王朝の中心権力者を表す用語である。その「大王」と対等な立場にある人物を、国内に求めることは難しい。『三国史記』（「本紀」）では、新羅・高句麗・百済の国王は、いずれも「大王」と呼ばれている。このような「大王」の用例から、斯麻は国外の人物、それも大王級の人物ということになる。

(3)斯麻の身元　…　斯麻の地位は、「おのずから明瞭な輪郭の中に浮かび上がってくる。それは、日本列島内の王朝の隣国、すなわち朝鮮半島内の『国王』に相当する地位の人物」。それも「斯麻」と名乗る人物として、氏は「百済王」を挙げた。

(4)大王と男弟王　…　人物画像鏡の銘文において、最も際立った特徴は、王字が二回も出てくる「日十大王年男弟王」の表記にある。ここに、二人の人物が存在していることは、間違いのないところである。それなのに、その「大王」の称号を出しておいてから、別人である「男弟王」に献ずることは不自然である。贈与者・斯麻―受贈者・「大王」の関係であれば、ここに「男弟王」など付加する必要はなくなる。

大王と男弟王を解く鍵として、「魏志倭人伝」のこの記事を挙げている。

乃ち共に一女子を立てて王と為す。名づけて卑弥呼と曰う。鬼道に事《つか》え、能《よ》く衆《しゅう》を惑《まど》わす。年已《すで》に長大なるも、夫壻《ふせい》無く、男弟有り。佐《たす》けて国を治む。

この記事は、「姉―弟」による共同執政を示している。この特異な政治形態は、三世紀の邪馬壹国で採用されていた。そればかりか、「男弟」の用語も一致する。

(5)大王の名称

①日十大王　…　「隋書俀国伝《たいこく》」の記す大王名は、「多利思北孤」である。これは「タリシホコ」、つまり「足りし矛」の意である。このうち、「足りし」は〃豊富にある〃という意味の美称であり、実態は「矛」にある。したがって、「タリシホコ」から美称を除けば、それは「ホコ大王」となる。

これに倣って、「ヒト大王」の「ヒト」に、美称を添えれば〃タリシヒト〃となり、〃足りし人〃となる。氏は、「〃満ち足りて豊富な人民を擁する〃ことは、王者にとって、誇るべき内容だったであろう」と言う。

②「年」　…　この「年」について、讃・珍・済・興・武という例の倭の五王に見られる中国風一字大

王名だと、古田は考えた。これを「大王の年」と解釈した福山の見解だと、「癸未年」「…在る時」と、三回も時点を示す表現の連続となって、不自然な表記となる。この点については、早くに水野裕が指摘している。

その「年」の意味は、どう理解すべきか。これについても、氏の解釈は合理的だ。「大いに年有り」（『春秋伝』）、「五穀、皆熟、年有りと為す」（『穀梁』）などの用例から、「年」には〝みのる〟〝みのり〟といった、〝五穀が成熟する〟意があることを明らかにしている。実際、漢の武帝の時にも、「李延年」（『史記』『漢書』）がいたように、人名としても少しも不似合いではないのである。

③「日十大王年」という形式　…　〝日十大王＋年〟という大王名を表す形式が、かつて存在したのかどうか。古田は、いくつかの事例を挙げている。氏は、その一つとして、「烏累単于咸《うるいぜんうかん》」（『漢書匈奴伝下』）を示している。単于とは、匈奴の王の称号である。この称号がまさに、「日十大王年」にピタリと一致する。

烏累　単于　咸

日十　大王　年

氏はさらに続けて、「このような中国名称の他に当然、倭風名称をもっていたはずだ。ただ、倭風名称の方が中国史書に姿をあらわしていないだけなのである」と指摘している。

(6)「意柴沙加宮《いしさか》」　…　「意柴沙加」は「オシサカ」と読まれ、桜井市の「忍坂」に比定されてきている。しかし、この読み方が果たして正しいのか、どうか。『記』の「淤能碁呂島」は、その注記では、「意能碁呂島」と記されている。「意」は「淤」に対応している。「淤」にイ音はないから、「意」もまたオ音を表していることは明らかである。だから、「意」をオと読むことは、誤りではない。

ところが、六世紀末の中国にあっては、「意」はイ音となっていることが、『切韻』『広韻』といった隋・

唐代の韻書（漢字の示す音を分類した中国字書の一種）によって確認することができる。現実の読み方・発音は、これらの韻書に先行するから、「癸未年」である五〇三年には、すでに「意＝イ」の音が、オの音とともに定着していた可能性は大きい。これが「意柴沙加宮」についての、氏の見解である。

(7)「斯麻」無称号問題　…　東城王が死去した五〇一年に、「斯麻」は武寧王《むねいおう》として即位している。これが、『三国史記』の立場だ。しかし、中国の史書『梁書』の伝える現実は違っていた。五〇二年から五二一年に及ぶ二〇年間のうちの前半の百済は、高句麗に破れ、敗戦下の混迷の中にあった。

この厳しい局面を克服し、「斯麻」を中心に、ようやく再建のめどがつき始めた時期が、その後半のことである。『梁書』（「諸夷伝百済」）を通して、氏はこのように分析し、「癸未年（五〇三年）という時点は、〝斯麻が武寧王として公然と統治していた〟というような時期ではない」と断じた。これが、古田の強調する「斯麻」無称号の理由である。

以上が、人物画像鏡についての古田の見解である。実証に基づくだけに、その解釈は手堅く、その指摘の一つひとつが的を射ている。それでもなお、疑義は残る。

批判的踏襲

前記(1)の字形から、その是非について、論述を始めることにする。硝子《ガラス》越しではあるが、わたしもこの鏡に、一度だけ接した機会がある。一九八九（平成元）年九月、「発掘された古代の在銘遺宝」特別展（会場：奈良国立博物館）においてである。訪れた日は、平日。しかも強い雨が降っていたために、館内はガラガラ。お陰で展示された「在銘遺宝」を、ゆっくり見て回ることができた。

その一つが、この鏡である。その図録にも、銘文の写真が鮮明に掲載されているから、確認可能である。やはり、「泰」との判定は妥当である。この文字は、「寿」はもとより、「奉」とも読みがたい。

前記(6)「意柴沙加《いしさか》宮」について。この問題については、わたしの見解も明らかにしておきたい。「淤能碁呂島」は、島根半島の姿を形容した〝雄々し蛇島《ころしま》〟である。〝雄々し蛇島《ころしま》〟は、『記』の注記「意能碁呂島」にも当てはまる。この意もオを表しているからである。

だが、その意を、別にイと読むことと矛盾はしない。古代人は現代人以上に漢字を熟知し、使用することに精通していたから、一つの漢字を、一音に固定するといった窮屈な読み方など、していない。窮屈な読み方が始まった時代は、『記紀』以降のことである。そのために、過った解釈が、今もなお横行しているのである。

たとえば、木にはコ・キ・ボク・モクの音があるように、どんな漢字であっても、必ず異なる複数音がある。この音表記法は、ここに至るまでに、わたしが示してきた歌謡の解釈で明らかである。この音表記は、『切韻』『広韻』以前の手法である。それに、今日の日本の地名に「イシサカ」はあっても、「オシサカ」はない。それがこうして存在する理由は、『記紀』の誤訳によるためである。

前記(7)「斯麻」無称号問題について。倭国王と百済王とが、「対等の立場」であったことは、否定できない。けれども、贈り手の「斯麻」が無称号となっている理由は、即位云々以前の問題、すなわち、そこには謙譲の気持ちが込められていると思われるからだ。銘文の解読に当たって、この側面も、念頭に置いておくべき要素ではないか。

現代の作法では、恩人、あるいは世話になった人にお礼をする。その際、贈り物をする先方には、敬称の「様」を必ず付ける。この鏡も、百済王から「日十大王」と男弟王への贈呈品である。このような場合、古代にあっても、儀礼上、自らの名称に、「敬称」を付すことはしなかったのではないか。いまだ、その具体例を見出だせないが、まず間違いのないところだと思っている。

「日十大王」を考える

「日十」を、どのように解釈すべきか。銘文をめぐる解釈上、最も重要な問題が「日十」だ。「日十」を「十日」、あるいは「日下」の誤りとする説がある。自説に合わせて、原文を改変したがる悪癖を、ここでも見ることができる。

これに対し、古田は例によって、原文を破壊するようなことはしなかった。「大和朝廷」の呪縛から解放されていることが、最大の原因だ。これは古田が見立てているように、〝佳字〟表現である。しかし、「日十」は〝人〟ではない。〝日土〟だ。

「魏志倭人伝」には、「その余の旁国」二一カ国が記されている。その中には、「弥奴国」「姐奴国」「蘇奴国」「華奴蘇奴国」「鬼奴国」「烏奴国」といった、「〜奴国《どこく》」で表される国が存在していた。「日十」の「十」は、この「奴」、つまり「土」に相当する。

〝ヒド〟で思い当たる歴史用語がある。「魏志倭人伝」の記す「卑奴母離」だ。そこで改めて、「卑奴母離」について分析をしてみたい。

(1)「卑奴母離」配置の矛盾　…　「卑奴母離」は、邪馬壹国側の官名である。
表7−1が、邪馬壹国による「卑奴母離」の配置状況である。この一覧表で分かるように、「卑奴母離」が配属されている地は、奴国を除き、帯方郡治と邪馬壹国を結ぶ主線行路上の国々である。それも海に囲まれているか、海に面している国である。

表7−1　「魏志倭人伝」による「卑奴母離」

配置国	大官名	副官名
対海国（対馬）	卑狗	卑奴母離
一大国（壱岐）	卑狗	卑奴母離
奴国	蒋馬觚《しまこ》	卑奴母離
不弥国	多《た》模《も》	卑奴母離

この「卑奴母離」の定義は、畿内説でも九州説でも、違いはない。「…卑奴母離は夷守と解読される可能性は大きいであろう」（安本美典『邪馬台国への道』）。甘木説の安本氏は、「卑奴母離」を「夷守」と解釈している。

この定義については、畿内説も変わることはない。山尾幸久氏も、「『卑奴母離』はヒナモリ（「夷守」）であろう。…『夷守』とは辺地を守る人（監視・防衛する人）の意味である」（山尾『新版　魏志倭人伝』）として、やはり同じ見地に立っている。

ところが、大和から遠く離れた筑紫を守ることに違和感と不安を覚えたからか、山尾氏は、「ヤマトから見ての辺地ツクシを守る人」と、単純に見なすことはできないと考えた。そのために『魏志』倭人伝の『卑奴母離』のヒナも、地域政権の中心と周辺との関係を示すことば、ツクシ政権の盟主がいる伊都、そこに『常治』している大率との関係を直接に示すことばであろう」として、畿内から切断した。

こうして、氏の解釈の先には、肝心の大和の、その膝元に防衛担当の武人はいないという、不用心さだけが残ってしまった。山尾氏の苦しい弁明は、畿内説の矛盾を端なくも露呈していたのである。

「卑奴母離」の定義のみならず、その配置についても、畿内説・九州説ともに、同じ矛盾の基盤の上に立っている。「卑奴母離」を、〝外敵〟からの攻撃に対応する官職と理解すれば、「邪馬台国」にとっての〝外敵〟とは、狗奴国だけだ。その狗奴国の比定地は、九州説では熊本県でほぼ一致している。ところが、畿内説にあっては、先の山尾氏では遠州灘沿岸だ。このほかにも、熊本県や和歌山県に比定する見解もあって、この点、畿内説は九州説と違ってバラバラである。

比定地がバラバラなのが、問題ではない。「卑奴母離」の配置との関係において、問題なのである。邪馬壹国は魏に支援を求めざるをえないほど、狗奴国に追い詰められていた。ここで冷静になって、考えてみれば分かる。

「卑奴母離」は、対馬・壱岐と博多湾岸の奴国と不弥国に配置されている。それなのに九州説にあっては、外敵の狗奴国の地は、南の熊本県である。畿内説の狗奴国比定地は、学者によって異なる。それでも、おおむね大和盆地の南か東だ。つまり、これらの見解だと、どういうことになるのか。尻に火が付いているのに、頭に水を掛けて、消そうとしているに等しいことになる。

このように、戦後史学にあっては、狗奴国・邪馬壹国間に張り詰めた緊張感も切実感も、まるで認識できていないという現状がある。このために「卑奴母離」と狗奴国との関連を、統一的に捉えることができなかったのである。

（2）「母離」とは　…　ここで改めて、「母離」について考えてみたい。「母離」は「守」、防衛のことである。これについては異論はない。「守口《しゅこう》」（ことばを慎み、秘密を守る）、「守旧《しゅきゅう》」（前からのしきたりを守る）、「守《しゅ》礼《れい》」（礼儀を守る）、「守要《しゅよう》」（ものごとの大事なところを守る）。これは、藤堂編『学研漢和大辞典』の「守」の熟語の一部である。守る目的は、それが大切だからである。

「守株《しゅしゅ》」という熟語もある。これは「守ㇾ株、待ㇾ兎」（株を守って、兎を待つ）ことをいう。『韓非子《かんぴし》』の説話である。その結果、唱歌「まちぼうけ」（北原白秋作詞、山田耕作作曲）で知られているように、「もとは涼しいきび畑」が、「今は荒れ野のほうき草」に変わり果ててしまったという話である。

「守株《しゅしゅ》」とは、古い習慣をそのまま守って、時勢に応じた処置のできないことのたとえである。宋の一農夫にとって、ウサギの引っ掛かる切り株は、野良仕事以上に大切だったのである。

無価値な物を守る。誰もそのような無駄なことはしない。そこに価値があるから、守るのである。「卑奴母離」の目的は明確だ。「卑奴母離」が守ろうとした「卑奴」は、この国において最も大切なものだ。「母離」の性格から、それは明らかである。

〝日土〟を解く

「卑奴」は、〝日土〟である。したがって「卑奴母離」とは〝日土守〟となり、〝日土〟を守る任務を帯びていたことになる。「卑奴母離」の上官である「大官」は、行政全体を司る責任者であったのだろう。その「大官」に仕える副官の「卑奴母離」は、その用語から、軍事・警察のみを担当する役人―職業軍人であったと思われる。

ではなぜ、その「卑奴母離」を壱岐・対馬にも配置したのか。太宰府から見れば、この島々はまさに「僻地」だ。しかし、そう思う前に、壱岐・対馬の位置を考慮すべきである。この二島は、九州と朝鮮半島とをつなぐ「飛び石」である。このうちの一つでも失えば、朝鮮半島だけではなく、中国との通行も難しくなる。

対海国と一大国はどうしても死守しなければならなかったのである。

邪馬壹国は、博多湾の北を強く意識していた。「卑奴母離」の配置は、そのためである。伊都国に配置された「一大率」が、「女王国以北の国々」に対して、絶えず眼を光らせていたのも、このためである。諸国が震え上がったという「一大率」とは、行政・軍事査察官であり、軍隊という〝暴力装置〟を常備していたものと思われる。このために、伊都国には「卑奴母離」の配置は必要なかったのである。

「卑奴母離」の配置は、狗奴国が東に存在していることを、「旧百余国」（旧《もと》からの百余国）とともに暗示していたのである。

「欽明紀」に興味深い記事がある。

（一七年）筑紫火君……百済本記に云はく、筑紫君の児、火中君《ひなかの》の弟なりといふを遣《つか》はして、勇士一千人を率て、衛《まも》りて弥弖《みて》（弥弖、壱岐《いき》か）に送らしむ。因《よ》りて津の路《みち》の要害の地を守らしむ。

欽明天皇が筑紫火君に命じて、「津の路」（遺称地未詳）の要害を守らせたという内容である。ここで、この記事の誤りを訂正しておかなければならない。「弥弖」は誤まりで、正しい表記は「弥弓」である。弥はイ（名のり・いや）、弓はキ（キュウ）を表しているようである。つまり〝イキ〟、壱岐のことである。弖字は、要注意である。往々にして、弖字のことがある。この場合もそうだ。

話題が多少ずれたが、この記事の翌年「欽明一八年」に、「百済の王子余昌《よしょう》、嗣《つ》ぎて立つ。これを威徳王《いとく》とす」とある。『三国史記』によれば、威徳王の在位は五五四〜五九八年だから、「欽明一七年」は五五三年となる。この時期、日本列島を支配していた権力は、九州王朝だけである。「大和朝廷」はどこにも存在しなかった。『紀』は欽明天皇をでっち上げて、筑紫火君をあごで使っていたのである。ここに至って、この行為に驚くことはない。これが『記紀』の世界なのである。

この筑紫火君こそ、当時の最高権力者だ。「火君」も、本来表記は〝日君〟か。したがって、『百済本記』の「火中君」も、本来表記は〝日中君〟ということになる。そうなると、これはどういうことになるのか。〝筑紫＝火〟、つまり〝筑紫＝日〟の意であろう。この国は、筑紫とは別に、〝日の国〟とも称していたことになる。〝火中〟もまた然りだ。〝日中〟である。

江戸時代まで続いた旧国名に、「肥前」「肥後」がある。明らかに一対の国名だ。越前―越中―越後、備前―備中―備後といった地名と、同列に扱うことのできない国名表記である。

筑紫に隣接する「肥前」「肥後」も、もとは、〝日中〟に対しての〝日前〟〝日後〟であったと思われる。ところが、やがて不幸な事件が日本を襲う。このために、〝日前〟〝日後〟は、「肥前」「肥後」という奇妙な表記に変えられて、今に残った。しかし、〝日中〟は消された。このように、推測することができる。

なぜか。北部九州の地に〝日中〟の地名を残せば、ここから、〝消し去った国家〟の存在を、嗅ぎつけられる恐れが生ずる。記紀編纂者は、このように考えたのである。その結果が、『記紀』と現地からの〝日中〟の抹消である。

筑紫は〝日〟、あるいは〝日中〟と称していた。「欽明紀」と「肥前」「肥後」が、その根拠である。どちらかと言えば、その根拠は貧弱だ。だが、それをもって、わたしの見解を否定することはできない。この時代、「大和朝廷」は、いまだこの世に存在してはいない。

それでも、わたしの説に対する、それこそ鬼の首でも取ったかのような批判。それも嘲笑を含む批判は必ず生まれる。卑・日は甲類であり、肥・火は乙類で、古代音韻上の分類に反すると。そして、この程度のことも分からぬ者は、やはり素人だと。

しかし、この批判は当たらない。この嘲笑は、放った方へソックリそのまま返っていくことになる。「記紀歌謡」は誤訳だらけである。その誤訳に基づいて、古代の音韻を、甲・乙二類に分類する。その結果は明らかだ。

「日十大王・年」の正体

「日十」が〝日土〟であることが判明したことは、一つの前進ではある。それでもあっても、ここで新たに生まれた問題の究明は、思ったほど単純ではない。

「日」は最低でも、(1)〝太陽の光〟・(2)〝蛇〟の二つの意味に解釈できる。

(1)太陽の光　…　この解釈だと、〝日土〟とは、文字どおり〝太陽の国〟となる。

(2)蛇　…　ヒが蛇の意であれば、〝日土〟は〝蛇土《ひど》〟となる。

①山岳名　…　檜山（福島）・比山（岩手）・火山（岐阜）

②河川名　…　日野川（福井・滋賀・鳥取）。いずれも大河である。

③島　名　…　日ノ島（長崎県五島列島の若松町。北に、〝蛇の島〟を示す串島）・樋の島（熊本県八代海《やつしろ》）

これらの地名が示しているように、極度に曲がっている地形に対して、ヒは用いられている。全国の山岳・河川名は、蛇に由来する地名が大半を占める。ヒハ（ヒバ）のハは、蛇である。そうなると、ヒも蛇ということは十分に考えられる。ヒを外して、蛇を論ずることはできないようである。

その一方で、このような地名もあるから、注意を要する。

燧岳《ひうちだけ》（青森）・燧ケ岳（福島）・火打岳（山形）・火打山（新潟）、火打崎（石川・宮崎）、燧灘（愛媛）

いずれも、「ヒウチ」と呼ばれている地名である。ウは大きいことを示す字、チは蛇で、ウチとは、大蛇の意である。では、このヒも蛇だろうか。蛇と解釈すると、ヒウチは〝蛇＋大蛇〟となって、おかしな同義重複語となり下がる。このヒは山岳名に見られるように、火字が用いられている。この表記から推測するに、火の真意は日・陽にあるのではないか。そうなると、これらのヒは、美しく輝いている意と理解すべきか。以上からヒウチとは〝日《ひ》宇《う》蛇《ち》〟、光り輝いている大蛇を表していることになる。このように、一音言語には同音異義語が多いから、その解読にも必ず困難が付きまとう。これで、ヒの意味も解けたようである。そうなると、「日十」（日土）は、どうなるのか。

その決め手は、この鏡が贈与された時代にある。つまり、百済王・斯麻（武寧王）の実在によって、贈与された絶対年代が特定できることである。ここに、この鏡の歴史的意義の一つがある。

すでに武寧王陵が発掘され、そこから「墓誌」という第一級の史料が見つかっている。武寧王は五二三年五月に、六二歳で没している。これが、この墓誌の伝えるところだ。ということは、四六一年から五二三年までの生涯であったことになる。その生涯の五〇三年に、鏡を「日十大王」に贈っているのである。それは一体、どんな時代だったのか。

(1)狗奴国の滅亡　…　二五〇～二六〇年頃

(2)六〇七（隋の大業三）年　…　俀国《たいこく》（＝邪馬壹国）王・多利思北孤は、隋の煬帝に宛てた国書で、「日出ずる処の天子」を主張。これを見た煬帝は激怒。

「五〇三年」は、右記(1)と(2)の間に位置している。長年の脅威だった狗奴国は、二四三～二五三年もの昔に滅亡している。その狗奴国は、「魏志倭人伝」によって、〝小さな犬の国〟というとんでもない姿に変えられていた。狗奴国の本来の姿は〝コウドコク〟（蛟土国）、つまり蛇の国であったと思われる。

狗奴国の猛攻に耐え続けた邪馬壹国も、〝蛇の国〟―〝蛇《ひ》土《ど》国〟を自認していたようである。「卑奴母離」も、もとは〝蛇《ひ》土《ど》守〟である。卑弥呼の時代には、すでに自国を〝日土〟（ヒド、ヒノクニ）と称していたようだ。それは、狗奴国に対する邪馬壹国の自負でもある。要するに、向こうを張っていたのである。

狗奴国が滅亡して以後、二五〇年前後の時間が経過している時点が、「五〇三年」である。邪馬壹国には、大国意識のみなぎっている時代である。それは時間的に見ても、「六〇七年」に近い。このような時間尺からすれば、〝蛇土《ひど》国〟から、太陽が眩しいほど燦然と輝く〝日土の国〟へと、変身を遂げていても、決しておかしくはない。

日本の国号は古い。「その国日辺にあるを以て、故に日本を以て名となす。あるいはいう、倭国自らその名雅ならざるを悪《にく》み、改めて日本となすと。あるいはいう、日本は旧《もと》小国、倭国の地を併《あわ》せたりと」と、「旧唐書倭国日本伝」は記している。〝蛇土《ひど》国〟から〝日土の国〟への変身は、邪馬壹国が日本列島を統一した三世紀後半には起こっていたことになる。

「日十大王」も、これで解決を見た。それでもなお、問題が一つ残っている。それは「年」だ。これも、無視できない問題である。しかし、これも、今では難しい問題ではなくなっている。

古代の日本列島にあっては、蛇は神聖視されていた。筑紫も例外ではない。卑弥呼・壹与も、蛇に基づく女王名だった。年《ねん》は、そんな国の大王である。年も蛇と深く関わっている。そうなると、年とは、大蛇の蚺《ねん》（蚺《ねん》）ということになってくる。

人物画像鏡は昔日の輝きを失っているが、その銘文は、今もなお強い光を放ち続けている。

「意柴沙加宮」はここか

「日十大王」が、九州王朝の大王であることが明確になった今、人物画像鏡に関し、最期に残った問題が、「意柴沙加宮」の所在地だ。この宮が所在したところは、桜井市忍坂《おつさか》だといわれている。オシサカとも、オサカとも呼ばれているこの地名は、今はオツサカだ。実に安定感のない地名である。

だが、この鏡は、「大和朝廷」とはまるで関係はなかった。したがって、「オシサカ」とも無縁だ。「忍坂宮」は実在しなかった。実在した宮は「石坂宮」である。「石人と石盾と各六十枚《むそひら》…。亦、石馬三疋《みつ》・石殿三間《みつ》・石蔵二間《ふたつ》あり」（『筑後国風土記』）。これは、石製の模型を配置した「筑紫君磐井」の墳墓の一部の描写である。

その墳墓である岩戸山古墳（八女市）には、石製の模型が今もなお残っている。古田による「『石造文化』の王朝」は正鵠を得た指摘であり、「石造の宮殿の一つが『石坂宮』と名づけられていた、としても、不思議はない」（古田『失われた九州王朝』）との論理は、正当である。

「石坂宮」が、「筑紫君磐井」の宮殿であった可能性は高いが、それは別にして、この宮は九州王朝の正殿だ。所在地は当然、現「太宰府政庁跡」周辺ということになる。やはりと言うべきか、『失われた九州王朝』（一九七三年刊）から、ほぼ一二年後に、氏は「筑紫野市大字原《はる》七一六」の中に、「小字石坂」を発見している。

「そこは眼下に天満宮、太宰府方面を見る佳好の地だった」（古田『古代は輝いていたⅡ』一九八五年刊）と述べている。この地は、九州歴史資料館（現九州国立博物館）のさらに東にあり、いささか辺鄙なところである。

ところが、わたしもこの地で、思いがけない体験をすることとなった。一九八九（平成元）年、一一月も終わりに近い日に、九州歴史資料館の見学を終えて、南方向の石穴《いしあな》に向かって、住宅地の中を歩いていた。しばらくして、その住宅地の中の地名表示を見て、驚いた。念のためにと思って、民家の表札でも確認した。その地名は「石坂」、それも「太宰府市石坂」である。

「太宰府市石坂」は観世音寺《かんぜおんじ》の東、沙至比跪が自死した「石穴」と西鉄太宰府線（五条駅─太宰府駅間）との間の地名である。ここは、「太宰府政庁跡」とも近い。このような立地から考えると、あるいは「石坂宮」は、「筑紫野市大字原《はる》七一六」ではなくて、ここに所在した正殿か。

「太宰府政庁跡」の地は、一二五〇～一二六〇年代以降の時代にあっては、日本列島を支配する組織・機関の心臓部である。狗奴国に圧迫され続け、九州と「その余の旁国」を支配するだけの時代であればまだしも、日本列島を支配するにふさわしい組織・機関を整備するとなれば、現「太宰府政庁跡」の地は手狭となる。

そのために、宮殿を別のところ、それも現「太宰府政庁跡」の地から、比較的近いところへ移していたとも考えられる。

この「石坂」の東が、「石穴」である。そのさらに東には、「大石」（筑紫野市）の地名も残っている。大石―石穴―石坂。宝満山の山麓は、「石」だらけである。これらの地名は、宝満山の「大巌頭」に端を発しているかのように、東から西へと整然と並んでいる。そうなると、「イシアナ」がもとからの地名音であったとは、思えなくなる。

肝心の石穴の位置と、その地形はどうか。ここは高雄山の西麓に位置している。しかし、石穴は、〝穴＝窪地〟といったような地形ではない。この地名も、どこかの時点で化けている可能性が、多分にある。どうやら、「イシアナ」誕生の元凶は、地名接尾語となっている「穴」にありそうである。穴の音はゲチ（グェチ）、ケツ（クェツ）である。そうなると、石穴は、もとは〝イシゲ〟ということになりそうである。

宝満山の「大巌頭」は、「君が代」の「いわを」に見立てられていた。宝満山の九合目からこの「大巌頭」に至るまでに、竈門岩《かまどいわ》・袖すり岩・馬蹄岩の巨岩が、まるで「大巌頭」へ案内をしてくれるかのように、登山道のかたわらに立っている。

「大巌頭」は、邪馬壹国＝九州王朝にとっては、言うなれば、最高権力の象徴である。「石造文化」と「『石造文化』の王朝」も、あるいは、宝満山の大巌頭を強く意識した産物なのだろうか。

「斯麻」の出生地の記事は、「雄略紀」だけではない。雄略を四代下った「武烈紀」にも、類似の記事がある。

斯麻の出生地

（雄略五年）六月……孕《はら》める婦《め》、……筑紫の各羅嶋にて児を産めり。仍《よ》りて此の児を名けて嶋王と曰ふ。

……是《これ》を武寧王《むねいおう》とす。百済人《くだらひと》、此の嶋を呼びて主嶋と曰《い》ふ。

〈武烈四年〉… 百済の末多王《まったおう》、無道にして、百姓《たみ》に暴虐す。国人《くにひと》、遂に除き、しかして嶋王を立つ。是を武寧王とす。

末多王《まったおう》とは東城王のことである。この記事に続き、以下で『百済新撰』を引用して、「武烈紀」も武寧王の生い立ちを述べている。しかし、記紀編纂者はなぜここで、武寧王が即位したことを持ち出してきたのか。前後の記事とは、まるで関係がないから、いぶかしさをどうしても感じてしまう。

実はここに、記紀編纂者の本音を垣間見ることができる。「武烈四年」が武寧王即位年に当たっていることを、強調することに、その目的がある。「時間」を強く意識している表れである。この年は、西暦五〇二年に相当する。

これから取り上げる問題は、武寧王の出生地「筑紫各羅嶋」だ。「カカラシマ」と読まれている「各羅嶋」は、東松浦郡呼子《よぶこ》町（東松浦半島突端）の沖合、玄海灘に浮かぶ加唐島《かからじま》（佐賀県）だという。驚きだ。大胆な発想である。筑紫の領域を佐賀県の西端にまで広げて、不安を覚えないのだろうか。

この通説を否定する記事が、『肥前国風土記』の中にある。「松浦郡《まつうらのこほり》… 昔者《むかし》、気長足（意気猛《いきたけ》し蛇《そ》）姫《ひめの》尊《みこと》、新羅を征伐《う》たむと欲《おもほ》して、此《こ》の郡に行でまして …」。これが、その記事である。松浦郡が、肥前国に属していたことは明らかである。

『肥前国風土記』逸文には、このような記事もある。「『肥前国風土記』に曰はく松浦県。県の東六里に帔《ひれ》揺岑《ふりのみね》あり」。「帔《ひれ》」とは、肩に掛ける白く細長い布のことである。領布・肩布が一般的な表記である。問題は「帔」ではなくて、「松浦県」の所属先にある。この記事は、欽明より一代前の「宣化《せんか》天皇」の時代となっているから、一応〝五三〇年代〟のこととなる。この時、「松浦県」は筑紫国ではなく、「肥前国」の一部となっている。

　そして決定的とも言える記事が、これだ。「夏四月、…北、火前国の松浦縣《あがた》に到りて、玉嶋里《たましまのさと》の小河の側《ほとり》に進食《みをし》す」。これは「神功摂政前紀」の一節である。「ヒノミチノクチノクニ」と、難しく読まれている「火前国」は、要するに、肥前国のことである。玉嶋里は、東松浦郡浜崎玉島町に比定されている。

『紀』によって、「神功皇后」―気長足姫《いきたけしそ》は、二〇〇年代半ばの女性に仕立て上げられていた。しかし、その素顔は「天の宇受売」であった。「天孫降臨」時、彼女は、伯耆・出雲勢を九州の地から一掃するために、戦い続けている。筑紫を拠点とするその女性が、「肥前国」で食事をする。当時の状況を考えれば、不審とするには当たらない。「肥前国」について、これ以上語る必要はなさそうである。

　歴史事実に照らせば、肥前国の加唐島《かからじま》は、「筑紫の各羅嶋」ではないことになる。かくして、「各羅嶋」の比定地については、降り出しに戻ってしまった。実は、各羅嶋と見なされていた加唐島の、帰属していた国だけが問題なのではない。より大きな問題は、その地名音にある。通説の「カカラ」で、正しいのかどうか。

「各羅」は、カカラではない。この読み方が、その比定地を大きく狂わせていた。これは〝オロ〟と読まなければならない。各はオ（オノオノ）、羅の音はラであるが、ここでは、ロに変化させて用いているようだ。

「各羅嶋」は、つまり〝オロシマ〟である。

〝オロシマ〟は、筑紫（福岡県）に実在していた。現在表記では、小呂島（福岡市西区）となっている。わたしが、蛇の究明を深めるきっかけとなった島である。武寧王誕生の地―「筑紫の各羅嶋」は、この小呂島に比定できそうである。

　武寧王の出生地が判明した今、やはり、この人物の出生地についても、触れておかなければならない。

脱解王の出生地

脱解《だっかい》、本《もと》、多婆那《たばな》国の所生なり。其の国は倭国の東北、一千里にあり。

〈三国史記・新羅本紀第一〉

脱解《だっかい》王の在位は、五七〜八〇年。生まれた年は、紀元前一九年頃のようだ。その出生地が、多婆那国である。ところが、伯耆・出雲も筑紫も、自国を「倭」と称していたのだから、多婆那国の地を探し当てるためには、まず「倭国」を特定しなければならない。特定作業先には困難が伴うのではないかと、不安になったが、それは杞憂に過ぎなかった。幸運にも、脱解《だっかい》王出生譚にも決め手があった。

脱解《だっかい》王の母である多婆那国王の妃は、「女国」（所在地不明）の王女である。ところが、妃は妊娠して七年目に大きな卵を生んだ。王は不吉だといって、捨てるよう命じた。しかし、それを忍びないと思った妃は、錦で卵を包み、宝物と一緒に箱の中に入れ、海に流した。

やがて、その箱は、金官国（現金海）の海辺に流れ着いた。金官の人々はこれを怪しんで、拾い上げようとしなかった。箱はさらに海の中を流れて行き、辰韓の阿珍浦に着いた。ここで一人の老婆が、その箱を海岸に引き寄せて、中を開けると小さな子どもが入っていたので、連れ帰って育てたという。これが、後の新羅の脱解《だっかい》王である。

ここに、「箱」の出発点である「倭国」を特定する手掛かりがある。多婆那国から捨てた箱の流れ着いた先が、朝鮮半島であったことである。決め手は「潮流」である。この「潮流」に注目し、多婆那国を関門海峡領域と見なした研究者が、古田武彦だ。ここで、氏の『古代は輝いていたⅠ』によって、その見解を確認してみたい。

対馬海流は対馬付近において、二方向に分れて流れる。一方は、出雲の沖合へと流れて行く暖流・対馬海流である。他方は、釜山の沖合から朝鮮半島東岸を北上する東鮮暖流である。東鮮暖流に乗れば、初めは釜山付近、次いで「新羅東岸」に流れ着く。しかし、このように流れるためには、以下の条件がさらに必要となる。

⑴風　…　冬などの北から南へ吹く風と、夏などの南から北へ吹く風がある。しかも、同じ季節風であっ

ても、時間帯によって、その吹く風は変化する。いずれの潮流に乗るか。それは風しだい・風まかせとなる。

(2)関門海峡の潮の流れ　…　この海峡の潮流は時間帯によって、反転する。瀬戸内海から玄海灘に流れ出す時間帯であれば、東鮮暖流に乗る可能性は一段と増す。

この潮流の動きから、古田は遠賀川河口付近を含む関門海峡領域では、季節と時間帯によって、漕ぎ手のいない舟であっても、北上する可能性は十分にありえると判断する一方で、関門海峡より東の海岸からとなると、逆流して釜山方面へ漂流する可能性はほとんど失われてしまうと結論づけた。

潮流と風による判断は、正しい。卵を入れた箱は、海の向うから、半島へ漂着している。その出発点が倭国であることは明白である。では、肝心の「倭国」は、どこに存在したのだろう。

多婆那国を関門海峡付近と見なす古田の見解に従って、『三国史記』の記事を逆に考えれば、「倭国」は、多婆那国の西南、千里のところに存在していたことになる。つまり、「倭国」も「多婆那国」も、九州の内部に存在していたことになる。時代は紀元前一世紀だ。この時代、九州の地を支配していた国は、邪馬壹国であり、その都は現在の太宰府政庁跡である。

すなわち、ここから千里離れた東北に、多婆那国があったことになる。一里＝四一五～四三五ｍの長里であれば、千里は四一五～四三五㎞となる。この距離はすでに論じたように、その終点は現米子市付近、狗奴国の中心地となり、九州の地をはみ出すことになる。ところが、一里＝七五～七七ｍの短里であれば、千里は七五～七七㎞となる。そこで例によって、ＪＲの営業距離数を、ここでも適用してみた。太宰府から七五～七七㎞離れた東北の、それもこの説話の趣旨を尊重して、海岸部に求めたところ、北九州市の戸畑区に辿り着いた。

(1)都府楼―戸畑　…　七四・八㎞

⑵二日市―戸畑　…　七六・二km

⑴、⑵のいずれも、七五～七七kmの間に収まる。

この距離から判断して、多婆那国は戸畑付近ということになる。この到着点を知って、驚いた。トバタの地名音が、「タバナ」に近いためだ。そうなると、「多婆那」を「タバナ」と読むことが、正しいのかどうか。

ここで改めて、「多婆那国」の音を問い直す必要が生まれてきた。漢字民族の新羅人が、固有名詞を勝手に書き替えるということは、まず考えられないから、「多婆那」は、倭国側の国名表記であると見なすことができる。これは一応、「タバナ」とも読める。

しかし、これは「多婆那」の読み方の一つでしかなく、これで正しいとの保証は、どこにもない。多はト（名のり・とみ）、婆はバ、那はタ（ダ）を表していると考えれば、「トバタ」とも読むことができるのである。むしろ、正しいのはこの読み方だと思われる。脱解が「戸畑」で生まれていたのであれば、『三国史記』の記事とも整合し、古田の見解とも一致する。

倭国でも使用されていた短里

『三国史記』の示す一世紀の里数は、「短里」だった。この事実は、『三国遺事』（巻二・駕洛《から》国記）でも確認することができる。

> 献帝の建安四年己卯（一九九年）三月二十三日、殂落《そらく》す。寿《よわい》百五十八歳（二倍年暦で七九歳）…。遂に闕《けつ》（宮殿）の艮方《こんほう》（東北、艮はうしとら）の平地殯宮《ひんきゅう》（王墓）を造立す。高一丈、周三百歩。しかしてここに葬る。首陵王廟と号すなり。

首露王（首陵は死亡後の諡号）の死亡による王墓の築造は、二世紀末である。「一丈」は後漢尺で二・三五mとなるから、盛土をした墳墓の高さとして、この時代にふさわしい。次いで「周三百歩」だ。問題はこの数値だ。三〇〇歩＝一里だから、長里だと四一五～四三五ｍにもなるが、短里ではせいぜい七五～七七ｍにしかならない。

首陵王墓を仮に円墳と仮定すれば、それぞれの直径は、一三二・二～一三八・五ｍ（四一五～四三五÷円周率三・一四）、二三・九～二四・五ｍ（七五～七七÷三・一四）となる。墳墓の高さ二・三五ｍに対し、釣り合いのとれている数値は、どちらか。改めて問うまでもない。

二六〇～二七〇年頃に造られたと思われる卑弥呼《ひみか》の墳墓は、「径、百余歩」、二五・〇～二五・七ｍであった。これも短里で表されていた。二～三世紀の邪馬壹国も朝鮮半島諸国も、里数には「短里」を使用していたことが、これで判明した。それに、同規模の墳墓が築造されていたことも確認されている。以上は、古田『よみがる卑弥呼』（第五章　九州王朝の短里）からの要約である。

「短里」の使用は、中国と朝鮮半島諸国だけではない。日本でも使われた痕跡が、はっきりと残っている。その第一発見者は、やはり古田である。それは、先に示した『肥前国風土記』逸文の中にあった。

肥前国風土記に云はく、松浦県《のあがた》。県の東六里、帔揺岑《ひれふりのみね》有り。

ところが、校注者・秋本吉郎が底本とした猪熊本では違っていた。

肥前国風土記云　松浦県　県東三十里　有㆓帔揺岑㆒

違いは明らかだ。猪熊本では「三十里」だが、秋本は、これを五分の一の「六里」に修正したのである。秋本の一里は長里、それも一里＝約五三五ｍという八世紀の長里である。これを原文の「三十里」に適用すれば、一六、〇五〇mとなる。そのために、氏は「概数記載とはしがたい。実距離によれば六里または七里とすべきである。しばらく『六里』としておく」として、修正に及んだのである。秋本のこの原文改定に対して、「この『里単位』に依拠する限り、原古写本（底本）の『三十里』は到底許容しうる数値ではなかったのである」と、古田は適切に指摘した。

原文の「三十里」を「六里」に改変した秋本は、松浦郡の「郡家《ぐうけ》」（郡の役所）を、唐津市原・久里付近と考えた。この地が帔揺岑（鏡山）から、西へ四〇〇〇m弱（六里×五三五m）のところに当たっているためである。しかし、この「四〇〇〇m弱」の数値が過っているのだから、その比定地も、運命をともにすることになる。実際の郡家は、帔揺岑から西へ短里の「三十里」、二二五〇～二三一〇mばかり隔たったところに実在していたことなる。

これで、倭国、それも九州の地にあっても、短里が使用されていたことは明白である。新羅側が、多婆那国について得ていた情報「倭国の東北、一千里」は、正確だった。あるいは、両国での尺度が「短里」で一致していたから、正確な情報となりえたとも言える。

歴史は繰り返す

民話「桃太郎」の元祖のようでもある「脱解―卵生」説話は、現実離れしている。そのために、この説話も、つかみどころのない内容と化している。しかし、一歩退いて考えれば分かるように、巧みな比喩による日本神話は、歴史上の重大な事実を物語っていた。『三国史記』のこの比喩的表現も、日本神話と同類・同質ではないか。そうなると、この比喩の中にも、看過できない真実が隠されていると見ることができる。

(1)子どもの素姓　…　子どもではなく、卵が生まれたことを知った多婆那国王は不吉と思い、これを捨てさせる。妃の生んだ子どもは、多婆那国王の子どもだったのかどうか。実際には違っていたのではないか。多婆那国王の妃になる以前に、この女性はすでに身ごもっていた。そのための破棄の命令ではなかったか。

⑵面従腹背　…　妃はその命令に従い、捨てたと応えている。しかし、実際は、新羅に通じる人物に委ね、コッソリと新羅に送り届けていたのではなかったか。釜山で拾われなかったことは、そのことを暗示している。半島南辺は倭地、「魏志倭人伝」の記す「狗邪韓国」だ。この国は当時の国内外の政治事情によって、狗奴国に属したり、邪馬壹国に属したりと、運命を翻弄されている。

このような思惟は、一人の女性の運命を深く考えるきっかけとなった。本来、新羅の友好国は、伯耆・出雲―狗奴国だ。その繋がりは古い。いわゆる「神話時代」にさかのぼる。

①スサノオは新羅と関わりがあった。②八束水臣津野の引き寄せた国の一つが、新羅だった。①、②から言えることの一つが、「新羅」と伯耆・出雲とは、古くから関わりがあったということである。それにもかかわらず、脱解は、筑紫（邪馬壹国）の支配する国で生まれ、その後、数奇の運命を辿っている。それは、母親が不幸な運命を背負ったことに起因していたようである。その背後に、どのような事情があったのか。この説話の核心は、ここにあると思われる。

この説話で無視できない疑問が、母親の故国「女国」だ。これは、『記紀』などの国内史料にも現れない国名だ。「魏志倭人伝」の記す「その余の旁国」にも該当する国名はない。おそらく外国、それも新羅の一部だ。そのように考えなければ、脱解が新羅に流れ着いたという説話は成立しない。

外国の女性が多婆那国王の妻となっているところから、母親は「人質」として、倭国（邪馬壹国）に渡ってきていたと考えられる。脱解の時代は、邪馬壹国が漢の光武帝から金印を下賜され、漢の冊封体制下にあった時代だ。このため、邪馬壹国は、漢の威光を最大限に利用し、狗奴国に対し優勢な立場にあったであろう。したがって、この時代、新羅の一部を含む半島南辺の倭地は、邪馬壹国に属していた可能性は高い。一方、新羅の反感は凄まじく、その抵抗を押えるには、「人質」は効果的な手段となる。

この説話の本質は、母親は殺害される前に、わが子をコッソリと新羅へ逃がしたところにあったと思われる。卵で生まれ、玄海灘を渡って新羅に漂着したという神話的説話が、それを物語っている。こうして確かな記憶として残っていることから、脱解脱出譚は、新羅人にとっては、衝撃的な事件であったことをうかがわせる。それは、倭国に人質となっていた訥祇《とぎ》王の実弟・微叱許智《みしこち》を救出するために、その身代わりとなって、処刑された朴堤上とも、どこか共通する説話である。

百済と新羅に対する邪馬壹国の姿勢には、際立って大きな違いがある。それは「神功紀」の一連の記事から、明らかだ。百済には好意的である反面、新羅には冷淡・冷酷である。その露骨な仕打ちが、「人質」である。その根底にある心理は、いつ裏切られるかという不信感だ。「貴国」＝邪馬壹国が、百済に対して常に好意的であるのも、新羅への牽制が、最大の動機だったのだろう。

百済の武寧王は、各羅嶋（小呂島）で生まれていた。それに先立つ新羅の脱解王も、多婆那国（戸畑区）で生まれていた。それから時代は大きく下って、二〇〇七年一二月一九日、大阪市生野区で生まれた在日韓国人・李明博《いみょんばく》氏が、韓国大統領に選出された。この報道に接した時、わたしに去来した人物が、遠い時代のこの二人だった。歴史は繰り返す。それも、不幸な歴史ほど繰り返される。そう思わざるをえなかった。

2　鉄刀の中の九州王朝

虫食い状態の銘文

志賀島から出土した金印と並んで、日本国民周知の宝物が、七支刀である。刀とあるが、おおよそ実戦には役立たない。当初から〝装飾品〟として製作されていることは、この異形な姿から明らかだ。

先に論じた「人物画像鏡」は四八文字である、これに対し、七支刀は六一文字（表三四文字、裏二七文字）となっている。この銘文も、古代の貴重な情報を伝えていることになる。ところが、七支刀の文字は、発見時には、すでに〝虫食い状態〟になっていた。これが、前述の人物画像鏡との決定的な違いである。

全六一文字中、判読可能な文字は、四五である。その一方で、まったく読めない四文字を含め、判読の困難な文字は、一六前後にも及んでいるという。一九八二（昭和五七）年、NHK調査班がX線透視を試みたが、しかし、新たな発見はなかったという。

その銘文に対し、これに関わった学者に共通する解読文字は、ほぼ次のようだ。

（銘文中判読可能文字）

［表］①泰a四年。②b月十六日丙午正陽。③造百練c七d刀。④e辟百兵。宜供供侯王。⑤fghi作

［裏］⑥先世j来未有此刀。⑦百濨k世子。⑧奇生聖m。⑨故為n王旨造。⑩伝op世。

（注）丸数字とアルファベットは、著者による。

この銘文の解読と論議は、喜田貞吉らによって、すでに大正期に行われていたが、昭和になると、それはさらに活発化し、深化した。その中にあって、「一時期を画するほど重要な収穫をもたらした」と、宮崎市定が高く評価した研究者が、福山敏男である。

自ら述べているように、福山は一九四六（昭和二一）年一〇月より、毎年この大刀に接し、都合三度の解読を重ねている。その集大成が、「石上神宮の七支刀」（昭和二五年一二月稿、昭和二七年一月再吟味）である。事実、この論文には、精密な解読結果が示されている。それは宮崎のみならず、誰しも評価するところである。

福山敏男の解読と解釈

［解読］

泰和四年□（四?）月十一日丙午正陽。造百練金□（鋼?）七支刀。□辟百兵。宜供供侯王。□□□□作。（以上表、一行）

先世以来。未有此刀。百滋王（?）世子（?）。奇生聖音。故為倭王旨造。伷（傳）不□世（以上裏、一行）

［解釈］泰和四年四月十一日の純陽日中の時に百練の鉄の七支（枝）刀を作る、以って百兵を辟除し、侯王の供用とするのに宜《よろ》しく、吉祥であり、某（あるいは某所）これを作る。……［表］

先世以来未だ見なかったこのような刀を、百済王と太子とは生を御恩に依倚しているが故に、倭王の上旨によって造る、永く後の世に伝わるであろう。……［裏］

「辟除《へきじょ》」とは「取り払う」意であり、「依倚《いい》」とは「頼りにすること」である。虫食い状態の銘文を、厳密な鑑定のもとに復元した福山の功績は、大きい。その中でも、⑦「百滋[k]世[l]」の五文字を「百済王世子」に、⑨「故為[r]王旨造」の[r]を「倭」に復元したことであろう。これで、銘文の主旨の輪郭が明確になってきた。

だが、銘文は虫食い状態にある。福山のこの解読に対して、異説が現れることは避けられなかった。榧本《かやもと》杜人《もりと》（本名亀次郎）が、異を唱えた。榧本の解読の特徴は、福山が「聖音」と判断した⑧「奇生聖[m]」の個所を、「聖晋」と判読したところにある。「音」と「晋」とは、まったく異なる文字ではあるが、部分的に似ていることも、否定できない。

榧本は、福山と連携しつつ、この銘文の解読に努めてきた人物である。それだけに、氏の見解も、尊重しなければならない側面はある。けれども、この文字の判定においては、明らかに福山の鑑定結果に、分があると認められる。

「聖音」は「聖恩」に通ず

七支刀が、百済から「大和朝廷」への贈呈品であることは、古田を除き、衆目の一致するところである。「大和朝廷」・百済間との国交の開始と、その後の経緯については、「神功紀」に詳しい。

(1)四六年、百済の、卓淳国《とくじゅんこく》を介しての「大和朝廷」への接近

(2)四七年夏四月、百済の「大和朝廷」への朝貢。途中、新羅が百済の使者を襲って、それぞれの貢物を交換するという事件が起こる。その結果、「新羅の貢物《みつきもの》は、珍異《めづら》しきもの甚だ多し。百済の貢物は、少なく賤《いや》しくして良からず」という状態に変わってしまうことになる。

事実を知った「大和朝廷」は、千熊長彦を新羅に派遣して、その非を責めた。

(3)四九年春三月、「大和朝廷」は新羅を攻撃し、比自炑《ひしほ》以下の七カ国を平定。さらに、忱彌多礼《とむたれ》（済州島）を征服して、この島を百済に与えた。

(4)五〇年春二月、百済から帰国する千熊長彦に伴って訪れた久氐《くてい》は、「吾が王、歓喜踊躍《ようやく》して、心にえ任《しの》びず」（喜びのあまり踊り跳ねて、心を押さえることができない）という百済王の気持ちを、感謝の辞とともに神功に伝える。

(5)五一年、朝貢のために派遣された久氐とともに、百済に渡った千熊長彦は「貴国《きこく》」の詔勅を伝える。これに対する百済王父子の態度は、謙虚そのものである。

百済の王の父子、並びて顙《ひたひ》を地に致して、啓《まう》して曰《まう》さく「貴国《きこく》の鴻恩《こうおん》、天地よりも重し。何《いずれ》の日何《いずれ》の

時にか、敢えて忘れまつること有らむ。聖王、上《かみ》に在《ま》しまして、明かなること日月の如《ごと》し。今、臣、下《しも》に在りて、固きこと山岳《やま》の如し。永《とこしえ》に西蕃《にしのとなり》と為《な》りて、終《つひ》に貳心《にしん》無けむ」とまうす。

百済王父子は、「貴国」の支配者に「聖王」と敬意を表する一方で、自らを「臣下」と称しているほどである。顙とは額のことである。原文の「百済王父子、並顙致レ地」とは、父子で並び、額を地に付けての意である。そうして、地面に座り、啓《もう》（＝申）した内容が「貴国の鴻恩《こうおん》、天地よりも重し。…貳心《にしん》無けむ」だ。鴻《こう》とは大きいという意だから、鴻恩《こうおん》とは大恩のことである。貳《に》（＝二）心《しん》とは、ここでは反逆の心のことである。

百済王父子は「貴国」に大恩を感じ、永遠の忠誠を誓っていた。その気持ちの具体化が、「七枝刀」などの贈呈であったようである。

(6)その記事が、これである。

五十二年夏九月…久氐等、千熊長彦に従ひて詣《まうけ》り。即《すなは》ち、七枝刀《ななつさやのたち》一口《ひとふり》、七子鏡《ななつこのかがみ》一面及び種種《くさぐさ》の重宝《たから》を献《たてまつ》る。

この一連の記事から、百済の「貴国」に対する感謝の態度が、ひしひしと伝わってくる。その心根を表せば、「聖音」、すなわち「聖恩」となるのではないか。「聖音」は「聖恩」に通ずる。福山の解釈は、間違ってはいないと言えそうである。

宮崎市定の解読

この銘文は、どのように解釈すればよいのか。銘文解読こそ、国民の七支刀に寄せる最大の関心事である。福山の解読を高く評価しつつも、「とにもかくにも、一字残らず文字を埋めたのは私が最初である。そして読み下しただけで、それ以上の多弁を要せずして意味が疎通するをえたのも、おそらく私が最初であろう」と、自信のほどを示す宮崎が、自著『謎の七支刀』で示した解釈はどうか。

［表面］泰始四年五月十六日丙午正陽　造百練鋼七支刀　㠯辟百兵　宜供供侯王永年大吉祥

泰始四年（四六八年）夏の中月なる五月、夏のうち最も夏なる日の十六日、火徳の旺んなる丙午の日の正午の刻に、百度鍛えたる鋼の七支刀を造る。これを以てあらゆる兵器の害を免れるであろう。恭勤の徳ある侯王に栄えあれ、寿命を長くし、大吉の福祥あらんことを。

［裏面］先世以来未有此刀　百滋王世子奇生聖徳　故為倭王旨造　伝示後世

先代以来未だ此《かく》（七支刀）のごとき刀はなかった。百済王世子は奇しくも生れながらにして聖徳があった。そこで倭王の為に嘗《はじ》めて造った。後世に伝示せんかな。

確かに、不鮮明な個所もすべて埋められている。それに、一度読み通しただけで、理解可能だ。宮崎の〝確約〟したとおりである。氏による解読の意義は、表面最後の句にある。むやみに「宝物を見たがるな」と、自戒を込めて国民に忠告する宮崎は、わたしと同じように、この銘文を、直接肉眼で観察してはいない。しかし、かえってそこに、歴史事実に基づいて、客観的に銘文を解読してみせるという氏の意気込みを、強く感じる。

そこで、宮崎の熱意に敬意を表しつつ、氏の解読上の問題点のいくつかについて、以下で論じたい。表面最後の文字は、「作」と認知されてきた。その前の四文字は不明となっている。それなのに、従来から、この不明の四文字は、七支刀の作者名だと考えられてきた。

だが、宮崎は違った。この刀の製作責任者は、「百済王世子」である。それなのに、その責任者に先立って、実際の制作者が顔を出す。「こんなところへ突如として作者名がでてくるのは、なんとしても不似合いである」と見た宮崎の不審は、ここに集中した。

どう考えても、宮崎の見解の方に説得力がある。ここは、制作者の出る幕ではないのである。その上で、宮崎は中国古鏡の銘文などから、この文字不明個所を「永年大吉祥」と推測した。この推測が正しいか否かは、ともかくとして、「作」が「祥」である可能性は、多分にありえる。したがって、最後の二文字は、〝吉祥〟であると考えられる。すると、この章句はどうなるか。

この章句を決する要素は、「宜」にある。つまり、「宜しく…べし」の文体となっているように思われるから、〝宜しく供供すれば（身辺に常時備えていれば）、侯王（□□□）吉祥なるべし〟という読み下しが、適切となる。〝侯王（□□□）吉祥なるべし〟は、たとえば、先に論じた隅田八幡宮・人物画像鏡の用語を借用すれば、〝侯王長泰而吉祥〟（侯王長泰にして吉祥なるべし）となる。宮崎の推測であれば、〝侯王永年大吉祥〟（侯王永年大吉祥なるべし）となる。

しかし、肝心のこの五文字は、不鮮明となっている。だから、吉祥句をどんなに推測しても、原文の確認ができないのだから、「永年大吉祥」が正解だと宮崎が主張しても、推測は所詮推測であって、正解となりえないことは自明のことだ。

むしろ、宮崎の指摘の意義は、この章句が制作者名や工房名ではなく、吉祥句であることを浮き彫りにしたところにある。この句が吉祥句であれば、「□辟百兵」によってもたらされる〝幸運〟が明確になり、このために、銘文全体が〝引き締まる〟ことになるからである。

次の問題は、「奇生聖□」についての解釈だ。宮崎はこの章句の不明個所を、音でも晋でもなく、「奇生聖徳」と解釈した。その根拠を、没後二年目（四一四年）に建てられた高句麗広開土王碑に求めた。その碑文の一行目、高句麗の始祖・鄒牟《すうむ》王について述べた個所に「生□有聖□」とある。これは、今日では「生而有聖徳」（生まれながらにして聖徳有り）と、見なされている。

この碑は、広開土王の「勲績」「事績」の〝顕彰碑〟だ。したがって、その祖先についても悪く記すはずがない。これに反し、七支刀は、百済王・世子の倭王への贈与品だ。その受贈者たる倭王に対して、贈与者自ら〝聖徳の持ち主〟であると自画自讃し、贈与品に〝特筆大書〟していたことになる。

宮崎の解読のとおりであれば、この贈与者は実に鼻持ちならぬ、傲慢な人物ということになる。百済は狗奴国の滅亡した〝その後の邪馬壹国〟を、「貴国」「貴倭国」と、あえて佳字を用いて表現していた。その百済王が時間を置かず、手のひらを返した態度を取るとは思われない。まして百済は、〝その後の邪馬壹国〟と運命共同体を形成し、「白村江の戦い」へと突き進んでいる。

銘文を読み解く(1)

榧本の判読した「晋」を、強く意識した福山は、「石上神宮の七支刀再補」を著し、「第三画の次の縦線を子細に見ると刻溝ではなく、傷と認められるから、晋ではなくやはり音とすべきである」と、改めて念押しをしているほどだ。字形上、晋と音とは酷似している。それなのに、「晋」にも見えない文字が、「徳」であるはずもない。

不鮮明な状態であっても、「徳」を、「音」や「晋」に見誤っていたのであれば、福山・榧本の眼は、節穴ということになる。やはり、この文字は、「恩」に通じる「音」と判断すべきである。

「百済王・世子」と「聖音」（聖恩）の判読は、おそらく正しい。百済は「貴国」に大恩を感じていた。貴国は百済にとって、対外的な安定化と領土拡大のための大恩人であった。そのために、百済王父子は、「貴国」に永遠の忠誠を誓っているほどである。

福山の解読した「百済王・世子」と「聖音」の文字は、このように史実にピタリと一致する。仮に、この史実を知っていた上での福山の解読であっても、その解読を否定する根拠とはなりえない。なによりもまず、鉄刀の文字は、「百済王・世子」「聖音」に限りなく近いからである。

最後の問題が、銘文冒頭の年号だ。「泰和」が通説となっている観がある。ところが、宮崎は違った。石上神宮の大宮司であった菅政友《すがまさとも》の「泰始」に、従った。「損傷される以前の状態において銘文を観察しえたただ一人の証人」であることが、その根拠である。ただし、菅が、「丙午」を根拠に、晋代の「泰始」（二六五～二七四）と見なしたことに対し、宮崎は、南朝劉宋明帝の「泰始」（四六五～四七一）だと考えた。

その後の研究によって、金石文における「丙午」は、吉祥語であって、必ずしも、実際の月日と連動していないことが、明らかになってきている。これも、その根拠の一つとなっているが、これだけではない。二つの「泰始四年」との間には、著しい相違があると見たことが、決定的根拠となっている。

晋代の「泰始四年」は、「応神六十五年」に相当する。しかし、このころの日本の紀年は疑わしく、神功皇后の存在も定かではないと判断した。このために、宮崎は晋代の年号を捨て、宋代の「泰始四年」を採用したのである。

この「泰始四年」は、「雄略十二年」に当たる。前者と後者の間には、実に二〇〇年もの開きがある。雄略期にあっては、日本と三韓、さらには中国江南とも、関係がこれまでになく深まった時代であり、百済から、新型刀剣を贈られてもおかしくない環境にあると、氏は捉えたのである。

問題は、応神期か雄略期かではない。五世紀のこの時代、いまだ「大和朝廷」は存在していない。七支刀を贈与する相手が存在しないのだから、宮崎の説が成立する余地はないことになる。そこで改めて、「泰和」か「泰始」かが問題となる。けれども、この問題を説くことはできない。肝心の第二文字は錆びついて、ほとんど消えてしまっているのだから、判読はできなくなっている。これが現状なのである。

七支刀は、百済王から「倭王旨」へ贈られている。それなのに、その時代を刻するために、わざわざ中国の年号を借用するとは……。百済はすでに、自前の年号を制度化していたとしか考えられない。ただ、それが今に残っていないだけである。『三国史記』（一一四五年）、『三国遺事』（一二八九年）ともに、その成立年代は新しいから、いわゆる「逸年号」（記録に残らなかった年号）という可能性も考えられる。

「泰□」という年号が、百済にあった。七支刀の銘文を通じて、分かっていることは、ただこれだけである。そうなると、「泰□」という時代を特定することは、不可能となる。しかし、その手掛かりがないわけではない。かすかに残されていた。

銘文を読み解く(2)

狗奴国滅亡は、二五〇～二六〇年にかけて、日本列島で起こった大事件だ。『記紀』では、香坂王・忍熊王の反逆として軽く扱われているが、実は狗奴国滅亡の一場面であった。それが『記紀』によって、大きく歪曲されているだけなのである。

『紀』の「七枝刀」記事は、「神功五十二年」に記されている。これ以前に「摂政前紀」が一年あるから、狗奴国滅亡記事に五三年を加えれば、「七枝刀」記事を推定することができる。〝二五〇～二六〇＋五三＝三〇三～三一三〟。大雑把な推測ではあるが、これを、「七枝刀」が贈与された年代の一つと見ることができる。

もっとも、「神功紀」に依拠することに、不安がないわけではない。「神功六十六年」には、西暦二六六年の記事（貴倭女王記事）が挿入されていた。それなのに、その直前では、それよりも一〇〇年以上も後代の百済の事件（枕流《とむる》王の死亡）を、「本文」として、堂々と記載している。このように、手放しで信用することのできない背景はあるものの、三〇三～三一三の推定値は、七支刀贈与の年代を特定する一つの目安となる。

さらに正確に特定できると思われる方法が、まだ残っている。「七枝刀」記事のある「神功五十二年」の三年後の「神功五十五年」に、「百済の肖古《せいこ》王《わう》薨《みう》せぬ」という記事がある。肖古王（近肖古王）の在位は三四六～三七五年である。その翌年の「神功五十六年」には、「百済の王子貴須《くゐす》、立ちて王と為《な》る」とある。貴須（仇首・吉須・近仇首王）の在位は、三七五～三八四年である。

『記紀』は、実に行儀が悪い。他王朝の史書を恣意的に切り貼りし、国内事件と、それとはまるで関係ない国外事件とが、ほぼ同時に起こったかのように見せ掛けて、実にデタラメな編年を行っている。後世の混乱を狙った方法は、悪質そのものである。しかし、そうではあっても、肖古王死亡記事から、ここで「神功紀」のこの年代を、例外として信じれば、「神功五十五年」は三七五年となり、「神功五十二年」はその三年前となるから、「七枝刀」贈与は三七二年ということになる。この結果から、贈与時期は、〝三〇三〜三一三年〟よりも、むしろ三七二年が正しいということもありえる。しかし、これもまた、推測の域を出るものではない。

これで問題点も、ほぼ出尽くしたようだから、ここで、わたしの解釈を示しておきたい。

［表］泰□四年五月十六日丙午正陽　造百練鋼七支刀　呂辟百兵　宜供供侯王　□□□吉祥

泰□四年五月十六日丙午正陽。造二百練鋼七支刀一。呂辟二百兵一。宜供供、侯王□□□吉祥。

［読み下し］泰□四年五月十六日丙午正陽。百練《ひゃくれん》の鋼《はがね》の七支刀を造る。呂《もっ》て（以て）百兵を辟《さ》（避）く。宜《よろ》しく供供すれば、侯王《こうおう》の□□□吉祥なるべし。

［大意］泰□四年五月十六日丙午正陽、繰り返し精練した鋼の七支刀を造る。これを呂て（以て）、あらゆる兵器からの攻撃を避けることができる。宜しく身辺に常時備えていれば、侯王の□□□、必ず吉祥が訪れるに違いない。

［裏］先世以来未有此刀　百濨王世子奇生聖音　故為倭王旨造　伝示後世

先世以来、未レ有二此刀一。百濨王世子、奇二生聖音一。故、為二倭王旨一造、伝二示後世一。

［読み下し］先世以来、未《いま》だ此の刀有らず。百済《くだら》王世子、聖音に奇生す。故《かれ》に、倭王旨《いおうし》の為《ため》に造りて、後世に伝示す。

［大意］遠い昔から今日まで、いまだこのような刀はなかった。百済王・世子は、ここまで聖音（恩）に依拠してきた。そのゆえに、倭王・旨《し》のために、この太刀を造り、（わたしたち親子の感謝の念を）後の世に伝

示することにした。

ともに・備えるの意である「供」が、「供供」と重複していることから、これを〝身辺に常時備えている〟ことと訳した。侯には王のみならず天子の意もあるが、この銘文には敬意を示す語が一切なく、百済王は、倭王旨と対等の立場にあると思われるから、この「侯王」は、王の意である。

「倭王旨」は大王名である。しかし、「旨」は、「大和朝廷」の大王ではない。古田が指摘しているとおり、「旨」は、九州王朝の大王である。中国風一字名称の「旨」とは、蛇の巳《し》のことかと考えられる。これで、七支刀の銘文は、不十分ながらも、まず理解できるのではないか。

百済でも九州王朝でも、「七」は聖数であったようだ。偶数、ことに「四」を重んじていた狗奴国とは、その価値観を根底から異にしている。「三六九年の比自炑など七国の平定が記念されているものか」（岩波大系本『日本書紀 上』）といった見方もある。一理ある見方である。一理ある見方であっても、「神功」の時代の贈答品でも記念品でもない。

子どもの成長の祝いに象徴されるように、七五三は、今日でも聖数視されている。あるいは、九州王朝の文化的遺産だろうか。関西の某プロ野球球団の試合では、七回の攻撃が始まる直前に、「ラッキーセブン」と称して、ジェット風船を飛ばす熱狂的応援作法がある（元祖は広島市の球団）。この作法もまた、九州王朝の間接的影響なのだろうかと、思わず考え込んでしまうこともある。

3 「石上」は「イソノカミ」か

「石上」の地

七支刀が保管されてきた石上神宮は、そのために有名になったとも言える。「山《やま》の辺《べ》の道」（実態は〝山の中の道〟）のかたわらにあるこの神宮の所在地は、天理市布留《ふる》町である。石上神宮は、「大和朝廷」のいわば宝物殿のような「施設」だ。それなのに、それがいつ、誰によって、どのような目的のために創建されたのか。それがまったく明らかにされていないのである。理由ははっきりしている。明らかにしたくない事情があった。これに尽きる。「大和朝廷」の権力と権威をもってしても、それが分からないということは、ありえない。本音はしゃべりたくないのである。

これから、そのしゃべりたくない本音を、白日の下に明らかにしたい。『記紀』ともに、「石上」「石上神宮」は、歴史の早い段階で記されている。

其の蛇《をろち》を断《き》りし剣をば、号《なづ》けて蛇の麁正《あらまさ》と曰ふ。此《こ》は今、石上に在《ま》す。

〈神代紀・第八段一書第二〉

これが、最も早い歴史段階で記されている「石上」である。オロチを切った剣が「蛇《おろち》の麁正《あらまさ》」ではなく、オロチに見立てられた越の大王名が、「麁正《あらまさ》」である。ここに混同があることは、すでに第1巻（第五章）で論じた。その剣の安置されているところが、「石上」だった。「石上」は自明のごとく、「イソノカミ」と読まれている。これだけだと、この「石上」の所在地が分からないが、それを明らかにしている記事が、別に併記されている。

其の素戔嗚尊《すさのおのみこと》の蛇《をろち》を断《き》りたまへる剣は、今、吉備神部許に在り。出雲の簸之川上の山、是れなり。
其素戔嗚尊、断レ蛇之剣、今在二吉備神部許一也。出雲簸之川上山、是也。

〈神代紀・第八段一書第三〉

オロチを切った剣の所在地「吉備神部許」は、「吉備《きび》の神部《かむとものを》の許《ところ》」と解釈されている。岩波大系本には、「神部」とは、「神主」の意との注釈がある。「吉備神部」の比定地としては、「延喜神名式」（延喜式神名帳）に記載されている備前国赤坂郡の石上布都之魂《いそのかみふつのみたま》神社が考えられているようである。

この注釈に従えば、当該の剣は、岡山県赤坂郡・石上布都之魂神社の神主のもとにあったことになる。独立戦争勝利の記念すべき剣を、どうして岡山県まで運んで、「保管」しなければならないのか。その地が、同一政治圏に属していてもである。

ここで不審とすべき点は、『紀』の伝えているように、「吉備神部許」は、「出雲の簸之川上の山」の名称、すなわち、地名・山岳名でなければ辻褄が合わないことになる。それなのに、どうして〝一神社の神主のもと〟になるのか。無茶苦茶だ。『紀』の無視もはなはだしい。

通説とも思えるこの解釈は、根本から誤っている。「吉備神部許」は、「出雲の簸之川上の山」にあるのだから、そこは、遠い時代に〝越・筑紫占領軍総司令部〟のあった米子市岡辺りということになる。それは同時に、「石上」の地でもなければならないことになる。

この五文字も、〝当該漢字第一音採用法〟でなければ、解けない。吉はキ（キチ、キツ）、備はヒで、吉備は、嫌って避ける意の忌避を表していた。神はシ（シン）、動詞・為《す》の連用形である。部許は、〝フモト〟（峰元）である。部は峰《みね》・嶺《みね》のフ、許はモト（モト、名のり・もと）で、その裾野を表している。部を、丘の意の阜《ふ》と読んでも誤りではない。

「吉備神部許」は、したがって〝忌避し峰元《ふもと》〟となる。この地は、現在の鳥取・島根の県境を形成する要害山の東麓に位置している。「黄泉比良坂」に沿った地だ。どうしてこの地が忌避されたのか。先述したように、ここには〝越・築紫占領軍総司令部〟が設置されていた。そんなところを、伯耆・出雲の人々が快く思うはずがない。こうした心情が、この表現となっていたのである。『紀』の記述は正確だった。

「鳥髪《おか》」（『神代記』）、「鳥上《おか》」（『神代紀』）と表記されていた米子市岡近辺は、古代にあっては別に、「石上」と呼ばれていたようである。その呼称は、「イシノウエ」か「イシノカミ」か。あるいは、「イハノウエ」か「イハノカミ」なのか。今となっては、その地名音が特定はできない怨みが残るものの、地名接尾語に「～のカミ」「～のウヘ」はない。このように読んでいる間は、いつまでも特定できないことになる。

「石上」の有力な地名音は、次のようになる。

(1)イシガミ　…　偉《い》巳《し》ガ曲《み》
(2)イハガミ　…　偉《い》蛇《は》ガ曲《み》
(3)イソガミ　…　偉《い》蛇《そ》ガ曲《み》

これで分かるように、上字を「ガ曲《み》」と読んだ。「ガ」は～のような、～の状態を示す格助詞、もしくは係助詞と理解したためである。これには、天ケ瀬《あまがせ》（京都府）、犬ケ岳《いぬがたけ》（富山、福岡県など）、釈迦ケ岳《しゃかがたけ》（栃木、山形県など）、障子ケ岳《しょうじがたけ》（山形県）、武奈ケ岳《ぶながたけ》・八雲ケ原（滋賀県）など、いくつもの例がある。

「ミ」は山や川、あるいは海などに面しているために、大きく曲がっている地形を示す地名接尾語である。これを漢字で表せば、曲・回・廻となる。石字の名のりには「いそ」もあるから、「イソガミ」と読むこともできる。けれども、名のり「いそ」は、「イソノカミ」が根拠になっているとも考えられるから、この解釈は保留にしておきたい。

そうなると、「石上」のより正しい地名音は、(1)か(2)ということになるが、ここでは(2)の「イハガミ」を採用しておきたい。

「菟砥川」を解く

「石上」の地名音は、これで解けた。そこは米子市岡の地である。これで明らかになったように、「石上神宮」は、「石上」の地に建てられていたことになる。それを証明している記事が、「垂仁紀」にあった。

(三十九年冬十月) 五十瓊敷命、茅渟の菟砥川上宮に居《ま》しまして、剣一千口を作る。因《よ》りて其の剣を名《なづ》けて、川上部と謂《い》ふ。亦の名を裸伴と曰ふ。石上神宮に蔵《おさ》む。

ここに、「茅渟」という地名が現れる。「チヌ」と読まれてきたが、とんでもない誤訳である。「茅渟(県)」は、大田田根子の居住地であった。それは、「崇神紀」が明記していた。「茅渟県」は、日野川流域の千太《ちた》(米子市北部、日野川河口に近い一帯)であった。茅はチを、渟はタ(タマル)を表していた。

垂仁は、崇神の直後の第一一代天皇である。そのために、「県」を省略し、単に「茅渟」と表記したものと思われる。この推理が誤っていないことは、「菟砥川」で明らかである。これまで「ウトノカハ」と読み継がれてきているが、この解釈もでたらめだ。菟はウ(ウサギ)、砥はシを表しているものと思われる。つまり〝ウシ川〟〝ウジ川〟だ。これは、宇遅川(記)、菟道川(紀)にも通じる。現在の表記だと宇治川となる。

遅、道、治の音はジだけではない。チ音も備えている。そのために、蛇を神聖視する古代の信仰によって、宇遅《うち》、菟道《うち》を〝宇(=大)蛇〟と解釈した。おそらく、この解釈は成立すると思われる。「菟砥」は「ウチ」とは読めない。どう見ても、〝トシ〟か〝ウシ〟だ。しかし、この川は現在の日野川だ。だから〝トシ〟ではなく、〝ウシ〟〝ウジ〟だ。

前にも述べたように、古代の表音表記にあっては、清音と濁音との間に垣根はない。それぞれの文脈の中で、清・濁音を判断するようになっている。そうなると、「菟砥川」は「ウジ川」となる。ウは、オホキナリの古訓のある字だ。ジはどういう意味なのか。ここで、参考になった地名が、三つの山岳名である。

(1)障子ケ岳《しょうじ》（山形県）…磐梯朝日国立公園内の朝日山地にある山。標高一四八一m
　同（大分県）…大分市南方にある山。標高七五一m
(2)障子山《しょうじ》（青森県）…恐山山塊を構成する山の一つ。標高八六三m
(3)澄水山《しんじ》（島根県）…松江市と八束郡島根町の境にある山。標高五一三m

山岳に障子は馴染まない。この障子とは、〝ショウジ〟〝ショウシ〟（清巳《しょうじ》）のことである。障子《しょうじ》ケ岳、障《しょ》子《うじ》山の由来は、とぐろを巻いた、清らかな蛇のように見える山岳の姿にある。澄水川の上流に位置する澄水《しんじ》山の由来も、同じである。

障子《しょうじ》ケ岳によく似た山岳名が、白馬岳の西隣に位置する清水《しょうず》岳（標高二五八九・八m。富山県）である。これは、ショウジ（清巳）が、ショウズへと音変化したためか。三諸《みはやま》山に代表されるように、山岳名の多くは、蛇に由来している。その傾向は、河川にも当てはまる。第四章で述べた精進川《しょうじんがわ》も、もとは〝精巳川《しょうじがわ》〟である。

これで、「菟砥川」の答えを示すことができる。〝宇巳川〟が、その答えである。「茅渟の菟砥川」とは、言うまでもなく、現在の日野川である。「菟砥川」は、「宇遅河」「菟道河」（宇蛇川《うち》）とは類縁関係にあり、表裏一体となっているようである。

シ・ジは水の古語でもある

シ・ジには、蛇を示す巳があった。ところが、シ・ジが巳だと違和感が生まれ、何か割り切れない気持ちになる地名がある。そういった意味では、悩ましい地名である。それが、島根町を流れる澄水《しんじ》川である。

澄水《しんじ》川は、文字どおり澄んだ水の流れる川か。それとも、清巳《しんじ》川なのか。河川名の多くが、蛇に由来していることは事実ではあっても、蛇とは無関係の河川名も、また多い。鮎川《あゆかわ》（秋田市、群馬県藤岡市）、鮎田川《あゆたがわ》（栃木県茂木町）、小鮎川《こあゆがわ》（神奈川県厚木市）。稲荷川（栃木県日光市、鹿児島市）などだ。

全国に多い大川も、蛇とは無関係である。要注意が、大谷川である。この川も全国には多い。これも蛇とはまるで無縁であるかのように、オオタニガワと呼ばれているが、源流はともかくも、その大半は平野部を流れている。この流れの地形から見て、大谷はオオタニではなくて、オオヤである。ヤは蛇のことだから、オオヤは、大蛇を表している。大谷川のすべてが、そうだとは言えないにしても、この川は、単純にオオタニガワとは決め付けられないのである。

このように、蛇に由来しない河川名も多く存在する。それでは、澄水《しんじ》川はどちらなのか。その決め手は、松江市と出雲市との間に広がる宍道湖にある。宍道はイノシシの通る道と、もっともらしく説明されている。そのシンジは、古代には「シシヂ」と発音されていたというが、どうか。まるで宍道湖の説明になっていない。

宍道湖の由来は〝清巳《しんじ》〟か、〝澄水《しんじ》〟〝清水《しんじ》〟か。湖岸の蛇行は、蛇に例えられなくもないが、水が澄んでいるこの湖の由来をも、〝清巳湖《しんじ》〟と見なすことには抵抗がある。やはり、〝澄水湖《しんじ》〟〝清水湖《しんじ》〟がふさわしい。

宍道はイノシシの道、ケモノ道とは一切関係のない地名である。特異な漢字表記であるがゆえに、日本国民を振り回しているのである。『和名抄』に見られる「宮道」「完道」の誤写もまた、宍字のもたらした産物であることは言うまでもない。

説明が前後してしまったが、シ・ジは巳だけではなく、澄水《しんじ》川が示しているように、水の言語でもある。一音の言語であっても、同音異義語は山ほどある。

①シケル（時化る）。②シサル（退る）。③シヅク（滴・雫）。④シブキ（飛沫）。⑤シボル（絞る・搾る）。⑥シミル（染みる・滲みる）。⑦シメル（湿る）。

いずれの言語にも、〝シ＝水〟を媒介にして考えれば、その語源が見えてくるはずである。

シケル→水化る。シサル→水去る。シヅク→水付く。シブキ→水吹き。シボル→水放る。シミル→〝水水《しみ》入る〟のつづまった語か。

ここに、矛盾はなさそうである。シ・ジに関連していると思われる言語が、「しがない」である。その語源は、いまだ解明されていないようである。シは水の古語である。したがって、この慣用句のシは、水のことである。肌がカサカサして水分を欠いている状態から、生活に潤いがないことが、その原義となったものであろう。

その「しがない」は、「さがなし」の音転だと言われている。一見俗説のようでもあるが、どうも、そうではなさそうである。サも水の古語なのだから、この二つの言語は同義語ということになる。

「さがなし」は、「性無し」と漢字表記される。これが、漢字で表記できない「しがない」との違いである。ところが、その語源を知れば、ビックリする。ことに〝サガ〟だ。〝サ（水の古語）＋ガ（主語に付く格助詞）〟

が、一つにまとめられて「性」へと大変身している。これはきっと、賢い人間の仕業というよりも、水の原義が、すっかり喪失したために起こった現象と考えられる。

鳥取県では、土が水分を含んでぬかるんだ状態を、「ジルイ」という。わたしの少年時代、稲刈りの終わった「ジルイ」田んぼで遊んだり、そこを横切って、魚釣りに出掛けたりしたものである。その頃は、ひたすら、ノー天気に遊び回るだけだったから、ここに深い意味が潜んでいることなど、知る由もない。

シ・ジを考えていて気づいたことの一つが、みそ汁などの「シル」である。この語も、「ジルイ」と密接な関係があると考えられる。「しごす」「たごし」(手遞伝)は、かつての〝都ことば〟—伯耆・出雲国の言語、つまり鳥取県独自の言語—鳥取県の方言である。京都では、一度として耳にしたことがないから、「ジルイ」も、長い間、鳥取県の方言かと思い込んでいた。

だが、「よだき」(宇多岐)の例もあるので、念のためにと思って、新村編『広辞苑』で確認してみた。するとそこには、形容詞として、「(西日本で)道などが泥でぬかっている。湿っぽい。しるい」と、記されている。西日本限定の言語ではあっても、当時のれっきとした標準語だった。

それにしても、日本語は悩ましい。水の派生語が蛇なのか。それとも、蛇の派生語が水なのか。… 率直なところ、そこまで分からない。

「石上神宮」の所在地

「石上神宮」の所在地を改めて明確にする前に、ここで、先に引用した「垂仁紀」中の固有名詞を、解読しておきたい。

まず、剣一千口を作ったという、垂仁の息子・五十瓊敷入彦については、どうか。後述するように、『記』では、次男の印色入日子となっている。二人の人名は、通説のとおりだろうか。

五十瓊敷入彦は、「イニシキイリヒコ」と読まれ、十字は無視されている。このような読み方が、正解であるはずがない。この人物は〝イシギョシキハヒコ〟、〝石御しき蛇彦〟か。五はイ(イッツ、名のり・い)、十はシ（シュウ）、瓊はギョ（ギャウ）、敷はシキ、入はハ（ハム）を表しているものと思われる。〝石御しき〟とは、石を支配する。転じて自在に扱う意となる。「き」は、用言の連用形に付く助動詞である。五十瓊敷入彦は垂仁の息子である。そんな人物が、一石工《いしく》であるはずがない。石工《いしく》集団を、統率する立場にあったことによる人名かと思われる。

では、剣の名称はどうか。「川上部」は「カハカミノトモ」と読まれているが、誤っている。これは、〝カガミ・ハ・カリ〟（蛇巳・蛇・刈）と読み下さなければならない。つまり、蛇の三段重ね表記〝カガ・ミ・ハ〟である。川はカ（カハ）、上はカミ、部は一字でハカリを表している。大国主の息子・天照の孫の阿遅《あち》志貴《しき》高《かが》日子《ひこ》根の所持していた剣を、「大量《おおはかり》」といった。「大量」とは、〝大・蛇・刈〟のことであった。「川上部」は、これと類似した剣名である。

「アカハダカトモ」と読まれている、「川上部」の亦《また》の名「裸伴」はどうか。裸をアカ（アカハダカ）、伴をハ（ハン）と読めば、〝アカ・ハ〟（赤・蛇）となる。赤は、魔力を断つ色と信じられている。

剣の制作された「菟砥川上宮」については、二つの解釈が成立する。

(1)菟砥《うし》の川上《かわかみ》の宮　…　日野川上流に存在していた宮。あるいは、旧岸本町（現伯耆町）に、所在していたと考えられる「吉野宮」（「雄略紀」）か。米子市福市・青木丘陵地は、日野川の下流域に属すために、該当しない。

(2)菟砥《うし》のカガミ（蛇巳）の宮　…　剣の名称「川上部」を適用した解釈である。これだと、宮の造営されていた地は、特定できない。

(1)、(2)、いずれか。「垂仁記」の記す「鳥取之河上宮」との関連で考えれば、(1)か。五十瓊敷入彦の作った一千口の剣の納められた先が、「石上神宮」だ。そこは、オロチの管轄下にあった〝元占領軍総司令部の所在地〟である。その跡地を、伯耆・出雲は〝独立戦争勝利記念地〟として整備し、神社を建てて史跡化していたのだ。

「垂仁紀」と同様の記事が、「垂仁記」にもある。

印色入日子命は…また鳥取の河上宮に坐して、横刀一千口を作らしめ、これを石上神宮に納め奉り、すなはちその宮に坐して、河上部を定めたまひき。

表7−2　『記』と『紀』の異同

区　分	古事記	日本書紀
製作者	印色入日子	五十瓊敷入彦
製作地	鳥取之河上宮	菟砥川上宮
製作数	一千口	一千口
奉納先	石上神宮	石上神宮

『記』と『紀』を一覧表にしてみれば、その異同はより鮮明となる（表7−2）。

「垂仁記」が、「垂仁紀」と著しく異なっていると思われるところは、「鳥取の河上宮」だ。その原文は、「鳥取之河上宮」となっている。「鳥取」は、「トトリ」と読まれて、大阪府泉南郡阪南町（現阪南市）の地だと考えられている。

之字は、所有を示す格助詞と見なされているようである。この解釈は、大和盆地の「石上神宮」に近いことによるためと思われる。ところが、これがまた、とんでもない話なのである。

「鳥取の河上宮」と「菟砥川上宮」の所在地は、同じところでなければならない。この当然の視点から見れば、通説の「鳥取の河上宮」という区切りは、おかしいことになる。

「鳥取之河上宮」

この章句は、「鳥取之河の上宮」が正しいことになる。

ここで、「菟砥川上宮」の表記が参考になる。『紀』の「菟砥川」が、『記』では「鳥取之河」となっている。表記は異なるものの、同じ川を指していると見なすことができる。

「宮」の所在地を特定するためには、「鳥取之河」は河川名と捉える方が適切である。問題は、これをどのように解釈するかだ。この河川名については、わたしの能力の範囲では、二つの解釈が成立する。一つは

〝オトし河〟。鳥をオ（ヲソル）、取をト（トル）、之をシ（動詞・為《す》の連用形）と読んだ場合である。オトは蛇の古語である。

もう一つが、〝蛇《ち》しし河〟である。鳥はチ（チョウ）、取はシ（シュ）、之もシを表していると考えれば、「鳥取之河」とは〝チ＋シ＋シ＋河〟、すなわち〝蛇《ち》＋為《し》（動詞・すの連用形）＋し（助動詞・きの連体形）＋河〟となる。いずれの語感からも、大河であることは容易に察しがつく。この川も、やはり現在の日野川だ。同一の事件についての内容が、『記』と『紀』で一致することは当たり前のことである。

ところで、「垂仁紀」の五十瓊敷入彦は〝石御《ぎょ》しき蛇《は》彦〟と、先に解読した。「垂仁記」の印色入日子は、どうか。「イニシキイリヒコ」と読まれているこの人物は、五十瓊敷入彦との整合性を考慮すれば、〝石蛇《いしは》彦〟となるようである。印はイ（イン）、色はシ（シキ、ショク）で、印色は石。入はハ（ハム）、日はヒ、子はコで、入日子は〝ハヒコ〟（蛇《は》彦）を表しているとみられる。やはり、石に関わる人名となる。銅、あるいは鉄を流し込む石製の鋳型を作っていた集団、それも高度の技術を持つ石工集団を率いていた人物ということになれば、通説の「イニシキイリヒコ」ではないようである。

日野川上流で製造されたおびただしい剣は、今を去る遠い時代に、現在の米子市岡に建てられていた「石上神宮」に納められていた。これが『記紀』の記す真実である。

意想外の事実

その解読から始まった「七支刀」の真相究明は、意想外のところへ辿り着くこととなった。

それだけではない。「石上」の発見は、さらに新たな事実をもたらしてくれた。それは「石上神宮」の所在地だけではない。「ユツイハムラ」と読まれてきた「湯津石村」の地をも、明らかにしてくれた。「湯津石村」については、次の記事の中に現れる。

ここに伊邪那岐命、御佩《はか》せる十拳剣《とつかつるぎ》を抜きて、その子迦具土《かぐつちの》神の頸《くび》を斬りたまひき。ここにその御刀《みはかし》の前《さき》に著《つ》ける血、湯津石村に走《たばし》り就《つ》きて、成《な》れる神の名は、石拆神《いはさくの》（他二神は省略）。次に御刀の本《もと》に著ける血も亦、湯津石村に走り就きて、成れる神の名は、甕速日神《みかはやひの》（他二神は省略）。〈神代記〉

この記事は、スサノオによるオロチ退治の数段も前の事件と改変されてしまっているが、実際は、伯耆・出雲の独立運動弾圧のために、筑紫から急いで赴いてきた伊邪那岐の奮闘ぶりを伝えた記録なのである。

実は、この記事の中に矛盾が生じていた。伊邪那岐によって斬られた神について、「その子迦具土神《かぐつちのかみ》」と記述している。「その子」の「その」とは、誰のことか。この記事は、「伊邪那美神は出雲国と伯伎国との堺の比婆山に葬りき」の直後に記されているから、「その」の代名詞は、伊邪那美を示している。つまり、「迦具土《かぐつち》」は伊邪那美の息子である。すると、その父親は。当然、伊邪那美の夫である伊邪那岐でなければならないことになる。父親による息子の惨殺という、あってはならないことが起こっているのに、その説明は一切ない。矛盾と言った根拠が、これだ。伊邪那岐・伊邪那美は夫婦ではなかった。「迦具土」は、スサノオと伊邪那美の息子であったようだ。二人も痛ましい犠牲を払っていた。

伊邪那岐と独立軍との間には、壮絶な戦闘が繰り広げられていた。それは現米子市岡のみならず、その周辺をも含め、広範囲に及んでいた。その一つが「湯津石村」であった。これは一つの地名として解釈されているが、さにあらず。これで、「湯津」と「石村」という二つの地名を表していた。

「石村」とは、米子市岡の北に位置する石井の旧名であるようだ。村は集落の一単位、いわゆる「行政区画」だから、中心地名は「石」だ。石井の現地名音から、「石村」は「イハムラ」ではなくて、あるいは「イシムラ」か。

こうして、激戦の地が絞り込まれてくると、「湯津」の解明もさほど難しいことではなくなってきた。ただし、通説の「ユツ」では、この地名は解けない。「湯津」は〝ヒヅ〟もしくは〝ヒジ〟だ。湯はヒ（ヒカリ）を表している。今日、日原《ひばら》と呼ばれている地が、それだ。「神代記」の記事は、岡から石井・日原一帯での、伯耆・出雲軍と筑紫軍との間で起こった戦闘を描写していたのである。

「神代記」の記事が解けたことによって、「天八十河」の真相も、改めて判明してきた。

（伊奘諾尊）軻遇突智《かぐつち》を斬る時に、其の血激越《そそ》きて、天八十河中《かはら》に所在《あ》る五百箇磐石《いほついはいし》を染《そ》む。

〈神代紀・第五段一書第七〉

「血激越」とは、血が激しく飛び散ったという意である。その飛び散った血が、「天八十河」の河原・川岸にある五百箇磐石、つまり、河原と川岸にある無数の岩と石とを、真っ赤に染めたというのだから、凄まじい。「神代記」では、戦闘は石井・日原一帯にまで広がっていた。日原は日野川にも近いが、法勝寺川とはさらに近い。

「天八十河」とは〝アマのヤソカハ〟（天の蛇蛇《やそ》川）のことで、法勝寺川のことである。法勝寺川の由来は、寺院名とは無縁。古代も今も、そのような寺院が、ここには存在したことはない。法勝寺は、単に表音表記に過ぎなかった。この地名起源についても、すでに論証したところである。やはり、わたしの解釈に誤りはなかった。

法勝寺川の堤防は、なんども往復した。〝要害山・母塚山連峰〟に沿って南に伸びる「山の辺の道」（国道一八〇号線）は、JR米子駅のほぼ西に位置する美吉《みよし》辺りの道幅が極度に狭い上に、東町西町（米子ニュータウン）に差し掛かる辺りから坂道となり、また道幅が狭くなる。

そこで、旧西伯町へ向かう時には、この国道を避けて法勝寺川の堤防を利用するようになった。馬場までの道程《みちのり》は平坦、お陰で、初夏の、あるいは晩秋の晴れた日に、田園風景を満喫しながら、のんびりと自転車を走らせることができた。

それだけに、わたしにとって、法勝寺川は馴染み深い川である。ここで、『記紀』の記す「石上広高宮」の所在地について、ダメ押しをしておきたい。「石上広高宮」とは、顕宗の兄の仁賢天皇の宮殿名である。「広高宮」は「ヒロタカノミヤ」が、通説である。その地は当然、天理市石上町にあったと見なされている。

しかし、定説の「石上」「石上神宮」は、「イソノカミ」という名称とともに、根底から崩壊した。仁賢・顕宗兄弟は、伯耆の大王であった。そうなると、必然的に、仁賢の宮殿である「石上広高宮」もまた、伯耆の「石上」に存在していたことになる。その地は、米子市岡だ。広がコウ、高がカ（カミ）を表していれば、この宮殿名は〝イハガミのコウカのミヤ〟（石上の光蛟宮）となる。

仁賢の大王名が、億計《おけ》（仁賢紀）―〝陽朏《おけ》〟であったことを考えれば、この宮殿名も、大王名との統一性を考慮した解釈こそ適切ではないか。〝越・筑紫占領軍総司令部〟のあった地には、その後、「石上広高宮」と〝武器庫〟併設の「石上神宮」が建立され、当地における一大中心地として整備されるに至っていたようである。

「こうやの宮」

百済王から「倭王旨」に贈られた七支刀は、どこに収蔵されたのか。むろん、伯耆の「石上神宮」ではない。ところが、七支刀を手に持つ「神」が九州、それも邪馬壹国―現太宰府政庁跡の近くに存在していた。

日本古代史に興味があっても、村山健治の名を知る人は、どれだけいるだろう。「ぼくは、〈邪馬台郷土史会〉という肩書のはいった名刺を眺めてから、村山氏にむきなおった。かなり老齢の方だが、ひとつことをひたむきに追い求める人の、一種の迫力のようなものを感じた」（豊田有恒『邪馬台国を見つけよう』）というほどの人物だ。そのために家族の味わった苦労は、言いようのないものがある。

山門《やまと》郡（現みやま市）瀬高《せたか》町在住の郷土史家である村山もまた、「邪馬台国」に憑かれた一人である。ここは女山《ぞやま》の神護石はもとより、古代遺跡の豊富な土地柄である。そのために氏は、瀬高を「邪馬台国」と考えていた。氏の主張する〝瀬高＝「邪馬台国」〟説は、支持できない。けれども、「こうやの宮」の存在を、国民に知らしめたことは、高く評価しなければならない。

「宮」の呼称があるものの、「宮」＝神社とはほど遠く、むしろ、それは小さな祠《ほこら》である。「こうやの宮」は山門郡（現みやま市）瀬高町大字太神《おおが》字長島《おさじま》にあり、七件の民家に守られるように、田んぼの中にたたずんでいる。

その宮のいわれも、神体の由緒も伝わってはいない。ただ、氏子である七軒の民家には、「こうやの宮をだいじにせよ。こうやの宮の屋根をふきかえ、その後で田中の宮、にしの宮の屋根をふきかえよ」（村山『誰にも書けなかった邪馬台国』）との遺訓が伝わっているだけで、氏子たちは忠実にそれを守ってきたという。その「こうやの宮」と呼ばれる小さな祠には、五神体が祭られているが、その中の一つが、七支刀をもつ神体（人形）なのである。もっとも正確に言えば、それは〝六支刀〟だ。子どものいたずらによって、支刀の一つが欠けて、失われているためである。

余談はさておいて、ここで誰しも、それは奈良・石上神宮の七支刀の模倣と思うことだろう。ところが、そうではなかった。七支刀の発見は、菅政友が大宮司であった一八七三（明治六）～一八七六（明治九）年のことである。ところが七支刀をもつ神体も含め、「こうやの宮」の五神体の製作は、一七五〇年前後にまでさかのぼるという。一七五〇年前後と言えば江戸中期、徳川家重が第九代将軍であった時代である。

村山の著作によれば、五神体があまりにも色あせてしまったので、七軒の氏子は近くに住む仏師・河野久一郎に色の塗り直しを依頼したという。その時期は、村山の原稿執筆時から推定すれば、一九五〇（昭和二五）年頃のことのようだ。この時、五神体に接した河野は、このような感想をもらしている。

「材質がとても固く、日本にある木じゃなかごとあるとです。製作年代もかなり昔ですばい。はっきりは解らんばってん、どげん控え目に見たっちゃ、二百年以上はたっとるでしょう」と。

この観察が正しく、五神体が二百年も前の製作であれば、「石上神宮の七支刀はまだ宝庫の中にあったころである。こんな形の変わった刀があろうとは、日本のだれも、少なくともこの田舎の氏子のだれも、夢想もできなかったはずだ。とすると、それ以前からあったご神体を模して作り替えたことになる」という、村山の推理は正しい。

瀬高の地には、石上神宮で発見される以前、すでに「七支刀」についての深い認識があった。そうでなければ、「石上神宮の七支刀」をまったく知らない当地の人々に、このようにそっくりの木像が作れるはずはない。「こうやの宮」の「五神体」の存在意義が、ここにある。

「こうや」とは、蛇の重複語である〝蛟蚰〟のことか。高野山《こうやさん》（和歌山県）、高小屋《たかごや》（旧西伯町、本来は高蛟蚰山か）と共通する名称のようである。

七支刀を持つ人形

村山健治は、この五神体の「素姓」についても言及している。その見立ては、必ずしも正確ではないにしても、氏の見解の公表は無駄ではなかった。村山の見解から一〇余年後の一九九〇（平成二）年、その「素姓」が明らかになった。見破ったのは、古田武彦（『九州の証言―60の証言』）だ。ここで、二人の見解を対比しながら紹介したい。その相違は明瞭だ（表7-3）。

村山は、「泰□」を東晋の年号「大和」と考え、三七二年に百済王・肖古王が日本に貢献したものと考えている。東晋の年号「大和」を除けば、わたしの解釈に近い。それはともかくとして、今の問題は、五神体の「素姓」を、どのように見るかにある。

村山と古田の見解の一致点は、「神体1」と「神体2」のみである。「神体2」は誰が見ても、〝七支刀を

表7―3　五神体の「素姓」

<table>
<tr><th>区　分</th><th>村山の見解</th><th>古田の見解</th></tr>
<tr><td>神体1</td><td>高良神と思われる主神（久留米・高良《こうら》大社の主神）</td><td>胸に桐の紋が描かれている、貴人風の人物。この宮の当主か。</td></tr>
<tr><td>神体2</td><td colspan="2">七支刀を持ち、中国風の服装をした武人</td></tr>
<tr><td>神体3</td><td>手に鏡をもった乙姫</td><td>手に柄つきの鏡をもつ、〝みずら風〟の髪の美少年</td></tr>
<tr><td>神体4</td><td>弥生期に製鉄を伝えた中国人かと思われる異国の神らしい像</td><td>背が高く〝マント風〟の衣をまとった人物</td></tr>
<tr><td>神体5</td><td>頭に皿はあるが、背に甲羅のない、この地方の水神のカッパ</td><td>パンツ風の下衣をつけ、両腕に金の輪をはめている裸の人物</td></tr>
</table>

持つ武人〟である。ここでなお付言しておきたいことがある。それは「神体1」の人物についてである。他の四神体は立像である。ところが、この神体だけは二重の台座の上に座っている。つまり座像なのである。

村山の「こうやの宮」の〝発掘〟と、その世の中への紹介は貴重だ。この紹介によって、〝石上神宮の七支刀〟の謎が解けるきっかけを、もたらしている。そこで改めて、古田の見立てを吟味したい。

「神体1」「神体2」については、異論はなさそうだ。「神体3」はどうか。古田はこの立像を「近畿天皇家からの使者」と見た。「近畿天皇家」とは、「大和朝廷」と同義である。いつの頃からか、古田は「大和朝廷」を「近畿天皇家」と言い換えている。大和盆地だけではなく、その周辺の地に、宮殿・都を設置した天皇が、九州王朝の天皇とは別に存在したと考えたためだ。だが、わたしは、徹頭徹尾「大和朝廷」で押し通している。これが正しいからである。

「神体4」については、「北方（高句麗）からの使者」、「神体5」については、「南方からの使者」と見なした。「南方からの使者」の手にするひも状の、その先が失われていることについては、「『珍魚』などの〝引出物〟を持参したのではあるまいか」と推測している。この推測はおそらく正しいだろう。

その上で、この五神体を「要するに、『祝典あり。四方より使者きたる』の姿を、人形で表現した」ものと考えたのである。なぜか。中国の「慶州の掛陵（元聖王　七八五〜七九八）では、アラビヤ人の使者をふくむ〝遠方からの四人の石像〟が列示されている」（古田・前掲書）先例が、存在しているからである。古田はここに、その先例と「同類の発想」と見たのである。

なお、「南方からの使者」とは「東鯷人《とうていじん》」、琉球国（沖縄）の王族であろう。したがって、「珍魚などの引出物」も、正しい判定ということになる。このように、村山と古田の見解は、必ずしもすべてが一致してはいない。正しい解釈は、古田にある。それでも、「こうやの宮」と五神体を、世に紹介した功績は大きい。村山の視野に、「九州王朝」が入っていなくてもである。

村山の功績は、もう一つある。それは、久留米市高良《こうら》神社所蔵『天慶神名帳《てんぎょうしんめいちょう》』（筑後国の六位以上の神名の記録。九四一〜九四四年に編集）による、山門郡内における「磯上物部神《いそのかみもののべのかみ》」の発見だ。これとは別に、古田も『倭国の源流と九州王朝』において、物部磯上神社が、この近くにあると述べている。この事実は、かつて「こうやの宮」近くに〝磯上〟の地名があったことを思わしめる。ここは有明海に近い。「磯上」の地名があってもおかしくないところだ。

「イソノカミ」を漢字表記すれば、通例「磯上」となる。「石上」ではない。それなのに、どうして、石上を「イソノカミ」と読むようになったのか。この解明は、また奈良県天理市の「石上神宮」の出自の解明とも連動している。

どうやら、これで「イソノカミ」の出自は明らかになったようだ。その漢字表記は「磯上」だ。それを、伯耆の地名「石上」（イハガミ）に、筑紫の地名「イソノカミ」の音を当てて、でっち上げていたのである。これは断じて誤解、錯覚の類いではない。「石上神宮」も欲しい。「七支刀」も欲しい。欲しいものは何でも手に入れる。すべて、「大和朝廷」の欲望の産物である。資金力に物をいわせ、各球団の主力選手をかっさらっていく、あの金満球団も、これと変わることはない。

記紀編纂者の究極の目的は、この地上から真実をすべて抹殺する。この一点に集中している。そして、この目的は冷徹に実行された。それは、「大和朝廷」の強固な意思の反映である。古田は「神体3」を、「近畿天皇家からの使者」と推測していた。氏のこの推測は、「大和朝廷」の意思と無縁ではない。むしろ、その国家意思に操られた上での結果である。この是非については、次の本で徹底して論じたい。

野鳥の証言

ＪＲ南瀬高駅で下車、そのまま鹿児島本線に沿って、「こうやの宮」のある南へ向かって歩き始めた。すると、左手の畑の中に、餌を求めて歩き回っている三羽の野鳥が眼に入ってきた。体長はカラス・トンビ程度はあるから、野鳥としては大きい。しかも、体全体が黒と白だけで色分けされているために、実に鮮やかである。初めて見る鳥だった。名前もしたがって、分からない。

より詳しく観察するために近づくと、人間慣れしているのか、飛び去ってしまうことはしないで、数ｍ先へ逃げるだけである。こうして、逃げる野鳥に近づいて観察する行為を繰り返しているうちに、野鳥は池のそばの樹木の中に飛んでいって、消えた。同時に、わたしの辿って来た道も分からなくなっていた。

そこで、この土地の人に「こうやの宮」を尋ねたが、二人ともまるで知らなかった。これで、有名な「宮」でないことだけは分かった。現地調査には、必ず方向磁石を携行しているので、方向を誤る心配はなかったから、もとの道にこだわることもなく、構わず南へ歩いて行った。

しばらく歩き続けていると、田んぼの中にポツンと建っている「小屋」が、見えた。写真で見覚えのある「小屋」だ。その瞬間、お世辞にも立派とは言えない「宮」にもかかわらず、心から感動した。一九九六（平成八）年一一月上旬の、快晴の日であった。

後日、図鑑類で調べた結果、「こうやの宮」への道筋から、東へ大きく外れるほどわたしを引きつけた野鳥は、カササギであった。未知の野鳥がカササギと分かった時、わたしの頭の中に二つの記事が相次いで浮かんできた。その一つが、これだ。

その地には、牛・馬・虎・豹・羊・鵲《じゃく》なし。　〈魏志倭人伝〉

紀元前の壱岐・対馬にも北部九州にも、牛馬はいた。しかし、三世紀の邪馬壹国とその周辺の国々にはいなかった。狗奴国の略奪と殺害によるためである。その後遺症が三世紀にも続いていたのだ。日本の固有種ではない虎・豹・羊と鵲は、むろんいなかった。鵲とは、カササギのことである。

燕雀目《えんじゃくもく》カラス科に属すカササギは、北部九州の福岡・佐賀・長崎・熊本の諸県にのみ見られる野鳥で、農耕地や村落近くに留鳥として棲息し、カチカチ・カチカチという独特の金属声で鳴き、地上で餌をあさることが多いという（清棲《きよす》幸保『野鳥の事典』）。わたしが本州で目撃したことのないのも、道理である。カササギは本州にはいない鳥なのである。

では、日本の固有種でないカササギがどうして、北部九州だけに棲息しているのか。この不可解な現象について、清棲氏は「肥前佐賀の鍋島直茂と筑後柳河の立花宗茂の両藩主が朝鮮から移植したもの」だと解説している。これは清棲氏にかぎらず、鳥類図鑑・百科事典等でも同趣旨の説明となっている。その時期も、一七世紀で一致している。豊臣秀吉による朝鮮出征の際に半島から移植されたという見方が、一般的なのである。

ところが、この見解に対しては、疑問が残る。①佐賀・筑後藩主以外、他の武将たちは興味を示さなかったのだろうか。②豊臣秀吉の拠点である近畿に、どうして持ち込まなかったのか。

この疑問もさることながら、無視できない記事が、『紀』のこれだ。

六年夏四月に、難波吉士磐金《なにはのきしいはかね》、新羅より至りて、鵲《かささぎ》二隻《つかひ》を献《たてまつ》る。乃《すなは》ち難波の杜《もり》に養《か》はしむ。因《よ》りて枝を巣にして産《こう》めり。　〈推古紀〉

推古の時代、新羅から贈られてきた二つがいのカササギが、難波の森で繁殖したという。それは「推古六年」のことだから、五九八年頃ということになる。『紀』は、この記事をどこから切り取ってきたのだろう。時代を大きく下った「推古女帝」の時代であっても、大和盆地や大阪の難波に、カササギが献上されるような政治権力は存在しない。『紀』の記す「難波」は、大阪ではない。福岡市中央区の「那の津」、つまり博多湾岸だ。カササギはここに移入され、繁殖したのである。棲息地が九州四県に限定されているのも、このためである。

もっとも、この時のカササギが繁殖しなくても、博多と朝鮮半島は近い。しかも中国、朝鮮半島はカササギの繁殖地である。その後も、持ち込まれたということも十分に考えられる。カササギの繁殖は一七世紀以降ではなく、それよりも早くに始まっていたと見ることもできる。それも、北部九州の地においてである。

カササギは、朝鮮など東アジア北部では、吉鳥とされ、韓国では国鳥に指定されているほどだ。これに反し、ヨーロッパでは不吉な鳥と見なされ、ことにその鳴き声が嫌われているようである（『世界大百科辞典』平凡社）。ロッシーニの歌劇に『どろぼうカササギ』がある。このような風土では、カササギが泥棒視されるのも、納得できる。

他の野鳥と違って、歴史上異質の話題を提供するカササギではあるが、その俗名にはチョウセンガラス・カチガラス・ヒゼンガラス・タビガラスなどがある。そのなかのカチガラスは、カチカチという鳴き声によるためかと考えていたが、これは間違いで、どうやら、朝鮮語のカチ（カササギ）に由来しているようである。

こうして幸いにも、瀬高の地で、カササギに出会うことができた。貴重な体験である。しかし、肝心の「こうやの宮」の五神体を直接確認することはできなかった。その日、宮の鍵を保管しているE氏宅を訪れたが、留守だった。そこで、一時間半余り待ったが、京都へ帰る時間が迫ってきたために、断念した。そして、今に至ってしまっている。

第八章　「倭の五王」を巡る謎

1　『記紀』に姿を見せない「倭の五王」

「倭《い》の五王」は、古代天皇の誰に相当するのか。これは、「邪馬台国」の所在地問題に次ぐ古代史の主題である。それは本屋に並べられた「倭の五王」に関する文献の冊数で分かる。「倭の五王」はそれほど重要な主題であり、古代国家とは切っても切れない関係にある。

「倭の五王」の時代

「宋書倭国伝」が、「倭の五王」に関する記事の中心を占めるが、それだけではない。『晋書』『南斉書』『梁書』にも記されている。「倭の五王」が関わった中国王朝の推移は、表8-1のようになっている。

表8-1　西晋朝から陳に至る王朝とその期間

王朝	期間（年数）	王朝	期間（年数）
①西　晋	二六五～三一六（五二）	②東　晋	三一七～四二〇（一〇四）
③南朝・宋	四二〇～四七九（六〇）	④南朝・斉	四七九～五〇二（二四）
⑤南朝・梁	五〇二～五五七（五六）	⑥南朝・陳	五五七～五八九（三三）

東晋の滅亡後、中国は南北朝時代に移行するが、「倭王」が、称号を求めた王朝は、南朝だけである。そ

の記事量は決して多くはないので、ここで、「倭の五王」に関係する中国史書の記事を、すべてではなく、その必要なところを示しておきたい。（　）内は、わたしの注釈である。


1晋の安帝の時（三九六〜四一八）、倭王賛《さん》有り。〈梁書倭国伝〉

2倭国は高驪《こうらい》の東南大海の中にあり、世々貢職（みつぎもの。職は細工物）を修む。

3高祖の永初二年（四二一）、詔していわく「倭讃《さん》、万里貢を修む。遠誠《えんせい》宜しく甄《あらは》すべく、除授を賜うべし」と。

4太祖の元嘉二年（四二五）、讃、また司馬曹達を遣わして表《ひょう》を奉り、方物を献ず。讃死して弟珍《ちん》立つ。使を遣わして貢献し、自ら使持節都督《しじせつととく》、倭・百済・新羅・任那・秦韓《しんかん》・慕韓六国《ぼかんりっこく》諸軍事、安東大将軍・倭国王と称し、表して除正せられんことを求む。詔して安東将軍、倭国王に除《じょ》す（新官を授けること）。珍、また倭隋《いずい》等十三人を平西・征虜・冠軍・輔国将軍の号に除正せんことを求む。詔して並びに聴《ゆる》す。

5二十年（四四三）、倭国王済《せい》、使を遣わして奉献す。また以て安東将軍、倭国王となす。

6二十八年（四五一）、使持節都督、倭・新羅・任那・加羅・秦韓・慕韓六国諸軍事を加え、安東将軍は故《もと》の如く、ならびに上《たてまつ》る所の二十三人を軍郡に除す。済死す。世子興、使を遣わして貢献す。

7世祖の大明六年（四六二）、詔していわく、「倭王世子興、奕世《えきせい》（代々）載《すなわ》ち忠、藩（領土）を外海に作《な》し、化を稟《う》（受に同じ）け境を寧《やす》んじ、恭《うやうや》しく貢職を修め、新たに辺業を嗣《つ》ぐ。宜しく爵号を授くべく、安東将軍、倭国王とすべし」と。興死して、弟武立ち、自ら使持節都督、倭・百済・新羅・任那・加羅・秦韓・慕韓七国諸軍事、安東大将軍、倭国王と称す。

8順帝の昇明二年（四七八）、使を遣わして表を上《たてまつ》る。いわく、「封国《ほうこく》は偏遠《へんえん》（都から遠く離れた地、辺遠と同義）にして、藩を外に作《な》す。昔より祖禰《そでい》躬《みずか》ら甲冑《かっちゅう》を擐《つらぬ》き、山川を跋渉《ばっしょう》し、寧所《ねいしょ》に遑《いとま》あらず。東は毛人《もうじん》を征すること五十五国、西は衆夷《しゅうい》を服すること六十六国。渡りて海北を平《たいら》ぐること九十五国。王道融泰《ゆうたい》にして、土を廓《ひら》き、畿《き》（天子の居住する都）を遐《はるか》にす。累葉朝宗《るいようちょうそう》（代々）して歳に愆《あやま》らず。臣、下愚なりといえども、忝《かたじけ》なくも先緒《せんしょ》を胤《つ》ぎ、統《す》ぶる所を駆率《くそつ》し、天極《てんきょく》に帰崇《きすう》し、道百済を遥《へ》て、船舫《せんぼう》を装治《そうち》す。しかるに句麗《くり》無道にして、図りて見呑《けんどん》（相手を呑んで、問題にしないこと）を欲し、辺隷《へんれい》（身分のいやしい者）を掠抄《りゃくしょう》し、虔劉《けんりゅう》（略奪と殺戮）して已《や》まず。毎《つね》に稽滞《けいたい》（滞ること）を致し、以て良風を失い、路に進むといえども、あるいは通じあるいは不《しか》らず。臣が亡考《ぼうこう》（亡父）済、実に寇讎《こうしゅう》（外敵）の天路を壅塞《ようそく》（ふさぐこと）するを忿《いか》り、控弦《こうげん》百万、義声に感激し、方《まさ》に大挙せんと欲せしも、奄《にわ》かに父兄を喪《うしな》い、垂成《すいせい》の功をして一簣《いっき》を獲《え》ざらしむ。居《むな》しく諒闇《りょうあん》（服喪期間）にあり、兵甲を動かさず。これを以て、偃息《えんそく》（休むこと）して未だ捷《か》たざりき。今に至りて、甲を練り兵を治め、父兄の志を申《の》べんと欲す。義士虎賁《こほん》（勇士）文武功を効《いた》し、白刃《はくじん》前に交わるともまた顧みざる所なり。もし帝徳の覆載《ふくさい》（恵み）を以て、この彊（強に同じ）敵を摧《くじ》き、克《よ》く方難を靖《やす》んぜば、前功を替えることなけん。窃《ひそ》かに自ら開府儀（義）同三司を仮し、その余は咸《み》（皆に同じ）な仮授し、以て忠節を勧む」と。詔して、武を使持節都督、倭・新羅・任那・加羅・秦韓・慕韓六国諸軍事、安東大将軍、倭王に除す。〈宋書倭国伝〉

9建元元年（四七九）進めて新たに使持節都督、倭・新羅・任那・加羅・秦韓六国諸軍事、安東大将軍、倭王武に除し、号して鎮東大将軍と為《な》す。〈南斉書倭国伝〉

10天監元年（五〇二）四月　…　鎮東大将軍倭王武、号を征東将軍に進め　…　。〈梁書武帝紀〉

絶対の比定軸

「倭の五王」は、「大和朝廷」の歴代天皇の誰に当たるか。この問題に先鞭をつけた学者が、「邪馬臺国」は「邪馬台国」に通ずと解釈した松下見林である。

讃＝履中、珍＝反正、済＝允恭、興＝安康、武＝雄略

これが、松下『異称日本伝』で示された古代天皇の比定である。

松下については、高い評価がある。笠井倭人は、「引用された海外の書は実に一二四部にも及び、…その博渉ぶりには感嘆せざるをえない。これを五王関係史料についてみても、『晋書』『宋書』『南斉書』『梁書』『南史』等の列伝はもとより、『通典《つてん》』『文献通考』にまで引用が及ぶという徹底さを示し、当研究史料の集大成を果たしているといっても過言ではない。…とくに五王については、考説を前人未発の王名比定にまで及ぼし、以後の研究に不朽の定点を樹立するに至ったのである」（笠井『研究史　倭の五王』）と、手放しの褒めようである。

井上光貞も「まず、松下見林が武《ぶ》王は雄略《ゆうりゃく》天皇のことだと、言っているのは、正しい考えとして今日では定説となっている」（井上『日本の歴史1　神話から歴史へ』）と断定しているほどである。

雄略の和風天皇名は、『紀』では、「大泊瀬幼武」である。中国側ではこれを略し、「武」と表したという。『紀』の表記だと、そういうことも言えなくもない。ところが、『記』では、「大長谷若建」である。これはどうなのかといった嫌みの一つも、言いたくなるが、武＝雄略は〝不動の等式〟であり、〝絶対の比定軸〟なのである。

松下見林が比定した「倭の五王」を、数理文献学・計量言語学による方法を駆使して、その精度を、さらに高めようとした学者の一人が、安本美典氏だ。氏の根拠はこうだ。

(1)天皇の即位・退位の年代は、第三一代用明天皇の頃から、ほぼ確実となる。

(2)用明の即位から、奈良時代の終わりの第四九代光仁天皇までの一九代、およそ二〇〇年間の天皇在位平均期間は、一〇・三五年となっている。

(3)五八六年に活躍した用明より十代前の雄略は、一〇三・五年前の天皇、すなわち四八三年頃の天皇だったことになる。これは、倭王・武の時代とほぼ一致する。

(4)逆に、倭王・武を雄略と仮定し、その活躍の時期を、宋に使いを遣わした四七八年、用明のその時期を五八六年とすれば、この間十代で一〇八年、一代平均在位年数は一〇・八年となる。この数値は、一〇・三五年ときわめて近い。

(5)倭王・讃は応神天皇である。そうなると、それに続く珍・斉・興・武は、それぞれ仁徳・允恭《いんぎょう》・安《あん》康《こう》・雄略となる（安本『倭の五王の謎』）。

これが「倭の五王」についての、氏の見解である。『記紀』から、古代天皇の在位平均年数を割り出そうとした安本氏の行き着く先は、すでに決まっていた。数理文献学・計量言語学による方法も、その適用次第では、とんでもない結果が導き出されるという好例である。「倭の五王」を、歴代天皇に結び付けた松下見林の方法を、以後の学者たちも忠実に踏襲して、今に至っているのである。

江戸時代初期の段階で、「倭の五王」を解き明かそうと、孤軍奮闘した松下の努力は認める。しかしだからと言って、笠井のような松下に対する評価が、正しいのかどうか。逆に、ここに不安を覚えないのだろうか。

決定的食い違い

実は、「倭《い》の五王」と歴代天皇との間には、在位年数と系譜の上で、決定的な食い違いが生じていた。

(1)天皇在位年数の相違

中国史書の記す倭の五王と日本の古代天皇の在位年代は、表8-2のようになっている。

「倭の五王」に比定される「大和朝廷」の歴代天皇は、七人である。五人に対して七人だから、数が一致しない。なぜか。その最大の原因は、讃の比定にある。讃の比定をめぐって、今日までの学者たちの見解が、応神・仁徳と履中《りちゅう》の三人に分かれているためである。

この年表で分かるように、讃の在位年代は一三年以上、珍は一四年以上に及ぶ。ところが、『紀』の在位

表8－2　倭の五王とその遣使関係年表

倭王名	年代	関係文献	古代歴代天皇の在位年代
讃●	四二一	宋書倭国伝	○応神・仁徳（～三九九）
●	四二五	宋書倭国伝	○履中《りちゅう》（四〇〇～四〇五）
●	四三〇	宋書文帝紀	○反正《はんぜい》（四〇六～四一〇）
珍●	四三八	宋書文帝紀	○允恭《いんぎょう》（四一二～四五三）
済●	四四三	宋書文帝紀	
		宋書倭国伝	
興●	四五一	宋書文帝紀	
		宋書倭国伝	○安康《あんこう》（四五三～四五六）
武●	四六〇	宋書文帝紀	○雄略（四五六～四七九）
●	四六二	宋書考武帝紀	
●	四七七	宋書順帝紀	
●	四七八	宋書倭国伝	
●	四七九	南斉書倭国伝	
●	五〇二	梁書武帝紀	

（注）年表作成については、笠井倭人『研究史　倭の五王』、笹山晴生『日本古代史講義』、坂元義種『倭の五王』を参照。天皇在位年代は『書紀』による。

年代では、履中は八年、次の反正は五年でしかない。讃・珍と履中・反正とでは、その在位年代がまるで合わない。それなのに、讃＝履中、珍＝反正と強引に比定しているのである。珍は、讃の弟と記している「宋書倭国伝」の系譜を、ひたすら重んじたためだ。

　そこで、在位年代の矛盾を解消するために、新たに案出された比定が、応神とその息子の仁徳である。ところが今度は、その系譜が一致しなくなるという問題が生まれてしまった。

　「倭の五王」のうち、不慮の事故で亡くなった済を除き、他の王の在位年代は比較的長い。その中でも、武は特に長い。前述したように、武＝雄略は、誰しも異論のない〝不動の等式〟であり、〝絶対の比定軸〟である。その雄略の在位にしても、せいぜい二三年（四五六～四七九）である。一方、四六二年に即位している武は、五〇二年に梁の武帝から授号されているから、その在位年代は四〇年以上となっている。

　この四〇年以上とは、雄略七年から、清寧（在位五年）・顕宗（同三年）・仁賢（同一一年）を経て、武烈五年に至る期間に相当する。この一点だけを取り上げても、〝武＝雄略〟の等式は成立しないのに、このはなはだしい相違は無視されたままだ。つまるところ、不安定極まりない根拠の上に、武は雄略に比定されているのである。

(2)系譜上の相違

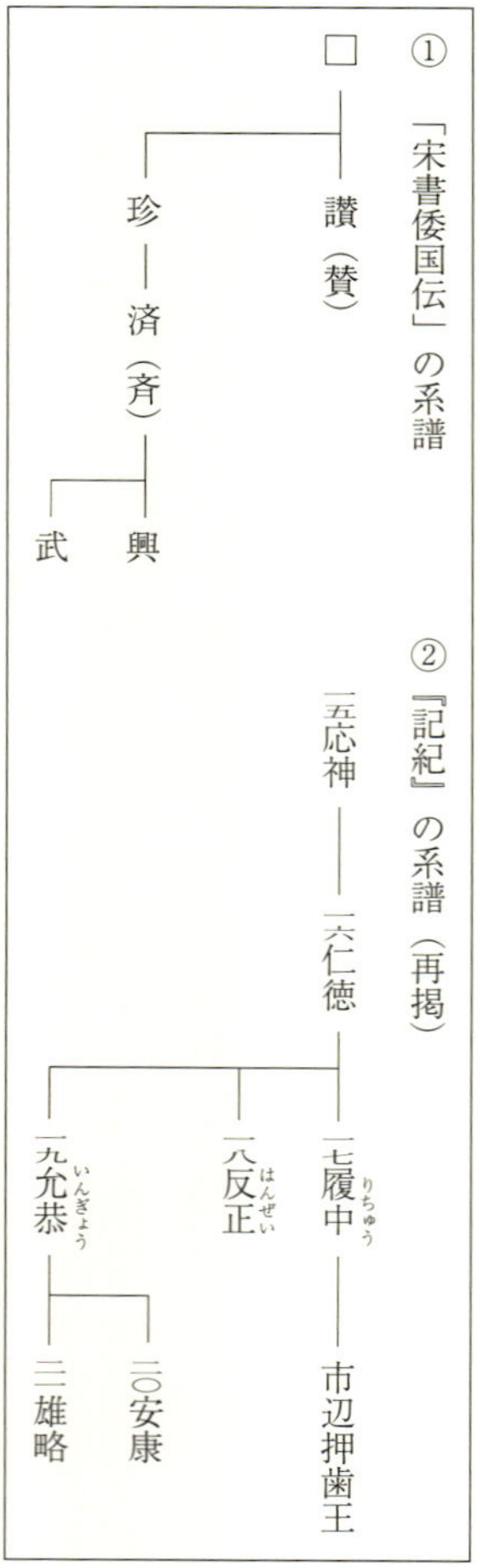

これが、「宋書倭国伝」と『記紀』に示されてい系譜である。両系譜の違いは歴然としている。それでもなお、済・興・武と、允恭・安康・雄略については、系譜上一致しているため、ほぼこの比定で間違いはないと考えられている。

2　「倭の五王」の都するところ

わが眼を疑う比定法

神武以来、大和盆地を中心とする「朝廷」が、未服の民を征服しつつ、一貫して日本列島を支配してきた。これが、『記紀』の主張する歴史だ。戦後も、根源のところで、『記紀』に依拠し続けている。この姿勢は、「邪馬台国」畿内説・九州説とを問わず、共通しているばかりでなく、あくまでも「邪馬台国」という国名は正しいと強弁し、かたくなに墨守することでも、相共通している。

「倭の五王に関しては、幕末に唱えられた熊襲偽僣説《くまそぎせん》や、近年の古田武彦氏の『九州王朝』説のように、九州の豪族とみる説もあるが、明証はなく、したがいがたい」（熊谷公男『大王から天皇へ 日本の歴史03』）。これは、熊谷氏の見解である。

「熊襲偽僣説」とは、九州の豪族（熊襲）が女王・大王を勝手に僣称し、中国と通交したという説である。江戸時代初期に本居宣長（『馭戎慨言《ぎょじゅうがいげん》』）が唱え、幕末に鶴峯戊申《つるみねしげのぶ》（『熊国偽僣考《そのくにぎせんこう》』）等に受け継がれた。しかしながら、熊谷氏は、ここで二つの間違いを犯している。

熊谷氏の間違いの一つが、「九州王朝」を、九州の一豪族と見なしていることである。そして、もう一つの誤りが、〝九州王朝の明証はない〟として、わずか二行で、「九州王朝」を〝処理〟していることだ。ここに、その論証はない。大胆過ぎはしないだろうか。古田の『失われた九州王朝』は一九七三年八月に、熊谷氏の『大王から天皇へ』は二〇〇一年一月に、それぞれ刊行されている。この間、四半世紀余。表面上は何も変わっていないことになる。

「倭の五王」については、（仁徳）・履中・反正・允恭・安康・雄略だと、高校で習った。それも「イの五王」ではなく、「ワの五王」として。だが、その根拠となる説明はなかった。そのために、機械的に覚えた記憶が今でも残っている。当時はそれを疑問にも思わなかったが、後年、古田の『邪馬一国の挑戦』を読んでいて、ビックリした。そこには、わが眼を疑うようなことが書かれていた。

①讃 … 去来穂別《いざほわけ》（履中）の第二音「さ」の表記
②珍 … 瑞歯別《みずはわけ》（反正）の第一字の誤記

③済　…　雄朝津間稚子《をあさつまのわくご》（允恭）の第三字の誤記
④興　…　穴穂《あなほ》（安康）をまちがえて「興」と記した。
⑤武　…　大泊瀬幼武《おほはつせわかたけ》（雄略）の最終字

これが、松下見林の考えた比定方法である。この方法は、他の学者たちによっても応用された。〝讃＝大《おほ》鷦鷯《さざき》（仁徳）〟の比定では、第三・四音の「サ」、または「ササ」が表記された。さらに〝済＝雄朝津間稚子（允恭）〟では、第三・四字の「津間《つま》」は、「妻《つま》」であり、「妻」の音が「サイ」だから、「済」と記されたといったようにである。ここに見られる方法は、〝無秩序という名の論証〟だけである。

履中から雄略に至る天皇の「和名」を調べ、たとえば、その第一音すべてが、それぞれ讃・珍・斉・興・武となっていた。ということであれば、そこには一定の規則・法則性が認められるのだから、両者は一致すると見なしうると、古田は指摘している。当然の指摘である。

ところが、松下以来今日までの方法は、まるで違った。「第一音をとったり、第二字をとったり、第三字をとったり、しかも、それを〝まちがえたもの〟と見なして〝ずらせる〟という、まるで〝ヤリ放題〟のことをやっている。これでは、『証明』などというにはほど遠い」（古田・前掲書）と、古田は〝ヤリ放題〟横行の方法を、厳しく突いた。

もっとも、最近では、古田の批判が利いているためか、このような方法は影を潜めているかに見える。しかし、現状は、熊谷氏の見解が示しているとおりなのである。古田は、〝ヤリ放題〟の横行を批判しただけではない。その反証を、『宋書』から挙げている。

①阿羅単国王　…　毗沙跋摩　〈宋書夷蛮伝〉

②槃達国王　…　舎利不陵伽跋摩　〈宋書夷蛮伝〉
③高句驪王　…　高璉　〈宋書高句驪伝〉
④百済王　…　余映　〈宋書百済伝〉

これで分かるように、それが七字であっても、二字であっても、そのまま表記されている。全体の中から、一音あるいは一字を、むやみに切り取って表すことをしていない。ことに、④の「余映」は、余が姓、映が名である。つまり、中国風の〝姓一字＋名一字〟の形となっていることは、注目すべきだ。

『三国志』の中の一国の将、あるいは天子となった人物名を考えて見れば、よりはっきりする。曹・操、曹・丕、劉・備、孫・権。いずれも一字名だ。ここで改まって、さらに難しいことを言うつもりはない。たとえば、アキラという名前を取り上げてみても、明・旭・映・晃・昭……、いくらでもある。このように、現代日本でもなお、一字名称は健在なのである。これは古代からの伝統を、無自覚的に継承していたことの表れではないか。

中国史書を渉猟して、一字名の収集に努めた古田の努力は、貴重だ。中国では常態と化していた〝一字名〟文化が、東アジア諸国へも伝播し、今もその文化がしっかりと根を張っているのである。

中国は古代日本の大王に対し、「第一音をとったり、第二字や第三字をとったり」といった恣意的な表記をしていない。実は、松下に始まる旧来の所説は、人差し指一本でつついただけで、転倒する代物だったのである。

根本の問い

それにしても不思議である。なぜ今まで、誰も気づかなかったのか。古代日本の大王も、自ら「一字名」を名乗っていた。その決定的根拠がある。「臣亡考済」（臣が亡考済）。この章句が、それだ。これは中国側による表記ではない。これを書いたのはほかでもない。済の息子の武だ。武の上表文の中に、この記述がある。「第一音をとったり、第二字や第三字をとったり」して、息子は、「亡考」（亡父）の名を上表文にしたためたのだろうか。武もそうだが、父親の済も一字名だった。武の上表文は頑《がん》として、その事実を明言しているのである。

「大和朝廷」で、「一字名」を名のった天皇は絶無だ。「九州王朝の明証はない」と言い切った熊谷氏は、この事実をどのように考えるのだろう。「動かぬ証拠」とは、このようなことを言うのではないか。ここで旧来説はいとも簡単に転倒し、そして壊れた。

それにしても、『記紀』ともに、朝鮮半島の百済・新羅などとの国交記事はあるのに、宋についての記録が皆無となっていることは、理解しがたい。倭国にとって、宋は無縁どころか、逆に密接な関係を持っていた王朝である。「宋書倭国伝」には、倭国によるたび重なる朝貢記事がある。それなのに、『記紀』には、その記事がない。不可思議な現象である。ひたすら授号を要求する「朝貢」が、「屈辱外交」だったから、記載しなかったのか。

とんでもない。中国の威光・威信を後ろ盾として、高句麗との戦いを有利に進めたいという思惑も見え隠れするが、倭王は授号を栄誉と考え、積極的に中国の冊封体制下に食い込もうと懸命である。「倭の五王」は、この行為を「屈辱」とは考えていない。

冊封体制の用語を初めて使用した西嶋定生氏の見解では、冊封とは、「冊を授けて封建すること」、「封土を分かち与えてその地域の君長に任命する、という辞令書を授与すること」（西嶋『邪馬台国と倭国』）であり、「封建」と同義のようだ。冊とは「冊書」のことで、簡《かん》（竹の札）を組み合わせて作った文書をいい、封とは土盛りによって、区画された境域のことである。この制度を日本に当てはめれば、征夷大将軍たる江戸幕府の徳川家と、諸藩の大名との臣下の関係となる。

「宋書倭国伝」は、〝中国の天子―東夷の王〟という「冊封」関係を否定するどころか、「忠誠」を誓いながら、その体制の一員となることに、執拗に執着していることを示している。武の「上表文」は、その極点と言えば、言い過ぎだろうか。

天皇在位年代に合わせれば、系譜が合わなくなる。系譜を合わせようとすると、在位年代が合わなくなる。しかも、「大和朝廷」には一字名を名のった天皇は、一人として存在しない。どのように辻褄を合わせようとしても合わない。古田が皮肉混じりに批判しているように、それはまさに、「あちら立てればこちらが立たず」の状態なのである。どうして、このような矛盾に満ちた状態が発生したのか。ここで、『記紀』の〃立場〃について考えてみたい。

(1)中国への朝貢・中国からの授号記事の欠如
(2)一字天皇名の欠如
(3)高句麗との交戦記録の欠如

(1)と(2)は、つまるところ、「倭の五王」に関する記事の欠如ということになる。(3)については、武が高句麗の無軌道ぶりを厳しく非難しているだけに、『記紀』との間に、激しい落差を感じるところとなっている。

この時代、国内に眼を転じてみれば、目弱王《みはかり》による安康殺害、雄略による市辺天皇の殺害といった血なまぐさい事件などが起こっている。しかし、『記紀』の記すこの治世は、新羅侵攻に見られるように、半島内の「地域紛争」に、首を突っ込んではいるが、大局的には〃孤島の平和〃を享受していた時代だったことになる。

仁徳～雄略の治世について、古田は、「…　この六代は、対外的に平穏そのものだ。外国との戦火のにおいなどまったくない。これと、高句麗に対する軍事的劣勢の中で悲痛な声を発している倭王武の面影とは、まったく面目を異にしている」(古田『失われた九州王朝』)と指摘している。高句麗好太王碑の碑文と照らして見ても、『記紀』と当時の状況は、相反している。

『記紀』の中には、⑴と⑵も、そして⑶もない。なぜ、このような〝ないないづくし〟の状態となっているのか。この怪奇現象を、どのように理解すればよいのか。要するに、『記紀』は、「黙して語らず」の姿勢を貫いているのである。「黙して語らず」ということは、「倭の五王」の王朝と、わが「大和朝廷」とは一切関係なし。これが、〝ないないづくしの怪奇現象〟の答えである。

したがって、在位年代も、系譜も一致しないのは当たり前なのである。記紀編纂者―「大和朝廷」は、「倭の五王」の存在を認識しながら、別の世界のこととして、無視していたのである。それを、後世の学者たちは寄ってたかって、しかもムキになって、「大和朝廷」の歴代天皇に、当てはめようとしてきていたのである。

九州王朝は、「白村江《はくそんこう》」での唐・新羅連合軍との激戦を機に、滅亡する。「白村江の戦い」は、「倭の五王」の子孫が起こした戦争だった。六六二年のことである。他方、『古事記』は七一二年、『日本書紀』は七二〇年に編纂されている。それは、「白村江の戦い」から、わずか五〇～六〇年後のことである。そんな史書に、「倭の五王」はわが王朝の祖先であったなどと、堂々と書けるはずがない。

書けば、即座に嘘偽だと分かってしまう。それだけならまだしも、唐との関係は悪化する。自らの首を、自らの手で締めることにもなりかねない。「大和朝廷」の祖先が「倭の五王」であれば、話がややこしくなることは避けられなくなる。そんな危ない橋は渡れない。

「君子危うきに近寄らず」。「大和朝廷」の本音は、ここにあったと思われる。当時の中国と東アジアの動向とをにらみながら、「大和朝廷」は、慎重に筆を選んでいたのである。用心深いというよりも、どこまでも老獪である。

毛人と衆夷

九州王朝の明証はないと言い放つ熊谷氏は、「倭王武の上表文に『東のかた毛人《もうじん》を征すること五十五国、西のかた衆夷《しゅうい》を服すること六十六国 …』とあることからみても、武の居所が関東や九州などの辺境にあったとは考えがたく、列島のほぼ中央部、つまり畿内にあったとみるのがもっとも自然である。倭の五王は、やはり倭王権の王なのである」（熊谷『大王から天皇へ　日本の歴史03』）と述べている。この見解から、その根拠の一つが地理観にあるようだ。中心は畿内、その東が毛人の国、畿内の西が衆夷の国。これが熊谷氏の脳裏に宿った解釈だ。

氏の主張する「五世紀の倭《わ》王権」とは、三輪山の西麓一帯を拠点として発生した権力のことで、「倭王家を中心に、葛城《かつらぎ》・和珥《わに》氏などのヤマトの豪族や、筑紫《つくし》・吉備《きび》・出雲《いずも》・紀《き》・上毛野《かみつけの》氏などの有力地方豪族が同盟を結んだ連合政権」（熊谷・前掲書）であるようだ。熊谷氏の解釈を忠実になぞれば、「倭の五王」の王朝は周りから支えられて、いまだ独り立ちのできない、未熟な国家だったことになる。

熊谷氏の「倭王権」とは、考古学者・寺沢薫氏の説く「ヤマト王権」と同義のようである。「ヤマト王権」「倭王権」にこだわり続ける寺沢・熊谷両氏と、「倭《い》の五王」の王朝は、日本列島を支配していた中央集権国家であると考えるわたしとでは、その描く古代国家像は根底から異なっている。

そこでふたたび、熊谷氏の解釈に戻ることにする。「倭王権」の中心地を畿内と見る氏は、「東のかた」「西のかた」と解釈しているが、原文は「東征毛人 …、西服衆夷 …」（東、毛人を征すること …西、衆夷を服すること …）であって、「東方」「西方」ではない。なぜか。これは畿内を中心とした方位ではないからだ。この「東・西」は、一点を基点とした方位ではなく、本州の東を「毛人の国」、その「毛人の国」の西を「衆夷の国」とした、本州を二分する表現なのである。その視点は九州、それも北部九州である。

この視点であれば、「渡りて、海北を平ぐること…」の章句も生きてくる。「海北の国」とは、朝鮮半島南辺の倭地のことである。北部九州（＝筑紫）を基点とすれば、その地は海を隔てた北にあり、地理的にも一致する。ところが、熊谷氏の説く「倭《わ》王権」の拠点・三輪山の西麓であれば、それは「海北」ではなく、「海西」となる。こともあろうに、倭《い》王・武は方位を誤って、中国天子への上表文をしたためていたことになる。こうなると、常識以前の問題と化す。

　上表文で重要な問題が、「毛人」と「衆夷」だ。両者は明らかに異なっている。これをどのように理解すればいいのだろう。まず「衆夷」の素姓を明らかにすることによって、「毛人」もおのずと解けてくるようである。

　「衆夷」の夷《い》とは、もとより倭人のことである。「倭《い》の五王」の国は、敵国であるために、それを侮蔑的に表していたのである。「魏志倭人伝」は、邪馬壹国の敵国である狗奴国とその政治圏―本州・四国の人々を、「皆倭《みない》種」と記していた。つまり、魏使には、邪馬壹国と狗奴国とは同じ人種であるとの認識があったためである。倭人《いじん》も倭種《いしゅ》も、今日でいう日本人だ。

　ところが、「毛人」は「衆夷」とは違っていた。これは〝毛深い人〟の意で、日本列島の先住民であるアイヌ人のことと思われる。東の未服の民がアイヌ人でなければ、「西の衆夷」に対する〝東の衆夷〟の、侮蔑的表現で事足りる。それをあえて、「毛人」と表記しているのだから、この表記を無視すべきではない。

なにかにつけて、日本を東西に分ける「境界線」は、大地溝帯《フォッサマグナ》の西端を南北に走る新潟・糸魚川―静岡構造線である。電波の周波数のみならず、東西における文化・習慣の違いは、この構造線が境界・分岐点になっていると言われている。東日本・西日本の境界もここだ。しかし、「毛人」と「衆夷」の領域を特定することは、今となっては難しい。「倭の五王」の祖先が「毛人」と「衆夷」を平定した事件は、紀元前をさかのぼる遠い時代、それも〝スサノオのオロチ退治〟以前のことだからである。

いつの時代のことか

　武の上表文中に、「祖禰」の語がある。祖も禰もともに祖先の意だから、「祖禰」は遠い祖先を表していることになる。もっとも、「宋書倭国伝」の「祖禰《そでい》」を、「祖・彌《み》」と読んで、これを、倭王・珍と見る見解もなくはない。その原因は、「晋の安帝の時、倭王賛有り。賛死して弟彌《み》立つ。彌《み》死して子済立つ。済死して子興立つ。興死して弟武立つ」と記している「梁書《りょうしょ》倭国伝」にあるようだ。

正しい表記は『宋書』の「祖禰」か、それとも『梁書』の「祖彌」か。唐代の姚思廉《ようしれん》の編纂した『梁書』の完成は、六三六年である。これに対し、梁の沈約《しんやく》の編纂した『宋書』の完成は、四八八年である。時代的に『宋書』の方が古いだけではなく、沈約（四四一～五一三）は、興・武と同時代を生きた史家である。いずれが信頼できるか、明らかだ。

しかも、それだけではない。「祖禰《そでい》」は、「臣亡考済」と同じく、武の上表文中にしたためられている。武が祖先の名を「彌」と書き誤ったとは、まず考えられない。両字はまるで似ていないから、なおさらだ。この誤りは、姚思廉が「祖禰」を、「祖彌」と読んだためかとも考えられる。

武の「祖禰」はいつの人か。大雑把にではあるが、それを推定できる手掛かりはある。「祖禰」が平定したという国の数が、それだ。①「毛人の国」…五五、②「衆夷の国」…六六、③「海北の国」…九五、合計二一六カ国。

①・②の計一二一カ国は本州と四国だ。これに反し、③の九五カ国は、壱岐・対馬を含むと思われるが、主に朝鮮半島南辺の国々であろう。いずれにしても、二一六カ国は多い。

1楽浪海中倭人有り。分かれて百余国を為す。〈漢書地理志〉
2倭人は帯方の東南大海の中に在り。…旧《もと》の百余国。〈魏志倭人伝〉
3倭は韓の東南大海の中に在り。…凡《およ》そ百余国あり。〈後漢書倭伝〉

1の「百余国」は、前漢時代（前二〇六～二五年）のことだ。その数の認識は、三国時代（二二〇～二六五年）以後でも変わることはなかった。それを示している史書が、2と3だ。ところが、武の「祖禰」の時代は違っていた。二倍の数値となっている。

あるいは、これは武の吹いたホラ、つまり、称号を得るための、〝水増し〟による誇張数値ではないかと、考えたこともあったが、これは成立しない。武の王朝は、帥升の時代から中国と通交している。卑弥呼の時代には、中国からも使者が来ている。このような経過から、日本列島の情報は、多岐にわたって中国へ伝わっていたはずである。

そうなると、祖先が征服した国の総数を、二〇〇余と〝水増し〟することはできないはずである。武の「祖禰」とは、本州をも支配していた九州王朝の遠い祖先のことであり、その時代には、朝鮮半島の一部を含む〝倭地《いち》〟は、二〇〇余国に分かれていたことになる。それが、一〇〇余国に総合されることになる時代は、その後のことである。

「祖禰」による征服・支配は、前述したように、〝スサノオのオロチ退治〟以前の歴史事実のようである。それが、いつのことなのか。その絶対年代は分からない。ただ一つだけ分かっていることは、征服・服従、支配・被支配の関係が、すでに生まれていた時代に突入していたということだけである。しかし、その征服による支配・被支配関係は、後年〝スサノオのオロチ退治〟という形で、激しく火を吹く導火線となっていたのである。

第九章　巨大古墳の謎を解く

1　巨大古墳築造の目的

眼にするたびに、圧倒される。とにかく大きい。巨大の一語に尽きる。奈良・大阪の巨大な前方後円墳は、見る者を、文字どおり仰天させるだけの偉容を誇っている。墳丘長一〇〇mでも大きいと感じるが、これが二〇〇m以上もあれば、それは「大」を通り過ぎて、「巨大」となる。

著しく片寄った分布

二〇〇m以上の巨大古墳は、全国に三五基も存在する。それも、すべて前・中期に属す前方後円墳である。その分布状況は、表9-1のようになっている。（　）内数字は、三五基に占める割合である。奈良・大阪だけで三二基、全体の九一・四%を占めている。他地域とは比較にならない。森浩一は墳丘長一六〇m以上を巨大古墳、あるいは大型古墳と定義し、一一〇m以上～一五九m以下を中型とし、中型と小型の境界を一一〇mに置いている。森が『古代日本と古墳文化』において、巨大あるいは大型古墳と定義している大型の前方後円墳は、右記の古墳も含め、全国で五六基存在している。表9-2が、その所在している府県と墳墓数で

表9-1　墳丘長二〇〇mを超える古墳の分布状況

①奈良県	一九（五四・三%）	②大阪府	一三（三七・一%）
③岡山県	二（五・七%）	④群馬県	一（二・九%）

（注）白石太一郎編『古代を考える　古墳』による。

表9-2　巨大（大型）古墳の分布状況

奈良　二四（一九）	大阪　一七（一三）	京都　三	岡山　三（二）
群馬　二（一）	宮崎　二	宮城　一	茨城　一
山梨　一	三重　一	滋賀　一	兵庫　一

（注）（　）内は内数で表9-1の古墳数。

ある。やはり近畿だけで四四基、全体の七八・八％を占めている。なお、白石太一郎編『古代を考える　古墳』では五九基となっていて、森『古代日本と古墳文化』の記す五六基よりも、三基多くなっている。前者が一九九九年三月の刊行であるのに対し、森の著作は、一九九一年四月の刊行である。この間に、群馬県・茨城県と岡山県で、新たに一基ずつ確認されたためか。いずれにしても、その傾向に変わりはない。

こうして、巨大前方後円墳を概観することによって、そこに浮かび上がってきた特徴の一つが、巨大前方後円墳の奈良・大阪への集中という〃偏在性〃である。一説では、前方後円墳の総数は、全国に大小合わせて五二〇〇基もあるという（広瀬和雄『前方後円墳国家』）。それなのに、巨大前方後円墳は、奈良・大阪へ集中しているのである。

そして、もう一つの特徴が〃突然性〃である。巨大前方後円墳の〃突然性〃とは、具体的にどういうことなのか。「一般に構築物というものは、初期には小規模なものがつくられ、それが発達して大規模になってゆくのがふつうであるのに、大和の前期古墳は最初から大規模なのである。大和の地に突如としてこのような大きな古墳が出現したのは、どうしてであろうか」（井上『日本の歴史1　神話から歴史へ』）。これは、今から四〇年以上も前の井上光貞の見解である。

たとえば、人類を含む生命体に顕著に現れるように、その成長は段階的であり、漸進的である。それなのに、巨大前方後円墳の出現には、段階的・漸進的という経過が見られないのである。朝眼を覚ますと、前日にはなかった巨木が出現していたといった状況であり、その発生は突然であり、爆発的なのである。これは専門家の一致した見方となっているから、井上の見解は、今も生きているのである。これだけではない。爆発的に出現した巨大古墳には、〝偏在性〟の側面もある。その傾向は、表9-3で一目瞭然である。

この突発的偏在性現象は、考古学者たちにも古代史家にも、いまだに解明できない難問となっている。ただし、統一国家が、この段階で出現したことでは一致している。巨大古墳に関し確実視されていることは、この一点のみである。一体、誰が、巨木の種をまいたのか。それは当然のことではあるが、①所在が奈良・大阪に集中している事実、②巨大であり、しかも突然に出現している事実を、同時に解決できる答えでなければならない。

いわば、巨大前方後円墳の特徴である〝突然性〟と〝偏在性〟とは、「謎」と同義なのである。この特徴から、一つの仮説が生まれることは、あるいは必然的なことであった。「箸墓などの前期の古墳が、突然大和に出現したということは、文化の面での問題だけでなく、その古墳の規模から見て最初の統一国家の出現を物語る記念物と考えてよかろう」（森浩一『古墳』）といった見解が、支配的なのである。

必ず現地を訪れ、そこで確認作業を積み重ねてきた森にして、そうなのである。大和盆地に拠点を置いていたという、寺沢薫氏・熊谷公男氏の「ヤマト王権」「倭王権」、あるいは「大和政権」という〝学術用語〟は、井上・森らの見解が下地となっているのである。

今日、三世紀末から七世紀までのおおよそ四〇〇年間を、古墳時代と呼んでいる。それは、前期（三世紀末〜四世紀）・中期（五世紀）・後期（六世紀以降）の三段階に時代区分されている。この時代区分は、年代の上で信頼できると思われている畿内の天皇陵、とりわけ応神・仁徳が基準となっているのである。

だが、その年代測定に、確たる根拠があるわけではなかった。考古学者や古代文献学者たちは、まず『記紀』に依拠したが、その肝心の『記紀』が、怪しいのである。

表9-3　墳丘長二〇〇m以上の巨大前方後円墳（単位：m）

順位	古墳名	所在地	時期	墳丘長	備考
1	大仙陵古墳	大阪府堺市大仙町	中期	四八六	伝仁徳陵
2	誉田御廟山《こんだごびょうやま》古墳	〃　羽曳野市誉田	〃	四一八	伝応神陵
3	上石津ミサンザイ古墳	〃　堺市上野芝町	〃	三六五	伝履中陵
4	造山《つくりやま》古墳	岡山市新庄下	〃	三六〇	
5	河内大塚古墳	大阪府松原市・羽曳野市	後期？	三三五	
6	見瀬丸山古墳	奈良県橿原市五条野町	後期	三一八	
7	渋谷向山古墳	〃　天理市渋谷町	前期	三〇二	伝景行陵
8	土師ニサンザイ古墳	大阪府堺市百舌鳥西之町	中期	二八八	
9	仲ツ山古墳	〃　藤井寺市沢田	〃	二八六	
〃	作山《つくりやま》古墳	岡山県総社市三須	〃	〃	
11	箸墓古墳	奈良県桜井市箸中	前期	二七六	
〃	五社神《ごさし》古墳	奈良市山陵《みささぎ》町	〃	〃	伝神功陵
13	ウワナベ古墳	〃　法華寺北町	中期	二六五	
14	市庭古墳	〃　佐紀町	〃	二五〇	伝平城陵
15	行燈山《あんどんやま》古墳	奈良県天理市柳本町	前期	二四二	伝崇神陵
16	室《むろ》宮山古墳	〃　御所市室	中期	二四〇	
〃	メスリ山古墳	〃　桜井市高田	前期	〃	
18	岡ミサンザイ古墳	大阪府藤井寺市岡	後期	二三八	伝仲哀陵
19	西殿塚古墳	奈良県天理市中山町	前期	二三四	
20	市ノ山古墳	大阪府藤井寺市国府	中期	二二七	伝允恭陵
〃	太田茶臼山古墳	茨木市太田	〃	〃	伝継体陵
22	宝来山古墳	奈良市尼辻町	前期	二二六	伝垂仁陵
23	墓山古墳	大阪府羽曳野市誉田	中期	二二四	
24	佐紀石塚山古墳	奈良市山陵町	前期	二二〇	伝成務陵

25	ヒシアゲ古墳	〃佐紀町	中期	二一八
26	太田天神山古墳	群馬県太田市内ガ島	〃	二一〇
27	佐紀陵山古墳	奈良市山陵町	前期	二〇八
〃	外山茶臼山古墳	奈良県桜井市外山	〃	〃
〃	築山古墳	奈良県大和高田市築山	中期	〃
〃	津堂城山古墳	大阪府藤井寺市津堂	〃	〃
31	コナベ古墳	奈良市法華寺町	〃	二〇四
〃	巣山古墳	奈良県広陵町三吉	〃	〃
33	新木山古墳	奈良県広陵町三吉	〃	二〇〇
〃	摩湯山古墳	大阪府岸和田市久米田	前期	〃
〃	西陵古墳	大阪府岬町淡輪	中期	〃

（注）白石太一郎『古代を考える　古墳』より。なお、「11五社神古墳《ごさし》」を、第2巻『「邪馬台国」論争は終わった』の三〇四頁では、誤まって「五社神古墳《ごしゃじん》」としていた。ここで訂正をしておきたい。

重なる分布とその時代背景

ここに一つの分布図がある。その分布の特徴を示すと、以下のようになる。

(1)分布領域　：　関東から鹿児島県まで、広く分布している。なかでも密集している地域は、左記のようになっている。

①関東―埼玉県と東京都の一部、②中部―三重・富山県、③近畿―二府四県の全域、④中国―岡山・広島、⑤四国―愛媛県・瀬戸内沿岸、⑥九州―福岡県全域、佐賀県の伊万里湾岸部

(2)空白地帯　：　東北のほぼ全域

この分布図を、「全国未解放部落分布図」という。製作者は、早稲田大学部落問題研究会文学班。製作日時は昭和三六年一一月。表記（調査結果の公表…著者注）年代は、昭和一一年となっている。つまり、この分

布図は一九三五（昭和一〇）年、国が行った全国の被差別部落人口等についての調査結果に基づいて、一九六一（昭和三六）年に作成されている。全国調査と製作時期に二五年のズレがあるが、この間に、分布が変わったということはないから、この時差は問題にはならない。

この調査結果は、厚生省『融和事業年鑑』（昭和十一年版）としてまとめられている。一般総人口六九、二五四、一四八人に対して、被差別部落の人口は一、〇〇三、二九〇人（一・四五％）、部落数は五、三八八となっている。被差別部落の起源に関わって、無視することのできない特徴が、この分布状況である。しかし、それだけではなかった。この分布には、もう一つの歴史事実が隠されていた。

古田武彦は作家・住井すゑとの対談で、この分布は古墳、それも前方後円墳の分布と一致していることを論じている（住井すゑ・古田武彦・山田宗睦『天皇陵の真相』）。氏の〝発見〟は、果たして正しいのだろうか。

前方後円墳の分布状況は、児玉幸多氏が編集した『標準 日本史地図』（吉川弘文館）の中に図示されている。

(1)分布領域　…　宮城県から鹿児島県に至るまで、広く分布している。そのなかでも特に密集している地域は、左記のとおりである。

①関東―埼玉県・東京湾岸・茨城県太平洋岸一帯
②中部―遠州灘沿岸一帯、愛知・岐阜・三重県、若狭湾岸・九頭竜川流域
③近畿―奈良県・大阪湾岸
④中国―鳥取県中・西部と宍道湖南岸一帯、岡山県児島湾岸
⑤四国―香川県瀬戸内沿岸
⑥九州―福岡県全域、佐賀。熊本県（有明海沿岸部）、大分県（別府湾岸部）、宮崎県（日向灘沿岸部）、鹿

児島県（志布志湾岸部）

⑵空白地帯　：　東北のほぼ全域。ただし、仙台市付近だけに孤立して分布している。ここが、前方後円墳の北限となっている。

密集地域は、海岸部に集中している。中央から各地への命令と巡視・監視を徹底するには、陸路よりも、迅速に移動できる海上交通を、重んじたためか。それでも、奈良県をはじめ埼玉・山梨・長野・岐阜といった内陸部にも、前方後円墳の密集地域は存在している。狗奴国政治圏の広さから考えれば、それは、当然過ぎる現象である。

古田の〝発見〟は、事実だった。被差別部落は、前方後円墳の分布と一致する。特に、東北における空白の一致は、決定的とも言える。古田とは別に、「三世紀中ごろから七世紀初めごろまでの三五〇年間、北海道・東北北部と沖縄を除いた日本列島で前方後円墳が造営されつづけた。その数およそ五二〇〇基」と、広瀬和雄氏は前掲書の中で述べている。

広瀬氏には、被差別部落と前方後円墳についての言及はない。したがって、両者の分布が一致するという認識は、氏にはないと思われるだけに、かえって、この短文の示すところは重大だ。〝被差別部落と前方後円墳の分布とは一致する〟。広瀬氏にはそのような認識がまるでないにもかかわらず、その言は、この事実を伝えているのである。

この一致はどうして起こったのか。それは偶然ではない。そこには、確然とした歴史上の因果関係が存在している。つまり、〝巨大古墳の謎を解く〟ということは、言葉を変えて言えば、〝被差別部落の起源〟を解き明かすことと、同義なのである。

これまでの巨大古墳の築造年代の推定は、誉田《こんだ》御廟山《ごびょうやま》古墳（伝応神陵）・大仙陵古墳（伝仁徳陵）に根拠が置かれていた。応神・仁徳は四世紀末、五世紀初めの天皇であり、その実在も確かである。したがって、その陵墓もまた四世紀末、五世紀初めに築かれた。これが、根拠なのである。これを機軸に、その外観と内部構造、さらに副葬品などによって、他の古墳との相対的年代比定を行っていたに過ぎないのである。

しかし、肝心の「大和朝廷」の存在が信頼できないとなると、巨大古墳の築造年代も、根底からぐらつくこととなる。それは換言すれば、江戸時代に生まれ、今もなお継承されている〝『記紀』依存性古代史解明法〟の限界でもある。しかし、それ以前に、なぜこのような巨大古墳を造り続けたのか。何よりも、この問題の解明が急務だ。目的が分からないのに、それを直線的に古代天皇に結び付ける。どう考えても、その発想は危なっかしい。まず究明しなければならない謎は、その動機である。

巨大古墳の〝突然偏位性〟は、大量の労働力の確保と無縁ではない。両者は切っても切れない関係にあることは、明白である。ことに、その所在地が奈良・大阪に集中している顕著な傾向は、巨大古墳出現の背景を解明する貴重な糸口となる。

巨大古墳築造の動機

「巨大古墳時代」は、邪馬壹国―九州王朝による日本列島統一の時代と、ピタリと重なる。魏の全面支援を受けて、狗奴国に勝利した邪馬壹国の占領・支配政策の狙いは、狗奴国政治圏の息の根を止めるための弾圧と、報復の二面において徹底していた。

「高天原」(壱岐)に侵攻したスサノオは、伊邪那岐・天照の長男(天菩日・天穂日)とその息子、さらに三人の娘を人質に取っていたとはいえ、スサノオによって足の骨を折られ、行動の自由が利かなくなっていた次男・忍穂耳を生かしている。その息子が、筑紫奪還に成功したニニギである。

つまり、スサノオは、筑紫の統治者である伊邪那岐・天照の直系という、〝求心力〟を残していた。これは、天照側―のちの邪馬壹国に、起死回生の機会を与えていたことに等しい。天照側はスサノオによる占領政策の不徹底に内心喜びつつ、これを〝スサノオの残した教訓〟として、心の中にしっかりと刻みつけていたのである。

その教訓が、ここで生きてきた。水に落ちた犬に、邪馬壹国は同情などしなかった。さらにかさにかかって、徹底して叩き潰したのである。積年の怨みを晴らす。それと同時に、征服・支配を、未来永劫にわたって存続させるためである。そこで、すかさず起こした行動が、統治者の直系という〝求心力〟と、それに連なる一族の根絶である。この方針はさらに対象を拡大し、統治・行政機関に属していた人物とその家族のみならず、支配階級を支えた富裕層へも及んだことであろう。

とにかく、わずか三〇の力で、その二倍以上の勢力を押さえ込まなければならないのだから、そこには、おびただしい血が必ず流れる。本州の大半と四国は、際限のない地獄絵と化したのである。

「極刑」が終わった段階で、次に実行された措置が、敵国民の奴隷化と、その〝色分け〟である。この奴隷化と〝色分け〟は、次に示す三形態に大別できるようだ。
(1)九州への「流刑」
(2)九州以外の地への「流刑」
(3)「流刑」ではなく、もとの生活地近くの、極度に生活条件の悪い土地への「強制移転」
この三形態の「刑」も、その根底には小集団化による「細分化」と、故国から引き離す「分散化」の方針が貫いていることで、共通している。
(1)、(2)、(3)それぞれ対象となった人物・一族の間に引かれた線引きの詳細は、分からないが、厳しい刑は言うまでもなく、(1)と(2)である。しかし、(3)であっても、大雨になれば、水に漬かりやすい川のそば、日の当たらない谷間、土砂崩れの危険のある山の近くへの強制移転は、それまでの生活を、一変させることになる。
ところが、邪馬壹国側にも、この弾圧政策を進める上で、支障が生じてきたのである。「細分化」はともかくも、「分散化」は、物理的に不可能なのである。邪馬壹国政治圏と狗奴国政治圏の人口比・面積比は、〝三〇：七〇余〟である。邪馬壹国は、二倍余に及ぶ人口と労働力を手に入れたことになる。それを三〇カ国に「分散化」する。三合の徳利《とっくり》に、七合余りの酒を注ぎ込むようなものである。到底入りはしない。

弾圧・支配する上で、これは切実な問題である。そこで、邪馬壹国はどうしたか。「分散化」を断念する代わりに採った措置が、反乱・抵抗防止を主眼とした「疲弊策」と、この政策と表裏一体となる「屈辱策」だ。これが、邪馬壹国が発した弾圧の第二弾であったと考えられる。

邪馬壹国にとっては、長年にわたって苦しめられた狗奴国政治圏の人々は、憎悪の対象だった。その人々を来る日も来る日も、過酷な労働に従事させて、「酷使」と「虐待」を続け、心身ともに疲労困憊《こんぱい》させる。支配する側にとっては、これ以上ない復讐であり、快楽である。

その労働力はふんだんにある。その労働力、それも使い捨ての労働力を、どのように活用するか。大量の労働力を前にして、考案された計画が、これだった。すなわち、自然の山を破壊し、最終的に、人工の「山」に仕立て上げるという、神をも恐れぬ計画である。

かくして、〝巨大前方後円墳の築造〟は開始された。「前方後円墳」は、征服の象徴であり、弾圧・支配の産物である。それはまた、勝利者の〝驕《おご》り〟であり、〝雄叫《おたけ》び〟でもある。築造に当たっては、疲弊させることが目的だから、被征服民の健康状態に配慮する必要はサラサラない。かくして、古墳築造に従事させられた人々は日々酷使され、役に立たなくなれば、死に直結しかねない悲惨な境遇に追い込まれたことは、容易に想像できる。この政策は、「疲弊策」と「屈辱策」の主柱をなす。

その一方で、過酷な人的活用のみならず、技術活用をも積極的に行っていたようだ。狗奴国圏にあっては、四隅突出型方墳に代表されるように、方墳の形式による墳丘墓はすでに普及していた。甕棺墓が主流の邪馬壹国は、その技術をも貪欲に活用していたと見なければならない。

「屈辱策」の極点は、狗奴国の人々の、邪馬壹国の所在した筑紫（福岡県）への配置である。その数は、九州の他の地域とは際立っている。暴力と悪罵によって、積年の怨みを晴らすためだ。福岡県に「密集」しているのは、そのためかと思われる。「奴隷」の身分に落とされた人々の中で、最も悲惨な境遇に置かれた人々の一群だ。

それは狗奴国政治圏にあって、その統治に多少なりとも関わりのあった人々と、その一族であったはずである。本来存在しないはずの筑紫に、そして九州一円に、辛うじて生存を許された狗奴国政治圏の人々の粗末な小集落、後の被差別部落は、こうして形成されていたのである。改めて説明するまでもなく、これは九州だけのことではない。

全国に分布する前方後円墳築造従事者は、今日で言う被差別部落の人々の祖先なのである。被征服民に転落した人々に課せられた義務は、大小の前方後円墳の築造だけではなく、道路・堤防建設、港湾整備・庁舎建築といった〝公共事業〟のみならず、農作業などあらゆる分野にわたっていたであろうから、抵抗・反乱を起こす気力は完全にむしり取られ、どこにも残っていなかった。それは、その後の歴史が証明している。

東北の空白

「分布図」におけるもう一つの疑問が、被差別部落の〝東北の空白〟である。なぜ、ここに被差別部落はないのか。どう考えても、不思議な現象である。東北は、「その余の旁国」が点在していた地だ。それなのに、ここに被差別部落はない。これに関して、唯一参考になる史料は『記紀』ではなくて、倭王・武の上表文だ。そこには「東は毛人を征すること」と記されている。

「毛人」とはアイヌ人のことだ。三世紀、東北には、邪馬壹国の同盟国である「その余の旁国」のほかに、アイヌ人も存在していたのである。邪馬壹国はアイヌを敵視した。他方、狗奴国はしなかった。この違いがここに現れている。

スサノオのオロチ退治以前、日本列島は越・筑紫連合国に支配されていた。アイヌ人は、直接支配されていた狗奴国政治圏ほどではないにしても、活動領域の圧迫といった迫害を受けていたのではなかったか。「毛人を征すること」とある武の上表文の文言は、その裏付けと考えることもできる。

ところが、伯耆・出雲による独立戦争が起こって、東北における「その余の旁国」は、狗奴国政治圏とアイヌ人に包囲されるかのように孤立状態に陥ったと思われる。そうなると、「その余の旁国」は、狗奴国政治圏の攻撃とアイヌ人の動きに、日々、神経を尖らせることを余儀なくされることになる。

このように考えれば、答えはおのずと一つに絞られてくる。巨大な前方後円墳を造るだけの「労働力」は、東北にはなかったということになる。より正確に言えば、その「労働力」を、この地に移入しなかった。これが巨大前方後円墳の〝東北の空白〟の最大原因であるようだ。実際、東北にある大型前方後円墳は、わずかに雷神山古墳（宮城県名取市、一六八m）の一基だけである。

邪馬壹国と魏の塞曹掾史《さいしょうえんし》・張政は、狗奴国政治圏の民とアイヌ人とが結託して、反乱を起こすことを極度に恐れた。今、ここで考えられる原因は、これしかない。巨大前方後円墳と被差別部落の〝東北の空白〟は、紛れもなく一致する。これは、いわば当然の帰結であって、偶然の一致ではない。両者は表裏一体となる歴史的関係、それも不幸な歴史的関係なのである。

それでは、巨大前方後円墳の〝東北の空白〟の対極にある〝畿内の密集〟は、どのように捉えるべきか。どうして、奈良・大阪に密集しているのか。前にも形容したように、この弾圧政策は、三合の徳利《とっくり》に、七合余りの酒を注ぎ込む行為に似ている。根本的に無理がある。

そこで、一つの可能性が考えられる。

(1)地理上の立地　…　東北を除けば、ここが本州の中央部となる。地理的に便利なところに位置している。このために「奴隷」を周辺から集めやすく、支配上、何かと便利であったと推測される。

(2)奈良・大阪への集中的な強制移転　…　特定領域に集めることで、人的管理がしやすくなるという長所がある反面、抵抗・反乱の可能性も大きくなる。いわゆる諸刃の剣の側面が、派生することになる。それでも、最終的に、強制移転を進めたようだ。だからと言って、一挙にことを進めたわけではなく、その実行には、絶えず危険が伴うため、計画的・段階的に、しかも、多少の時間を掛けて、慎重に進められたであろう。

奈良・大阪の人口は、他地域に比べて多かったのかどうか。それを裏付ける資料はないから不明である。むしろ、人口規模の大小に関わりなく、その決断には、(1)が大きく作用したのではないか。あるいは、この地が最後まで、邪馬壹国に激しく抵抗したためか。いずれにしても、邪馬壹国側は奴隷化した狗奴国圏の人々に、ひたすらムチをふるって酷使し続けた。巨大古墳が、奈良・大阪に集中しているのも、このためである。後世の人間が、「山」と勘違いするだけの巨大前方後円墳は、邪馬壹国による〝疲弊策の悪しき所産〟である。

大阪市内には、今もなお日本最大の被差別部落が残っている。奈良県に生まれ、九〇歳になっても、被差別部落の解放を訴え続けた住井すゑの大著『橋のない川』の舞台は、奈良県内の被差別部落だ。一九二二（大正一一）年三月、部落差別解消のために、全国水平社が組織された。その創立に直接関わった人物に、奈良・大阪出身者が少なくないことも、邪馬壹国による〝疲弊化政策〟の名残と考えることができる。その影響は決して小さくはなかったのである。

異国、それも敵地に強制移転されて、報復のための直接的暴力のみならず、屈辱・見せしめなどの精神的苦痛をも背負わされた人々以外に、強制移転されなくても、同じだけの虐待を受けた人々は少なくなかったと想像される。その悲惨な事実を、わたしたちに静かに告げていた構築物が、実は奈良・大阪に集中している巨大前方後円墳なのである。

前方後円墳とは別に、狗奴国圏にあっては、方墳・四隅突出型方墳といった「古墳」は、すでに存在していた。その築造開始年代については、今後の研究に待たなければならないが、その下限は、二四〇〜二五〇年である。この年代から、前方後円墳の発生は、早くても二〇〇年代後半となってくる。その担い手は、言うまでもなく狗奴国政治圏の人々だ。

石馬の出土した石馬谷《いしうまだに》古墳も含め、米子市淀江町一帯には、約四〇〇基の古墳が集中するカラ山（孝麗山・瓦山）古墳群がある。ところが、「カラ山古墳群には前方後円墳が三十四基あるのに、出雲地方に多い方墳が二基しかなく、したがっていわゆる出雲勢力のものではない」（『古代日本と古墳文化』）とは、森浩一の観察である。その観察の眼は的確である。

前方後円墳の築造は、狗奴国が滅亡した直後の三世紀末から始まっている。当然のことながら、ここの前方後円墳も〝邪馬壹国製〟である。もとからあった方墳などを破壊させ、その跡に、前方後円墳を造らせたと見ることができる。言いようのない虐待を受けながら、狗奴国政治圏の人たちは耐えた。どこまでも耐え続けた。それから一七〇〇年余の世まで生き続けたのである。想像を絶する生命力だ。

前方後円墳、特に巨大前方後円墳の前にたたずんだ時、その背後に思いを巡らすことができれば、そこに、これまで顧みられることのなかった狗奴国政治圏の人々の味わった苦難の道が、あるいは見えてくるのではないだろうか。

重視されていたのは外観だけ

ひたすら造るというよりも、〝ひたすら造らせ続ける〟。これが巨大前方後円墳築造の目的だった。

こんな経験がある。一九九九（平成一一）年三月、断続的に小雨が降ってくる日だった。JR総社《そうじゃ》駅前で自転車を借りて、総社古墳群中の作山古墳（総社市、墳丘長二八六m）・造山古墳（岡山市、墳丘長三六〇m）を目指した。

作山・造山ともに、正式名称は「ツクリヤマ」である。この二基の古墳は、比較的近距離にある。それなのに、どちらも同じ名称では混乱は起こる。このため、前者をサクザン、後者をゾウザンと呼んで、それぞれを区別してきている。総社駅前を出発して、初めに出会う古墳は、作山古墳である。柵で物々しく囲まれているために、その域内へ入ることができないようになっている。

ところが、造山古墳では雰囲気が違った。作山古墳と同じように、道路はこの古墳に沿って走っているのに、柵がないのである。それは、渋谷向山古墳（天理市・伝景行陵）にも似ている。ところが、巨大性では似ていても、この二つの古墳には違う点もある。「山《やま》の辺《べ》の道」のそばにあるため、渋谷向山古墳の周辺は、季節によっては人気《ひとけ》が絶えることがないが、造山古墳では人気がまるでない。こんな時、登ってみたいという衝動を押さえることは、難しい。すかさず魔が差してきた。

『神々の指紋』などの著者G・ハンコック氏は、ピラミッドの秘密を解明したいために、大胆にも、立ち入り禁止のその頂上に登ることを計画し、警備員にワイロを渡してまでして、実行している。幸い、この古墳に警備員はいないのだから、ワイロの必要はない。それでも用心をし、墳丘内で見とがめられた時の口実も考えた。が、その必要はなかった。

南西方向に伸びた「前方部」の底辺に沿って、道路が設けられてはいるものの、行き止まりとなっている。その行き止まりには、空き地もある。そこで、ここに借りてきた自転車を止め、適当な〝登山口〟を探すことにした。その〝登山口〟はすぐに見つかった。しかも、この〝登山口〟から墳丘に通じている〝登山道〟まである。柵がないのも、これで納得した。誰でも、墳丘へ登ることのできる古墳なのである。

それにしても大きい。墳墓というよりも、小高い山である。登りながら、そう実感した。後円部と前方部の高さは、それぞれ二四m、一九mもある。墳丘規模が三〇〇mを超える巨大古墳で、「頂上」まで登ることのできる古墳は、ここだけである。ということは、考古学的に、それほど重要ではない遺跡ということになる。事実、外見に比べ、墳頂の「棺」を埋納したと思われる竪穴は、小さくてお粗末。貧弱そのものである。まるで、〝サメの脳ミソ〟の観がある。

それからほぼ二年後の二〇〇一（平成一三）年五月、松江市内で同じ経験をすることになった。古墳密集地である茶臼山《ちゃうすやま》麓に、前方後方墳の双子塚《ふたごづか》古墳がある。周濠を加えると一〇〇mを超える古墳である。国道四三二号線を挟んで、その西には、二方向に台形の造出しのある方墳・大庭鶏塚《おおばにわとりづか》古墳が残っている。

双子塚古墳の前に立てられている案内板の説明を読んでいると、墳丘を歩いている高校生らしき影が、二つ見えた。双子塚古墳も造山古墳同様、墳丘の「頂上」まで登っても、被葬者に対して無礼・失礼、「静安と尊厳」を乱すことになる古墳ではないのである。どうやら、この巨大な二基の古墳は、亡骸を安置することに主眼が置かれていなかったと、見なさざるをえなくなる。築造の主眼は、どこまでもその外観に置かれていたようである。

立ち入りできる二基の古墳の所在地は、奈良県・大阪府ではなく、岡山県と島根県だ。これをもって、「ヤマト王権」「倭王権」、あるいは、「大和政権」の存在を認める通説は、わたしの見解を否定することだろう。しかし、否定するだけで、すべてが解決するわけではない。双子塚古墳はともかくも、造山古墳は第四位に位置する規模がある。第四位の古墳で、これなのだから、第五位以下はどうなるのだろう。巨大古墳の所在するところに、巨大権力も存在したとの論理は、畢竟、巨大古墳の生み出した幻想に過ぎない。

こんな古墳もある

そんな中で、畿内には、九州の影がチラつく前方後円墳が存在している。阿蘇泥溶《でいよう》岩《がん》・凝灰岩を用いた石造物のある古墳は、九州だけに見られる特徴である。石人《せきじん》・石《せき》馬《ば》のある岩戸山古墳は、広く知られている（表9-4）。

阿蘇山の噴火によってできた凝灰岩を、九州の古墳で使用することは、不思議でも何でもない。ところが、その凝灰岩を使用した古墳が、九州だけではなく、意外にも、瀬戸内一帯から畿内に遺存する古墳からも、出土しているのである。

それは、誉田御廟山《こんだごびょうやま》古墳（伝応神陵）などのある古市古墳群（羽曳野市）の中の、市ノ山古墳（伝允恭陵）

表9-4　石造物のある古墳

古墳名	所在地	石造物
岩戸山古墳	八女市	人物・馬・鶏・盾など多様
石人山《せきじんやま》古墳	八女郡広川町	人物
石神山《せきじんやま》古墳	三池郡高田町	甲冑《かっちゅう》
臼塚古墳	臼杵市	短甲（この甲は鎧《よろい》の意）
下山古墳	臼杵市	短甲

（注）森貞次郎『装飾古墳』による。

の二つの陪塚《ばいちょう》にも見られるという（森浩一『古代日本と古墳文化』）。継体陵と見られている今城塚《いましろづか》古墳（高槻市）の石棺にも、やはり阿蘇山の溶結凝灰岩が使用されていた。ピンク色が特徴のこの凝灰岩は、後円部や墳丘で一五四点も見つかっている（『朝日新聞』一九九八年四月四日付）。

森の挙げた二つの陪塚の具体名は、分からない。これとは別に、宇土市教育委員会の高木恭二氏と熊本大の渡辺一徳氏の調査では、やはり誉田御廟山古墳の近くにある峯ケ塚・長持山一・二号墳と唐櫃山《からびつやま》の計四基でも確認されている。大阪府だけではない。東乗鞍（天理市）、大谷（和歌山市）、茶臼山（京都府八幡市）といった古墳でも、発見されている（内倉武久『太宰府は日本の首都だった』）。

巨大墳墓を築くだけでも、多大の労苦を伴う一大事業だ。それなのに、そこには、阿蘇山の溶結凝灰岩が使用されているのである。奈良県・大阪府はもとより、畿内にこのような溶結凝灰岩を産出するところはない。大阪の巨大古墳に、九州の影がちらつくのは、なぜだろう。

凝灰岩には、加工がしやすいという長所がある。しかし、墳墓へ使用するためだけの理由で、遠路はるばる運んできたのだろうか。火山灰や軽石を含んでいるから、重くはないが、大量輸送手段の発達していない時代のことである。畿内への運搬となると、話は別だ。この背後に、狗奴国圏の人々に対する虐待を感じ取ることができる。けれども、それだけではなさそうだ。〝九州へのこだわり〟が、強い動機として作用していたためではなかったか。そういった疑念がどこまでもつきまとう。

雨と湿気が多い高温多湿の日本列島では、古墳に埋葬された人骨でさえ腐ってしまうようだ。ただ、体全体の骨格はなくなっても、頭骨だけが残っていることはある。それは石棺の中に埋葬されている場合で、木棺ではほとんど残らないようである。七〇に近い木棺と、それと目される遺構のある新沢千塚《にいざわ》（橿原市）では、人骨が遺存していた例は一つもなかったと、その発掘調査に携わった森浩一は述べている。これについて、氏は「木棺は水分を吸収し、それが腐朽するにつれて、内部に収容した遺骸をもすっかり消滅させてしまうのであろう」（森『古墳の発掘』）と推測している。

甕棺墓《かめかんぼ》群で知られる「金隈《かねのくま》遺跡」（福岡市）では、人骨の入った甕棺が展示されている。甕棺に入れられた遺体の保存状態は、想像以上によい。それは木棺・石棺に比べ、なお水分や湿気が入りにくい構造になっているためなのだろう。遺体埋葬の多様性から、古代人は遺体を腐朽させないために、心を砕き、腐心してきている姿を見て取ることができる。その一方で、こんな古墳もある。

行燈山《あんどんやま》古墳（天理市柳本、伝崇神陵）の南西に、前方後円墳の天神山古墳がある。全長は一一三mもあるから、決して小規模ではない。「伝崇神陵」に近いために、崇神に仕えた人物の墳墓、もしくは装飾品を副葬した施設―陪塚《ばいちょう》（陪冢）だと見られている。

この古墳からは内行花文鏡を含め、八種類の鏡二三面のほか、鉄剣四口《ふり》、鉄刀三口なども出土している。副葬品は多彩で豊富である。この古墳の発掘調査を行った森は、後円部にあった竪穴式石室内に、木櫃《もくひつ》があったことを確認している。ところが、木櫃内に、遺骸を埋葬した気配を感じることはなかったと、『図説日本の古代4　諸王権の造型』の中で証言している。墳墓は、死者を埋葬するために造られた施設である。それなのに、そこに肝心の遺骸がないという。世の中には、このように奇妙な古墳も存在しているのである。

天神山古墳は、遺体の埋葬を忘れたとか、造営を命じた当の本人の気が変わって、そのまま放置された墳墓ではない。それは副葬品で分かる。巨大古墳には遺骸がない。これが年来のわたしの推理である。その推理の正しいことが、天神山古墳で証明されたと確信している。

墳丘長第四位の規模を持ち、考古学上貴重な価値があると思われる造山古墳の「頂上」へ、登ることができる。全長一一三ｍの天神山古墳ですら、遺体を埋葬された事実がない。一部ではあっても、これが、大規模な前方後円墳に見られる奇妙な姿である。

数が合わないのは？

巨大古墳、ことに巨大前方後円墳への不審は、まだある。どんなに見積もっても、九州王朝の歴代大王数に比べて、巨大前方後円墳の数が多過ぎるのである。九州王朝は二六〇年前後から六七〇年前後まで存続していたのだから、その期間は約四一〇年となる。ここで、歴代大王の平均在位年数を一〇年〜三〇年と仮定すれば、約四一〇年間に及ぶ九州王朝の歴代大王数とその墳墓数は、表9-5のようになる。

九州王朝の大王は専制君主であり、大王親政が行われていたことが、武の上表文だけでもうかがえる。要するに政治の実権者だ。それだけに、大王は暗殺といった危険と背中合わせにある。平安時代以降、天皇は日本最高の権力者ではあっても、それは形式だけのことである。その形式上の最高の権力者と、実権を握っていた九州王朝の大王を同列に置いて、比較することは適切ではない。

表9-5　九州王朝の歴代大王数とその陵墓数（推定）

平均在位年数	歴代大王数・陵墓数	平均在位年数	歴代大王数・陵墓数
一〇	四一	一五	約二七
二〇	約二一	三〇	約一四

表9-6　足利・徳川幕府における将軍在位年代

区分	将軍名とその在位年代	年代	平均在位
足利幕府	一三三八（尊氏）〜一五七三（一五代・義昭）	二三六	一五・七
徳川幕府	一六〇三（家康）〜一八六七（一五代・慶喜）	二六五	一七・七

不慮の死を遂げた五王の一人、済の例がある一方で、在位年数が四〇年前後になる壹与《いよ》・武の例もある。しかし、九州王朝の大王に関する詳細な史料は、すでに〝処分〟されているから、その平均在位年数を求めることはできない。しかし、参考になる事例はある。長期政権であった足利幕府と徳川幕府における、それぞれの将軍在位年数である（表9-6）。

足利・徳川幕府の例だと、一代平均将軍在位年数は一六〜一八年となる。この数値を参考にすれば、四一〇年続いた九州王朝の大王数＝陵墓数は、二一〜二七の間に納まることになる。

前にも述べたように、墳丘長二〇〇m以上の古墳は、奈良県・大阪府で三二基だが、これが一六〇m以上だと、四一基となる。やはり、九州王朝の歴代大王数に比べ、大型古墳は多いことになる。しかし、被征服民を疲弊させるために、巨大古墳は造られ続けたと考えれば、それも不自然なことではなくなる。墳墓が巨大であればあるほど、目的に叶っていることになるのである。

かくして遠隔地に造られた

一部の地域を除くとはいえ、画一化された形状の墳墓が、広く日本列島に分布している。統一された墳墓の形式と、その日本列島における広範な分布状況は、強大な権力の存在がなければ、実現は不可能だ。これについては、誰しも異論のないところである。

ところが、その強大な権力者を、古田を除く学者たちは、巨大古墳の盤踞《ばんきょ》することをもって、畿内を拠点とする「ヤマト王権」（倭《やまと》王権・大和政権）が、実在したと考えた。その権力者が徐々に地方を支配し、各地の首長を主導したことによって、巨大古墳は全国に普及したとの論陣を張っている。だが、巨大古墳の分布状況は、その根拠にはならない。

〝「前方後円墳」築造命令〟は、一点から発せられている。その一点とは、大和盆地ではなく、現太宰府政庁跡だ。巨大古墳の創造主は九州王朝である。

巨大前方後円墳は、いずれも九州王朝の祖先の墓である。その埋葬形式は、先祖の霊を分けて、他のところへ手厚く葬るという〝分霊埋葬〟に、基づいているものと思われる。ひたすら巨大古墳を造らせ続けることに目的があっても、日本列島を支配した九州王朝である。そこには、それにふさわしい形式と内容を備えた大義名分を、用意していたはずである。

では、どうして太宰府市とその周辺に、大仙陵古墳を凌ぐだけの巨大古墳がないのか。これは、当然起こりうる疑問である。九州王朝の大王の遺体を安置した墳墓が実際にあるところは、北部九州だ。〝分霊埋葬〟であっても、同一大王の墳墓を、その近くに造る必要はない。それこそ無駄であり、邪魔にもなる。それに、九州王朝の大王の墳墓は、「装飾古墳」が主体である。

首都のど真ん中で、一〇年前後、あるいはそれ以上にわたって、〝巨大公共事業〟を進めればどうなるか。その結果は明らかである。首都機能にも悪影響を及ぼし、場合によっては、国家運営にも支障を来しかねない。ここから生じる効果は一つもなく、負の側面ばかりである。

それが、首都から遠く離れた奈良県・大阪府、あるいは岡山県であれば、どうか。そこで、どんなに砂塵が舞い上っても、ひっきりなしに騒音が起こっても、連日、生活臭・悪臭が漂っても、煩わしいほど交通の妨げになっても、平然としていられる。首都機能が低下することもない。そのために、首都とその周辺での、無駄な〝巨大公共事業〟は敬遠され、実施されなかったのである。

〝予算単年度消化主義〟の弊害によるためか。余った予算を貯蓄するとか、次の年度に回すという発想の乏しい国・地方自治体によって、年度末になると、道路をやたらに掘り返す工事が行われる。税金の無駄遣いばかりか、国民・住民は、そのために騒音に悩まされたり、迂回すらさせられる不便を被ることになる。このような〝公共事業〟による被害は、まだ軽微な方である。

ところが、閑静な住宅地の近くで、丘や山を削り、広大な団地開発や大規模な工場建設などが、騒々しく始まれば、どうなるか。日常生活に、さまざまな支障・悪影響が生ずることは必至であり、そこの住民たちは、物理的・心理的に多大の被害を蒙ることになる。

一大聖地と見なされている「纏向《まきむく》遺跡」についても、同じことが言える。箸墓古墳だけではない。その周辺には、大小の前方後円墳が築かれていて、その最密集地となっている。そんなところが、日本を統治する最高権力者の首都であるはずがない。逆に、当時の最高権力者にとっては、辺鄙な地である上に、憎悪すべき地であったから、ここに、これだけの〝公共事業〟を集中させたのである。

報復と反乱防止を目的としている巨大古墳築造は、権力の象徴ではあっても、その工事規模の大きさと、築造期間の長さから生まれる弊害を考慮すれば、巨大古墳は都の周辺に造りたがる施設ではないのである。墳墓の造営地は、通常、山の麓となっている。それには、住宅地や農耕地を減らさないための配慮もあったであろう。巨大古墳築造候補地も、同じ視点から選定されている。

今日でも、その考え方は変わってはいない。今でも墓地は、どちらかと言えば山麓、川・海のそばといった日常生活に支障のないところ、もしくは比較的辺鄙なところに選定されている。これは、いにしえより現在に至る鉄則である。

畿内を中心とする巨大墳墓の中には、その築造時の〝現職の大王〟はもとより、「倭《い》の五王」の陵墓も含まれていると思われるが、それだけではない。伊邪那岐・天照、その直系である忍穂耳・ニニギといった、九州王朝の遠い祖先のそれも含まれていた可能性は多分にある。

とりわけ高齢となっていた天照は、伯耆・出雲―狗奴国に、こっぴどく痛めつけられている。そういう先祖の無念を晴らすためには、奴隷化した狗奴国政治圏の人々を酷使して、その巨大な墳墓を築かせることは、これ以上ない報復手段だ。あるいは、「天孫降臨」時、男顔負けの活躍をした「天の宇受売」（天の渦女）の功績を顕彰するために、築造された墳墓もあるかもしれない。

九州王朝の大王数に比べ、巨大前方後円墳の数は多い。それが〝分霊埋葬〟であっても、その対象者数を拡大しなければ、到底一致しない数値である。やはり、「天皇陵」視されている巨大前方後円墳も含め、大規模前方後円墳に、被葬者の遺体はないと推定しなければ、この謎は解けない。

二〇〇八（平成二〇）年二月一八日、『朝日新聞』夕刊を手にすると、「宮内庁陵墓調査を許可」の大見出しが、いきなり眼の中に飛び込んできた。その記事は、五社神《ごさし》古墳（伝神功皇后陵）への立ち入り調査を報じていた。見出しの大きさで、てっきり石室内部の調査だと考えた。ところが、これが早合点だった。途中まで読んで失望した。調査対象範囲は、墳丘最下段のみだった。これが、現時点における「陵墓の静安と尊厳の保持」をひたすら守る宮内庁の、許容範囲であるようだ。

この程度の調査で、五社神《ごさし》古墳の全体が分かるはずもない。しかし、立ち入り調査をしなくても、本質的なことは分かる。それも重大な点について。まず、この墳墓に遺体はない。それだけではない。〝分霊埋葬の主〟を明記した「墓誌」も、すでにないはずだから、石室内部を調査しても、肝心の事実が明らかにされることはない。

宮内庁と同じように、国民の中には、「陵墓の静安と尊厳の保持」を願う人々も存在するだろう。あるいは宮内庁は、こういった人々の代弁者であるのかもしれない。だから、宮内庁だけを批判したり、「大和朝廷」の背後霊に取り憑かれているなどと、悪態を吐《つ》くつもりもサラサラない。だが、「陵墓」「陵墓参考地」の全面調査は、当分はないことだけは、宮内庁の五社神《ごさし》古墳への対応で確信した。

しかし、いずれ「陵墓」「陵墓参考地」のすべてが、「大和朝廷」とは無関係であると証明される日は、必ず訪れる。そのためにも、事実を執拗に積み上げて、「ヤマト王権」「倭王権」(＝大和朝廷)の外堀を、埋め尽くすだけである。

2　「前方後円墳」の名称は間違っている

混乱している原形探し

「できることなら、いまからでも『円方墳』とでも改称したいが、……」(森浩一『古墳の発掘』)と、森は嘆息している。氏の嘆息する理由は、「前方後円墳」は「それでは、ほんとうはどちらが前なのか。それはもちろん、わからない。けれども、古くから古墳を祭っているようなところでは、後円部から参拝している」（森・前掲書）という歴史的経過にあるようだ。そのためか、森の著作で図示されている「前方後円墳」は、すべて後円部が「下」、前方部が「上」となっている。

「前方後円墳」という用語は、寛政年間、赤貧の中で「天皇陵」を研究し続けた蒲生君平《がもうくんぺい》の独創による。氏は「天皇陵」である巨大古墳は、宮車《きゅうしゃ》を模倣したものと考えた。つまり、方形部を宮車の二本のながえとくびき、円形部を天蓋《てんがい》を張った座席、方形部と円形部のくびれ部分にある造《つくり》出《だ》し（方形上の出っ張り）を、車輪と見立てたのである。この見立てだと、方形部は「前」、円形部は「後」となる。

こうして、「前方後円墳」という学術用語は生まれた。ところが、ここでおかしなことが起こった。宮車模倣説は採用されなかったが、なぜか、「前方後円墳」の用語だけはそのまま残って、今に至っているのである。

「前方後円墳」の原形は何か。何をかたどったものか。当然のごとく、この問題も起こってきた。円は天を、方は地を表し、陰陽融合の宇宙観を表現したものといった考えもある。「ヤマト王権」の実在を強調する寺沢薫氏も、その一人である。

造形美の観点からすれば、「方」は正方形が望ましいはずなのに、前方部の多くが台形となっているのは、なぜか。「方」とは正方形・長方形の「方」で、「四角」を意味しているのだから、「前方後円墳」の用語は、「方」だけでもおかしいことが分かる。

それだけではない。考古学者であるにもかかわらず、寺沢氏は、「造出し」を無視している。取るに足らぬ〝付け足し〟とでも思ったのだろうか。「造出し」を無視し続けている間は、「前方後円墳」の原形を突き止めることはできない。

大王は蛇の子孫であり、その祖神の形は蛇と考える吉野裕子の見解は、蛇模倣説だ。円部は蛇の頭、「長方形」は尾だという。この造形は、やがて中国の「天円地方」の思想が入ってくるに及んで、尾部は短く、正方形に近くなったと推測した（吉野「箸墓考《はしはか》」、『「天皇陵」総覧』所収）。吉野の解釈だと、蛇の頭部は「前」となるのだから、「前方後円墳」ではなく、〝前円後方墳〟となるはずである。それなのに、氏は、この用語についての言及を避けている。

古代日本人が蛇を神聖視していたことは、紛れもない事実である。しかし、蛇の頭部と胴体との間にくびれはない。「前方後円墳」は、どう見ても蛇には似ていないから、やはり、蛇模倣説も認めることはできない。それに吉野もまた、「造出し」を無視している。

「前方後円墳」には、なぜ「造出し」があるのか。「前方後円墳」の原形が解明されていないのだから、「造出し」の意味も分かるはずがないが、いつの頃からか、上空から映した「前方後円墳」の写真を見るたびに、この「造出し」が気になり出した。「前方後円墳」の構成要素は、わずかに円形と台形と造出しだけである。このために、「造出し」は無視すべきではないという考えに、すっかり支配されてしまった。その「造出し」にも、時代によって変化が見られる。

（「造出し」の変遷）
①四世紀…「造出し」なし。　②五世紀…「造出し」付設。　③六世紀前・中期…「造出し」なし。　④六世紀末…「造出し」復活。
（注）水野・小林編『図説考古学辞典』「前方後円墳」の項による。

「造出し」は必ずしも、当初から「前方後円墳」に付設されていなかったようだ。けれども、五世紀には付設されていたのに、六世紀になるとなくなるというのも、不思議である。〝手抜き工事〟の結果ではなく、実際に「造出し」の作られない時期があったようである。しかし、片側にしかないという「前方後円墳」も存在するのだから、風雨などによって、消滅したという場合も考えられる。

（「造出し」の有無〈森『古墳の発掘』〉による）

①両側　：　六基。応神・仁徳・允恭・継体陵（大阪）、コナベ古墳、巣山《すやま》古墳（奈良）

②片側（左）：　六基。履中・反正・白鳥（日本武尊《やまとたける》）陵、百舌鳥《もず》大塚山古墳、黒姫山古墳（大阪）、ウワナベ古墳（奈良）

③片側（右）：　六基。仲哀陵・いたすけ古墳、百舌鳥御廟山《ごびょうやま》古墳（大阪）、崇神・磐之媛《いわのひめ》陵、二塚（奈良）

④なし　：　七基。黄金塚（大阪）、成務・神功皇后陵・日葉酸媛《ひばすひめ》陵、箸墓、桜井茶臼山古墳（奈良）、天王塚古墳（和歌山）

この「造出し」からも、土器が出土している。断夫山《だんぶざん》古墳（名古屋市）では、多数の須恵器が、百舌鳥大塚山古墳（堺市）でも、やはり多数の土師器《はじき》が出土している。この出土から、「造出し」は、単なる〝付け足し〟ではなかったことが分かる。しかし、この小さな張出し部にこだわり続けても、「前方後円墳」の原形は分からなかった。

保育社カラーブックスの一冊に、森浩一『古墳』がある。この文庫本の表紙絵は、カラー写真の大仙陵古墳である。その表紙絵では、前方部が上、後円部が下となっている。それは、先にも述べたように、前方後円墳では、古くから後円部より参拝していることを、森が重視しているためかと思われる。

この意匠は、森『古墳』だけではない。大仙陵古墳ではなく、伝応神陵古墳を採用している井上光貞『日本歴史1　神話から歴史へ』も、やはり後円部が下を向き、前方部が上を向いている。これまでから、これらの著作を手にするたびに、安定感のない表紙絵だと思って、眺めていた。ところが意外なことから、「前方後円墳」の原形が突然解けた。

謎はこうして解けた

二〇〇六（平成一八）年四月、森の著作『古墳』を、机の上に放り出したまま、外出した。帰宅して机の上を見ると、なぜか、この本が上下、逆にひっくり返っていた。そのひっくり返った本の表紙を、しばらく眺めていて、突然、謎が解けた。

まず、本の表紙を逆にして、眺めることはしない。しかし、この偶然によって、視点が一八〇度も変わったために、かえって、そこに真実が見えたのである。通常は、本文を読んで、そこに書かれている内容を評価するものである。ところが、この文庫本は、表紙絵だけで真実を伝えたのだから、間違いなく「名著」である。

真実が分かった段階で、初めて気がつくこともある。視点が変わったことによって、表紙絵の墳墓が、今まで以上に、著しく不安定に見えるようになった。弧状になっている濠の縁が下で、直線上のそれが上になっていることが、その原因である。

これに安定感を与えるためには、逆にして、「後円部」を上に、「前方部」を下にするだけでよい。別に難しいことではない。この措置によって、大仙陵古墳などの「前方後円墳」は、すべて本来の姿に戻ることになる。

「前方後円墳」の原形を突き止めた時、これを蛇の造形化と見なした吉野の洞察力の鋭さに、改めて感心した。「前方後円墳」の原形は何か。それを解く鍵は、ほとんど無視されてきた「造出し」にあった。方壇状のこの突出部は、片側だけではなく、必ず両側に付設されている。それなのに、片方しかない古墳も存在する。それは、長い年月の間に、なんらかの原因によって消え去ったためか。あるいは、繁茂した樹木に覆われて、見えなくなっているか。いずれかであると考えられる。

墳丘のくびれ部分にある「造出し」は、造形化されたある生物の、大きな身体に不釣合いなほどの小さな前足なのである。「前方後円墳」はその生物の全体ではなく、頭部と胴体の上部のみを造形化したものであって、足と尾を含む下半身は省略されている。最も正解に近いところに立っている見解は、吉野の蛇模倣説である。

そこで、吉野の蛇模倣説を参考にしながら、謎解きを進めることにする。

①円形部　…　異様に大きくて、しかも丸い。これが蛇の頭部であれば、誇張が過ぎるのではないか。
②造出し　…　これは前足を表しているのだから、蛇ではない。
③台形部　…　尾とそれに近い部分を除き、蛇の頭部も胴体もほぼ同じ太さである。台形を蛇の胴体に見立てることには無理がある。

では、その生物とは。

④頭部が丸く、異様に大きい。しかも、胴体との間はくびれている。
⑤前足・後ろ足を持っている。
⑥胴体は太く、丈夫である。
⑦水、それも清流の中でしか生きられない。

答えは「蜥蜴《とかげ》」ではなく、「大山椒魚《おおさんしょううお》」である。オオサンショウウオは、ウオとはいうものの「魚」ではない。国内最大の両生類で、カエルなどと同じ仲間である。頭は大きく、胴体は太く、その両側には皮膚のヒダがある。岐阜県以西の本州、九州北部の山間の清流に棲《す》む。「生きた化石」といわれ、現在では国の特別天然記念物に指定されている。風格があり、威厳の漂う生物である。名称は、山椒に似た匂いを発することに由来しているという。

鳥取県では、ひとたびオオサンショウウオにかまれると、「ドンドロケ」が鳴るまで、離さないと恐れられたものである。「ドンドロケ」とは鳥取県の方言で、カミナリのことである。カミナリはイカヅチとも言う。イカヅチとは〝厳《いか》・蛇《つち》〟のことである。このように、厳かな蛇と結び付いた伝承が残っているほどだから、オオサンショウウオは古くから神秘的で、畏怖すべき生物だと思われていたようである。

「筑紫」と表記されている「チクシ」の原義は、〝千・蛇〟、もしくは〝蛇《ち》・蛇《くし》〟だ。この国名に象徴されるように、邪馬壹国も蛇を神聖視していた。それなのに、どうしてその墳墓の意匠に、ヘビではなくオオサンショウウオを選んだのか。それは、この生物をも、聖なる蛇の一種と見なしたためと思われる。それに後で述べるように、死者にも水は必要である。

当時は、両生類・爬虫類といった分類・区分のない時代である。その細長い姿から、両生類のオオサンショウウオを、爬虫類のヘビの一種と考えても、あながちおかしな話ではない。

オオサンショウウオほどの大きさはないが、陸上には、やはり四本の足を備え、その姿も似ているヤモリがいる。トカゲもいる。オオサンショウウオとヘビを結び付ける媒介として、ヤモリ・トカゲ、特にトカゲに比べて頭が比較的丸く、くびれもはっきりしているヤモリの存在があったということは、十分に考えられる。

この解釈が正しければ、当然、頭部が前、胸部が後ろとなるから、「前方後円墳」ではなくて、〝前円後方墳〟となる。ただし、どうしても円・方を使いたいのであればという、条件付きである。わたしとしては、そのものズバリの〝大山椒魚《おおさんしょううお》型古墳〟が、最も適切な名称だと確信している。

だから周濠が必要だった

〝オオサンショウウオ型古墳〟の周りには、濠が巡らされている。その一方で、周濠のない〝オオサンショウウオ型古墳〟も少なくないから、この古墳が造られ始めた頃は、なかったものと思われる。それなのに、どうして周濠を設けるようになったのか。

その目的は、盗掘防止だけではなさそうである。盗掘防止が目的であれば、当初から、その周りに濠を巡らしていたはずである。それに巨大〝オオサンショウウオ型墳墓〟は、大王、もしくは大王級の墳墓である。その石室には、価値のある装飾品が埋葬されている。そういった墳墓を造っておいて、あとはほったらかしということは現実には考えられない。当然、墓域管理・盗掘警備のために、「墓守」＝「陵戸」を配置していたであろう。

それよりも、その原因は、どうやらこの墳墓の原形である生命体にあるようだ。オオサンショウウオは清流でなければ、生きることができない。どうしても水は必要だ。水がなくてオオサンショウウオが死ぬことになれば、その〝胎内〟に葬られた遺体もまた亡くなり、ふたたびよみがえってくることはなくなる。そうなれば、一大事だ。

そこで、立てられた対策が、水を満面にたたえた周濠の設置ではなかったか。こうして、周濠付き〝オオサンショウウオ型古墳〟は出現した。これだと墳墓のみならず、周濠も生きてくる。

それは、巨大〝オオサンショウウオ型墳墓〟を造り続けているある時点で、気づいたものなのだろう。祖先の霊に対する深い思いやりと、ふたたびよみがえってくることを願った子孫の発想か。もしくは、オオサンショウウオの棲息状況を、より正確に再現したいと考えた、子孫の凝り性の産物か。それとも、墳墓全体の景観をも考慮したためか。

それに、濠の残土を盛り土して、墳墓に利用すれば、一石二鳥ともなる。九州王朝の遠い祖先は、この土木工法によって「水城」を築いている。いわば、古くからの御家芸なのである。「前方後円墳」の原形が解けて、改めて、古代人の発想は抽象的ではなく、常に具体的・具象的であることを、強烈に認識させられた。

実は、〝オオサンショウウオ型古墳〟には、蛇との関わりにおいて、もう一つの側面があった。〝オオサンショウウオ型古墳〟の名称には、蛇が取り入れられているのである。その典型が、京都市右京区に残る蛇塚《へびづか》古墳である。そのものズバリの名称である。

(1)茶臼山古墳　…　九基。すべて「前方後円墳」。「チャウスヤマ」と読まれている。正しくは、〝ヂャ・ウズ・ヤマ〟（蛇・渦・山）である。とぐろを巻いた蛇の山の意である。
(2)茶塚《ちゃづか》古墳　…　一基。墳形・規模不明。山梨県中道町。茶はヂャ、蛇のことと思われる。
(3)臼塚《うすづか》古墳　…　一基。「前方後円墳」。大分県臼杵市。茶臼山古墳に類する名称である。つまり、〝ウズヅカ〟（渦・塚）である。
(4)天神山《てんじんやま》古墳　…　五基。すべて「前方後円墳」。すでに述べたように、「天神」は「テンジン」ではなくて、大蛇を示す〝アマシ〟（天《あま》巳《し》）、あるいは〝アマガミ〟（天《あま》が巳《み》）である。天をアマ、神をシ（シン）と読んだ場合。あるいは、天をやはりアマ、神をカミと読んだ場合の名称である。天神の読み方とは別に、天神そのものが、雷を指していると推理することもできる。
具体的に言えば、〝天神＝雷〟は、「コロ」（蛇）を引き出すための仕掛けと見なす推理である。つまり、〝天神→雷→ゴロゴロ→コロ（蛇）〟という推理である。それにイカツチ（厳・蛇）よりも、コロの方が単純で分かりやすい。これが、地名に天神を冠した真意ではないだろうか。〝天神＝雷＝コロ〟は、むしろ有力な仮説となりそうである。
(5)天神《てんじん》古墳　…　一基。「前方後円墳」。長野県上郷町。
（注）墳形・墳墓数は、大塚・小林『古墳辞典』による。

いずれも、墳形の「円形部」に注目した名称のようである。当てた漢字によって、意味不明の名称に化けていたのである。この傾向は、地名だけではなかった。

古墳に冠せられた最も多い名称は、全国に一二基もある「車塚」である。車にはシャの音があるから、ジャ（蛇）と読み替えることも可能である。車塚古墳の中には、前方後円墳・円墳のみならず、大住《おおずみ》車塚古墳（京都府田辺市）・備前湯迫《びぜんゆば》車塚古墳（岡山市湯迫）のように、前方後方墳も存在する。

多くを語らない『記紀』

仁徳も倭迹迹日百襲《いとしかはず》姫も、記紀編纂者によって好きなように利用され、場違いのところへ登場させられていただけではない。墓所は間違えられた上に、本当の墓所は無残にも破壊される。踏んだり蹴ったりとは、このことである。

仁徳と倭迹迹日百襲姫の墓は、すでに消滅している米子市石州府《せきしょふ》古墳群の中にあった。永眠できるはずの空間は消失し、居場所がなくなっているのだから、二人とも、とっくに「千の風」になって、大空を吹き渡っている。

〽違うお墓の前で　わたしの墓だと言わないでください　わたしはそこにはいません　眠ってなんかいません…

二人だけではない。今もなお間違え続けられている古代墳墓の被葬者、それもほとんどの被葬者の立場からすれば、「千の風」（新井満氏訳詞）の冒頭は、どうしてもこのようになる。

中世の城郭がそうであったように、古代の巨大「前方後円墳」もまた、権力の象徴である。『記紀』は、それを誇らしく語りそうなものなのに、覚めているというか、淡泊を通り越して、どこか冷淡だ。むしろ、この態度に不審を覚えるべきなのである。

全長四八六mの「仁徳陵」は、「前方後円墳」中最大であることから、大仙陵古墳とも呼ばれている。大仙とは大山のことである。円形部（頭部）の直径二四五m、高さは三五m、台形部（胴体部）正面の幅三〇五m、高さ三三m。三重の濠（もとは二重か）が巡らされている（森『古墳の発掘』）。

　この天皇の御年八十三歳。丁卯の年の八月十五日に崩《かむさ》りましき　御陵は毛受《もず》の耳原《みみはら》にあり。〈仁徳記〉
　六十七年冬十月、…　河内の石津原《いしつはら》に幸《いでま》して、陵地を定めたまふ。…始めて陵《みささぎ》を築く。〈仁徳紀〉
　八十七年春正月（一六日）に、天皇、崩《かむあが》りましぬ。冬十月（七日）、百舌鳥《もず》野陵《ののみささぎ》に葬《はぶ》りまつる。〈仁徳紀〉

「仁徳紀」から、その完成に二〇年を要したことが分かる。しかし、『記紀』のこれらの記事から、このような巨大古墳を誰が想像できるだろう。一体何をかたどったのか。なぜ、この形状にこだわり、巨大化させ続けたのか。最も知りたい、肝心の巨大墳墓の原形とその巨大化の目的についての記述は、一切ない。

分からないことは、その墳形・規模だけではない。この死亡記事だけで、仁徳の陵墓を特定することは不可能である。『記紀』は、各陵墓を特定していない。特定されなくてもよい。これが、『記紀』の揺るぎない立場だ。だから、『記紀』において、奈良・大阪に集中する巨大古墳が、歴代天皇陵墓だと明言はしていない。

『記紀』を読んで、勝手に想像を巡らし、畿内の巨大古墳と結び付けることは自由。そういった立場でもあるようだ。その一方で、思わせぶりな記載となっていることも、また確かである。そんな記紀編纂者の思惑に、「延喜式諸陵寮《えんぎしきしょりょうりょう》」が応えた。

『延喜式』は、平安前期の九二七年に編集されている。その中の「諸陵寮」には、ニニギから五八代・光孝《こうこう》天皇にわたって陵墓名・宮殿名・天皇名・所在地・兆域《ちょういき》（陵墓面積）・守戸が記されている。たとえば

「仁徳陵」では、このようになっている。

百舌鳥耳原中陵　難波高津宮御宇仁徳天皇。在㆓和泉国《いずみのくに》大鳥郡㆒。兆域東西八町。南北八町。陵戸五烟

（烟は煙の異字体）。

『記紀』には、明確な根拠が示されてはいないにもかかわらず、大仙陵古墳とも呼ばれている大山古墳が、仁徳天皇の陵墓として「公認」されているのも、このためだ。今日、応神陵・仁徳陵などと呼んでいる根拠は、もっぱら「延喜式諸陵寮」によっているのである。ところが、これで混乱は静まらなかった。やはり、矛盾と混乱は起こる。

百舌鳥古墳群の中には、上石津《かみいしづ》ミサンザイ古墳があり、「履中陵」と見なされている。規模において第三位を誇る巨大古墳で、墳丘長は三六五ｍもある。一方、反正天皇の陵墓だと考えられている墳墓は、やはり百舌鳥古墳群中の田出井山《たでいやま》古墳である。この古墳は、墳丘規模が一四八ｍしかない。どう見ても、大きく劣る。「履中陵」との落差は、歴然としている。

矛盾はこれだけにとどまらない。この古墳群中には、その規模において、上石津ミサンザイ古墳と田出井山古墳の中間に位置する古墳が、二基も存在しているのである。一つは墳丘長二八八ｍの土師《はぜ》ニサンザイ古墳であり、他は同一八六ｍの御廟山《ごびょうやま》古墳である。それなのに、この二基の古墳は、天皇陵とは見なされていないのである。

墳丘規模は権力に正比例して、大きくなるはずである。その常識を無視して、土師ニサンザイ古墳や御廟山古墳よりも小規模の田出井山古墳が、「天皇陵」に見立てられるのである。どう考えても、おかしい。

天武以前、「大和朝廷」は実在しなかった。『記紀』の示す「天皇陵」の所在地が分からないのも、当たり

前なのである。実態がないのだから、その陵墓を具体的に示せるはずがない。その記述がはなはだしく無愛想で、冷淡と感じるのは、このためである。それなのに、不可能を可能にしようとした文献の一つが、「延喜式諸陵寮」なのである。実態のない影に、もたれかかっているようなものである。

戦後、わが国の古代史学者たちは、「倭《い》の五王」を「大和朝廷」の歴代天皇に当てはめようと、躍起になった。同じことが、陵墓比定にも起こっているのである。つまり、巨大墳墓、それも「前方後円墳」のすべてを天皇陵に比定している「延喜式諸陵寮」の記載は、すべて誤りなのである。

『記紀』の冷淡な執筆姿勢は、仁徳の命日にも如実に表れている。

この天皇の御年八十三歳。丁卯の年の八月十五日に崩りましき。……。　〈仁徳記〉

このように、「丁卯の年の八月十五日に崩りましき」の記事は、本文ではなくて、なぜか取って付けたかのように、本文の間に挿入されている、この記述法にも疑問がなくはないが、それ以上の疑問が、仁徳の死亡日である。「仁徳記」では、「八月一五日」となっている。ところが、「仁徳紀」では「正月一六日」である。大きく異なる。信じられない失態だ。

『記紀』の記す「陵墓」等の所在地は、鳥取県西部である。『記紀』の重要個所が、〃伯耆・出雲の史書〃の引用によって構成されていることによる。それを、奈良・大阪の巨大墳墓と結び付けることは、初めからできはしないのである。『記紀』の記す墳墓の形状は「前方後円墳」、つまり〃オオサンショウウオ型墳墓〃ではないのである。その特徴的な形状についての説明がないのも、当たり前のことなのである。狗奴国が繁栄を誇った時代、〃オオサンショウウオ型墳墓〃は、この世には存在しなかった。

〃オオサンショウウオ型墳墓〃は、九州王朝の分霊埋葬による「陵墓」である。どんなに逆立ちして頑張っても、「大和朝廷」は言うに及ばず、その原初形態でもあるかのような「ヤマト王権」「倭王権」「大和王権」などとも結び付かないのは、このためである。その間に、この墳墓は円形部（頭部）が後ろ、台形部（胸部）が前と、逆立ちさせられて解釈されるまでに、その素姓はすっかり失われてしまっていたのである。

文献学者は『記紀』を読み誤り、考古学者は遺構や出土物を誤って鑑定し、そして、宮内庁は「陵墓の静安と尊厳」を大義名分に、巨大墳墓の石室内部への調査を拒み続けている。この国にとっては、実に不幸なことである。

3　卑弥呼の鏡と三角縁神獣鏡

三角縁神獣鏡出現の謎

古代の鏡の一つに、三角縁神獣鏡《さんかくえんしんじゅうきょう》がある。鏡の周りの縁の断面が、鋭い三角形状となっているために、このように呼ばれている。三角縁とは別に、中国鏡の多くに見られる形式が、縁の断面の平らな平縁《ひらぶち》である。三角縁神獣鏡では、背面の鈕《ちゅう》（つまみのこと）を中心点とする同心円の内部、すなわち、内区と呼ばれている中央部には、中国神話の東王父《とうおうふ》・西王母《せいおうぼ》の神像と霊獣とが、交互に浮き彫り状に配置されていることが、一つの特徴となっている。

この三角縁神獣鏡をもって、「卑弥呼の鏡」と見なす学説がある。富岡謙蔵—梅原末治—小林行雄の三氏を主軸とする一大学説だ。この学説を貫く主柱は、「邪馬台国」畿内説である。内藤虎次郎（湖南）の主張したこの説を、考古学の見地から「実証」することに、多大の努力が傾注されていると感じる。それは見方を変えれば、組織を挙げての「実証」と言うこともできる。その主張は、以下の五項目に絞ることができるようである。

(1)三角縁神獣鏡と卑弥呼の鏡　…　この特異な鏡にまず注目した学究が、画家・富岡鉄斎の長男・謙蔵である。この研究を梅原末治が受け継ぎ、小林行雄に至ってさらに発展した。「卑弥呼の鏡」とする根拠は、その銘文にある。

①年号鏡の出土　：　鏡に「景初三年」「□始元年」といった年号が鋳《い》られている。これまでに「景初三年」鏡は一面、「□始元年」鏡は三面出土している。

卑弥呼は魏へ使者を緊急に派遣し、翌々年の「正始元年」には、卑弥呼は銅鏡「百枚」を含む莫大な下賜品を与えられている。その時期が「景初二年」であり、「正始元年」だった。このような歴史事実があるだけに、「景初」「□始」とある年号鏡は、卑弥呼が魏から与えられた鏡ということになる。

②「銅出徐州」「師出洛陽」の銘文　：　この銘文から、銅は中国徐州産、「師」（工人）は洛陽出身者と解釈することができるので、三角縁神獣鏡は中国製の鏡と見ることができる。これ以外に、「陳氏作竟」「張氏作竟」といった銘文もあることから、陳氏・張氏といった人物が、中国の工人と考えられる。竟は鏡の略字である。

このような個人名とは別に、「尚方作竟」の銘もある。「尚方」とは、漢・魏晋・六朝時代における王室用の銅器を鋳造する工房、国営工場のことを言う。この銘文に従えば、「尚方作竟」銘の三角縁神獣鏡には、魏の明帝の命によって製造された鏡も、存在することになる。

(2)二種の三角縁神獣鏡　：　三角縁神獣鏡には舶載鏡（舶載は舶来に同じで、中国鏡）と仿製《ぼうせい》鏡（舶載鏡をまねて造った鏡のことで、国産鏡）がある。富岡謙蔵が、その「発見者」である。

その区分は単純に言えば、銅質もよく、鋳上がりの優れている方が舶載鏡で、逆に図像も不鮮明で、鋳上がりの悪い方が仿製鏡である。舶載鏡と仿製鏡のいずれにも、同じ笵《はん》（鋳型）で作られた同笵鏡が存在する。

(3)畿内に集中する三角縁神獣鏡　：　三角縁神獣鏡は全国の古墳から出土しているものの、それが集中して出土するところは、畿内である。この出土状況は、畿内には、他の地域の首長・豪族を支配、あるいは同盟を結ばせるだけの政権が誕生していた根拠と見ることができる。

⑷同笵鏡分与の痕跡

①初期大和政権による同笵鏡の活用　…　小林は正始四年にも、多数の鏡が贈られているから、卑弥呼の手もとには、二百枚に近い量の鏡が蓄積されていたと推測した。そうして、「かりに、その一部は卑弥呼の在世中に諸国王に分配したとしても、なお、かなりの魏の鏡が、邪馬台国には残っていたと考えてよいであろう」と、さらに推測を重ね、「魏の鏡が邪馬台国に残っていたということは、そのまま、初期の大和政権の代表者の手もとに、大量の魏の鏡が保管されていたことになる」（小林『古鏡』）と論じた。

卑弥呼の末裔の「邪馬台国」は、大和政権へと発展し、地方への進出を始める。そこで、各地域の首長・小支配者との間に連合・同盟関係を結んで、さらに勢力を拡大していった。この時に威力を発揮した下賜品が、国産品ではなく、中国産という希少価値のある三角縁神獣鏡である。

大和政権は自らの傘下に首長・小支配者を「つなぎとめる」ために、あるいは「手なずける」ために、価値の高い舶載鏡を「恩賜」として分与した。これが小林の論理である。

②分与されていた同笵鏡　…　三角縁神獣鏡に、同じ笵《はん》（鋳型）で作られた同笵鏡が存在していることは、すでに知られていた。ところが、その同笵鏡が、広範囲にわたって分布していたことを、衝撃的に出現した椿井《つばい》大塚山古墳（京都府山城町、現木津川《きづがわ》市）によって、小林が突き止めた。

一九五三（昭和二八）年、国鉄奈良線の拡幅工事中、「前方部」の石室が破壊されたことによって、この古墳は発見される。その発見された状況も衝撃的だが、衝撃はこれだけではなかった。そこから、三六面以上の三角縁神獣鏡が出土したのである。椿井大塚山古墳は、墳丘の全長一八五m、後円部の高さ約二〇mの「前方後円墳」である。古墳規模としても大きいが、それだけではなく、この中に多数の同笵鏡が含まれていた。異様ともいうべきこの出土は、その後の小林の研究を決定づけたと言っても、過言ではない。

やがて氏は、「京都府大塚山古墳は、一七種四八面の同笵鏡を、岡山県車塚［湯迫《ゆば》車塚古墳…著者注］以下一九基の古墳とのあいだに分有し、岡山県車塚古墳は、八種二四面の同笵鏡を、京都府大塚山以下一二基の古墳とのあいだに分有している」ことを発見した。

その上で、この顕著な事実は偶然ではなく、「したがって、京都府大塚山や岡山県車塚の首長が、他の首長とのあいだに直接の交渉を有したとすれば、それは京都府大塚山なり岡山県車塚の、かつての鏡群の所有者が、同笵鏡の配付者として行動したと考えるのが、残された可能な解釈ということになってくるのである」（小林『古墳時代の研究』）と判断した。

つまり、山城・椿井の首長と吉備・湯迫《ゆば》の首長とが、大和政権に協力して、他の首長に三角縁神獣鏡を分与して回ったと、同笵鏡の共有関係から推測したのである。

(5)「伝世鏡論」…　初期大和政権から分与された三角縁神獣鏡は、その所有者の死とともに埋葬されているが、この時、前漢鏡・後漢鏡といった漢式鏡も、一緒に埋納されている。この漢式鏡は、神を祭るための神宝として、先祖代々大切に保管され、二〇〇〜三〇〇年にわたって伝世した。この漢式鏡が、いわゆる「伝世鏡」である。

「伝世鏡」は、共同体内の「司祭的首長」を象徴する鏡であった。これに対して、三角縁神獣鏡は、大和政権に服属する見返りとして、地域の首長へ分与されている。それは地域の首長の、その地位と支配権を世襲として認めたことを示す、いわば〝青銅の証文〟と規定することができるようである。

こうして、新しい三角縁神獣鏡に取って代わられた「伝世鏡」は、その存在意義を失い、古墳の発生とともに埋納された。いささか大まかな要約ではあるが、これが小林の主張する「伝世鏡」理論である。

このように、小林の所説は仮説の上に、さらに仮説を積み重ねた論理だから、とにかく分かりづらい。分かりづらい原因は、それだけではない。その立論に、いくつもの矛盾を含んでいることもある。以下で、わたしの見解を明らかにしていく過程で、この学説の矛盾もまた一つずつ明らかとなる。

一〇〇を遥かに超えた出土枚数

小林行雄によって確認された船載《はくさい》と仿製《ぼうせい》の同笵鏡の枚数とその分布状況が、近藤喬一『三角縁神獣鏡』に示されている（表9-7）。

表9-7　三角縁神獣鏡の分布状況

区分	九州	四国	中国	近畿西	畿内	近畿東	中部	関東	東北	出土不明	合計
船載同笵鏡	二八	六	二五	二〇	八六	一四	二九	一〇	〇	一五	二三三
仿製同笵鏡	一六	〇	八	二	二七	三	五	一	一	四	六七

（注）船載同笵鏡は七六種、仿製同笵鏡は二〇種。ここで使用されている「畿内」とは、京都・大阪府と奈良県の総称である。

三角縁神獣鏡の出土は、「畿内」に集中している。これは、三角縁神獣鏡が「前方後円墳」から出土するためである。「前方後円墳」はその大小を問わず、やはり畿内に集中している。ここから、富岡・梅原・小林の三氏は、畿内に、「邪馬台国」とその後継権力である「初期大和政権」の存在を、嗅《か》ぎつけたのである。しかし、ここに矛盾があった。卑弥呼が魏から下賜された銅鏡は、「百枚」である。小林が確認した三角縁神獣鏡（船載同笵鏡）は、七六種二三三面に及び、すでに「百枚」を超えていた。この矛盾を回避するために持ち出された〝口実〟が、「魏志倭人伝」中の正始四（二四三）年における奉献記事だった。

その四年、倭王、また使大夫伊声耆・掖夜狗等八人を遣わし、生口《せいこう》・倭錦《いきん》・絳青縑《こうせいけん》・緜衣《めんい》・帛布《はくふ》・丹《たん》・木拊《もくふ》・短弓《たんきゅう》矢《し》を上献す。掖夜狗等、率善中郎将の印綬を壱拝す。

この記事から、小林は正始四（二四三）年にも、「また多数の鏡を手入した可能性がある。こうして卑弥呼の手もとには、二百枚に近い量の、魏の鏡が蓄積されていたことが想像される」（小林『古鏡』）と推測し、銅鏡「二百枚」を、いとも簡単に捻出した。

改めてこの記事を見れば分かるように、その数量こそ記されていないものの、邪馬壹国からの献上品目は逐一列挙されていて、具体的だ。これを逆に考えれば、魏の邪馬壹国への下賜品があれば、数量は省略されていても、やはりその品目は逐一列挙していたであろうということは、容易に想像できるはずである。魏は掖夜狗等に、率善中郎将の印綬を与えただけで、それ以上に下賜品はなかった。これが正始四年の記事である。

それに、邪馬壹国の喉から手の出るほど欲しかった下賜品は、銅剣・銅矛といった武器類であって、鏡ではない。女王・卑弥呼が、鏡の表面を絹で磨きながら、一枚、二枚…と愛《め》でていられるような〝平和な時代〟ではなかった。魏が卑弥呼に与えた鏡は、「百枚」だけである。

現在、三角縁神獣鏡の出土数は四〇〇枚を超え、五〇〇枚にも及ぶと見られている。同笵鏡の用語が示すように、三角縁神獣鏡は大量生産されている上に、巨大古墳をはじめとして未発掘・未調査の古墳は多いから、この先増え続けることはあっても、減ることはない。この一点だけでも、三角縁神獣鏡が「卑弥呼の鏡」ではないことを、頑として主張していることになる。

「前方後円墳」の築造主は、邪馬壹国＝九州王朝である。墳墓という器の製作に国家権力が、直接関与していれば、その器の中味についても、やはり国家権力が直接関与していたと見るのが、常識的な推察である。三角縁神獣鏡の製造主も、邪馬壹国である。

成立しない同笵鏡分与論

「前方後円墳」と三角縁神獣鏡の突然の出現は、狗奴国の滅亡・銅鐸の消滅と軌を一にしている。銅鐸が、「前方後円墳」から出土することはない。わたしの論理からすれば、それは当然過ぎるほどの帰結である。三角縁神獣鏡は国産の鏡、それも銅鐸を鋳潰《いつぶ》した産物、つまり、銅鐸の生まれ変わりにほかならないのである。三角縁神獣鏡が四〇〇枚を超えて大量に出土するのも、このためだ。大量生産すれば、そこから粗製・粗悪品も生まれてくる。それは銅資源の再利用によるためか、あるいは、技術の未熟な者が製造に携わったためか。このような粗製・粗悪品をもって、舶載鏡と仿製鏡とを区分する根拠とはなりえないのである。すべてが国産鏡だ。

『記紀』の記しているように、天照の時代、つまり紀元前の時代から、鏡は作られていた。平原《ひらばる》遺跡（糸島市）から出土し、現在、伊都歴史資料館（糸島市）に展示されている内行《ないこう》花文鏡《かもんきょう》は、直径四六・五cmもある大型の鏡であり、一級の芸術品だ。この鏡は紛れもなく国産鏡である。

柳本大塚古墳（天理市）からも、内行花文鏡は出土している。直径三九・八cmと、やや小さいが、この鏡について、奥野正男氏は「紐（または円形紐座）と各部の寸法の比率は平原のものと同じである」（奥野『邪馬台国はここだ』）と、述べている。

鏡の製作においても、古代の日本人は、すでに優れた技術を習得し、保持していた。二面の内行花文鏡は、この事実を確実に物語っている。初期「大和政権」によって舶載鏡が、地方の首長に分与されて、底を突いたために、舶載鏡を模倣して「仿製鏡」を作り、それを代わりに分与したという見解も、したがって成立しない。

その地位を保全し、地域における支配権を保証するために、「大和政権」が首長・小支配者たちに与えたという小林の同笵鏡分与論は、失礼ながら、イヌとサルとキジを家来にした桃太郎の、「きびだんご」にも似ている。

おとぎ話の世界であれば、「きびだんご」一個で十分であっても、大の男を鏡一枚から数枚で、果たして懐柔できるかどうか。こんなことが、現実の世界では通用するはずもない。ここでは、魏の邪馬壹国と卑弥呼に対する莫大な下賜品を想起すれば、納得できるはずである。

それに、全国各地の首長・小支配者に分与して回ったのなら、「畿内」に残る枚数は、少ないはずである。それなのに、圧倒的に集中しているところは、「畿内」なのである。しかも、特定の墳墓の中へ少なからぬ枚数の鏡が埋納されているのだから、かえって、その鏡を死蔵し、墓場へ持って行ってしまっている感がある。ここにも、「分与」を認めることには無理な現象が生じている。各地に多く、畿内には少ない。小林の同笵鏡分与論では、当然このような傾向を示すはずである。しかし、その傾向は逆だった。

この逆立ちした現象が見えていない一人が、近藤喬一である。博多湾岸の古墳から三角縁神獣鏡が出土する数例を根拠に、近藤は「奴国の本拠地に畿内政権が楔《くさび》を打ち込んだ形にみえる」（近藤『三角縁神獣鏡』）とまで、言い切っている。驚くべき分析力だ。

古代の博多湾岸が「那《な》の津」と呼ばれていたことをもって、この地が「奴国《なこく》」だと考えられてきている。定説と言ってもいいほどの地名比定である。しかし、博多湾岸は「奴国」ではなく、「不弥《ふみ》国」である。近藤は二重に過ちを犯していた。出土物あるいは遺構だけで、日本古代の全体を分析し、堂々と解説する。ここに改めて、「邪馬台国」畿内説という先入観による判断の怖さを感じる。

至高の宝器姿を変えられた

「景初」「□始」の年号鏡は、国産鏡だからできたのである。しかも、景初・正始は邪馬壹国にとっては、国家の命運を分けた記念すべき年号である。このような歴史的背景を考えれば、「景初」は言うまでもなく、「□始」も年号、それも「正始」で、間違いはないと思われる。

（年号のある三角縁神獣鏡）
(1)「景初三年」鏡　…　神原《かんばら》神社古墳（方墳、島根県加茂町）、一九七二（昭和四七）年出土
(2)「正始元年」鏡

①柴崎蟹沢古墳（円墳、群馬県高崎市）、一九〇九（明治四二）年出土
②竹島古墳（御家老屋敷古墳の別名もある。前方後円墳、山口県周南市）、一九八〇（昭和五五）年解読
③森尾古墳（円墳、京都府豊岡市）、一九一七（大正六）年出土
（注）岡本健一『邪馬台国論争』などを参照

年号の入っている鏡は、三角縁神獣鏡以外にもある。和泉黄金塚《いずみこがねづか》古墳（前方後円墳、大阪府和泉市）から、一九五一（昭和二六）年に出土した「景初三年」鏡は、平縁神獣鏡である。ところが、実際にこの古墳の発掘調査に携わった森浩一は、この「景初三年」鏡に不審を感じている。この古墳から、三つの棺が現れている。とりわけ、中央の棺がずば抜けて立派だったようだ。

中央の棺には、死者とともに、中国でも出土しているような斜縁神獣鏡が、納められていた。ところが、蓋《ふた》をした後のその棺の横に、鉄の斧《おの》や鎌《かま》などとともに、雑然と置かれていた鏡が、景初三年銘の平縁神獣鏡だったという。「額面どおりなら、ヒミコの使者が洛陽に行った年だが、とてもそんな由緒《ゆいしょ》ある鏡の扱い方ではなかった」（森『古代史の窓』）と、森は多少の驚きとともに、強い疑問を込めて述べている。

「景初三年」鏡は棺の中ではなく、その外に置かれていた。この状況を、氏は実際に「目撃」しているだけに、「証言」としての信憑性は極めて高い。極め付きが一九八六（昭和六二）年、広峯一五号墳（前方後円墳、福知山市）から出土した「景初四年」鏡である。これは斜縁盤竜鏡である。同年、その同笵鏡が、辰馬《たつま》考古資料館（西宮市）に保管されていることが明らかになっている。

この「景初四年」鏡が、三角縁神獣鏡ではなくて、斜縁盤竜鏡であることをもって、舶載鏡と見なすことはできない。景初は三年で終わっていて、四年はないからである。これもやはり国産鏡、それも極め付きの国産鏡である。

年号鏡は、その年号を知っていた者の命令によって、製造されていることは明らかだ。ことに、「景初」の年号を知りうる立場にあった者は、邪馬壹国だ。だから、「景初四年」鏡もまた、邪馬壹国によって作られている。ところが、景初年間（二三七〜二三九）と、実際にこの鏡が作られた時代との間には、時間差がある。そのために、過去の知識が曖昧になったために、本来存在しない「景初四年」鏡が製造されたものと思われる。それが三角縁神獣鏡ではなく、斜縁盤竜鏡であってもである。

「景初四年」鏡の出土した広峯一五号墳（前方後円墳、福知山市）と、「正始元年」鏡の出土した森尾古墳（円墳、豊岡市）とは、近距離にある。さらに森尾古墳の東には、大田南五号墳（京都府峰山・弥栄町）が存在する。

標高八二mの山の上に築かれた大田南五号墳は、四世紀後半の方墳（一二・三m×一八・八m）だといわれている。ここから、「青龍三年」銘のある方格規矩四神鏡（直径一七・四cm）が、一九九四（平成六）年に出土した。

「青龍」は疑いもなく魏の年号であり、青龍三年は西暦二三五年に当たる。ところが、森によれば、後漢以後の方格規矩四神鏡にあっては、年号鏡は知られていないという（森・前掲書）。これが事実であれば、「青龍三年」鏡は中国製と断定できなくなる。

「青龍三年」鏡は、この直後の一九九七（平成九）年八月に、高槻市（安満《あま》宮山《みややま》古墳）でも一面が発見される。出土地は三世紀半ば過ぎの古墳と見られているが、円墳か方墳かは、不明のようである。

こうして見ると、豊岡市、峰山・弥栄町と福知山市を結ぶ範囲内に、あるいはその近くに、年号鏡を製造する邪馬壹国の〝国営工場〟があったと推測することもできるようである。しかも、その〝国営工場〟は、二つの工房からなっていたようである。一つは大量の銅鐸を鋳《い》潰《つぶ》す工房、他の一つがその青銅を再利用して、三角縁神獣鏡などを製造する工房である。

中国から出土しない三角縁神獣鏡

三角縁神獣鏡については、不可解な現象がまだ残っている。この鏡が中国から、いまだに一面も出土していないという厳然たる事実がある。これに対する反論が、「邪馬台国」・卑弥呼の特注に応じて、魏がその要求に応え、特別にこの鏡を鋳たという「特注説」、あるいは「特鋳説」だ。だから、中国から出土しないのは、当たり前だというのである。

「特注説」は二国間の上下関係を見失っているというか、まるで認識ができていないところから生まれている。狗奴国の猛攻にさらされて、邪馬壹国は風前の灯の状態に陥った。この状況を打開するための窮余の一策が、「戦中の使者」の、魏への派遣であった。魏もまた、卑弥呼《ひみか》が「景初二年」に派遣した「戦中の使者」を奇貨として、歓迎した。ここで魏は、卑弥呼の遣使を、遼東・朝鮮半島から日本列島に至る支配権の及ぶ足掛かりとなりうると、判断したのである。

魏を、東アジアを平定する権力と見なして救援を依頼した邪馬壹国、邪馬壹国を東アジア平定の足掛かりとしたい魏。両国の利害はピタリと一致したのである。「銅鏡百枚」も含め、魏が破格の下賜品を用意したのも、このためだ。それは邪馬壹国が要求したからではない。三角縁神獣鏡が欲しいなどと要求できる立場にもない。

狗奴国に対する自国の救済だけでも、過大な要求である。それなのに、さらに特注の三角縁神獣鏡までもねだるとなると、もはや、その要求は常軌を逸している。では、莫大な下賜品の意義は、どこにあると考えたらよいのか。

「親魏倭王」印に象徴されるように、魏の冊封体制への邪馬壹国の編入である。そのための記念すべき下賜品だ。一回きりの性格でしかない。「銅鏡百枚」は、あくまでも魏の「心遣い」だ。その銅鏡とは、いわゆる「漢式鏡」である。

中国鏡に「幢幡紋《とうはんもん》」（傘松形図形）は見られないと、奥野正男氏は『邪馬台国の鏡』などで強調している。

中国人学者・王仲殊氏もまた、同じ見解だ。三角縁神獣鏡の文様の一つである「幢幡紋《とうはん》」も、三角縁神獣鏡＝魏晋鏡を否定するに足る重要な根拠である。

一つの埋葬形式

三角縁神獣鏡が出土した二基の前方後円墳の内部について、発掘調査に関わった小林は、『古墳時代の研究』の中で興味あることを述べている。

(1)紫金山《しきんざん》古墳（全長一〇〇m、大阪府茨木市）

「三角縁神獣鏡を主とするあたらしい一一面の鏡が棺外におかれていたのに対して、伝世された方格規矩四神鏡一面のみは、棺内の遺骸の傍に置かれていた…」

(2)田中銚子塚古墳（一貴山《いきさん》銚子《ちょうし》塚古墳。全長一〇三m、福岡県糸島市）

「コの字形に配列されていた一〇面の鏡のうち、棺の両側辺に位置する八面が仿製鏡であるに対して、頭辺の二面はともに伝世の長宜子孫内行花文鏡および鍍金方格規矩四神鏡であった…」

田中銚子塚古墳は、今日では一貴山銚子塚古墳の名称が一般的である。この一貴山銚子塚古墳については、森も「竪穴式石室内には、死者の頭部に中国製とみられる内行花文鏡と鍍金《ときん》をほどこした方格規矩四神鏡各一枚があり、左右の壁にそった棺外の可能性の強い位置に八枚の三角縁神獣鏡があった」（森『図説日本の古代4　諸王権の造型』）と述べている。当たり前のことではあるが、小林の説明とそれほど変わることはない。

これで明確なように、「伝世鏡」と三角縁神獣鏡とでは、その扱いに著しい格差がある。「伝世鏡」は棺内の死者の頭部辺、あるいはそのかたわらに置かれ、「卑弥呼の鏡」である三角縁神獣鏡は、棺外に置かれているのである。考古学者ならずとも、どちらが丁寧に扱われているかは、即座に理解できる。一貴山銚子塚古墳の方格規矩四神鏡には、鍍金まで施されている。ここまで大切に扱われているのである。

それはまるで、一人の主君と、その他大勢の家臣の主従関係にも酷似している。一人の主君とは、言うまでもなく「伝世鏡」の方であって、三角縁神獣鏡ではない。鏡にも露骨な格付けが行われていたことを、ここに、しっかりと見て取ることができる。

問題はこれだけではない。右に引用した小林の著作『古墳時代の研究』と森の『図説日本の古代4　諸王権の造型』を読んでいて、紫金山・一貴山銚子塚古墳の内部は、どこかで見た光景だと思っていた。やがて、その光景に思い当たった。

それは、石室内部の光景を、鮮やかに映し出した黒塚古墳の写真だった。奈良県立橿原考古学研究所編『黒塚古墳　調査概報』には、三四面の銅鏡が埋納されていた石室内部の光景が、一四〜二三頁にわたって掲載されていた。その光景を思い出したのである。

黒塚古墳の秘密

三角縁神獣鏡は魏晋鏡との諸説に、終止符を打つことになった根拠は、皮肉にも、天理市に残る柳本古墳群の中の一つ、黒塚古墳である。黒塚古墳から一挙に三四面もの銅鏡が出土した。この発見は、一九九八（平成一〇）年を迎えた新年早々、これで畿内説が有利になったといった記述とともに、大きく報道された。

小林はかつて、このように述べていた。「大和政権の使臣ならば、大和に居住する有力者を選ぶはずだと考える人もあろうが、鏡を材料にして立論する以上、まだ大和では椿井大塚山古墳ほど多数の三角縁神獣鏡を副葬した古墳は発見されていない。この現状をもとにして推論すれば、大和には、いまさら鏡をあたえて手なずけねばならぬほどの有力者はなかったとも、魏の鏡をもっとも有効に役だてることに意見の一致をみたとも、想像をたくましくすることができよう」（小林行雄『古鏡』）と。

黒塚古墳からの三角縁神獣鏡の出土数は、椿井大塚山古墳に匹敵する。しかも黒塚・椿井と湯迫の三古墳に共通する同笵鏡は一面もないが、黒塚と椿井との間には、共通する鏡が一二面、黒塚と湯迫との間でも、四面存在している。そうなると、黒塚古墳の被葬者も、初期大和政権による同笵鏡分与の協力者としての資格は十分に備えていることになる。

ところがここで、どんなに想像を逞《たくま》しくしても、黒塚古墳の被葬者の姿は一向に見えてこないのである。実は、見えてくることの方が、おかしいのである。黒塚古墳も不可解な墳墓の一つである。『黒塚古墳　調査概報』を眺めていて、つくづくそう思った。

石室内部を実際に確認できない者にとっては、実地の写真は貴重である。この古墳は竪穴式石室で、その中に粘土床を設け、その上に割竹式木棺が置かれていたようである。ここまでは、他の古墳とさして変わることはない。割竹式木棺とは、大木を縦に二つに割り、それぞれの内部をくりぬいて、遺体を納める身《み》（＝棺《ひつぎ》）と、その蓋にした円筒形の木棺を言う。

異様だと思うのは、その光景である。木棺はすでに腐食して見当たらないが、棺内の、頭部が置かれていたと思われる辺りに、画文帯神獣鏡一面が、立てられた状態で置かれていて、三三面もの三角縁神獣鏡は積み重ねたり、並べたりして、棺外に置かれているのである。

異様であるのは、これだけではない。写真で確認するかぎり、この古墳に遺骸を埋葬した形跡はないという点だ。この墳墓は、遺体を直接地中に埋める土壙墓《どこうぼ》ではなく、石室・木棺のある「前方後円墳」である。それなのに、頭蓋骨すら残っていないのである。

木棺の置かれていたとおぼしき粘土床には、一面に水銀朱が塗られている。それなのに、激しく変色したところがないのである。遺体があれば、部分的に大きく変色すると思われるのに、その痕跡はまるで認められないのである。実際に、黒塚古墳に被葬された人物はあったのだろうか。『黒塚古墳　調査概報』に掲載されている写真は、いやでもこの重大事を想像させる。そして、その想像から得られた結論は、〝黒塚古墳に被葬者なし〟ということである。

それを裏付ける根拠がある。この調査概報は、遺骸の有無については、一切触れていないのである。魚屋や八百屋の店頭に並んでいる商品が、洗剤や歯ブラシといった日用雑貨品ばかりで、肝心の魚や野菜がなければ、それを買いに来た客は驚く。

ところが、考古学者は違った。発掘した墓地の中に遺骸がなくても、一向に気に止めぬ風なのである。鏡などの副葬品の方に、すっかり眼を奪われてしまったためか、最大の関心事であるはずの遺骸の有無の確認は、ほったらかしである。一体何のための発掘調査なのだろう。発掘調査の目的が、当初から逸脱している感がある。遺骸の有無に関心を示した新聞記事が、一紙としてなかったのも、報道機関が、発掘者のこの姿勢に追随したためか。

行燈山古墳《あんどんやま》（伝崇神陵）の陪塚と考えられている大和天神山古墳の中には、遺骸がなかった。そして、この天神山古墳の北にほぼ隣接する黒塚古墳にも、遺骸はなかった。この共通した現象を、偶然の一致として処理できるだろうか。

統一されていた埋葬形式　三角縁神獣鏡は、漢式鏡である「伝世鏡」と一緒に副葬されている。その状況から、「オサンショウウオ型古墳」――「前方後円墳」の埋葬形式は統一されていた。その埋葬形式とは、このようになっていた。

棺内　…　遺体・「伝世鏡」
棺外　…　三角縁神獣鏡

紫金山古墳・一貴山銚子塚古墳と黒塚古墳との違いは、遺体の有無だけである。「伝世鏡」は、なぜ丁寧に埋納されたのか。そして、三角縁神獣鏡がなぜ、「伝世鏡」とともに一緒に埋納されたのか。この肝心の一点について、小林の説明は必ずしも明確ではない。右に示したように、「オオサンショウウオ型古墳」時代の埋葬形式は、統一されている。「伝世鏡」と三角縁神獣鏡の同時埋納は、この埋葬形式を無視して、説明することはできないのである。

熊本県宇土半島の頸部に、一基の「オオサンショウウオ型古墳」が遺存している。考古学上、脚光を浴びた墳墓ではない。そういった意味では、影の薄い遺跡だ。その古墳は、向野田《むこうのだ》古墳（全長八八・五m、宇土市）と呼ばれている。この古墳の存在を知ったのも、森『図説日本の古代4 諸王権の造型』だ。全景とその内部の写真が掲載されている。

「オオサンショウウオ型古墳」における埋葬形式は統一されていた。それを向野田古墳で、確認することができる。この古墳の外観と内部については、やはり森『図説日本の古代4 諸王権の造型』が、カラー写真（五二～五三頁）によって明らかにしていた。森浩一『図説日本の古代』（全六冊）は、カラー写真がふんだんに掲載されているから、その状況が鮮明に理解できるだけではなく、眺めているだけで楽しくなる。眺めていて、眼に止まった写真が、向野田古墳だった。

長方形の石棺内には、ほぼ完全な形で、遺骸一体が残っていた。この被葬者は三十代後半の女性で、身長一五〇cmくらいと推定されている。これだけでも貴重な遺跡だが、なお重要な要素が、この古墳には埋もれていた。

この女性の遺体は北側の、床面より六cmほど高く作られた石枕に、頭をのせた状態で安置されている。ここまでは特に問題視することはない。問題はここからだ。その遺体の周りには、左に鳥獣鏡、中央に内行花文鏡、右には石枕の下に、石棺に立て掛けられた方格規矩鳥文鏡の三面だけである。ここに三角縁神獣鏡はない。

この埋葬形式が、なぜ重要なのか。「伝世鏡」が遺体の頭部辺に置かれていた紫金山古墳・一貴山銚子塚古墳と同じ形式が、ここでも採用されているからだ。それは、黒塚古墳の形式とも一致する。違いは一つ、黒塚古墳に遺体が埋葬されていなかったことである。

一貴山銚子塚古墳は太宰府の北、向野田古墳はその南に築かれている。いずれも太宰府の膝元に位置する。二人の被葬者は、邪馬壹国＝九州王朝にとっては、重要な人物だったことになる。遺体がなく、〝分霊埋葬〟の形式を採っている黒塚古墳の被葬者も、二人の被葬者に相当するほど重要な人物ということになる。大量に埋納されている三角縁神獣鏡も、その特質を証明しているようである。

『古事記』では、ニニギの降臨時、天児屋《あまのこやね》・布刀玉《ふとだま》・天宇受売《あまのうずめ》・伊斯許理度売《いしこりどめ》と玉祖《たまのや》の五人が従っている。巨大古墳の被葬者は、邪馬壹国＝九州王朝の歴代大王の誰かである。行燈山《あんどんやま》古墳をニニギの陵墓と仮定すれば、その陪塚と見なされている黒塚古墳と天神山古墳の被葬者は、この五人のうちの誰かということになる。たとえばの話で恐縮だが、巨大古墳とその陪冢を分かりやすく説明すれば、このようになる。

『記紀』の主張するように、行燈山古墳は、崇神の陵墓ではないのである。畿内に集中している巨大古墳の被葬者は、「大和朝廷」の天皇ではなく、邪馬壹国＝九州王朝の歴代大王である。それも、その〝分霊〟である。

4　同笵鏡の語る真実

特異な現象

三角縁神獣鏡は、「前方後円墳」の中から現れる。巨視的に見れば、そのとおりである。ところが、三角縁神獣鏡は、「微妙な過渡期は別にして、やはり定型的な前方後円墳が造営される時代にならないと出現しないのである」（『図説日本の古代4　諸王権の造型』）と、述べているように、森は「前方後円墳」の出現する間に、「微妙な過渡期」が存在していたことを認めている。

三角縁神獣鏡の出土する古墳は「前方後円墳」だけではなく、方墳と円墳からも出土しているのである。なぜか、その形式はバラバラなのである。小林の「伝世鏡」理論も「同笵鏡分与」論も、成立はしない。しかし、氏が精緻な観察によって、同笵鏡の存在を突き止めた意義は、とてつもなく大きい。その影響は、ここにも及んでいるようだ。

(1)八日山《ようかやま》一号墳（松江市）…一辺二三・五m、高さ約三mの方墳。墳丘断面から、三角縁波文帯四神二獣鏡が出土。その同笵鏡が、一輪山古墳（円墳、岐阜県各務原市）から出土。

(2)大成《おおなり》古墳（安来市）…東西六五m、南北四四m、高さ約四mの方墳。三角縁二神二獣鏡が出土。普段《ふだん》寺《じ》一号墳（前方後方墳、鳥取県南部町）出土の鏡と、阿為《あい》神社（高槻市）所蔵の鏡と同笵鏡であることが判明している。

(3)造山《つくりやま》三号墳（安来市）…造山古墳群の中の方墳。石室から半三角縁二神二獣鏡が出土。これによく似た鏡が、佐味田宝塚古墳（全長一〇〇mの前方後円墳、奈良県河合町）、津堂城山古墳（全長二〇八mの前方後円墳、藤井寺市）、ヘボソ塚（全長約六〇mの前方後円墳、神戸市）など、「おもに近畿地方の古墳で発見されている」（前島己基『日本の古代遺跡20　島根県』）という。

このように、同笵鏡は必ずしも同一形態・形状の古墳から出土するとは限らない。一方は方墳、他方は「前方後方墳」「前方後円墳」というように、墳墓の形態を異にする例が、一部にではあるが存在する。三角縁神獣鏡は、山陰の古墳からも出土する。その古墳の多くは、「前方後方墳」ではなく、「方墳」である。

一方、その同笵鏡が出土する地は、近畿・中部で、墳墓の中には、「円墳」と「前方後円墳」がある。一方は「方墳」、他方は「円墳」「前方後円墳」という違いは、どのように解釈すべきか。

方墳とその類縁形態である四隅突出型方墳は、山陰に集中している。同種の同笵鏡が、ともに方墳で検出されていればともかくも、そのような事例は、むしろ少ないのである。この傾向は、どのように捉えればよいのか。

方墳と前方後方墳の先後関係を考える上で、示唆的と思われる遺跡が、前にも触れた米子市の「尾高浅山《おだかあざやま》遺跡」だ。丘陵上の北に、「城塞的な環濠集落」が確認されている。三重の環濠は、その城塞を、さらに堅固にすることが目的であったと思われる。それなのに、この〝環濠城塞〟である「尾高浅山遺跡」は、違った。

すでに述べたように、墓地は今日でも、山の麓や海岸の一角、あるいは川のそばといった日常生活の邪魔にならないところに、ひっそりと設けられている。田畑のど真ん中の墓地など、見たこともない。それなのに、その環濠内の空間に、意外にも「前方後方墳」二基と、「円墳」一基が造られているのである。

しかも、ここは城塞である。そんなところに、大きな墳墓があれば、戦闘時、臨機応変な活動が制約されて、邪魔になるだけである。この〝環濠城塞〟は、邪馬壹国の攻撃が確実視される二三〇〜二四〇年頃に築かれたものか。

「吉野ケ里遺跡」では、土壙墓《どこうぼ》群・甕棺墓《かめかんぼ》群のいずれも、環濠の外に設けられていた。吉野ケ里一帯の統率者が埋葬されていると思われる墳丘墓でさえ、周囲よりも一段高く設けられてはいるものの、遺跡の北端に設けられている。その立地は、環濠の外だ。

当然というべきか。「尾高浅山遺跡」でも、墳墓はこれだけではない。この丘陵の南、〝環濠城塞〟の外には、四隅突出型方墳一基と、この墳墓に従うかのように、西北に延びる尾根上に、階段状に並んでいる三基の方墳が存在しているのである。この遺物は弥生後期初頭、つまり二〇〇年代初めと推定されているのである。先にも述べたように、その時期は二三〇〜二四〇年頃を下限としている。

まだある。四隅突出型方墳の東にも、円墳一基が遺存しているのである。ただし、この円墳にかぎって、築造時期は不明だという。四隅突出型方墳と方墳は、四を聖数視していた狗奴国の文化の産物だ。そのような国に、円墳の発想があったとは思われない。この円墳は、〝環濠城塞〟内の前方後円墳二基と、円墳一基に連動していると捉えるべきかと思われる。どういうことか。この円墳に、四隅突出型方墳と三基の方墳が従っている。この構図に、征服者の意図が強く現れていると感じる。

〝環濠城塞〟内の前方後円墳と円墳は、この地を征服した邪馬壹国によって造られている。明らかに、環濠集落の破壊に、その目的があったと思われる。被征服民を酷使した城塞潰しによって、自らの権力を誇示していたのである。

墳墓築造は、邪馬壹国による重要な占領政策の一つであった。狗奴国とその同盟国の国民を酷使していじめ抜き、反乱防止を狙った〝疲弊策〟である。その際、狗奴国の価値観を尊重して、あえて「方墳」を造らせたとは、到底考えられない。つまり、狗奴国の首都とその近くの方墳は、邪馬壹国に占領される以前に造られていたと見なさなければ、この状況は説明できないことになる。

時差のあった埋納

では、三角縁神獣鏡はいつ、誰が製造したのか。これも明らかだ。三角縁神獣鏡は、狗奴国でも製造されていたことになる。より正確に言えば、まず初めに、狗奴国で製造されていたことになる。このように捉えなければ、この謎は解けない。銅剣・銅矛や銅鐸は大量に作っても、鏡は一面も作らなかったとは考えられない。

安来市の造山一号墳は北に面し、雄大な島根半島と日本海を見渡すことのできる立地にある。これに反し、造山三号墳は、いわば一号墳の裏手の、それも一〇m前後も低くなった台地に存在し、その南もまた山だから見晴らしも悪く、目立たない古墳である。そんな方墳にも、三角縁神獣鏡は埋納されているのである。そのような古墳が、邪馬壹国の強制によって築かれたとは思われない。

一方、先述した八日山一号墳など三基の方墳の鏡と同一の同笵鏡が見つかった中部の各務原《かがみがはら》市や、神戸市・藤井寺市といった近畿の前方後円墳との関係は、どのように見ればよいのか。この疑問は当然生じてくる。けれども、ここまで謎が解ければ、この問題も難しくはない。

つまり、島根県で発見された三角縁神獣鏡は、死者と一緒に埋められた。他方、中部と近畿の同笵鏡は、前方後円墳築造後に埋納されていたことになる。一方は方墳、他方は前方後円墳から出土する同笵鏡の不可解な動きは、埋納に時差、それも一大事件を挟んでの時差があった。ここでは、そのように解釈しなければならないようである。

文様・銘文はともかくとしても、邪馬壹国側でも、三角縁という鏡の形式を尊重し、征服後も銅鐸を鋳潰《いつぶ》して、三角縁神獣鏡を製造することを強制し続けたようだ。今日の大量出土は、その表れと見ることができる。

南部町（旧会見町）の手間山の麓に、一辺約二〇mの方墳・普段寺二号墳がある。この古墳から、三角縁珠文帯四神四獣鏡という同笵鏡が見つかっている。向野田古墳のある宇土市には、やはり前方後円墳であったと思われる城ノ越《じょうのこし》古墳も残っている。ここからも、同種の鏡が見つかっている。南部町と宇土市とは遠く離れている。それなのに、共通する鏡が出土しているのである。これもまた、三角縁神獣鏡にまつわる怪奇現象ということになる。

この怪奇現象は、どのように解釈すればよいのか。宇土市の城ノ越《じょうのこし》古墳は前方後円墳であり、南部町の普段寺二号墳は、方墳である。ここにこの現象を解く鍵がある。この二基の古墳のうち、古い方は普段寺二号墳だ。だから、当該鏡が、宇土市から南部町へ移動したとは考えられない。この二地域間にある関係はただ一つ、邪馬壹国圏と狗奴国圏との敵対関係だけである。この鏡の移動も、「交易」による平和裏の移動ではない。邪馬壹国圏の手にした戦利品である。

邪馬壹国は、狗奴国の首都の一角を形成していた現在の南部町を、激しく攻撃した。その際の戦利品だ。その一枚が武勲の顕彰として、邪馬壹国から宇土の首長に与えられたものと推測しなければ、この現象は解けない。ここでも、やはり三角縁神獣鏡は、狗奴国でも製造されていたという推測が、前提となる。

このように、狗奴国・邪馬壹国の領域を無遠慮に越えて、出土する同笵鏡もある。小林行雄の「同笵鏡分与」論は、成立しない。もとより、小林に、狗奴国・邪馬壹国の領域の認識などなかったが、その同笵鏡が、この二カ国の領域を越えて出土することを、氏は丹念な研究によって突き止めていた。氏の研究を、過少評価することはできない。

なぜ鏡は埋納されたのか

銅鐸の生まれ変わりである三角縁神獣鏡は、ひたすら墳墓に埋めるために製造されたようである。極論すれば、三角縁神獣鏡の存在意義は、ここにある。それでは、埋納の目的はどこにあるのか。これも、難しく考える必要はなさそうである。鏡は光を反射する。このために、鏡は埋められたのである。

木製と石製とを問わず、棺と、その棺を納める石室内は、漆黒の闇が支配する世界である。その闇の世界に、死者は永遠に横たわり続ける。眠り続けるには、暗闇は適しているとの考えは、今日的な発想だ。遺族はそのように思うどころか、かえって、そんな状況に心を痛めたと思われる。そのために、棺の内外に、死者と一緒に、「太陽」を埋納することに思い至ったのではないだろうか。

光を反射する鏡は、墳墓内を照らす〝照明器具〟なのである。だから、大量に埋められている墳墓が存在するのも、そのためである。できるだけ内部を明るくすることへの、気配りである。被葬者の地位も、埋納された三角縁神獣鏡の枚数で分かる。時代にそぐわなくなり、不要になったから埋められたという「伝世鏡」理論に、無理があることは、これで理解できるはずである。

北部九州の、それも支配層の墓制であったと思われる石棺墓・木棺墓、あるいは、周溝墓を含む弥生遺跡では、必ずといっていいほど、剣・玉とともに鏡が出土する。狗奴国の宝器は大刀《たち》・弓・矢と琴の四種であった。これに対し、邪馬壹国のそれは、剣・玉と鏡の三種である。北部九州の弥生遺跡から、三種の宝器が検出されることもうなずける。このように、邪馬壹国の鏡に対する執着心は、ことのほか強かったことがうかがえる。

墓域に鏡を埋納する風習が始まったのは、邪馬壹国か、それとも狗奴国か。それは分からないが、山陰の方墳から出土する鏡の枚数は多くはない。ところが、邪馬壹国では違っていた。鏡を大量に埋納する傾向は、弥生時代には早くも現れていたようである。筑前中域（糸島市と博多湾岸）の弥生遺跡では、銅鏡はまとまって出土する。

筑前中域から出土する銅鏡のほとんどは、中国製である。それにしても、中国から手に入れた鏡を、どうして埋納したのだろうか。疑問である。仮にそれが、被葬者ゆかりの鏡であったとしても、この発想が、どうしても理解できない。大切に保存すべき鏡として扱うことが、人間として普通の感覚ではないのだろうか。

表9-8　筑前中域における銅鏡の出土状況（単位：面）

遺跡	中国鏡	国産鏡	合計
①平原《ひらばる》遺跡（糸島市）	三七	五	四二
②三雲南小路《みくもみなみしょうじ》遺跡（糸島市）	三五	—	三五
③井原鑓溝《いわらやりみぞ》遺跡（糸島市）	二一	—	二一
④須玖岡本遺跡（春日市）	二三	—	二三

（注）原田大六『日本古墳文化』、渡辺正気『日本の古代遺跡34　福岡県』による。

もっとも、これらの遺跡から出土した中国鏡は、「卑弥呼の鏡」ではない。明らかに、時代が異なる。卑弥呼の埋葬された墳墓は、「円墳」である。これに反し、表9-8に示した遺跡は、「円墳」よりも早くに現れた遺跡である。「卑弥呼の鏡」を考える上で、この違いは重要だ。「卑弥呼の鏡」は埋められていない。これが、わたしの推理である。

邪馬壹国では、少なからぬ鏡を墓地に埋納していた。この傾向は、狗奴国征服・占領後にあっては、なお顕著になった。労力・資源の無駄遣いの典型のように、大量の三角縁神獣鏡が惜し気もなく、墳墓内に埋納するようになっていた。棺を納めることのできる空間を確保した墳墓の「発明」と、深く関わっていたことは、改めて説明の必要もないことである。

だから遠隔地が選ばれた

巨大古墳の築造には、それに従事するおびただしい数の隷属民と、それを支配・管理する、やはりおびただしい数の〝強制収容所〟を必要とする。それに伴って、その周辺には、砂塵や騒音だけではなく、大量の生活雑排水による河川の水質汚濁、大量の屎尿による悪臭の発生などは、生活環境の悪化を招く。このような状況を、誰も歓迎はしない。

三角縁神獣鏡を製作する場合についても、同じことが言える。銅製錬所と銅器製作所は、メチル水銀やヒ素といった非常に毒性の強い有害物質を排出するために、その適切な処理を誤ると、必ず「公害」を発生させる。

栃木県の最南端、旧藤岡町（現栃木市藤岡町）とその東南の古河市との間に、広大な遊水池が広がる。この遊水池の一角（南部）に、谷中村《やなかむら》はあった。足尾鉱毒事件を語る上で、谷中は欠かすことのできない地名である。

明治期、未曾有の鉱毒事件を起こした足尾銅山は、栃木県の西北、中禅寺湖の南にあった。この鉱毒事件に、〝自然破壊による「負の連鎖」〟を見ることができる。それは、地球をごみ捨て場と心得違いをした一経営者の行為から、始まっていた。有害物質の処理には莫大な費用が掛かることから、この経費を「節約」した経営者は、銅山の坑内から出る硫酸銅を含んだ水を、渡良瀬川《わたらせがわ》に垂れ流し続けたのである。それればかりか、有害物質を含む鉱滓《こうさい》をも、周辺の谷間に不法投棄し続けていた。

さらに悪いことには、精練などのための燃料とするために、銅山に廉価で売却された周辺の山林は、乱伐されたばかりか、銅山から吹き出す煙によって、枯死するまでになっていた。こうして、近隣に連なる山々は、著しく保水能力を低下させていたのである。

〝自然破壊による「負の連鎖」〟は、まだまだ続く。台風の季節が訪れるたびに、その傾向は顕著になっていった。一八八八（明治二一）年に大洪水が発生し、渡良瀬・利根川流域一帯は泥土と化した。ここに鉱毒が田畑を覆い尽くし、翌一八八九（明治二二）年には、下都賀《しもつが》ほか三郡は異常なほどの不作を見るに至ったという（荒畑寒村『谷中村滅亡史』）。

硫酸銅ばかりか、谷間に不法投棄された鉱滓《こうさい》の含む有害物質をも、豪雨が洗い出し、支流から渡良瀬川へと流れ込んでもいたのである。一八八八年以後、毎年のように発生した大洪水は、山林の荒廃と無縁ではなかった。一八九四年の日清戦争による銅山の事業拡大は、「負の連鎖」にさらに拍車を掛けた。

一八九六（明治二九）年、七～九月に相次いだ大洪水によって、渡良瀬川沿いの田畑一〇〇〇〇町歩余は、ついに不毛の地と化した。大洪水は明治三一年にも起こり、「谷中全村はために滔々たる濁流、毒浪に埋没し、家流れ、人漂い、その惨状、とうてい筆舌のよく尽し得るところに非ず」（荒畑・前掲書）といったところまで、追い詰められている。

それから四年後の一九〇二（明治三五）年には、赤麻池《あかまいけ》の氾濫によって、谷中村の堤防が決壊する。ここで驚くことに、国と栃木県はこの事態を奇貨と捉え、鉱毒問題を渡良瀬川治水事業へと、巧妙にすりかえたばかりか、全村民の抵抗を強権をもって弾圧し、谷中村を廃村とする遊水池化を強行した。

明治一〇年代の早い段階で、渡良瀬川の異変は認識され、その後のたび重なる水害によって、人体はもとより、家畜・魚類と農作物に、甚大な被害をもたらしていたにもかかわらず、鉱毒問題は、抜本的な対策が講じられないまま、放置されてしまった。

銅精練に伴う鉱毒事件は、足尾銅山だけの問題ではなかった。別子銅山（新居浜市）でも、煙害事件が起こっている。これが明治時代という日本近代の黎明期に、自然と人間をはじめとする生命体への配慮を欠いたために起こった社会問題である。いわゆる「公害」問題の先駆けとなった事件である。

経済の高度成長を迎えた昭和時代になると、「公害」もまた、それにつれて高度成長をとげ、日本は世界に冠たる「公害先進国」となり果てた。こうして今もなお、その犠牲となった国民が、「公害」によって身体を蝕まれ、苦しみ続けている。経営者・企業責任を厳しく問わなかった明治政府の対応を、政府も企業も、教訓として生かすことができなかったのである。

話をまた古代へ戻せば、巨大古墳の築造と同じように、銅製錬と銅器製作も、生活環境の悪化を招いたものと、容易に想像できる。巨大古墳の築造となれば、そのための従事者専用の〝強制収容所〟が必要となる。それも大規模な〝収容所〟である。

人間が一カ所に極度に集中したり、鉱物を処理するのに、不完全な施設しかない工場ができると、人間や動植物にとっては、不幸なことしか起きない。九州王朝の大王は、その事実を熟知していた。だから、巨大古墳も人体や農作物などに危険な銅製錬所・銅器製作所も、〝遠隔地〟に設置していたのである。

大量の鉄塔を立てたり、送電線を張り巡らしたりする経費も、保守管理の経費も大幅に節減できるのに、電力消費量の多い東京や横浜・大阪のど真ん中に、原子力発電所は設置されてはいない。すべて、都会から離れた「田舎」に集中している。

ここに万が一、不測の事故が起きても、その犠牲になるのは、少数の地域住民だけという、国・電力会社の本音が見え隠れする。これと同根の発想だ。いつの時代にあっても、国家権力に田舎・辺地を守るといった意識は希薄であり、この意識は古今東西、不変である。

（注）この原稿作成から二年七カ月後の二〇一一年三月一一日、福島第一原発で深刻な事故が起こってしまった。人間の手で速やかに制御も処分もできない物質を作ることの、愚かさと恐怖を、自然は改めて教えてくれた。

この時代を規定すれば…

かくして、〝筑紫―伯耆・出雲五〇〇年戦争〟は終わった。紀元前の時代、伯耆・出雲は越・筑紫の支配下に置かれていた。農産物の大半の収奪、さまざまな労働への強制的従事など、言いえぬ辛酸を舐《な》めさせられてきた時代があった。一度はその逆境をはね返したものの、五〇〇年後に、またしても、当時の悪夢が現実として襲ってきたのである。

「巨大古墳」と「三角縁神獣鏡」の時代は、狗奴国とその同盟国の全面敗北によって始まった。それは大多数の人々にとっては、虐待に次ぐ虐待を受けた凄惨な時代であった。ここで、敗北した狗奴国圏の人々はふたたび、それもさらに悲惨な隷属民として扱われ、人格を全面的に否定される時代が訪れたのである。この不幸な時代を、どのように形容、あるいは規定すべきか。これについては、適切な用語が一九世紀半ばに、すでに生まれていた。

アジアの古代社会では、土地は共同体が所有・管理し、個人はその占有者にすぎなかった。やがて、各地の共同体を統一した支配者が現れ、政治権力を一手に掌握した専制君主として君臨する段階になると、個人は人格のみならず、一切の権利を否定され、専制君主の財産として隷属することになる。このような社会体制を、K・マルクスは、アジア的生産様式に固有の「総体的奴隷制」と規定した（K・マルクス『資本制生産に先行する諸形態』）。

ただし、ここに問題点がなくもない。

(1)「アジア的生産様式」とは、アジアで最も顕著に現れる様式のことである。しかしながら、日本がこの体制に該当していたのかどうかの、言及はない。

(2)この著作は、草稿段階にとどまっているために、その定義については、不明確な部分が依然として残っている。

(3)二〇〇〇年代後半の日本列島に起こった激変は、いまだ解明されていないのだから、当然、マルクスの視野には入っていない。

この三項目にわたって、不明確性がある。しかし、わずか三〇カ国が七〇余国を支配すれば、勢い、その支配は苛烈を極めることとなる。

邪馬壹国には四~五人の妻を持つ大人《たいじん》と、二~三人の妻の下戸《げこ》とが存在していたことを記していた。その間には、厳しい規律があったようだ。下戸が大人と道路で会えば、下戸はためらいながら、道路の端の草むらに入って、大人に道を譲る。大人が命令を発したり、業務上のことを説明したりする場合には、下戸はうずくまり、あるいはひざまずき、頭を下げて、両手を地面に付け、それをうやうやしく聞いたという。

「魏志倭人伝」は、その模様をこのように記している。

　国の大人は皆四、五婦、下戸もあるいは二、三婦（以下、略）。下戸、大人と道路に相違えば、逡巡《しゅんじゅん》して草に入り、辞を伝え事を説くには、あるいは蹲《うずくま》り、あるいは跪《ひざまず》き、両手は地に拠《お》く。これが恭敬《きょうけい》を為す。

大人・下戸とは、一つの組織における上司・部下の関係にあったことが分かる。つまり、大人・下戸とは、邪馬壹国の屋台骨を支える〝官僚組織〟を構成する役人たちのことである。難升米・牛利・掖邪狗といった女王側近の人物が、大人と呼ばれ、上部機関を形成していたのだろう。この上部機関の命を受けて実務を執行する組織が、下戸で構成される下部機関であったようだ。

この階層に属する者は、総人口の一握りでしかなく、国民の大多数は、主に農業従事者だ。この農業従事者が、戦時には兵士として駆り出され、城塞の構築と修復、あるいは河川改修といった土木工事にも従事していたのだろう。奴婢・生口の供給源ははっきりしないが、自国の犯罪者か、それとも敵国の捕虜といった

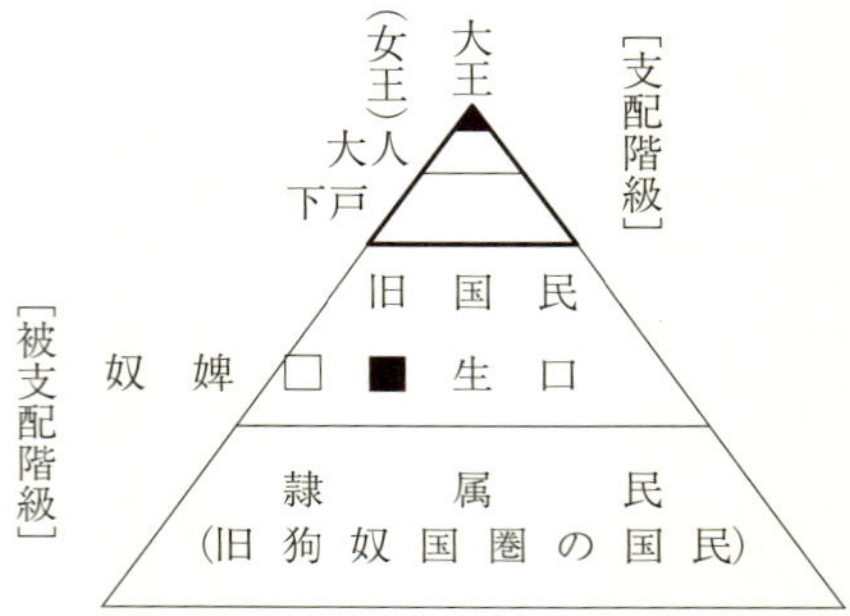

図9－1　全国を統一した邪馬壹国の社会構成

ことも考えられる。

図9-1が、邪馬壹国の社会構成であった。邪馬壹国の国民が、大人・下戸の二つの身分に区分されていたとの見解が支配的だが、根本から間違っている見方である。この国の成人男子が、一人で二～五人もの妻を娶ってしまうと、成人女子の数は明らかに足りなくなる。

仮に、大人三人・下戸七人とすれば、計一〇人となる。一人平均三人の妻と結婚すれば、成人女子は三〇人はいなければならないことになる。現実には、成人女子もほぼ同数であったであろうから、一〇：三〇という成人男女比はありえないことになる。こんなことは、単純な計算で容易に分かるはずである。

一夫多妻制が保障されていたということは、大人・下戸には、それだけの夫人と子どもを扶養できるだけの地位と、報酬が保障されていたことの証しである。「魏志倭人伝」が明記しているように、下戸は大人に土下座で対応するなど、両者の間には、厳しい職階制が敷かれていた。それだけ、大人には権限が集中していたと見ることができる。しかし、下戸もまた、全体の人口からすれば、極めて少数の恵まれた地位にある邪馬壹国の役人である。

このほかに、女王国には、伊支馬・弥馬升・弥馬獲支・奴佳鞮（いずれも読みは不明）といった役人が配置されていたと、「魏志倭人伝」は記す。それ以外の対海国《たいかいこく》（対馬）・一大国《いちだいこく》（壱岐）など女王国の要衝となる国々にも、体制維持のための、さまざまな機能と職務に応じた組織が整備され、卑狗《ひこ》・卑奴母離《ひどもり》などが、やはり配置されていた。さらに軍隊組織である一大率《いちだいそつ》の統率者、国々の交易を管理していた使大倭《したいい》の存在もある。ここまでが、邪馬壹国における支配層を形成していたものと考えられる。

だが、狗奴国の滅亡後、邪馬壹国内の固定化されていた身分階層と階級にも、想像を絶する変化が訪れた。なにしろ、その足下には、おびただしい数の敗北者、それもスキあらば反逆しようとする敗北者が、突然誕生したのである。

まず、被征服民の抵抗・反乱の芽を摘むことに、主眼を置かなければならないのだから、邪馬壹国における旧被支配層の優秀な人材の抜擢といった対策は、当然採られたであろう。しかし、それでは、人手は足りない。

ここで取ることのできる、最も手っ取り早い方法は、旧被支配層をもって被征服民―隷属民の抑圧に当たらせることである。旧被支配層も、年来の鬱憤《うっぷん》をかつての敵国民に対して晴らすことができるのだから、ここでは、邪馬壹国の支配層と被支配層の利害と思惑は一致する。つまり〝集団管理体制〟の導入である。そのためにも、狗奴国圏に属す国民の〝分散化〟は、不可欠だったのである。

旧被支配層をも含む被征服民への抑圧・支配体制の確立は、大きく様変わりした社会構造への対応策としては、最善の方策である。社会の頂点に立つ大王・女王も、これで安泰である。「総体的奴隷制」は、当時の古代社会を規定するには、ピッタリの用語ではあるが、不幸な時代の代名詞であることに変わりはない。

おわりに

やはりと言うべきか。日本古代の二大専制国家―狗奴国（伯耆・出雲）と邪馬壹国（筑紫）は、紛れもなく実在していた。逆に、「邪馬台国」畿内説論者の脳裏に宿った「倭王権」「大和王権」といった権力こそ、日本列島のどこにも存在しなかった。

古田武彦一人を除く九九・九…％の学者・研究者たちの眼は、数メートル先の物体すら確認できないほどに、曇っていた。これらの学者・研究者たちは、メガネの一方に〝大和朝廷一元史観〟というレンズを、もう一方には、〝大和盆地中心史観〟というレンズをはめ込んで、遮二無二日本の古代を眺めていたのである。こんな〝色メガネ〟で、史実が史実として正確に見えるはずもない。

実際に、「大倭根子日子国玖琉《おおいはしひこくにくる》」―大倭治《だいいは》しす彦国繰《くにく》る（孝元天皇）が、大国主の次男・八束水臣津野《はしすおおつぬ》―馳《は》しす大《おお》ツヌ（建御名方《たけきなが》）であることを、学者たちは見破れなかった。津田左右吉の見解に従って、記紀神話を作り話と見なしたためだ。実在していたと考えられている崇神《すじん》、仁徳、応神、雄略といった天皇については、どうか。「大和王権」の存在を疑うことのない学者・研究者の眼に、これらの天皇の、その本来の姿が映ることはなかった。

結局、従来の学者たちは「邪馬台国」畿内説・九州説を問わず、大筋において、『記紀』を信じ込み、その奥に存在する〝記紀原典〟に気づくこともなく、「倭王権」「大和王権」という幻覚を、いつまでも見続けているのである。『記紀』の放つ魔力は絶大である。

「大和朝廷」の文人たる太安万侶たちは、狗奴国と邪馬壹国が実在したことを、深く認識していた。それなのに、『記紀』には、この二大専制国家についての記事は、皆無である。どうして、このような史実に脅反する事態が生じているのか。この背後には、ありふれた言葉では言い表せない思惑が隠されている。これらの由々しき謎は、最終巻で必ず明らかになる。

河村日下

た　行

な・は　行

ま　行

や　行

事項索引

な　行

は　行

ま　行

や　行

ら・わ　行

人名・神名索引

あ 行

か 行

さ 行

た 行

《著者紹介》

河村日下（かわむら・くさか）（筆名）

1946（昭和21）年7月，鳥取県倉吉市に生まれる。本名，福井秀明。

37歳で，改めて日本古代史に興味を持ち，サービス業に従事しながら，その謎解きを始める。

2005（平成17）年，58歳で仕事を辞め，古代の謎解きと『万葉集』の解読に専念。現在に至る。

古代，生まれ故郷が「伯耆国河村郡日下郷（かわむらこほりくさかのさと）」（『和名抄』）であったことから，これを筆名とした。「河村」「日下」，いずれの地名も，すでに消滅している。

著書に，『記紀神話の真実』（ミネルヴァ書房，2016年），『「邪馬台国」論争は終わった』（ミネルヴァ書房，2018年）。

古代の地平を拓く③
よみがえる古代王朝

2019年6月20日　初版第1刷発行　〈検印省略〉

定価はカバーに
表示しています

著　者　河　村　日　下
発行者　杉　田　啓　三
印刷者　藤　森　英　夫

発行所　株式会社　ミネルヴァ書房
607-8494 京都市山科区日ノ岡堤谷町1
電話代表　(075)581-5191
振替口座　01020-0-8076

亜細亜印刷・新生製本

ISBN978-4-623-08548-4
Printed in Japan

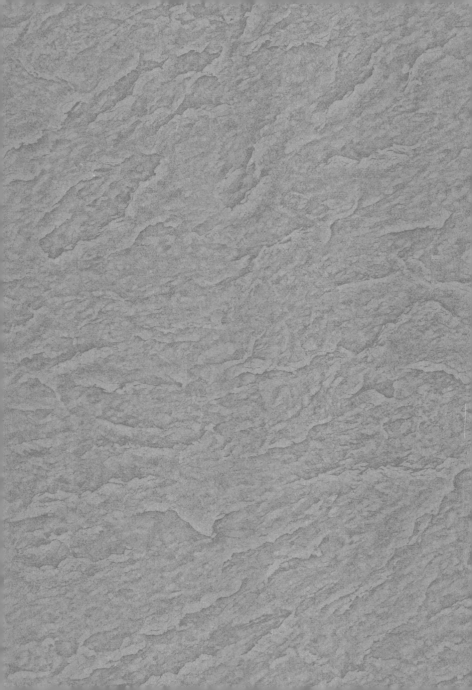